2025
고시넷

대전광역시교육청
교육공무직원
최신 기출유형 모의고사

교육공무직원 직무능력검사

KB218860

gosinet
(주)고시넷

정오표 확인 방법

고시넷은 오류 없는 책을 만들기 위해 최선을 다합니다. 그러나 편집 과정에서 미처 잡지 못한 실수가 뒤늦게 나오는 경우가 있습니다. 고시넷은 이런 잘못을 바로잡기 위해 정오표를 실시간으로 제공합니다. 감사하는 마음으로 끝까지 책임을 다하겠습니다.

고시넷 홈페이지 접속 > 고시넷 출판-커뮤니티 > 정오표

www.gosinet.co.kr

모바일폰에서 QR코드로 실시간 정오표를 확인할 수 있습니다.

학습 질의 안내

학습과 교재선택 관련 문의를 받습니다. 적절한 교재선택에 관한 조언이나 고시넷 교재 학습 중 의문 사항은 아래 주소로 메일을 주시면 성실히 답변드리겠습니다.

이메일주소 **qna@gosinet.co.kr**

contents **차례**

대전광역시교육청 교육공무직원 소양평가 정복

- 구성과 활용
- 대전광역시교육청 교육공무직원 채용안내
- 대전광역시교육청 교육공무직원 채용직렬
- 대전광역시교육청 소양평가 시험분석

파트1 대전광역시교육청 교육공무직원 소양평가 기출문제복원

- 2024 기출문제복원 ——————————————————————— 18
  언어논리력 | 수리력 | 문제해결력

파트2 대전광역시교육청 교육공무직원 소양평가 기출예상문제

1회 기출예상문제	———————————————————	48
2회 기출예상문제	———————————————————	74
3회 기출예상문제	———————————————————	98
4회 기출예상문제	———————————————————	122
5회 기출예상문제	———————————————————	146
6회 기출예상문제	———————————————————	168
7회 기출예상문제	———————————————————	192
8회 기출예상문제	———————————————————	216
9회 기출예상문제	———————————————————	240

파트 3 인성검사

01 인성검사의 이해 ———————————— 266

02 인성검사 모의 연습 ———————————— 268

파트 4 면접가이드

01 면접의 이해 ———————————— 282

02 구조화 면접 기법 ———————————— 284

03 면접 최신 기출 주제 ———————————— 289

책 속의 책 정답과 해설

파트 1 대전광역시교육청 교육공무직원 소양평가 기출문제복원

• 2024 기출문제복원 ———————————— 2

  언어논리력 | 수리력 | 문제해결력

파트 2 대전광역시교육청 교육공무직원 소양평가 기출예상문제

1회 기출예상문제 ———————————— 11

2회 기출예상문제 ———————————— 19

3회 기출예상문제 ———————————— 27

4회 기출예상문제 ———————————— 35

5회 기출예상문제 ———————————— 44

6회 기출예상문제 ———————————— 52

7회 기출예상문제 ———————————— 59

8회 기출예상문제 ———————————— 67

9회 기출예상문제 ———————————— 75

1

채용안내 & 채용직렬 소개

대전광역시교육청 교육공무직원의 채용 절차 및 최근 채용직렬 등을 쉽고 빠르게 확인할 수 있도록 구성하였습니다.

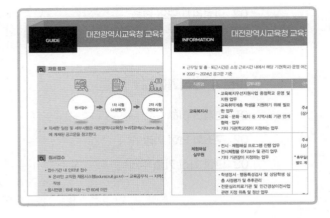

2

대전광역시교육청 교육공무직원 소양평가 기출 유형분석

대전광역시교육청 교육공무직원 소양평가의 최근 기출문제 유형을 분석하여 최신 출제 경향을 한눈에 파악할 수 있도록 하였습니다.

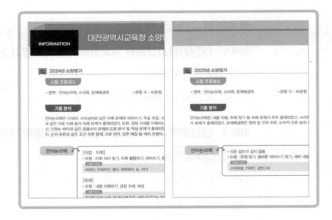

3

대전광역시교육청 소양평가 기출문제복원 수록

대전광역시교육청 교육공무직원 소양평가의 최신기출 45문항을 복원하고 1회분으로 수록하여 최신 출제의 경향성을 문제풀이 경험을 통해 자연스레 익힐 수 있도록 구성하였습니다.

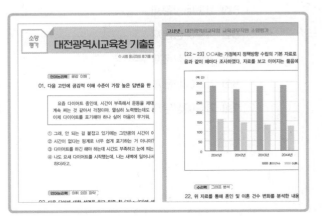

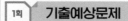

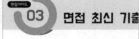

4

기출예상문제로 실전 연습

총 9회의 기출예상문제로 자신의 실력을 점검하고 완벽한 실전 준비가 가능하도록 구성하였습니다.

5

인성검사 & 면접가이드

최근 채용 시험에서 점점 중시되고 있는 인성검사와 면접 질문들을 수록하여 마무리까지 완벽하게 대비할 수 있도록 하였습니다.

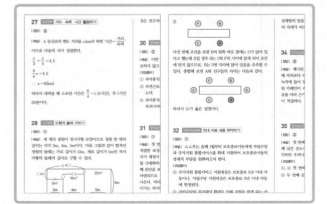

6

상세한 해설과 오답풀이가 수록된 정답과 해설

기출문제복원과 기출예상문제의 상세한 해설을 수록하였고 오답풀이 및 보충 사항들을 수록하여 문제풀이 과정에서의 학습 효과가 극대화될 수 있도록 구성하였습니다.

채용 절차

```
원서접수  →  1차 시험      →  2차 시험      →  최종합격
              (소양평가)       (면접심사)
```

※ 자세한 일정 및 세부사항은 대전광역시교육청 누리집(http://www.dje.go.kr) 또는 각 시·군 교육지원청 홈페이지에 게재된 공고문을 참고한다.

원서접수

- 접수기간 내 인터넷 접수
  ※ 온라인 교직원 채용시스템(edurecruit.go.kr) → 교육공무직 → 지역선택(대전) → 원서접수 → 본인인증 → 원서작성
- 응시연령 : 18세 이상 ~ 만 60세 미만
  – 단, 당직실무원과 청소실무원은 만 55세 이상~정년(만 65세)에 도달하지 아니한 자
- 거주지 제한 : 채용시험 공고일 전일부터 면접시험일까지 계속하여 본인 주민등록상 주소지가 대전광역시로로 되어있는 사람이어야 한다.
- 필수 자격요건 : 직종별 필수 자격요건을 원서접수 마감일까지 갖춘 경우에만 시험에 응시할 수 있음.
- 응시자는 복수직종으로 응시원서를 제출할 수 없으며 복수 응시할 경우 모든 직종에 대한 접수가 무효 처리되니 반드시 하나의 직종에만 응시해야 함.
- 응시원서 접수 완료 후 내용 수정, 원서접수 취소는 원서접수 기간 내에만 가능

시험 방법

1차 시험	2차 시험
인성 · 직무능력검사(100%) • 인성검사(50%) • 직무능력검사(50%) ※ 조리원 · 당직실무원 · 청소실무원은 인성검사만 실시	면접심사(100%)

1차 시험

- 인성(200문항 40분)·직무능력검사(45문항 45분)는 문항 출제 및 결과 분석 등 검사 전반에 관한 사항을 전문검사 기관에 위탁하여 실시한다.
- 직무능력검사는 해당 직무 수행에 필요한 기본 능력을 진단하는 것으로 언어논리력, 수리능력, 문제해결력 등 3개 영역으로 구분한다.

2차 시험

- 1차 인성·직무능력검사 합격자에 한하여 2차 면접심사에 응시할 수 있으며, 면접심사는 해당 직무수행에 필요한 능력 및 적격성을 검증한다.
- 1차 시험 합격자에 대하여 응시 자격을 확인하여 허위로 판명될 경우 1차 시험 합격을 취소하며 2차 면접심사에 응시할 수 없다.

신분 및 처우

신분	「근로기준법」 적용을 받는 무기계약직 근로자
정년	60세(당직실무원과 청소실무원은 65세)
계약기간	근무처 발령일부터 정년퇴직일까지
수습기간	3개월
근무처	대전광역시교육청 산하 교육행정기관 및 공립학교(유치원 포함)
근무처 발령	채용후보자명부(성적순)에 따라 근로계약 체결 및 발령 ※채용후보자명부는 2년간 유효
보수 등 처우	매년 교육공무직원 임금 지급 및 복무 기준에 따름.

합격자 결정

제1차 인성 · 직무능력검사	• 각 검사별 만점의 40% 이상 득점하고 총점 40점 이상 득점자 중에서 점수가 높은 사람 순으로 선발예정인원을 결정하며, 동점자가 있을 경우 동점자 모두 합격자로 결정 • 선발예정인원은 100명 이상인 경우 선발예정인원의 110%, 100명 미만인 경우 선발예정인원의 120%(소수점 이하 인원 절상)를 합격자로 결정하고, 선발예정인원이 6명 이하인 경우 선발예정인원에 2명을 합한 인원을 합격자로 결정 • 1차 합격자 공고 후 응시결격 사유에 해당되는 것으로 판명되거나 자격요건, 가산점 관련 사항 등이 허위로 판명될 경우 합격을 취소 처리하고, 점수가 높은 사람 순으로 추가 합격자를 결정할 수 있음.
제2차 면접심사 (최종합격자)	• 1차 시험 합격자를 대상으로 면접심사를 실시하고, 면접심사 점수는 불합격 기준에 해당하지 아니하는 자 중에서 각 평정요소별 점수를 합산하여 평균으로 계산 • 면접심사 점수가 높은 자 순으로 최종합격자를 결정하되, 동점자에 대해서는 취업지원대상자, 면접심사결과 '우수'를 많이 받은 사람, 생년월일이 빠른 사람 순으로 합격자를 결정 • 최종합격자 공고 후 응시 결격사유에 해당되는 것으로 판명되거나 자격요건 등이 허위로 판명될 경우 합격을 취소 • 최종합격자의 채용포기, 합격취소, 응시결격사유 등 발생 시 최종합격자 발표일로부터 3개월 이내에 면접시험 성적순으로 추가 합격자를 결정할 수 있음.

대전광역시교육청 교육공무직원 채용직렬

※ 근무일 및 출 · 퇴근시간은 소정 근로시간 내에서 해당 기관(학교) 운영 여건에 따라 변경될 수 있음.

※ 2020 ～ 2024년 공고문 기준

직종명	업무내용	근무형태	자격 요건
교육복지사	• 교육복지우선지원사업 중점학교 운영 및 지원 업무 • 교육취약계층 학생을 지원하기 위해 필요한 업무 • 교육 · 문화 · 복지 등 지역사회 기관 연계 협력 · 업무 • 기타 기관(학교)장이 지정하는 업무	주40시간 (상시근무)	아래의 자격 기준을 모두 충족하는 자 1. 관련학과(사회복지학, 교육학, 청소년학) 중 1개 이상 전공자 2. 사회복지사, 청소년지도사, 평생교육사 자격증 중 1개 이상 소지자
체험해설 실무원	• 전시 · 체험해설 프로그램 진행 업무 • 전시체험물 유지보수 및 관리 업무 • 기타 기관장이 지정하는 업무	주40시간 (상시근무) * 휴무일은 근무처의 별도 계획에 따름.	과학 및 공학 관련 과목 전공의 전문학사 이상 학위 소지자
임상심리사	• 학생정서 · 행동특성검사 및 상담학생 심층 사정평가 및 추후관리 • 전문심리치료기관 및 민간경상이전사업 관련 지정 위촉 및 정산 업무 • 자살위기 고위험학생 상담 및 치료 • 자살 사후관리 대책 및 위기평가 계획 • 관내 학교 임상자문 및 연수(교육) 관련 업무 • 기타 기관(센터)장이 지정하는 업무	주40시간 (상시근무)	아래의 2가지 자격증 중 1개 이상 소지자 1. 임상심리사 2급 이상(한국산업인력공단) 2. 정신건강임상심리사 2급 이상 (보건복지부)
조리원	• 급식품의 위생적인 조리 및 배식 • 급식시설 · 설비, 기구 및 기물의 세척, 소독 • 급식시설(조리실, 식당, 계단실 등 학교급식 관련 전체 면적)의 청소 및 소독 • 기타 영양(교)사의 지시사항 이행 및 업무 보조 • 기타 기관(학교)장이 지정하는 업무	주40시간 (방학중비근무)	별도 자격 요건 없음.
당직실무원	• 야간 및 학교 휴무일에 학교 시설물 경비 • 기타 기관(학교)장이 지정하는 업무	주32시간 (격일제근무)	별도 자격 요건 없음.
청소실무원	• 화장실 · 복도 및 회의실 등 시설물 청소 • 기타 학교(기관)장이 지정하는 업무	주25시간 (방학중비근무)	

돌봄전담사	• 학생 및 돌봄교실 관리 업무 • 초등 돌봄교실(방과후학교 연계형 돌봄교실 포함) 운영 계획 수립 및 학교 운영위원회 심의 • 특기 적성 프로그램 관리 • 급 · 간식 제공 및 관리 업무 • 돌봄전담사 대체인력풀 운영 • 돌봄교실 관련 예산 관리 업무, NEIS 업무 • 기타 초등 돌봄교실 관련 업무 및 학교장이 지정하는 업무	주40시간 (상시근무)	유 · 초 · 중등 교원자격증 또는 보육교사 2급 이상 자격증 소지자
특수교육실무원	• 특수교육대상자의 교수학습 활동, 방과후 활동, 신변처리, 급식, 교내외 활동, 등 · 하교 등 교육 및 학교 활동에 대한 전반적인 지원 • 기타 학교장이 지정하는 업무	주40시간 (방학중비근무)	고등학교 졸업자 또는 이와 같은 수준 이상의 학력이 있다고 인정된 자
사회복지사	• 사회복지 대상 학생 지원 지역사회 네트워크 구축 • 사회복지 대상 학생 프로그램 운영 및 사후관리 • 사회복지 기관 연계 및 추수 관리 지원 • 학생 상담 활동 업무 및 지원 • 관내 학교 사회복지 자문 및 연수(교육) 관련 업무 • 기타 기관(센터)장이 지정하는 업무	주40시간 (상시근무)	아래의 2가지 자격증 중 1개 이상 소지자 1. 사회복지사 2급 이상(보건복지부) 2. 정신건강사회복지사 2급 이상 (보건복지부)

교무행정늘봄실무원	• 늘봄학교(방과후학교 포함) 운영 관련 행정 업무
	  − 늘봄학교 프로그램 수요조사, 연간 계획 수립, 프로그램 구성 · 관리
	  − 강사 모집 · 선정 · 계약, 강사 복무 관리
	  − 학생 출결 관리, 학생 이동, 안전 지도
	  − 늘봄학교 관련 생활지도, 민원처리 등
	• 늘봄학교 관련 계약 전반 업무, 회계관리, 만족도 조사 등
	• 저소득층 자유수강권 관리 업무 등
	• 병설유치원 늘봄 행정 업무
	• 교무행정 업무 및 기타 기관(학교)장이 지정하는 업무
		주40시간
		(상시근무)
			별도 자격 요건 없음.

유치원 방과후과정 전담사		• 유치원 방과후과정 학급 담당 • 기타 유치원(학교)장이 지정하는 업무	주40시간 (상시근무)	유치원 정교사 자격증 소지자
전문 상담사		• 117 학교폭력 사안 접수 및 초기 상담 • 학교폭력 사안에 대한 조사 • 학교폭력 사안통보(*365일 교대근무) • 기타 센터장이 지정하는 업무	365일 24시간 교대근무 (주간, 야간, 비번, 휴무)	아래의 4가지 자격증 중 1개 이상 소지자 1. 전문상담교사(교육부) 2. 청소년상담사 3급 이상(여성가족부) 3. 전문상담사 2급 이상(사.한국상담학회) 4. 상담심리사 2급 이상(사.한국상담심리학회)
취업지원관		• 직업계고 취업 지원에 관한 업무 – 취업처 발굴 및 관리 – 학생 · 기업처 매칭 시스템 구축 및 운영 관리 – 안전한 현장실습 운영관리 – 취업역량강화 지원 • 기타 기관(학교)장이 지정하는 업무	주40시간 (상시근무)	직업상담사 2급 이상 자격증
기숙사 생활 지도원	남	• 기숙생들의 면학지도 • 공동체 생활에 따른 각종 생활지도 • 학교(성)폭력 및 안전사고 예방활동 • 기숙생에 대한 안전교육 및 쾌적한 생활환경 조성 • 기타 기숙생의 기숙사 생활에 필요한 사항 • 기타 학교장이 지정하는 업무	주40시간 (방학중비근무) 탄력적 근로시간제	고등학교 졸업자 또는 이와 같은 수준 이상의 학력이 있다고 인정된 자로서, 아래의 항목 중 어느 하나에 해당하는 자격증 소지자 1. 「의료기사 등에 관한 법률」 제2호에 따른 물리치료사 또는 작업치료사 2. 「사회복지사업법」 제11조에 따른 사회복지사 3. 「영유아보육법」 제21조 제2항에 따른 보육교사
	여			

2024년 소양평가

시험 프로세스

• 영역 : 언어논리력, 수리력, 문제해결력   • 문항 수 : 45문항   • 시간 : 45분

기출 분석

언어논리력은 다의어, 사자성어와 같은 어휘 문제와 띄어쓰기, 주술 호응, 사이시옷과 같은 어법 문제, 속담 이해, 공지문과 같은 자료 이해 등의 독해 문제가 출제되었다. 또한, 경청 자세를 이해하는 문제도 출제되었다. 수리력은 통계, 금액 계산, 인원수 파악과 같은 응용수리 문제와 도표 분석 및 작성 문제가 출제되었다. 문제해결력은 명제 추론 문제와 좌석 배치, 순위 추론과 같은 조건 추론 문제, 자료 파악, 업무 예절 등 여러 유형의 문제가 출제되었다.

언어논리력

[어법 · 어휘]
• 유형 : 어휘 의미 알기, 어휘 활용하기, 띄어쓰기, 중의적 표현, 주술 호응, 사이시옷

> **기출키워드**
> 비비다, 안하무인, 돋다, 희한하다, 눈, 저가

[독해]
• 유형 : 내용 이해하기, 경청 자세, 속담

> **기출키워드**
> 공감적 이해 수준, 강 건너 불구경, 서평, 인공지능 교육, 학부모 교육 프로그램 신청 안내, 치실 사용, 의사소통 태도, 가정통신문

수리력

[응용수리]
• 유형 : 통계, 기초연산

> **기출키워드**
> 학급당 평균 학생 수, 성과급, 월급, 가격 증감률, 인원수, 거리 · 속력 · 시간, 육아휴직 여성 확률, 일의 양

[자료해석]
• 유형 : 도표 분석, 도표 수치 계산

> **기출키워드**
> 청년 및 노인 평균 월 임금 변화, 공무직 근로자 남녀 비중, 늘봄학교 참여율, 남녀 커피 선호도

문제해결력

• 유형 : 명제 추론, 조건 추론, 자료 파악

> **기출키워드**
> 삼단논법, 순위추론, 3순위 후보자 선정, 요일별 직원 파견, 좌석 배치, 연수교육 자료

2023년 소양평가

시험 프로세스

- 영역 : 언어논리력, 수리력, 문제해결력
- 문항 수 : 45문항
- 시간 : 45분

기출 분석

언어논리력은 내용 이해, 주제 찾기 등 독해 문제가 주로 출제되었고, 수리력은 확률, 농도 등의 응용수리 문제와 자료해석 문제가 출제되었다. 문제해결력은 명제 및 진위 추론, 논리적 오류 등의 문제가 출제되었다.

언어논리력
- 지문 길이가 길지 않음.
- 유형 : 주제 찾기, 올바른 띄어쓰기 찾기, 세부 내용 이해하기, 외래어 표기법
  기출키워드
  스마트팜, 카페인, 감탄고토

수리력
- 유형 : 단위 변환, 확률, 농도, 거리 · 속력 · 시간, 자료해석
  기출키워드
  금액, 소금물, 속력, 월평균 사교육비

문제해결력
- 유형 : 참 · 거짓 구분하기, 명제 추론하기, 조건 추론하기, 논리적 오류, 문제해결절차
  기출키워드
  범인 추론, 자리 추론, 피장파장의 오류, 문제 인식

고시넷 **대전광역시교육청 교육공무직원**

> **영역별 기출 키워드**

언어논리력 공감적 말하기, 올바른 경청, 어휘 의미, 속담, 사자성어, 내용 이해 및 추론, 문장의 호응, 문구 작성, 중의
적 의미

수리력 평균, 금액 계산, 인원수 파악, 거리 · 속력 · 시간, 확률 계산, 도표 분석

문제해결력 명제 · 조건 · 진위 추론, 좌석 배치, 삼단논법, 순위 파악, 자료 파악

대전광역시교육청 소양평가

파트 1

2024

대전광역시 교육청 기출문제복원

언어논리력

수리력

문제해결력

⊙ 시험 응시자의 후기를 바탕으로 복원한 문제입니다.

언어논리력 | 공감 이해

01. 다음 고민에 공감적 이해 수준이 가장 높은 답변을 한 사람은?

> 요즘 다이어트 중인데, 시간이 부족해서 운동을 제대로 못 하고 있어. 그러다 보니 살이 계속 찌는 것 같아서 걱정이야. 열심히 노력했는데도 큰 성과가 없으니 점점 지치고 있어. 이제 다이어트를 포기해야 하나 싶어 마음이 무거워.

① 그래, 안 되는 걸 붙잡고 있기에는 그만큼의 시간이 아깝지.

② 시간이 없다는 핑계로 너무 쉽게 포기하는 거 아니야?

③ 다이어트를 하긴 해야 하는데 시간도 부족하고 눈에 띄는 결과가 나타나지 않아서 고민이 되겠네.

④ 나도 요새 다이어트를 시작했는데, 나는 새벽에 일어나서 운동을 해. 아침에 운동을 하니까 상쾌하더라고.

언어논리력 | 어휘 의미 파악

02. 다음 단어에 대한 설명을 읽고 밑줄 친 (가) ~ (다)에 해당하는 예시를 바르게 연결한 것은?

> '만지다'에는 여러 가지 뜻이 있지만 세 가지 뜻으로 주로 쓰인다. 첫째는 (가) 손을 대어 여기저기 주무르거나 쥘 때, 둘째는 (나) 물건을 다루어 쓸 때, 셋째는 (다) 물건을 손질할 때이다.

> ㄱ. 우리는 놀이터에서 흙을 만지며 놀고는 했어요.
> ㄴ. 요리사가 칼을 만지기 시작했어요.
> ㄷ. 우리 아빠는 고장 난 컴퓨터를 만지고 있어요.
> ㄹ. 고양이의 털을 부드럽게 만져요.
> ㅁ. 할아버지는 만질 줄 아는 악기가 많아요.

	(가)	(나)	(다)		(가)	(나)	(다)
①	ㄱ, ㄹ	ㄴ, ㅁ	ㄷ	②	ㄱ, ㅁ	ㄷ, ㄹ	ㄴ
③	ㄴ, ㄹ	ㄱ	ㄷ, ㅁ	④	ㅁ	ㄱ, ㄷ	ㄴ, ㄹ

1회 기출예상
2회 기출예상
3회 기출예상
4회 기출예상
5회 기출예상
6회 기출예상
7회 기출예상
8회 기출예상
9회 기출예상
인성검사
면접가이드

문제해결력 | 명제 추론

03. 다음 결론이 반드시 참이 되게 하는 전제 2로 옳은 것은?

> [전제 1] 개를 좋아하는 사람은 동물 병원을 방문한다.
> [전제 2] (   )
> [결론] 난초를 좋아하는 사람은 동물 병원을 방문한다.

① 난초를 좋아하는 사람은 개를 좋아한다.
② 개를 좋아하지 않는 사람은 동물 병원을 방문한다.
③ 동물 병원을 방문하는 모든 사람은 난초를 좋아한다.
④ 개를 좋아하는 사람은 난초를 좋아하지 않는다.

문제해결력 | 순위 추론

04. 다음은 체육대회 달리기 시합에 출전한 건웅, 민혁, 원석, 재민, 형식 5명의 결과를 설명한 내용이다. 내용이 모두 참일 때, 반드시 거짓인 것은?

> • 재민 : 나는 민혁이보다 늦게 결승선을 지났다.
> • 민혁 : 나는 원석이가 결승선을 지난 직후에 통과했다.
> • 건웅 : 나는 재민이가 결승선을 지나고 바로 뒤이어 지났다.
> • 형식 : 나는 건웅이보다 먼저 결승선을 통과했고, 꼴찌가 아니다.
> • 원석 : 나는 제일 먼저 결승선을 지났다.

① 재민은 4위를 기록했다.
② 건웅은 민혁이보다 결승선을 늦게 통과했다.
③ 형식은 2위를 기록했다.
④ 형식은 재민이보다 결승선을 빨리 통과했다.

[05 ~ 06] ○○기업에서 간부들을 대상으로 특강을 진행하면서 다음 글을 활용하였다. 글을 읽고 물음에 답하시오.

> "요즘 젊은 직원들은 회사 엘리베이터에서 만나도 인사를 잘 안하고 핸드폰만 들여다보고 있어요. 내가 신입일 땐 선배에게 90도로 허리를 굽혀서 폴더폰 인사를 했는데."
>
> 요즘 기업의 선배들이 흔히 하는 볼멘소리다. 심지어 엘리베이터 안에서 선배를 대놓고 모른 척하는 후배들도 있다. 하지만 이들의 행동에는 나름의 이유가 있다. 이들에게 엘리베이터는 아직 회사가 아니며, 사무실 책상 앞에서 귀에 꽂은 이어폰을 빼는 순간 비로소 직장 라이프가 시작되기 때문이다. 이어폰은 단지 음악을 듣는 도구가 아니다. 외부로부터 '아직 개인인 나'를 지켜주는 방패다. 근로계약서에 업무 시간이 오전 9시부터 오후 6시까지로 명시되어 있다면 딱 9시 정각부터 업무를 시작하면 된다. 30분 일찍 나와 업무를 준비하라는 상사의 조언은 이들에게 그저 잔소리일 뿐이다.
>
> 요즘 직장인들에게는 계약서에 적혀 있는 사실만이 공정성의 기준이다. 따라서 계약서에 기반하지 않는 과도한 책임감을 요구하는 것은 공정성에 어긋난다. 점심시간을 온전히 보장받는 것도 계약 측면에서 보호받아야 하는 나만의 권리다. 상사가 함께 점심을 먹자고 해도 거절하고 혼자만의 점심시간을 즐기는 것도 바로 이 때문이다.
>
> 공정성을 요구하는 직장인들의 행태가 기성세대의 눈에 다소 이기적으로 보인다고 해서 그들의 업무 몰입도가 떨어지는 것은 아니다. 필요한 경우라면 야근에 주말 특근까지 하며 본인의 업무에 최선을 다한다. 굳이 과거와 다른 점을 비교하자면, 본인이 한 달간 수행한 야근 시간을 자투리까지 모아 그 시간에 해당되는 만큼의 '특별휴가'를 당당하게 요구한다는 점이다. 회사를 위해 마냥 희생만 하기보다는 자신이 투입한 노력만큼 그 대가도 확실히 요청한다. 기성세대에게는 다소 이해가 되지 않는 행동일 수 있지만, 근로계약서에 적혀 있는 내용을 근간으로 요구하는 사항이기 때문에 딱히 거절하기도 어렵다. 오히려 회사를 위해 본인이 투자한 노력에 대해 정당한 대가로 인정받을 수 있어, 야근이나 특근으로 인한 업무 스트레스가 감소하고 그에 따라 일의 효율성이 더 높아지기도 한다.

언어논리력 | 글의 내용 추론

05. 윗글에서 알 수 있는 젊은 세대의 인식 변화와 가장 관련이 깊은 것은?

① 기능 중심의 수평적 관계를 지향한다.
② 계약과 매뉴얼을 중시한다.
③ 차별이 아닌 차이에 기반한다.
④ 지배형 리더보다는 서번트형 리더를 선호한다.

1회 기출예상
2회 기출예상
3회 기출예상
4회 기출예상
5회 기출예상
6회 기출예상
7회 기출예상
8회 기출예상
9회 기출예상
인성검사
면접가이드

언어논리력 | 글 기반 추론

06. ○○기업은 조직 문화를 탈바꿈하기 위한 회의를 열었다. 윗글을 참고할 때, 다음 중 적절한 대안을 모두 고른 것은?

> ㄱ. 오늘날 젊은 세대에게 가장 중요한 것은 '공정성'입니다. 노력한 만큼 정당한 대가가 지급되도록 제도를 정비해야 한다.
>
> ㄴ. 상사들이 권력과 지위를 강조하는 것이 아니라, 부하직원들과의 신뢰 관계를 형성하는 데 중점을 두도록 사내 리더십 연수를 진행하면 좋다.
>
> ㄷ. 인사평가에서도 직급에 상관없이 서로를 평가하는 하향식 평가 방식을 도입해서 편향과 오류를 최소화해야 한다.
>
> ㄹ. 공정성을 확보하기 위해서는 직원의 자질과 능력을 객관적으로 평가할 수 있어야 하고, 직급에 따라 특혜를 주는 무분별한 평가 시스템을 지양해야 한다.

① ㄱ, ㄷ   ② ㄱ, ㄹ
③ ㄱ, ㄴ, ㄹ   ④ ㄴ, ㄷ, ㄹ

언어논리력 | 사자성어 파악

07. 다음 대화에서 나타난 아들의 태도를 표현하는 사자성어로 가장 적절한 것은?

> 엄마 : ○○아, 공부를 열심히 하고 있는 모습을 보니 참 기특하구나.
> 아들 : 감사합니다, 엄마. 좋은 성적을 받고 싶다는 스스로의 목표가 생기니 공부를 열심히 하게 되는 것 같아요.
> 엄마 : 그래. 엄마는 네가 좋은 성적을 받는 것도 좋지만, 무언가를 계속해서 반복적으로 노력하는 모습이 더 대견하단다.
> 아들 : 사실, 혼자 공부를 하려니 처음에는 많이 어렵긴 했어요. 그래도 포기하지 않고 계속하다 보니 조금씩 나아지는 게 느껴지더라고요. 그래서 포기하지 않고 끝까지 해 보려고요.
> 엄마 : 아주 좋아. 그런 태도가 중요하단다.

① 사면초가(四面楚歌)   ② 좌정관천(坐井觀天)
③ 마부위침(磨斧爲針)   ④ 오리무중(五里霧中)

[08 ~ 09] 다음 글을 읽고 물음에 답하시오.

자존감의 가장 기본적인 정의는 '자신을 어떻게 평가하는가'이다. 성장소설에는 사랑이야기가 등장한다. 그 이유는 성장은 자존감을 획득하는 과정이고, 자존감을 갖추면 사랑부터 찾기 때문이다. 반대로 자존감이 무너지면 사랑에 대한 능력부터 의심하게 되어 있다.

당신이 만약 자존감에 문제가 있는 사람이라면 십중팔구 사랑을 힘겨워할 것이다. 의심하고, 다투고, 상대의 무심함에 자주 화가 나고, 내가 더 사랑한다는 사실에 외로울 수도 있다. 또 그런 자신의 모습이 싫어 심하게 자책을 하거나 자괴감에 빠질 수도 있다.

그렇다고 자존감이 꽉 차오를 때까지 사랑하기를 미룰 필요는 없다. 우리가 사랑에 환상을 품고 의지하는 이유는 그만큼 사람의 힘이 강력하기 때문이다. 사랑은 자존감을 갉아먹기도 하지만, 반대로 상처받은 자존감을 치유하기도 한다.

그리고 힘든 이유가 사랑 때문이라고 섣불리 결론 내지 말기를 바란다. 당신이 힘든 이유로는 자존감 외에도 여러 가지가 있을 수 있다. 돈이 없어서 괴로운 것일 수도 있고 체력이 바닥났거나 지쳤을 수도 있다. 또 자존감이 낮다고 해서 너무 걱정할 필요도 없다. '아, 나에게 자존감 문제가 있었구나, 그래서 그동안 사랑이 힘들었구나'와 같은 정도만 깨달으면 된다.

언어논리력 | 글의 내용 추론

08. 윗글에서 말하고자 하는 내용이 아닌 것은?

① 자신의 자존감 상태에 대해 심각하게 받아들일 필요는 없다.

② 사랑이 힘든 이유를 일반화할 수는 없다.

③ 자존감이 꽉 찬 사람만 사랑을 하는 것은 아니다.

④ 사랑으로 상처받은 자존감은 사랑으로 차오르지 않는다.

언어논리력 | 속담의 의미 이해

09. 윗글과 다음 내용의 맥락상 빈칸 ㉠에 들어갈 말로 가장 적절한 것은?

자존감이 낮아지면 그의 마음은 '(㉠   )'와/과 같아진다. 비어 있는 마음 때문에 외부 자극이나 타인의 반응에 쉽게 흔들리고 늘 신나는 것도 부끄러운 것도 없이 공허함을 느낀다.

① 소 잃고 외양간 고치기   ② 밑 빠진 독에 물 붓기

③ 제 눈에 안경   ④ 강 건너 불구경

10. 다음 글을 읽고 이해한 내용으로 가장 적절하지 않은 것은?

> 역사상 한반도에 존재했던 나라들이 세계의 어느 지역보다도 전쟁이 적고 장기 평화와 초장기 국가존속이 가능했던 제일의 이유는 당대의 제국들과 견주어 결코 낮지 않은 외교역량 때문이었다. 그리고 그것을 뒷받침해준, 거의 제국 수준에 도달한 지식과 교육, 안목과 문화 수준 때문이었다. 오늘날 우리들 평화의 원인이자 결과인 우리의 경제 · 기술 · 지식 · 문화를 생각하면 과거 역시 당연한 조합이었다. 외교의 실패는 종종 전쟁을 불러왔다.
>
> 나라의 비약을 이루었던 거인들을 떠올려본다. 영구 평화국가를 꿈꾼 이순신은 말한다. "출전하여 만 번 죽을지라도 한 번 살려는 계책을 돌아보지 않으련다(出萬死 不顧一生之計)." 대륙의 변경국가에서 세계와 해양을 품는 평화 · 교량국가를 향한 방략을 제안한 민영환은 "천 번을 생각하면 반드시 한 번은 얻을 것(愚者千慮 必有一得)"이라고 언명한다. 한국을 대륙에서 해양으로, 변방에서 세계로 나아가게 한 초기 중심인물 이승만은 "대한이 오늘날 이 지경을 당한 것을 전부 종합하여 볼 때, '청나라' '일본' '러시아'의 해악을 차례로 받은 까닭이나… 다 우리가 스스로 불러들여 그들의 욕심을 키워줘 이렇게 만든 것"이라고 맹성한다.
>
> 아! 셋 모두 모골이 송연한 절대 마음이다. 외교 · 안보 · 평화문제는 천 번, 만 번을 생각하자. 그리하여 절대적 경계에서 다시 한번 절대적 비약을 꿈꿔보자.

① 지식이나 문화 수준이 높은 나라는 항상 외교 역량이 탁월하였다.

② 한반도를 근거로 했던 나라들은 역사적으로 외교 역량이 뛰어 났다.

③ 글쓴이는 우리나라의 비약을 꿈꾸며 외교 · 안보 · 평화문제를 되새기고 있다.

④ 외교와 안보는 단순한 생각으로 접근하기보다는 많은 숙고를 거쳐 결정해야 한다.

11. ○○기업은 채용평가 우수자를 선정하여 직원으로 채용하려고 한다. 다음 기준을 참고하여 최종 점수가 높은 순으로 후보자를 선정할 때, 3순위로 선정되는 사람은 누구인가?

〈평가 기준〉
- 최종 점수는 학력, 영어, 인성면접 점수에 다음의 가산 점수를 합한 값이다.
- 보훈 대상자의 경우 20점 가산(비대상자의 경우 0점)
- 제2외국어 능력 보유자의 경우 10점 가산(비보유자의 경우 0점)
- 경력 유무(경력 10점, 인턴 경험 5점, 비대상자 0점) 또는 자격증 유무(대상자 10점, 비대상자 0점)에 따라 가산(단, 경력과 자격증의 가산점은 중복 적용되지 않으며, 둘 중 높은 점수를 가산함)
- 업무 특성에 따라 26 ~ 34세의 남성의 경우 10점 가산

〈채용 대상자 후보 명단〉

구분 (연령, 성별)	학력	영어 점수	제2외국어	경력	자격증	인성면접 점수	비고
A(26, 남)	5점	5점	무	무	무	0점	–
B(27, 남)	5점	5점	무	무	유	10점	–
C(26, 여)	10점	0점	유	무	유	25점	–
D(40, 남)	5점	10점	무	경력	무	20점	참전유공자 유족
E(30, 여)	10점	5점	무	인턴경험	무	30점	–
F(27, 남)	10점	0점	유	인턴경험	무	25점	–
G(29, 여)	0점	5점	유	경력	무	5점	국가유공자녀

① A   ② C
③ E   ④ G

대전기출복원

1회 기출예상
2회 기출예상
3회 기출예상
4회 기출예상
5회 기출예상
6회 기출예상
7회 기출예상
8회 기출예상
9회 기출예상
인성검사
면접가이드

문제해결력 | 명제 판단

12. A~E 다섯 사원은 이번 주 평일에 당직 근무를 선다. 하루에 두 명씩 당직을 서고 근무 배정은 다음과 같을 때, 반드시 참인 것은? (단, 다섯 명 모두 당직을 서는 횟수는 동일하다)

• E는 금요일 당직을 선다.
• 수요일에는 A와 C가 함께 당직을 선다.
• D는 수요일 이후로 당직 근무를 서지 않는다.
• A와 E는 이번 주에 한 번씩 D와 함께 당직을 선다.

---

① A는 두 번 연이어 당직을 선다.
② B는 화요일과 목요일에 당직을 선다.
③ E는 월요일과 금요일에 당직을 선다.
④ 목요일에는 B와 C가 함께 당직을 선다.

언어논리력 | 문장의 호응 이해

13. 다음 글의 밑줄 친 ㉠을 설명하기 위한 예시로 사용할 수 있는 문장으로 적절한 것은?

바른 문장을 이루기 위해서는 최소한 문법에 맞게 써야 한다는 것이다. 모든 문장에는 반드시 주어와 서술어가 있는데, 이 두 개의 문장 요소가 잘 호응을 이루어야 좋은 문장이 될 수 있다. 문장의 호응이란 문장 성분들이 서로 의미가 통하여 유기적으로 결합하는 것을 의미한다. 예를 들어, '너와 나는 국가가 틀리다'에서 주어와 서술어는 호응을 이루고 있지 않다. 국가는 틀린 게 아니라 다른 것이기 때문이다. 따라서 '너와 나는 국가가 다르다'라고 써야 한다. ㉠이와 같이 문서를 작성할 때는 주어와 서술어의 의미 호응이 이루어지도록 해야 한다.

---

① 영희는 절대로 규칙을 어기는 일을 할 것이다.
② ○○박물관은 무단 침입자에 대해서 근거 법령에 따라 처벌을 받는다.
③ 어제 우리가 시험을 망친 원인은 우리가 공부한답시고 밤을 새웠기 때문이다.
④ 어제 나는 친구들과 케이크와 커피를 마셨다.

[14 ~ 15] ○○의류 직원 R 씨는 사원들의 드라이클리닝에 대한 이해를 높이고 올바른 사용법을 안내하기 위하여 다음 글을 참고하고자 한다. 글을 읽고 물음에 답하시오.

드라이클리닝의 '드라이'는 물을 사용하지 않는다는 뜻으로 물빨래에 대비되는 말이다. 드라이클리닝은 물 대신 드라이클리닝 용제를, 일반 세제 대신 드라이클리닝 세제를 이용해서 세탁한다. 드라이클리닝 세제가 섞여 있는 드라이클리닝 용제가 세탁조 안에 들어가 의류와 함께 회전하면서 세탁이 이루어진다. 극성이 없는 드라이클리닝 용제를 사용함으로 기름 성분의 오염 물질을 녹여 없앨 수 있고, 물을 사용하지 않으므로 물세탁으로 쉽게 손상되는 모나 견 섬유의 세탁에 유리하다. 또한 같은 부피의 무게를 비교하면 드라이클리닝 용제보다 물이 훨씬 무거우므로 드럼이 돌 때 세탁물이 떨어지면서 가해지는 힘이 물에 비해 매우 작기 때문에 의류의 변형이 적다.

드라이클리닝은 19세기 중반에 한 프랑스인이 등유가 떨어진 테이블보가 깨끗해진 것을 관찰한 것에서 출발한다. 1930년대 중반에는 퍼클로로에틸렌(퍼크로)을 드라이클리닝 용제로 사용하기 시작했다. 퍼크로는 불에 타지 않는 동시에 강한 세척력을 가지나, 국제암연구소(IARC)에 의해 인체 발암 추정물질로 구분된다. 한번 사용한 용제는 비교적 고가이므로 용제가 오염되지 않도록 청결하게 관리하며 재사용해야 한다.

드라이클리닝 용제는 무극성이므로 땀이나 악취 등 물과 친화력이 높은 수용성 오염 물질과 친화력이 매우 낮아 쉽게 제거할 수 없다. 수용성 오염을 없애고 세탁 효율을 높이기 위해서 사용하는 첨가제는 '드라이소프'라고 하는 드라이클리닝 세제이다. 드라이클리닝 세제는 물에서 친수성 부분이 섬유와 오염 물질을 향하고 소수성 부분이 드라이클리닝 용제방향으로 향하게 되어 용제와 오염 물질이 반응할 수 있도록 섞어 주는 역할을 함으로써 보다 효과적으로 오염 물질을 제거하게 해 준다. 물빨래에서 사용하는 비누와 역할이 같다. 드라이클리닝의 세척 후 탈용제 단계에서는 빠른 속도로 세탁조를 회전시켜 빨랫감에 남아있는 용제를 제거한 후 건조한다. 가끔 세탁소에서 옷을 받았을 때 특유의 냄새가 나는 경우가 있는데, 이는 미량의 드라이클리닝 용제가 섬유 내부에 남아서일 수 있으므로 며칠간 통풍이 잘되는 곳에 걸어 냄새가 없어진 후 입는 것이 좋다.

14. 윗글을 통해 알 수 있는 내용으로 가장 적절하지 않은 것은?

① 수용성 오염은 드라이클리닝만으로는 완전히 제거하기 어렵다.
② 드라이클리닝에 사용한 용제는 재사용을 위해 청결하게 관리해야 한다.
③ 기름 성분의 오염 물질을 녹여 없애는 것이 드라이클리닝의 원리이다.
④ 드라이클리닝은 물을 사용하지 않으므로 모나 견의 세탁에 유리하다.

15. R 씨는 윗글을 바탕으로 드라이클리닝 사용 안내 문구를 작성하였다. 다음 중 안내 문구로 가장 적절하지 않은 것은?

① 드라이클리닝 후 냄새, 통풍으로 날린 후 입으세요.

② 회전 없는 세탁, 의류 변형을 예방해 보세요.

③ 드라이소프, 물빨래 비누의 효과를 누릴 수 있습니다!

④ 탈용제 단계를 거쳐 드라이클리닝 용제를 제거하세요.

16. 다음은 ○○사의 활동 모집 신청안내 자료이다. 자료에서 알 수 있는 사항이 아닌 것은?

〈○○사 "○○영크리에이터" 모집〉

모집안내	• 모집기간 : 2023년 3월 2일(목) ~ 2023년 3월 19일(일) • 모집인원 : 25명(에디팅 분야 15명, 영상 분야 10명) • 지원자격 : ○○사에 관심 있는 대학생 및 휴학생 • 우대사항 　– SNS채널을 활발하게 운영하고 콘텐츠 제작에 관심 있는 분 　– 홍보서포터즈 및 기자단 활동 경험이 있는 분 　– 외국어 회화가 능숙한 분
지원방법	• 제출서류 : ○○영크리에이터 지원서 및 개인정보제공동의서 　※○○사 블로그에서 다운로드 • 이메일접수 : kfc.young2023@*****.com • 선발절차 : 1차 서류심사 ▶ 2차 면접 ▶ 합격자 안내 • 최종합격자 발표 : 2023년 3월 28일(화), ○○사 블로그 게시 및 개별통지
활동내용	• 활동기간 : 2023년 4 ~ 11월(8개월) • 주요활동 : ○○사 관련 콘텐츠 월 1건 제작 • 활동혜택 　– ○○사 관련 직무 인터뷰 및 현장체험 기회 제공 　– ○○영크리에이터 임명장 및 기념품 지급 　– 매월 콘텐츠 원고료 지급(에디팅 10만 원 / 영상 15만 원) 　– 활동 종료 후 수료증 수여 및 우수활동자 시상

① 모집 분야　　　　　　　　　② 문의 담당자 이메일 주소

③ 활동 신청 시 고려할 자격　　④ 활동에서 요구되는 결과물

수리력 | 평균 계산

17. 다음 가 ~ 라 4개의 초등학교 중 학급당 평균 학생 수가 가장 많은 학교는 어디인가?

구분	가 학교	나 학교	다 학교	라 학교
전체 학생 수(명)	350	240	415	290
학급 수(개)	10	8	15	12

① 가 학교　　　　　　　　② 나 학교
③ 다 학교　　　　　　　　④ 라 학교

수리력 | 방정식 활용

18. A사 박 대리는 연말 결산으로 연봉의 20%에 해당하는 성과급을 받기로 하였으나, 전산 오류로 연봉의 8%를 받았다. 박 사원이 받은 성과급의 금액이 352만 원이라고 할 때, 추가로 받아야 하는 금액은 얼마인가?

① 488만 원　　　　　　　　② 528만 원
③ 530만 원　　　　　　　　④ 560만 원

수리력 | 표의 수치 계산

19. 다음은 늘봄학교 신청자 200명을 대상으로 희망하는 프로그램을 조사한 자료이다. ⓐ+ⓑ의 값은 얼마인가? (단, 희망 프로그램 신청은 1개 또는 2개까지만 가능하며, 무응답자는 없다)

(단위 : 명)

구분	에어로빅힙합	코딩	창의수학	마음일기	독서토론	우쿨렐레
신청 인원	50	56	34	60	28	8

• 희망 프로그램을 2개 선택한 응답자는 (ⓐ)명이다.
• 전체 신청자 중 에어로빅힙합을 선택한 인원 비중은 (ⓑ)%이다.

① 48　　　　　　　　② 51
③ 58　　　　　　　　④ 61

1회 기출예상
2회 기출예상
3회 기출예상
4회 기출예상
5회 기출예상
6회 기출예상
7회 기출예상
8회 기출예상
9회 기출예상
인성검사
면접가이드

수리력 | 표의 수치 분석

20. 다음은 동일한 제품을 판매하는 온라인쇼핑몰 A ~ C 세 곳에 대해 구매자들이 평가한 표이다. 이에 대한 설명으로 옳지 않은 것은? (단, 모든 항목은 100점 만점이다)

(단위 : 점)

온라인쇼핑몰 \ 항목	품질	배송	불만처리 응대	가격
A	90	86	93	80
B	92	90	85	86
C	94	80	91	85

① 모든 항목을 더한 총점이 가장 높은 온라인쇼핑몰은 B이다.
② 배송과 불만처리 응대에 큰 비중을 두는 소비자라면 온라인쇼핑몰 A를 선택할 확률이 높다.
③ 품질 점수에 50%의 가산점을 부여할 때, 총점이 가장 높은 온라인쇼핑몰은 B이다.
④ 배송 점수에 50%의 가산점을 부여해도 온라인쇼핑몰의 총점 순위에는 변동이 없다.

수리력 | 비율 기반 월급 계산

21. A 기관 직원 갑과 을의 2024년 월급이 전년 대비 같은 비율로 인상되어 갑은 236.9만 원, 을은 222.48만 원이 되었다. 2023년 갑의 월급이 230만 원이었을 때, 2023년 을의 월급은 얼마인가?

① 214만 원
② 215만 원
③ 216만 원
④ 217만 원

[22 ~ 23] ○○시는 가정복지 정책방향 수립의 기본 자료로 활용하기 위해 혼인 및 이혼 건수를 다음과 같이 해마다 조사하였다. 자료를 보고 이어지는 물음에 답하시오.

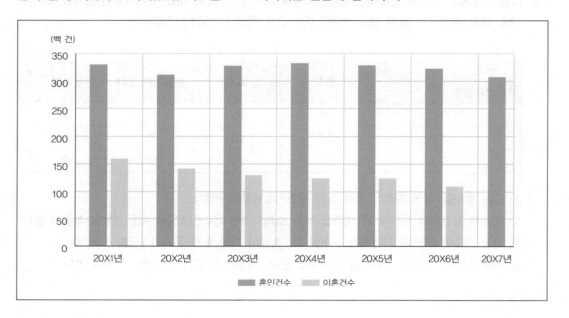

수리력 | 그래프 분석

22. 위 자료를 통해 혼인 및 이혼 건수 변화를 분석한 내용으로 가장 적절하지 않은 것은?

① 20X7년 혼인 건수는 4년 전의 혼인 건수보다 낮은 수준이다.
② 20X1 ~ 20X3년 이혼 건수의 감소량은 20X3 ~ 20X5년의 이혼 건수의 감소량보다 더 크다.
③ 20X1년 혼인과 이혼 건수의 합은 450백 건을 넘지 못한다.
④ 20X1 ~ 20X7년 동안 혼인 건수와 달리 이혼 건수는 전반적으로 감소하는 추세이다.

수리력 | 그래프 수치 계산

23. 위 자료와 관련하여 ○○시의 20X6년 혼인 건수가 323백 건, 이혼 건수가 110백 건이었다면, 20X6년의 혼인 건수 대비 이혼 건수 비율로 옳은 것은? (단, '혼인 건수 대비 이혼 건수 비율'은 혼인 건수를 100으로 볼 때 이혼 건수가 차지하는 비율이며, 소수점 아래 첫째 자리에서 반올림한다)

① 37%   ② 36%
③ 34%   ④ 35%

대전기출복원

1회 기출예상
2회 기출예상
3회 기출예상
4회 기출예상
5회 기출예상
6회 기출예상
7회 기출예상
8회 기출예상
9회 기출예상
인성검사
면접가이드

수리력 | 소요시간 계산

24. ○○사는 오늘 하루 동안 제작하려 하는 96개의 상품 A 전체의 $\frac{1}{12}$개를 제작하는 데 6분이 걸린다. 상품 A 하나를 제작하는 데 소요되는 시간이 항상 일정하다면, 64개를 제작하는 데는 총 몇 분이 걸리는가?

① 38분

② 42분

③ 48분

④ 52분

수리력 | 도표 수치 계산

25. 다음은 ○○사 직원들의 학력별 인구 비중과 남녀 비중을 나타낸 자료이다. ○○사 전체 직원의 남녀 비중을 각각 바르게 연결한 것은?

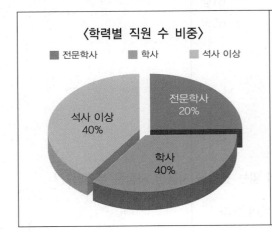

〈학력별 직원 수 비중〉

■ 전문학사   ■ 학사   ■ 석사 이상

석사 이상 40%
전문학사 20%
학사 40%

〈학력별 남녀 직원 수 비중〉

(단위 : %)

구분	남성	여성	계
전문학사	45	55	100
학사	55	45	100
석사 이상	65	35	100

	남자	여자		남자	여자
①	55%	45%	②	56.5%	43.5%
③	57%	43%	④	58%	42%

수리력 | 증감률 기반 가격 계산

26. 한 반찬가게의 인기 반찬인 A와 B의 단가는 각각 1,400원과 2,300원이었는데, 식자재 가격 변동으로 인해 반찬에 대한 단가가 A는 10% 상승, B는 5% 감소했다고 한다. 두 반찬을 각각 300인분씩 판매할 때, 단가 변동 전과 후의 가격 차이는 모두 얼마인가?

① 7,200원   ② 7,300원

③ 7,400원   ④ 7,500원

수리력 | 부등식 활용

27. ○○교육청에서 워크숍 점심식사를 위해 식당을 예약하려고 한다. 4인 테이블로 예약할 경우 17개의 테이블이 필요하고, 9인 테이블로 예약할 경우 8개의 테이블이 필요하다고 할 때, 정기 모임에 참석할 동호회 인원수로 가능한 값은?

① 59명   ② 61명

③ 63명   ④ 65명

언어논리력 | 어법 이해

28. 다음 중 중의적으로 해석되지 않고 어법에 맞는 문장을 사용한 사람은 누구인가?

① A : 길을 다니거나 놀 때에는 차를 조심해야 한다.

② B : 주희가 울면서 떠나는 영호를 보냈다.

③ C : 그 영화는 여간 재미있었다.

④ D : 세계 경제의 변화를 정확하게 예측했기 때문에 안정적인 자금 조달이 가능했다.

1회 기출예상
2회 기출예상
3회 기출예상
4회 기출예상
5회 기출예상
6회 기출예상
7회 기출예상
8회 기출예상
9회 기출예상
인성검사
면접가이드

언어논리력 | 원칙 기반 문장 작성

29. 다음 〈가훈 작성 원칙〉을 토대로 작성된 가훈으로 가장 적절하지 않은 것은?

〈가훈 작성 원칙〉

• 긍정적인 메시지를 담아야 한다.
• 가족의 공동 목표를 담아야 한다.
• 비유적으로 표현해야 한다.
• 문장이 간결해야 한다.

---

① 함께 웃고 함께 울며, 서로를 이해하는 우리가 되자.
② 함께 가는 길, 행복이 머무는 곳으로 만들어 가자.
③ 서로의 빛이 되어 어둠을 밝히자.
④ 우리는 잔잔한 호수처럼 함께 평온한 삶을 살아간다.

문제해결력 | 명제 판단

30. 최근 개봉한 영화 A 시리즈의 세 번째 작품 〈A3〉에는 영화배우 C가 출연하였다. 아래의 명제가 모두 참일 때, 다음 중 항상 참인 것은?

• 40대 미만은 SNS 이용을 선호한다.
• 과거 개봉된 영화 A 시리즈의 두 번째 작품 〈A2〉를 관람했던 관객들은 SNS 이용을 선호하지 않는다.
• 영화배우 C의 팬들은 영화 A 시리즈의 두 번째 작품 〈A2〉를 관람하였다.
• 40대 이상은 영화배우 C의 팬이다.

---

① 영화 〈A2〉를 관람하지 않은 사람들은 40대 이상이 아니다.
② 40대 미만은 영화 〈A2〉를 관람하였다.
③ SNS 이용을 선호하는 사람들은 영화 〈A2〉를 관람하였다.
④ SNS 이용을 선호하는 사람들은 영화배우 C의 팬이다.

[31 ~ 32] 다음은 ○○기업 A 지사의 민원실 이전설치 공사 안내문이다. 글을 읽고 물음에 답하시오.

〈A 지사 민원실 이전설치 공사 안내〉

1. 공사개요

　가. 발주기관 : ○○기업 대전지역총괄본부

　나. 공사명 : A 지사 종합민원실 개선 공사

　다. 공사현장 : 대전시 ○○구 □□로 101, △△빌딩 2층

　라. 공사기간 : 202X년 5월 15일 ~ 5월 31일

　마. 공사내용 : A 지사 종합민원실 인테리어 공사, 비품류 제작 설치

2. 근무일정

　가. 근무시간 : 오전 9시 ~ 오후 6시

　나. 점심시간 : 오후 12시 30분 ~ 1시 30분

　※ 5월 31일은 최종 공사 마무리로 인한 휴무

3. 민원실 인테리어 공사로 인한 참고사항 안내

　가. 전화업무 : 콜센터 및 기타 업무 관련 전화회선 감소로 인해 기존 6명의 직원이 3명씩 교대로 근무함에 따라 동시간대 업무 처리량이 감소하여 기존 근무시간에서 2시간이 추가된 오전 9시 ~ 오후 8시로 근무시간이 연장됨.

　나. 창구업무 : 기존 4명이던 창구민원 처리 인원이 2명으로 축소됨에 따라 대기인원이 10명 이상일 경우 근처의 B 지사 창구로 안내함.

　다. 네트워크 점검으로 인하여 오전 9 ~ 11시에는 팩스 사용이 불가하므로 메일을 이용함.

---

31. 윗글을 읽고 알 수 있는 내용으로 옳지 않은 것을 모두 고르면?

> ㄱ. 지사의 이전설치에 따른 공사와 그에 따른 운영 변동 안내를 목적으로 한다.
> ㄴ. 이전설치 공사로 인한 직원 인원 감축이 있다.
> ㄷ. 공사기간 동안 별도의 휴무는 없다.
> ㄹ. 공사 기간 이전에 네트워크 점검은 마무리되어 있다.
> ㅁ. 창구민원 최대 대기 가능 인원은 공사 진행 상황에 따라 10명까지 가능하다.

① ㄱ, ㄴ, ㄷ   ② ㄱ, ㄹ, ㅁ
③ ㄴ, ㄷ, ㄹ   ④ ㄷ, ㄹ, ㅁ

32. 다음은 위 안내문의 공사와 관련한 A 지사의 회의 대화 중 일부이다. 경청의 자세가 바르지 않은 사람은 누구인가?

> 한 팀장 : 이번에 우리 지사에서 실시되는 공사에 대해 잘 알고 있죠?
> 최 대리 : 네, 팀장님. 더 나은 업무 환경과 고객 접근성을 높일 수 있는 좋은 기회라고 생각합니다.
> 박 대리 : 그런데 고객들이 안내 사항에 잘 따라줄까요?
> 한 팀장 : 민원실 고객들이 혼란을 느끼지 않도록 잘 안내하는 것이 우리가 할 일이라고 할 수 있죠.
> 박 대리 : 그렇긴 하지만 우리 안내문만으로는 고객들에게 공사 안내를 하는 게 부족하다는 생각이 들어요. 그나저나 아까 점심시간에 배달시킨 커피값이 얼마였죠?
> 민 사원 : 공사에 대해 안내문만 붙이는 게 아니라 민원실 직원들이 방문하는 고객들에게 직접 구두로 안내한다던가, 자주 방문하는 고객들에게는 문자 안내를 보내는 등의 적극적인 안내가 필요할 것 같아요.
> 최 대리 : 좋은 생각이네요. 부디 공사 기간 동안 운영에 별 탈 없도록 잘해봅시다!

① 최 대리   ② 박 대리
③ 민 사원   ④ 한 팀장

[33 ~ 34] 다음은 H 씨가 동료들과의 여행을 기획하며 찾은 홍보자료이다. 이어지는 물음에 답하시오.

지난여름, 강원도 강릉 경포해변에서만 하루 평균 38톤이 넘는 쓰레기가 매일같이 나왔다고 한다. 아름다운 바다를 찾아온 이들의 아름답지 않은 뒷모습은 진한 아쉬움을 남긴다. 이러한 쓰레기 문제는 눈에 보이는 것보다 보이지 않는 문제가 더 크다. 바다에는 이미 수많은 쓰레기가 부유하며 환경오염을 일으키기도 하고, 때때로 해안으로 되돌아와 경관을 해치거나 해변을 오염시키는 악순환이 반복되기도 한다.

최근 이런 문제점을 자각한 시민들은 바다를 산책하며 쓰레기를 줍는 플로깅(plogging), 비치코밍(beach combing)을 통해 건강한 바다 지키기를 실천하고 있다. 이러한 활동만으로 바다의 모든 쓰레기를 해결할 수는 없겠지만, 작은 실천이 모여 조금씩 나아질 수 있다는 희망을 만들 수 있을 것이다.

업사이클 브랜드 ○○이 기획·진행하고 있는 '오션 트래쉬, 노 모어(OCEAN TRASH, NO MORE)' 캠페인도 이러한 활동 중 하나다. 이 캠페인은 서핑을 즐기기 전 해변을 청소하는 활동을 함으로써 쓰레기가 바다로 유입되는 것을 막고, 더불어 바다와 자연을 사랑하는 마음을 한번 더 생각하게 한다. 한 달에 두 번 진행되는 이 캠페인의 참가 방법은 간단하다. ○○홈페이지에 가입 후 날짜와 장소를 확인하고 신청하면 된다. 서핑이 가능한 해변에서는 제휴된 서핑숍을 통해 합리적인 가격으로 서핑 강습과 장비 렌탈을 할 수도 있어 서핑 경험이 없는 사람도 즐겁게 도전할 수 있다. 참가비는 무료이며, 첫 참여자에게는 업사이클 제품을 증정한다.

대전기출복원

1회 기출예상
2회 기출예상
3회 기출예상
4회 기출예상
5회 기출예상
6회 기출예상
7회 기출예상
8회 기출예상
9회 기출예상
인성검사
면접가이드

언어논리력 세부 내용 이해

33. H 씨가 동료들에게 윗글에 나온 여행의 형태를 제안할 때, 그 내용으로 가장 적절하지 않은 것은?

① 동료들에게 캠페인 관련 브랜드의 홈페이지에 가입하게 하여 캠페인 진행 관련 정보를 얻을 수 있다는 점을 알려줘야겠어.

② 이번 여행의 주제를 '해양 오염 정화를 실천하는 여행'으로 정해서 의미 있는 여행을 제안해봐야 겠어.

③ 즐거움만 있는 여행이 아니라 자연 사랑에 대해 생각해 볼 수 있는 뜻 깊은 여행을 기획하여 제안해 봐야겠어.

④ 캠페인에 참여하면 제휴 서핑숍을 통해 어디서든 합리적인 가격으로 초보자도 서핑을 즐길 수 있다는 점을 알려줘야겠어.

언어논리력 글의 주장 파악

34. 윗글을 바탕으로 다음과 같은 의견을 가진 동료에게 H 씨가 할 수 있는 말로 가장 적절한 것은?

> 저는 이번 여행의 목적을 '휴식'으로 해야 한다고 생각해요. 직장생활로 쌓인 스트레스를 맛있는 음식을 먹으며 좋은 풍경을 보고 좋은 숙소에서 지냄으로써 해소하면 더 좋을 것 같으니, 플로깅을 함께한 서핑보다는 좋은 호텔에서 숙박하고 좋은 음식을 먹을 수 있도록 여행을 기획해 주세요.

① 서핑을 한다는 것은 위험하니 팀원들의 안전을 위해서 가깝고 좋은 호텔에서 숙박할 수 있도록 계획을 수정해 보겠습니다.

② 팀원 여행은 서로 간의 이해와 친목 도모가 가장 중요하다고 생각합니다. 서로를 알아갈 수 있는 시간이 될 수 있도록 기획해 보겠습니다.

③ 기획팀이 책정한 예산의 범위 내에서만 여행을 기획할 수 있으므로, 서핑 여행을 통해 예산을 절약하는 것이 좋겠습니다.

④ 해변 쓰레기를 주우며 지구의 환경을 지킬 수 있는 여행도 의미 있지 않을까요? 운동을 통해 스트레스를 푸는 것이 건강에도 좋을 것입니다.

언어논리력 의사소통 태도 파악

35. 다음 대화에서 나타난 B의 태도로 가장 적절하지 않은 것은?

A : 오늘 서 대리 생일인 거 알아?

B : 응? 깜빡하고 있었어.

A : 달력 보다가 나도 아침에 갑자기 생각났어.

B : 그런데 오늘 서 대리 표정이 별로 좋지 않던데.

A : 그러게, 나이를 한 살 더 먹는다는 게 서글퍼서일까?

B : 글쎄, 내 생각에 생일날까지 야근을 해야 해서 짜증이 난 것 같아.

A : 응, 듣고 보니 네 말이 맞는 것 같아

B : 그건 그렇고, 선물은 어떻게 하지?

A : 점심시간에 백화점에 가서 선물을 고를까?

B : 그게…, 내가 점심에 부장님과 식사 약속이 있어. 내년에 제대로 챙겨주기로 할까?

A : 안 돼, 서 대리 이직을 준비 중이라 내년 생일엔 어떻게 될지 몰라.

---

① 상대방의 제안에 주저하는 태도를 보였다.

② 상대방의 질문에 분명하지 않은 태도를 나타내었다.

③ 언어적인 의사표현을 대체하여 비언어적 의사소통을 활용하였다.

④ 대화의 주제나 분위기를 전환하려는 시도를 하였다.

36. 다음 셔틀차량 이용 안내문과 직원별 상황을 참고할 때, 갑~무 중 셔틀차량을 이용할 수 있는 직원을 모두 고르면? (단, 직원 갑~무만 셔틀차량을 추가 신청했다고 가정한다)

〈셔틀차량 추가 이용 안내문〉

○○교육청 내부 사정으로 셔틀차량 추가 이용에 관하여 직원 여러분의 협조를 부탁드립니다. 출퇴근 시 추가로 셔틀차량을 이용할 수 있는 직원은 현재 2명이며, 다음 순위를 바탕으로 두 분을 선정하여 교육청 1층에서 이용증을 배부할 예정입니다. 셔틀차량 추가 사용 인원을 늘릴 수 있을 때까지 가급적 대중교통 이용을 부탁드립니다.

- 1순위 : 다리가 불편한 사람이거나 임산부 중 ○○교육청으로부터 집이 25km 이상인 직원
- 2순위 : 다리가 불편한 사람이거나 임산부 중 나이가 많은 직원
- 3순위 : 신청자 중 나이가 많은 직원

〈직원별 상황〉

갑 : 33세 임산부로, ○○교육청으로부터 집이 5km 거리에 있다.
을 : 57세 팔 골절 환자로, ○○교육청으로부터 집이 26km 거리에 있다.
병 : 41세 다리 골절 환자로, ○○교육청으로부터 집이 10km 거리에 있다.
정 : 60세 천식 환자로, ○○교육청으로부터 집이 15km 거리에 있다.
무 : 38세 임산부로, ○○교육청으로부터 집이 27km 거리에 있다.

---

① 갑, 을   ② 갑, 정
③ 을, 무   ④ 병, 무

37. 한국에 2년째 머무르고 있는 S사의 마이클 사장은 거래처 간부들을 부부 동반으로 자신의 집에 초대하였다. 다음의 좌석 배치 원칙에 따라 모두 착석하였을 때, 모임에 초대받은 거래처의 김 사장, 박 전무, 오 부장, 남 과장 부부의 좌석 위치로 옳지 않은 것은? (단, 마이클 사장의 배우자는 없으며, 거래처 간부들은 모두 남성이다)

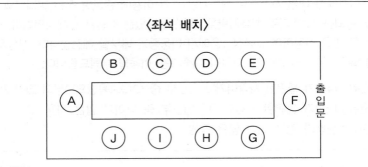

· 좌석 배치 원칙
 − 부부가 함께하는 모임일 경우 부부는 서로 마주보고 앉는 것이 원칙이다.
 − 가장 상급자의 여자 주빈은 호스트의 오른쪽에 앉으며 초대된 손님들의 직위 순에 따라 주빈으로부터 점점 먼 곳에 앉는다.
 − 출입구를 바라보고 앉는 곳에 호스트가 앉는다.
 − 손님들의 좌우 옆자리에는 동성의 손님이 앉지 않는 것이 일반적이다.

① 김 사장의 부인은 J에 앉는다.
② F는 빈자리로 놔두게 된다.
③ G에는 남 과장의 부인이 앉는다.
④ I의 건너편에는 박 전무의 부인이 앉는다.

38. 다음은 가 ~ 바 6개 광역시별 늘봄교실 참여 학교 수를 조사한 것이다. 늘봄교실 참여율이 라시보다 높은 광역시는 몇 개인가?

(단위 : 개교)

구분	가 시	나 시	다 시	라 시	마 시	바 시
초등학교 수	156	232	152	305	122	270
늘봄교실 참여 학교 수	66	190	86	184	68	190

※ 늘봄교실 참여율 = $\frac{늘봄교실\ 참여\ 학교\ 수}{초등학교\ 수} \times 100$

① 1개　　② 2개　　③ 3개　　④ 4개

수리력 거리·속력·시간 계산

39. 매일 출퇴근 시 자가용을 이용하는 철수는 집에서 회사까지 평균속도 50km/h로 주행하여 출근한다. 회사에서 집으로 돌아올 때도 출근 때와 같은 경로를 이용하며 평균속도 60km/h로 운전하여 출근 때보다 10분 적게 주행하여 도착한다. 이때 철수의 집에서 회사까지의 거리는?

① 50km

③ 54km

② 55km

④ 60km

언어논리력 예시 파악

40. 다음 글을 읽고 각 육서와 그에 해당하는 글자의 연결이 옳지 않은 것을 고르면?

> 육서(六書)란 한자의 구조와 실제 사용에 대한 여섯 가지 대원칙이다. 이 중 '지사(指事)'는 한자 중에서 추상개념을 도형화한 것이다. 예를 들면 위에 점이 있다는 원칙으로 형성된 上자, 아래에 점이 있다는 원칙으로 형성된 下자 등이 있다. '상형(象刑)'은 물건의 형태를 형상화한 것으로 그림이 근본이 된다. 그 예로 태양의 형태를 본 뜬 日자, 사람이 서 있는 형태를 본뜬 人자 등이 있다. '회의(會意)'는 두 개 이상의 기성 문자를 결합하는 것이다. 사람이 양쪽에서 서로 등을 맞대고 향하여 도망가는 형상을 가진 北이 그 예이다. '형성(形聲)' 또한 이미 만들어진 글자를 합성한 것인데, 하나의 한자를 이루는 구성요소의 한쪽은 뜻을 나타내고 다른 한쪽은 소리를 나타낸다. 형성자를 이루는 성분 중의 하나는 반드시 소리 부분인 성부(聲符)라는 점이 회의(會意)와 다르다. 6만에 가까운 한자의 구성은 대부분 이 방법을 따르는데, 江, 河, 盆, 怒 등이 있다. '전주(轉注)'는 이미 만들어진 한자를 관련 있는 다른 뜻으로 돌려쓰는 방법으로 음이 바뀌기도 한다. 惡을 '악'으로 읽어 악하다는 뜻을, '오'로 읽어 미워한다는 뜻으로 사용하는 것이 그 예이다. 마지막으로 '가차(假借)'는 고유 글자가 없는 낱말을 표기하기 위하여 본래 뜻과는 상관없이 새로운 단어의 발음에 부합하는 기성의 다른 글자의 모양을 빌려 쓰는 방법이다. 그래서 가차에 의해서는 어떠한 자형의 증가도 이루어지지 않으므로 이를 진정한 의미의 글자 형성 방법이라 보기는 어렵다. 예를 들어 ASIA를 아세아(亞細亞)로 표기한 것 등이 있다.

① 지사−추상적 개념을 표현하기 위해 획으로 구성된 左(왼 자)

② 전주−새(鳥)가 입(口)을 벌려 지저귄다는 뜻의 결합으로 구성된 鳴(울 명)

③ 상형−양의 머리를 정면에서 바라본 모습을 그린 羊(양 양)

④ 회의−사람(亻)과 말씀(言)이 결합하여 만들어진 信(믿을 신)

1회 기출액상
2회 기출액상
3회 기출액상
4회 기출액상
5회 기출액상
6회 기출액상
7회 기출액상
8회 기출액상
9회 기출액상
인성검사
면접가이드

[41 ~ 42] ○○기업 인사팀에 근무하는 H 대리는 신입사원 연수교육에 사용할 자료를 정리하고 있다. 이를 읽고 물음에 답하시오.

국내에서도 번역 출간된 초오신타의 '세계의 인사법'이란 책에는 여러 나라 여러 민족의 다양한 인사법이 나온다. 포옹, 가벼운 키스, 서로 코를 맞대는 뉴질랜드 마오리족의 인사에서부터 반가움의 표시로 상대방의 발에 침을 뱉는 아프리카 키유크족의 인사까지 우리 관점에서 보면 기상천외한 인사법이 참으로 많다. 인사는 반가움을 표시하는 형식화되고 관습화된 행위다.

나라마다 문화마다 독특한 형식의 인사가 많지만 전 세계적으로 통용되는 가장 보편적인 인사법을 꼽으라면 역시 악수일 것이다. 악수는 원래 신(神)이 지상의 통치자에게 권력을 넘겨주는 의식에서 유래했다고 한다. 이것은 이집트어의 '주다'라는 동사에 잘 나타나 있는데, 상형문자로 쓰면 손을 내민 모양이 된다고 한다.

먼저 악수할 때는 반갑게 인사말을 건네며 적극적인 자세로 서로 손을 잡고 흔든다. 이 악수는 신체적 접촉으로 이루어지는 적극적이고 활달한 인사이므로 만약 지나치게 손을 흔든다거나, 힘없이 손끝만 살짝 쥐고 흔드는 시늉만 한다면 상대방은 몹시 불쾌해질 수 있다. 서양에서는 이런 행동을 "죽은 물고기 꼬리를 잡고 흔든다"라고 말하며 모욕적인 행동으로 간주한다. 군대 내에서는 상관과 악수할 때 손에 힘을 빼라는 예법이 있다. 그것은 군대 내에서만 적용되는 악수법이니 외부인과 악수할 때에는 손윗사람이라도 약간의 에너지를 주고 흔들면 된다. 다만, 연장자보다 힘을 덜 주면 되는 것이다. 원래 악수는 허리를 펴고 한 손으로 당당하게 나누는 인사다. 서양에서는 대통령이나 왕족을 대하는 경우에만 머리를 살짝 숙여 충성을 표시하는 데 반해, 우리나라에서는 지나치게 허리를 굽혀 악수하는 장면이 많이 보이는데, 이는 세계적으로 통용되는 정통 악수법의 관점에서는 옳지 않다. 우리나라의 악수는 서양과 달리 절과 악수의 혼합형처럼 쓰이고 있으므로 웃어른이나 상사와 악수를 할 때는 왼손으로 오른쪽 팔을 받치고 고개를 약간 숙인 채 악수를 하는 것이 좋다. 그렇더라도 지나치게 허리까지 굽힌다면, 보기에도 좋지 않을 뿐더러 마치 아부하는 것처럼 보일 수도 있으므로 이런 모습은 보이지 않도록 한다.

악수는 여성이 남성에게 먼저 청하는 것이 에티켓이며, 같은 맥락으로 연장자가 연소자에게, 상급자가 하급자에게 청하는 것이 옳은 방법이다. 때론 장난기 많은 사람 중에 악수를 하며 손가락으로 장난을 치는 사람들도 있는데, 세계화의 시대에 이런 모습은 사라져야겠다.

대전기술복원

1회 기출복원

2회 기출복원

3회 기출복원

4회 기출복원

5회 기출복원

6회 기출복원

7회 기출복원

8회 기출복원

9회 기출복원

인성검사

면접가이드

문제해결력 | 자료 내용 파악

41. ○○기업 H 대리가 연수교육을 준비할 때 고려한 내용으로 적절한 것은?

① 악수를 하기 전에 명함을 교환해야 하는 것도 안내해야겠다.

② 악수를 할 때 자신이 상대에게 인상적으로 받아들여지도록 노력해야 함을 설명해야겠다.

③ 직장에서 상대와 인사할 때 어떤 주제의 말을 하면 좋을지 안내해야겠다.

④ 악수 예절을 상세히 안내하여 신입사원들이 회사 생활에 잘 적응할 수 있도록 안내해야겠다.

문제해결력 | 자료 내용 파악

42. 위 연수교육을 받은 신입사원들이 이해한 내용으로 가장 적절하지 않은 것은?

① 악수를 할 때 여성이 남성에게 먼저 손을 내미는 것이 좋겠어.

② 악수할 때에는 손윗사람(연장자)이 손아랫사람에게 먼저 손을 내밀어야 되는군.

③ 악수할 때에는 허리를 꼿꼿이 세워 대등하게 악수를 해야 하는군.

④ 웃어른과 악수할 때 황송하다고 생각해서 허리를 많이 굽히거나 또는 두 손으로 감싸는 것은 상당히 매너 있는 행위구나.

43. 다음은 ○○중학교의 가정통신문이다. 이를 읽고 추론한 내용으로 가장 적절하지 않은 것은?

〈자유학기제 관련 △△난방공사 견학 안내문〉

"자유학기제"는 중학교 과정 중 한 학기 동안 학생들이 시험 부담에서 벗어나 꿈과 끼를 찾을 수 있도록 토론·실습 등 학생 참여형 수업을 개선하고, 진로탐색 활동 등 다양한 체험 활동이 가능하도록 교육과정을 유연하게 운영하는 제도입니다.

이번에 ○○중학교에서는 진로탐색 활동의 도움이 되고자 견학 활동을 계획하였습니다. △△난방공사는 집단에너지사업을 통한 대기환경 개선과 에너지 절약을 실천하는 교육과 체험의 장소로 활용되고 있습니다. 이번 견학을 통해 에너지와 지역난방에 대한 이해와 더불어 환경에 대한 흥미와 호기심을 높이고, 공사 내 견학으로 학생들에게 진로탐색의 기회를 제공하고자 합니다.

학생들의 안전을 위해 인솔 교사가 동행하며, 안전 수칙을 사전에 교육할 예정입니다. 장거리 이동임을 고려하여 차량 안전에도 만전을 기하겠습니다. 학부모님께서는 자녀가 필요한 준비물을 잘 챙길 수 있도록 도와주시고 건강 상태를 확인하여 참여에 무리가 없도록 협조해 주시기 바랍니다.

1. 견학 일시 : 20X4년 5월 31일(금) 10:00 ~ 15:00
2. 장소 : △△난방공사 본사(경기 성남시 분당구 분당로 368)
3. 대상 : 2학년 전체 학생
4. 목적
    - 에너지와 지역난방에 대한 이해 증진
    - 과학에 대한 흥미와 호기심 증진
    - 진로탐색 기회 획득
5. 견학내용
    - 집단에너지사업 및 지역난방에 관한 교육
    - 홍보전시실 견학(40분 소요)
    - 에너지 절약 체험 활동
6. 준비물
    - 필기도구 및 메모장
    - 도시락 및 물병
    - 우비(원활한 활동 참여를 위해 우산보다 우비를 챙겨주시기 바랍니다)
7. 유의사항
    - 안전에 유의하며, 인솔 교사의 지시에 잘 따라주시기 바랍니다.
    - 개인 물품 관리에 책임을 지며, 분실물이 없도록 주의합니다.
    - 장시간 차량 이동이 있으므로 차량 안에서는 안전벨트를 반드시 착용해야 합니다.

대전기출복원

1회 기출예상
2회 기출예상
3회 기출예상
4회 기출예상
5회 기출예상
6회 기출예상
7회 기출예상
8회 기출예상
9회 기출예상
인성검사
면접가이드

학생들이 이번 견학을 통해 유익하고 즐거운 시간을 보내기를 바랍니다. 학생들에게 안전하고 의미 있는 견학이 되도록 학부모님의 많은 관심과 협조를 부탁드립니다.

감사합니다.

① △△난방공사는 에너지 절약 교육에 적합한 시설과 프로그램을 갖추고 있다.
② 학생들은 견학 시작 시각인 10시 전까지 △△난방공사에 집결해야 한다.
③ △△난방공사 견학을 하는 학기에는 ○○중학교 2학년의 시험이 진행되지 않거나 그 중요성이 낮을 것이다.
④ 견학 당일에 비가 내린다는 일기예보가 있었을 것이다.

─────

수리력 | 평균 계산

44. ○○고등학교의 현황이 다음과 같을 때, 교사 1인당 평균 학생 수는 몇 명인가?

구분	전체 교사 수(명)	학년당 학급 수(개)			학급당 인원수(명)		
		1학년	2학년	3학년	1학년	2학년	3학년
학급 또는 인원수	38	7	8	9	18	20	21

① 12.1명　　　　　　　　　② 12.3명
③ 12.5명　　　　　　　　　④ 12.7명

─────

수리력 | 확률 계산

45. A 전형과 B 전형으로 구분하여 실시된 20X1년 ○○기업 공개채용의 최종 합격자는 남성이 40%, 여성이 60%이며, 남성의 75%는 A 전형, 25%는 B 전형, 여성의 55%는 A 전형, 45%는 B 전형에 합격했다. 공개채용 A 전형 합격자 중에서 한 명을 선택했을 때, 그 직원이 여성일 확률은?

① $\dfrac{3}{10}$　　　　　　　　　② $\dfrac{11}{20}$
③ $\dfrac{11}{21}$　　　　　　　　　④ $\dfrac{3}{22}$

❝ **영역별 출제비중**

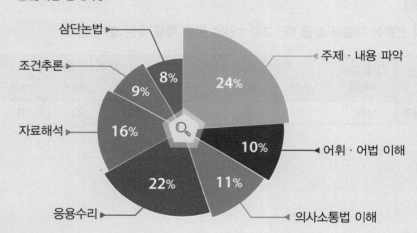

삼단논법 ▶ 8%
조건추론 ▶ 9%
자료해석 ▶ 16%
응용수리 ▶ 22%

주제 · 내용 파악 ◀ 24%
어휘 · 어법 이해 ◀ 10%
의사소통법 이해 ◀ 11%

❝ **출제분석**

대전광역시교육청 교육공무직원 소양평가는 1. 언어논리력 2. 수리력 3. 문제해결력 세 가지 영역으로 출제되었다. 언어논리력에서는 올바른 어휘 · 어법을 파악하는 문제와 지문의 주제 혹은 세부 내용을 파악하는 문제가 주로 출제되었다. 수리력에서는 거리 · 속력 · 시간, 방정식 등을 활용하는 응용수리 문제와 제시된 도표자료의 수치를 파악하는 자료해석 문제가 출제되었다. 문제해결력에서는 삼단논법을 이용한 명제 추론 문제와 조건에 따라 진위 여부를 판단하거나 결론을 도출하는 문제가 출제되었다.

대전광역시교육청 소양평가

파트 2
기출예상문제

1회 기출예상문제

2회 기출예상문제

3회 기출예상문제

4회 기출예상문제

5회 기출예상문제

6회 기출예상문제

7회 기출예상문제

8회 기출예상문제

9회 기출예상문제

01. 다음 중 밑줄 친 ⊙의 사례로 가장 적절한 것은?

'듣는 것'에는 다섯 가지가 있다. 첫 번째는 '무시하기'로 가정에서 아버지들이 자주 취하는 듣기 자세다. 아이들이 호기심을 갖고 아버지에게 말을 건네면 대체로 무시하고 듣지 않는다. 남이 이야기하는 것을 전혀 듣지 않는 것이다. 두 번째는 '듣는 척하기'다. 마치 듣는 것처럼 행동하지만 상대가 말하는 내용 중 10% 정도만 듣는다. 부부 간 대화에서 남편이 종종 취하는 자세다. 부인이 수다를 떨며 대화를 건네면 마치 듣는 것처럼 행동하지만 거의 듣지 않는 태도가 이에 해당한다. 세 번째는 '선택적 듣기'다. 이는 상사가 부하의 말을 들을 때 취하는 자세로 어떤 것은 듣고 어떤 것은 안 듣는 자세다. 민주적 리더십보다는 전제적인 리더십을 발휘하는 사람일수록 이런 경험이 강하다. 상대가 말하는 내용 중 30% 정도를 듣는 셈이다. 네 번째는 '적극적 듣기'다. 이는 그나마 바람직한 자세라고 할 수 있다. 상대가 말을 하면 손짓, 발짓을 해 가며 맞장구를 쳐 주고 적극적으로 듣는 것이다. 그러나 귀로만 듣기 때문에 상대가 말한 내용 중 70% 정도만 듣는 데 그친다. 다섯 번째는 ⊙'공감적 듣기'다. 귀와 눈 그리고 마음으로 듣는 가장 바람직한 자세. 상대의 말을 거의 90% 이상 듣는다. 연애할 때를 회상해 보라. 상대가 말하는 내용을 자신의 이야기처럼 마음을 열고 들었던 기억이 있을 것이다.

① 오 대리는 점심메뉴로 김치찌개가 어떠냐는 신입사원의 제안을 듣고 자신도 좋아한다며 적극적으로 의사를 밝혔다.

② 박 대리는 회식 자리에서 직장 상사의 비위를 맞추기 위해 듣기 싫은 이야기도 고개를 끄덕이고 맞장구를 치며 열심히 들었다.

③ 송 대리는 신입사원과 대화를 하는 중 자신에게 불리한 내용에는 반응하지 않고 자신에게 유리한 내용에는 적극적으로 반응하며 들었다.

④ 강 대리는 여자 친구와 헤어져 힘들어 하는 신입사원의 이야기를 듣고 얼마나 힘든지, 아픈 곳은 없는지 묻고 걱정된다고 이야기했다.

02. 다음 단어에 대한 설명을 읽고 (가)~(다)에 해당하는 예시를 〈보기〉에서 골라 바르게 연결한 것은?

> '묻다'는 여러 가지 뜻으로 쓰인다. 그중 몇 가지만 살펴보면 (가) 무엇을 밝히거나 알아내기 위하여 상대편의 대답이나 설명을 요구할 때, (나) 가루, 풀, 물 따위가 그보다 큰 다른 물체에 들러붙거나 흔적이 남게 될 때, (다) 일을 드러내지 아니하고 속 깊이 숨기어 감출 때에 각 뜻으로 쓰인다.

보기

> a. 아우는 형의 말을 비밀로 묻어 두었다.
> b. 나는 궁금한 것을 바로 묻고 따지는 편이다.
> c. 그는 접어 든 우산에 묻은 물을 홱홱 뿌리면서 집으로 돌아왔다.
> d. 철수는 예전에 자신이 행한 일들을 과거에 묻어 두고 싶어 한다.
> e. 동생은 계속 나에게 수학 문제를 푸는 방식에 대해 물어본다.

	(가)	(나)	(다)
①	a	c, e	b, d
②	b	a, c	d, e
③	b, e	c	a, d
④	c, e	a, b	d

03. 다음과 같은 결론을 도출하기 위해 빈칸에 들어갈 명제로 적절한 것은?

> • 전제 1 : 국민소득이 높은 국가는 건강식품 소비가 많다.
> • 전제 2 : (_____)
> • 결론 : 유통업이 발달한 국가는 건강식품 소비가 많다.

① 유통업이 발달한 국가는 국민소득이 높다.
② 국민소득이 높은 국가는 유통업이 발달했다.
③ 건강식품 소비가 많은 국가는 국민소득이 높다.
④ 국민소득이 높은 어떤 곳도 유통업이 발달하지 않았다.

04. 다음의 진술이 모두 참일 경우, E 사원보다 먼저 퇴근한 사람은 모두 몇 명인가?

> - A 사원은 B 사원보다 먼저 퇴근했다.
> - C 사원은 A 사원보다 늦게 퇴근했다.
> - C 사원은 E 사원보다 먼저 퇴근했다.
> - B 사원은 C 사원보다 늦게 퇴근했다.
> - D 사원은 A 사원보다 먼저 퇴근했다.

① 2명

② 3명

③ 4명

④ 알 수 없음.

05. 다음 중 (가)~(라)를 문맥에 맞게 나열한 것은?

> (가) 따라서 어린이집 급식은 영·유아의 영양상태의 개선뿐만 아니라 음식에 대한 기호의 충족과 만족감을 느끼게 함으로써 심리적인 안정감을 줄 수 있어야 한다. 즉, 어린이집 급식은 성장기 영·유아들에게 필요한 영양을 균형 있게 공급하여 심신의 건강한 발달을 도모하고, 편식 교정 등 올바른 식습관을 형성하도록 해야 한다.
>
> (나) 어린이집 급식 업무를 담당하는 보육교직원은 식단 작성뿐 아니라 적정 영양의 공급과 식품 및 시설관리, 위생 등을 철저히 관리하는 것이 중요하다. 또한 개인위생과 주방 시설 및 기기의 안전관리 등에 대한 관리 체계를 확립하고 어린이들이 성장과 발육에 필요한 영양소를 섭취할 수 있도록 균형 있는 식사를 제공해야 한다. 현대 영·유아들의 가정은 소득과 가족 구성원이 다르며 음식의 기호와 식습관에 따라 영양 섭취가 불균등하다.
>
> (다) 무엇보다 부모의 입장에서는 개인이 음식을 준비하여 영·유아에게 제공할 때보다 음식비와 수고를 줄일 수 있다. 그리고 국가적인 차원에서는 바람직한 식품의 소비를 유도함으로써 식품의 생산과 소비를 균형 잡힌 방향으로 유도할 수 있다. 우리나라 어린이집의 수와 영·유아 급식업무 비중이 증가함에 따라 이들의 식생활교육이 대두되고 있다.
>
> (라) 더불어 어린이집 급식은 협동심과 질서의식, 공동체의식 함양에 기여하므로 건강하고 건전한 민주시민을 육성하고, 나아가 국민 식생활 개선과 국가 식량 정책에 기여한다고 볼 수 있다. 어린이집 급식이 위생적이고 합리적으로 이루어질 경우, 전체적인 영양 개선 효과를 기대할 수 있을 것이다. 또한 실제적 보육활동을 통한 통합보육으로 효과를 극대화할 수 있고, 경제적인 측면에서 급식의 단가를 조율할 수 있는 등의 장점을 기대할 수 있다.

① (가)-(다)-(라)-(나)

② (나)-(가)-(다)-(라)

③ (나)-(가)-(라)-(다)

④ (다)-(가)-(나)-(라)

[06 ~ 07] 다음 글을 읽고 이어지는 질문에 답하시오.

일반 소비자들이 기업과 상품에 대해 어떻게 인지하고 있는가 하는 것은 기업 경영 차원에서 매우 중요하다. 우리나라에는 '(㉠   )'(라)는 속담이 있다. 좀 더 학문적인 표현으로는 환원주의(reductionism)라고 할 수 있다. 각 부분에는 전체가 축약돼 있다는 논리이다. 얼핏 보기에는 하찮은 것처럼 보이는 것도 소비자들은 그러한 세세한 것에서 기업의 전체 이미지를 확대 해석해 보게 된다. 그리고 이러한 이미지는 상품 구입에 영향을 미치게 된다.

예를 들면 고객은 식당의 화장실이 더러우면 그 식당의 주방에 들어가 보지는 못했지만 주방 역시 더러울 것이라고 짐작하게 된다. 따라서 그 고객은 그 식당 출입을 자제하게 될 것이다. 또한 어떤 회사에 전화를 걸었을 때 전화를 받는 직원의 말은 그 회사에 대한 전체적인 이미지를 형성할 수도 있다. 낯선 나라에 방문한 외국인은 이동 중 탄 택시 운전사의 행태를 보고 그 나라의 전체적 이미지를 갖게 될 수도 있다.

(㉡   ) 더구나 한 고객의 조그만 불평은 인터넷을 통해 많은 사람에게 쉽게 퍼지고 조그만 불평에 동조한 사람들의 반복되는 댓글을 통해 불평의 강도가 훨씬 증폭된다. 예를 들면 상품에 하자를 느낀 고객이 회사에 전화를 걸어 불만을 토로했는데 이에 대한 직원의 응답이 매우 거만하고 불친절해서 화가 난 고객이 이를 녹음해 인터넷에 유포시켰다고 생각해 보자. 일파만파 퍼진 녹음 내용 때문에 손상된 기업 이미지를 다시 복구하기는 거의 불가능에 가깝다. 이처럼 한 조직의 총체적인 위기는 조그만 실수와 방치에서 비롯되는 법이다.

06. 다음 중 빈칸 ㉠에 들어갈 적절한 속담은?

① 하나를 보면 열을 안다
② 돌다리도 두드려 보고 건너라
③ 원숭이도 나무에서 떨어진다
④ 모로 가도 서울만 가면 된다

07. 다음 중 빈칸 ㉡에 들어갈 적절한 내용은?

① 이와 같이 고객은 항상 기업에 불만을 갖게 마련이다.
② 이러한 사실들로 미루어 보아 기업은 위기관리에 끊임없이 힘써야 한다.
③ 따라서 기업은 세세한 것에 신경을 쓰지 않으면 안 된다.
④ 그러므로 기업은 문제가 발생하였을 시 외부에 알려지지 않도록 막아야 한다.

[08 ~ 09] 다음 글을 읽고 이어지는 질문에 답하시오.

한국형 스마트팜은 일본형 스마트팜과 네덜란드형 스마트팜이라는 단계별 과정이 설정되어 있고, 일부 세부목표는 이미 달성했거나 근접하게 이루었다. 그런데 혹자는 몇몇 가시화된 성과를 한국형 스마트팜의 본격 등장 또는 실험으로 보기도 하고, 다른 누군가는 아직 최종목표 달성까지는 먼 이야기라고 말한다. 스마트팜 연구 전문가인 김○○ 센터장은 '한국형 스마트팜의 현안'에 관해 "산업계에서는 농업을 가장 기초적인 산업이자 끊임없이 변화하는 첨단산업이라고 합니다. 저희 연구자들은 농업을 응용학문이 결합된 융합학문으로 봅니다. 농업을 1차 산업으로 보던 시대는 지났습니다. 요즘에는 농업이 1, 2, 3차 산업을 복합해 농가에 높은 부가가치를 발생시키는 산업인 6차 산업이라고 합니다. 한국형 스마트팜은 구체적인 목표이자 더 큰 미래로 가는 과정입니다. 논의가 본격화된 지 고작 2 ~ 3년에 불과한 만큼, 스마트팜은 궁극적으로 실현될 수 있는 구체적인 청사진인 동시에 빠른 변화로 인해 예측하기 힘든 미래 농업의 스케치가 되어야 한다는 실정입니다."라고 하였다.

'(㉠   )'라는 말이 있다. 이 말은 한국형 스마트팜의 추진과정에 있어 가장 경계해야 할 대상이다. "한국형 스마트팜이라는 명칭의 등장이 최근일 뿐 관련 기술은 오래전부터 축적되었다고 말씀드린 바 있습니다. 즉 한국형 스마트팜의 기반이 탄탄하다는 말입니다. 그런데 새로운 용어가 등장하면서 비교적 최근의 신기술이나 등장하지 않은 미래기술 위주로 주목받고 있습니다. 이는 허상을 부풀리고 알맹이를 부실하게 만드는 결과를 낳습니다. 기존의 기술을 접목하면 첨단기술 못지않은 한국형 스마트팜의 알맹이가 되어 줄 겁니다." 김 센터장은 한국형 유망 산업이 '스마트 붐'에 동반해서 잠깐 주목을 받고 말아서는 안 된다고 말했다. "한국은 세계적으로도 앞선 IT, ICT 기술을 가지고 있습니다. 덕분에 스마트팜에 접목할 수 있는 기술에 부족함이 없습니다. 문제는 정보의 양과 스마트팜을 운영할 수 있는 인프라, 인식의 변화에 있습니다."

스마트팜은 주로 예측하기 어려운 환경을 크게 고려할 필요가 없는 원예시설과 축산시설을 확산 대상으로 삼고 있다. 하지만 생산하는 품목 자체가 생물이다 보니 완전히 환경을 제어하기는 어렵다. 연구자 입장에서는 최소한의 데이터가 있어야 하는데, 대표적인 원예시설인 온실마저도 도입된 지 20여 년에 불과하다. 따라서 당장 가시적인 성과를 기대하기보다는 최소 5년 또는 10년은 기다려야 새로운 산업의 주역으로서 제대로 된 힘이 나오기 시작할 것이라는 전망이다.

08. 다음 중 윗글의 빈칸 ㉠에 들어갈 말로 적절한 것은?

① 고식지계(姑息之計)　　② 부화뇌동(附和雷同)

③ 당랑거철(螳螂拒轍)　　④ 제구포신(除舊布新)

09. 다음 중 스마트팜의 특징과 가장 연관이 없는 것은?

① 환경제어　　② 융합학문

③ 변곡점　　④ 미래농업

10. 예지, 지수, 은주, 지유는 함께 카페에 들러 커피 2잔과 홍차 2잔을 주문하였고 내용물을 보지 않은 채 무작위로 받았다. 〈보기〉를 참고할 때 옳은 것은?

> **보기**
>
> • 예지는 자신이 주문한 음료를 받지 않았다.
> • 지수는 자신이 주문한 음료를 받았다.
> • 은주는 홍차를 주문했으나 커피를 받았다.
> • 지유는 커피를 받았다.

① 지수는 커피를 받았다.
② 지유는 자신이 주문한 음료를 받지 않았다.
③ 지유는 홍차를 주문했다.
④ 예지는 커피를 주문했다.

11. 다음의 자료를 이용하여 판매 촉진 활동을 효과적으로 할 수 있는 기업체가 아닌 것은?

> 화학적 방법에 의하여 중합된 합성고분자를 원료로 하는 섬유, 즉 합성섬유는 놀라운 발명 중 하나이다. 면을 제조할 때보다 물 낭비도 훨씬 적고 목화를 재배하느라 독성 살충제를 쓸 일도 없다. 그렇다면 합성섬유가 친환경적인가? 결론은 'NO'이다. 2000년을 기점으로 '패스트 패션'의 고성장은 폴리에스터라는 합성섬유가 없었다면 불가능했을 것이다. 값싸고 쉽게 구할 수 있는 폴리에스터는 이제 생산되는 모든 섬유의 무려 60% 정도를 차지하고 있다. 문제는 폴리에스터 섬유의 제조 과정에서 화석연료가 면보다 훨씬 많이 소비되어 면섬유의 거의 세 배에 달하는 탄소를 배출시킨다는 것이다. 이와 더불어 폴리에스터는 썩지 않는 쓰레기를 남기기 때문에 패션산업이 환경오염을 가장 많이 일으키는 업종 중 하나가 되었다.
>
> 합성섬유로 만든 옷을 세탁기에 넣고 돌리면 '미세섬유'라 부르는 매우 작은 섬유 가닥이 방출된다. 미세섬유는 현미경으로 봐야만 확인할 수 있을 만큼 아주 작은 '플라스틱' 조각이다. 우리가 세탁기를 한 번 돌릴 때마다 수십만 개의 미세섬유가 하수구로 흘러 들어가 바다에 도달한다. 물고기나 다른 바다생물들은 이를 섭취하게 되고 먹이사슬에 따라 우리들의 식탁으로 다시 돌아오게 되는 것이다. 세계자연보전연맹(IUCN)의 보고서에 따르면 전체 해양 플라스틱 오염의 15 ～ 31%가 가정 및 산업용 제품에서 방출된 미세한 입자 때문이라는 결론을 내렸다. 흔히 생각하는 바다로 흘러든 뒤 분해되는 큰 플라스틱 덩어리는 문제가 아니었다. 세계자연보전연맹은 미세플라스틱 오염의 약 35%는 합성섬유 제품을 세탁하는 과정에서 발생한다고 추산했다. 유럽과 중앙아시아에서만 한 사람이 매주 비닐봉지 54개에 달하는 양의 미세플라스틱을 바다에 버리고 있는 셈이다.

① 합성섬유를 대체할 신소재 원료 개발사
② 양식에 사용하는 어구 · 부표 생산 공장
③ 세탁기 · 하수 처리장용 미세섬유 필터 제조업체
④ 중고 · 빈티지 의류 혹은 업사이클링 체인점

12. 진영이와 성은이가 함께 만두를 빚기로 하였다. 진영이는 한 시간에 만두 20개를 빚을 수 있고, 성은이는 한 시간에 15개를 빚을 수 있다고 할 때, 만두 210개를 함께 빚는 데 걸리는 시간은?

① 2시간
② 4시간
③ 6시간
④ 8시간

13. 다음은 Z 도서관의 도서 분야별 대출권수를 나타낸 자료이다. 이에 대한 분석으로 옳지 않은 것은?

(단위 : 권)

학생 \ 도서분류	인문학	사회과학	자연과학	예술
A	10	15	13	8
B	12	9	17	9
C	13	11	8	13
D	7	10	22	2

① 사회과학 분야의 도서를 제일 많이 대출한 학생은 A이다.

② 인문학과 사회과학 분야의 도서를 합쳤을 때 두 번째로 많이 대출한 학생은 C이다.

③ 전체 도서 대출권수가 제일 많은 학생은 B이다.

④ 인문학 도서 대출권수에 2배의 가중치를 두고 도서 대출권수를 계산하면, 제일 많이 대출한 학생은 C이다.

14. 다음은 A 도서관에서 운영하는 직장인 독서동아리 강의 계획서의 일부이다. 이를 보고 알 수 없는 것은?

강좌명	직장인 독서동아리 '○○○ 작가의 독서와 글쓰기'		
일정	202X. 6. 20. ~ 9. 12. (10회) 18:00 ~ 20:00	장소	A 도서관 3층
교육 내용	독서와 글쓰기가 어렵게 느껴지는 직장인들이 쉽고 간단하게 독서와 글쓰기를 생활화하는 방법을 현직 작가와 함께 실습을 통해 알아봅니다. 어렵게만 느껴졌던 독서와 글쓰기를 생활 속에서 실천할 수 있는 기회를 제공합니다.		
강사 소개	• 15년차 방송작가, 콘텐츠 디렉터 • B 학교, C 기업 글쓰기 강의(201X ~ 202X년) • 저서 : 『하루 10분 메모, 글쓰기의 시작』, 『어쩌면 쉽게 쓰게 될지도....』		
비고	• 준비물 : 필기도구, 강의 회차별 선정도서 • 모집 인원 : 25명		

① 강의 회차별 선정 도서 목록　　　　② 강사의 경력 및 주요 저서

③ 직장인 독서동아리 모집 인원　　　　④ 독서동아리 운영 시간과 장소

[15 ~ 16] 다음은 C사 홍보팀에서 신입사원 교육을 위하여 만든 보고서 작성요령의 일부이다. 이어지는 질문에 답하시오.

〈보고서 작성 시 유의사항〉

훌륭한 보고서를 작성하기 위해서는 '어떻게 써야 수요자 입장에서 만족스러울 것인가'하는 것을 염두에 두고, 다음의 질문을 만족시키도록 노력해야 한다.

(가) 보고 목적에 적합한가?
  – 수요자가 보고서를 읽고 나서 '왜 이런 보고를 한 것일까', '이 보고서의 목적은 무엇인가'라는 의문이 들어서는 안 됨.
  – 보고서를 쓰기 전에 보고 목적과 주제에 대해 사전에 충분히 고민하고 필요한 경우 상급자와 논의하여야 함.

(나) 보고 내용이 정확한가?
  – 이해관계와 선입견을 배제하고 객관적 · 중립적 입장에서 관련 사항을 확인해야 함.
  – 불분명한 내용을 정확한 것처럼 포장하거나 거짓되게 작성한 보고서는 수요자의 판단을 흐리게 만들기 때문에 작성자는 이에 상응하는 책임을 져야 함.

(다) 보고서를 간결하게 정리했는가?
  – 보고서에 너무 많은 내용을 담으려고 욕심 부리지 않아야 함.
  – 불필요한 미사여구, 수식어 사용은 피하고, '극히', '매우' 같은 부사의 남용을 자제해야 함.
  – 단어를 지나치게 압축하거나, 조사를 너무 많이 생략해서 본래의 뜻이 왜곡돼서는 안 됨.
  – 시제나 주어를 헷갈리게 하면 안 됨.
  – 보고서 본문은 가급적 자세해야 하며, 보충 설명이 필요할 경우 이해의 맥이 끊어지지 않게 바로 이어서 필요사항을 충분히 기술하는 것이 좋음.

(라) 보고서를 이해하기 쉽게 썼는가?
  – 훌륭한 보고서는 추가 설명을 하지 않아도 이해할 수 있게 작성된 것임.
  – 전문용어, 어려운 한자, 불필요한 외래어 등은 지양해야 함.
  – 보고서 중간에 사례 제시, 그래프나 그림의 삽입 등은 보고서를 풍성하게 함.

(마) 적절한 시점에 보고했는가?
  – 아무리 가치 있는 정보와 좋은 내용도 때를 놓치면 훌륭한 보고서라고 할 수 없음.
  – 사안의 성격, 수요자의 요구와 상황 등을 고려하여 최적의 시점을 선택해야 함.

---

15. 다음 중 위 보고서 작성요령을 검토한 홍보팀장의 지적사항으로 적절한 것은?

① 보고서를 객관적으로 작성하면 안 되지. 작성자의 주관이 들어 있어야 하네.

② 간결한 보고서도 좋지만 가급적 많은 양의 내용을 담은 보고서가 더 좋은 거지.

③ 보고서는 핵심 사항 위주로 작성하고, 보충 설명은 첨부로 떼어 보완하는 걸세.

④ 격식 있는 보고서에 그래프나 그림을 함께 삽입하는 것은 공식 문서로 적절하지 않네.

16. 다음 중 위 보고서 작성요령에 따라 수요자가 쉽게 이해할 수 있도록 작성한 보고서의 문장으로 가장 적절한 것은?

① 부담금은 특정 공익사업과 밀접하게 관련된 자에게 해당 사업의 수행에 필요한 재원을 확보하기 위해 부담금관리 기본법 및 각 법률이 정하는 바에 따라 부과하고 있다.

② 개인 고발여부는, 그가 의사결정에 관여한 자인지 또는 위법행위를 적극적으로 실행한 자인지에 대한 판단을 토대로 결정되었다.

③ 경제학자인 박 교수는 수소에 의해 에너지 분쟁을 해소하고 사회 경제 구조도 바뀔 것이라 전망했다.

④ 조인트 벤처 사업을 성공리에 착수하기 위해서는 해당 지자체와 MOU를 맺어 우선 민관 거버넌스를 창출하는 것이 선결과제이다.

17. 다음 글의 ⊙, ⓒ에 공통으로 들어갈 접속어로 알맞은 것은?

기업의 입장에서는 포장이 과도하게 될 경우 포장에 들어가는 비용이 늘어나기 때문에 손해를 볼 수밖에 없다. 소비자 역시 과대 포장된 제품은 만족도가 떨어지고 불필요한 쓰레기들이 많이 나오기 때문에 불만을 가질 수밖에 없다. (⊙) 최근에는 이런 문제들을 개선한 경제적인 포장이 더욱 각광받고 있다. 이를 적정 포장이라 하는데, 적정 포장은 제품의 보존이나 편의성 그리고 안정성, 판매 촉진 등의 기능을 모두 보여주면서 경제적으로 포장하는 것을 뜻한다.

제품을 생산하는 입장에서 적정 포장은 아주 중요하다. 기본적으로 제품을 보호해 주고 포장비와 생산 원가를 절감시키기 때문에 기업의 입장에서는 많은 비용을 절약할 수 있다. 또한 경제적인 부분만 신경 쓰기보다는 효율성을 감안한 좀 더 다양한 부분도 함께 고려해야 포장으로 자연스레 기업이 노출되어 기업과 제품 광고 효과를 기대할 수 있다. (ⓒ) 자동화 포장 설계를 통해 보다 빠르게 제품을 생산할 수 있는 체계를 구축하는 것이 좋다. 최근에는 여기에다 환경까지 생각해 재활용이 가능한 친환경 소재를 위주로 포장을 진행하고 있다.

① 그러나　　　　　　　　　　　② 예컨대
③ 그래서　　　　　　　　　　　④ 그리고

18. 다음은 □□시와 ◇◇시의 20X9년 5월의 미세먼지 농도를 나타낸 표이다. □□시와 ◇◇시의 5월 평균 미세먼지 농도의 차는?

□□시	미세먼지 농도($\mu g/m^3$)	◇◇시	미세먼지 농도($\mu g/m^3$)
A 구	70.3	갑 구	84.0
B 구	65.8	을 구	68.4
C 구	50.4	병 구	73.7
D 구	76.0	정 구	95.6
E 구	69.5	무 구	75.3

① 13.0$\mu g/m^3$　　　　　　　　② 13.1$\mu g/m^3$
③ 13.2$\mu g/m^3$　　　　　　　　④ 13.3$\mu g/m^3$

19. A는 팀장의 지시에 따라 8페이지로 된 팸플릿을 제작하기 위해 다음 자료를 참고하여 인쇄단가를 비교하고 있다. 해당 팸플릿을 1,000부와 500부 인쇄할 경우, 둘의 비용 차이는 얼마인가?

〈팸플릿 인쇄단가〉

(단위 : 원)

구분	500부 이하	500부 초과~ 1,000부 이하	1,000부 초과~ 2,000부 이하	2,000부 초과~ 3,000부 이하
8페이지	249,000	277,000	335,000	461,000

※ 부가세 10% 별도
※ 팸플릿 부수 범위 내에서는 비용 일괄 책정

① 24,800원   ② 28,000원
③ 30,800원   ④ 32,400원

20. 다음은 2018년 평창 동계올림픽대회에서의 메달 순위 결과표이다. 각 나라가 획득한 전체 메달 수 대비 금메달 수의 비율을 구할 때, 그 값이 미국보다 큰 국가의 개수는?

(단위 : 개)

국가	금메달	은메달	동메달	합계
노르웨이	14	14	11	39
캐나다	11	8	10	29
미국	9	8	6	23
네덜란드	8	6	6	20

① 0개국   ② 1개국
③ 2개국   ④ 3개국

[21 ~ 22] 다음은 H사의 20X0 ~ 20X4년 매출액과 영업이익을 나타낸 자료이다. 이어지는 질문에 답하시오.

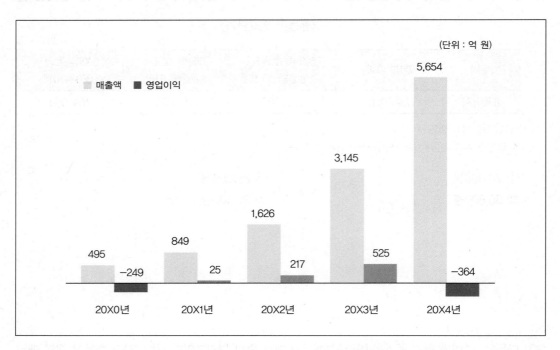

21. 다음 중 위 자료에 대한 설명으로 옳지 않은 것은?

① 20X0년 영업이익은 −249억 원을 기록했다.
② 20X4년 영업이익은 전년 대비 889억 원 줄어들었다.
③ 20X4년 매출액은 20X0년 매출액의 11배 이하다.
④ 20X1년에 25억 원의 영업이익을 내며 흑자로 전환했으나 20X4년에 다시 적자로 돌아섰다.

22. 위 자료에서 20X2년 매출액 대비 영업이익의 비율은 얼마인가? (단, 소수점 아래 둘째 자리에서 반올림한다)

① 12.1%   ② 12.6%
③ 13.3%   ③ 13.8%

23. 인사관리과에 근무하는 윤 대리는 입사 필기시험 결과를 정리하고 있다. 다음 중 지원자 A ~ F의 필기시험 결과를 바르게 해석한 것은?

〈지원자 A ~ F의 필기시험 결과〉

(단위 : 점)

지원자	성별	실무능력 점수	정보처리 점수	외국어 점수
A	남	12	16	6
B	여	17	18	7
C	여	14	12	17
D	여	7	17	12
E	남	14	13	13
F	남	16	9	11

- 필기시험 합격 조건은 다음과 같다.
  - 실무능력 점수, 정보처리 점수, 외국어 점수가 각각 8점 이상
  - 점수의 총합이 36점 이상
- 필기시험 합격자에 한하여 면접 응시자격을 부여한다.

① 점수 총합이 가장 높은 지원자는 필기시험을 합격하였다.
② D와 F의 점수 총합은 같으며 둘 다 합격하였다.
③ 정보처리 점수가 가장 높은 지원자는 합격하였다.
④ 외국어 점수가 세 번째로 높은 지원자는 합격하였다.

24. 박 씨에게는 43세의 남편과 8세, 6세, 4세의 자녀가 있다. A년 후에 부부 연령의 합이 자녀 연령의 합의 두 배가 되고 남편의 나이가 자녀들 나이의 합보다 1살 많게 된다고 할 때, 박 씨의 현재 나이는?

① 40세   ② 41세
③ 42세   ④ 43세

대전기출복원 / 1회 기출예상 / 2회 기출예상 / 3회 기출예상 / 4회 기출예상 / 5회 기출예상 / 6회 기출예상 / 7회 기출예상 / 8회 기출예상 / 9회 기출예상 / 인성검사 / 면접가이드

25. 다음 자료에 대한 설명으로 옳지 않은 것은?

〈K 제품에 대한 국가별 물동량 현황〉

(단위 : 천 톤)

출발지＼도착지	태국	필리핀	인도	인도네시아
태국	0	25	33	30
필리핀	12	0	9	22
인도	23	15	0	10
인도네시아	16	24	6	0

① 출발지에서의 국가별 이동 물량은 '태국 - 인도 - 인도네시아 - 필리핀' 순으로 많다.

② 인도네시아에서 출발하는 K 제품이 모든 국가별로 절반씩 감소해도 도착지의 국가별 물량 순위는 바뀌지 않는다.

③ K 제품의 출발 물량과 도착 물량이 같은 국가가 있다.

④ 출발 물량이 전체 출발 물량의 40% 이상을 차지하고 있는 국가는 없다.

26. □□공사의 남자 사원은 225명이고 여자 사원은 180명이다. 남자 사원의 수와 여자 사원의 수 각각이 모든 팀에 동일하도록 나누어 남녀 혼성팀을 구성하려고 할 때, 만들어지는 각 팀의 최소 인원 수는 몇 명인가? (단, □□공사의 남녀 사원 모두 참여해야 한다)

① 7명   ② 8명

③ 9명   ④ 10명

27. 수현이가 올라간 길 그대로 내려오는 A 등산로를 따라 등산을 하는데 올라갈 때는 시속 2km로 올라가고, 내려올 때는 올라갈 때의 2배 속력으로 내려왔다. A 등산로를 왕복한 총 소요시간이 4시간 30분이라면 내려오는 데 걸린 시간은?

① 1시간 20분   ② 1시간 25분

③ 1시간 30분   ④ 1시간 35분

28. 다음 그림과 같이 넓이가 각각 9m², 16m², 25m²인 세 개의 정사각형 모양의 정원을 이어 붙여 하나의 정원으로 만들려고 할 때, 이 정원의 둘레는 몇 m인가?

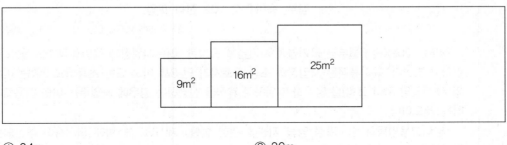

① 34m

② 36m

③ 38m

④ 40m

29. ○○대학교는 제2캠퍼스를 다른 지역에 유치하면서 본부 건물 1층에 교무처, 학생처, 연구처, 기획협력처, 사무국, 입학본부 여섯 개 부서의 사무실을 다음의 배치 계획에 따라 배치하고자 한다. 학생처가 두 번째 자리에 배치되었을 경우, 여섯 번째 자리에 배치되는 부서는?

〈사무실 배치 계획〉

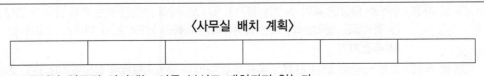

- 교무처와 연구처 사이에는 아무 부서도 배치되지 않는다.
- 사무국과 입학본부 사이에는 아무 부서도 배치되지 않는다.
- 교무처와 학생처 사이에는 두 부서가 배치된다.
- 맨 왼쪽 자리를 첫 번째 자리로 지정하고, 왼쪽부터 일렬로 사무실을 배치한다.

① 연구처

② 입학본부

③ 사무국

④ 교무처

30. 다음 신문 기사를 바르게 이해한 사람은?

정부, 육아휴직 제도 전격 도입

김○○ 기자 / 일력 202X. 05. 04. / 4면 / 댓글 14

정부는 202X년 6월부터 공기업과 사기업을 포함한 모든 사업장에 육아휴직 제도를 도입한다고 밝혔다. 육아휴직은 사업장의 소속 근로자가 만 8세 이하 또는 초등학교 2학년 이하의 자녀(입양 자녀 포함)를 양육하기 위하여 휴직을 신청하는 경우에 사업주는 이를 허용해야 하는 제도이다.

「남녀고용평등과 일ㆍ가정 양립 지원에 관한 법률」 제19조 제1항에 의거하여 추진되는 육아휴직 제도는 육아휴직을 시작하려는 날의 전날까지 해당 사업장에서 계속 근로한 기간이 6개월 이상인 근로자가 활용할 수 있는 제도이다. 육아휴직을 신청할 수 있는 근로자는 여성만을 요하지 않고 그 영아의 생부모만을 요하지 않는다. 육아휴직의 기간은 1년 이내로 하며, 사업주는 육아휴직을 이유로 해고나 그 밖에 불리한 처우를 해서는 안 된다. 그리고 사업을 계속할 수 없는 경우를 제외하고는 육아휴직 기간에 그 근로자를 해고하지 못한다.

또한 육아휴직을 마친 후에는 육아휴직 전과 동일한 업무에 복귀시켜야 하며, 육아휴직 기간은 근속기간에 포함되어야 한다. 마찬가지로 기간제근로자 또는 파견근로자의 육아휴직 기간은 사용기간 및 파견기간에 산입되지 않는다.

---

① 갑 과장 : 나는 202X년 1월에 입사했고 3개월 육아휴직을 사용하려고 하는데, 추후 이직 등을 고려할 때 3개월의 근속 단절은 크게 영향을 미칠 것 같지 않아서 다행이야.

② 을 차장 : 정부는 다양한 육아 정책을 펼치고 있지만 사실 그동안에는 크게 효과가 없다고 느끼는 정책들도 많았는데, 이번 육아휴직은 아빠와 남편으로서 제대로 역할을 할 수 있게 해 주겠지?

③ 병 주임 : 저희 남편의 회사 상황이 녹록하지 않아서 제가 6월부터 육아휴직을 해서 아이를 돌봐야 할 것 같은데, 제 파견종료일이 올해 7월까지라서 육아휴직 시작과 동시에 퇴사를 준비해야 하니까 겸사겸사 이직 준비도 하고 좋은 것 같아요.

④ 정 대리 : 육아휴직 후에는 소속 팀과 담당 업무가 변할 가능성이 커서 고민인데, 달리 생각해 보면 다양한 경험을 쌓고 역량을 향상시킬 수 있는 기회로 활용할 수 있어요.

31. 다음 글에 이어질 내용으로 적절한 것은?

> 나라를 위해 헌신한 이들을 위해 국가가 적절한 보상과 지원제도를 마련하는 것은 당연하다. 따라서 관련법을 제정하고 이에 따라 최선의 지원이 될 수 있도록 나라에서 심혈을 기울이고 있다. 그런데 이를 실행에 옮기기 위해서는 적지 않은 국가 재정이 소요되므로 신중하고 합리적인 집행이 될 수 있도록 해야 한다. 나라를 위해 헌신한 이들에게 최대한 지원을 아끼지 않아야 하겠으나, 그렇다고 무한정 지원을 해 줄 수는 없다. 그렇기 때문에 한정된 재정을 활용하여 그 효과를 극대화하기 위한 고민을 해야 한다.
>
> 여기에는 다른 측면의 고민 또한 포함되어 있다. 지원을 위한 재정이 국민들의 세금에 의해 마련된다는 점이다. 국민들의 세금이 어떤 의미를 담고 있으며 어떤 법적 근거에 의해 납부되는지를 생각한다면 결코 허투루 사용되어서는 안 된다.

① 세금이 의무사항이기는 하지만 나라는 국민에 의해 마련된 예산을 신중하게 사용해야 한다.
② 나라를 위해 헌신한 이들도 국민의 한 사람으로서 세금을 납부해야 할 의무를 가지고 있다.
③ 세금으로 마련한 나라의 예산은 사용 목적에 따라 적절히 구분하여 집행되어야 한다.
④ 나라를 위해 헌신한 이들은 세금을 통해 마련한 지원을 받을 만한 자격이 충분히 있다.

32. 다음 명제들이 모두 성립할 때, 항상 참인 것은?

> • 패딩을 즐겨 입지 않는 사람은 운동화를 즐겨 신는다.
> • 스웨터를 즐겨 입지 않는 사람은 구두를 즐겨 신지 않는다.
> • 후드 티를 즐겨 입는 사람은 스웨터를 즐겨 입지 않는다.
> • 운동화를 즐겨 신는 사람은 후드 티를 즐겨 입는다.

① 후드 티를 즐겨 입지 않는 사람은 패딩을 즐겨 입지 않는다.
② 후드 티를 즐겨 입는 사람은 구두를 즐겨 신지 않는다.
③ 구두를 즐겨 신는 사람은 패딩을 즐겨 입지 않는다.
④ 스웨터를 즐겨 입는 사람은 패딩을 즐겨 입지 않거나 운동화를 즐겨 신는다.

대전기출복원
1회 기출예상
2회 기출예상
3회 기출예상
4회 기출예상
5회 기출예상
6회 기출예상
7회 기출예상
8회 기출예상
9회 기출예상
인성검사
면접가이드

[33 ~ 34] ○○시청에서는 다음과 같은 공고를 게시하였다. 이어지는 질문에 답하시오.

○○광역시 공고 제20XX-30호
〈분묘개장공고〉

　○○광역시에서 도시계획시설(도로 : 중로1-167호선) 사업으로 추진 중인 「소촌산단 외곽도로 확장공사(2차)」에 편입된 분묘에 대하여 「장사 등에 관한 법률」 제27조, 동법 시행령 제9조 및 동법 시행규칙 제2조·제18조의 규정에 따라 다음과 같이 분묘개장을 공고하오니 연고자 또는 관리자께서는 공고기간 내에 신고하여 주시기 바라며, 동 공고기간 내 신고하지 않은 분묘는 무연분묘로 간주하여 관계법에 따라 임의 개장하겠음을 공고합니다.

20XX년 1월 7일
○○광역시장

1. 분묘의 위치 및 장소 : ○○광역시 광산구 운수동 산31-73번지 등 5림지
2. 분묘의 기수 : 35기
3. 개장사유, 개장 후 안치장소 및 기간
　가. 개장사유 : 소촌산단 외곽도로 확장공사(2차)
　나. 안치장소 : ○○광역시 북구 효령동 100-2 제2시립묘지 △△공원 납골당
　다. 안치기간 : 납골일로부터 10년간
4. 공고기간 : 20XX. 1. 7. ~ 20XX. 2. 7.(1개월간)
5. 분묘의 소재지 및 기수 : 뒤 첨부자료 참고
6. 개장방법
　가. 유연분묘 : 연고자가 신고 후 개장
　나. 무연본묘 : 공고기간 만료 후 관계법에 따라 공고지 임의 개장
7. 연락처 : ○○광역시 종합건설본부 보상과(☎062-613-○○○○)

33. ○○시청에서 위와 같은 공고를 게시하게 된 이유로 가장 적절한 것은?

① 분묘 경지 작업을 위하여　　　　　② 무연분묘를 찾기 위하여
③ 외곽 도로를 확장하기 위하여　　　④ 국립공원 묘지 정비를 위하여

34. 다음은 위 내용과 관련한 ○○광역시 종합건설본부 보상과의 회의 대화 중 일부이다. 경청의 자세가 바르지 않은 사람은?

> 팀장 : 이번에 올라온 분묘개장공고 모두들 봤죠?
> A : 네, 특히 관련 내용을 연고자들에게 충분히 안내해야 할 것 같아 신경이 많이 쓰이네요.
> B : 맞아요. 관련자들이 해당 내용을 모르거나 혼란을 느끼지 않도록 잘 안내하는 것이 중요하다고 생각합니다.
> D : 공고문만 보내는 것이 아니라 주요 관련자들에게 직접 전화를 걸어 설명하는 건 어떨까요?
> C : 직원들이 직접 전화를 건다고요? 그걸 할 수 있는 충분한 인력이 있을 것 같지 않은데, 현실적으로 가능한 대안인지 모르겠네요.
> A : 아니면 분묘 관리자들이 연고자들에게 따로 안내하게 하는 건 어떨까요? 아무튼, 우리가 할 수 있는 모든 방법을 동원해서 분묘개장과 관련하여 안내를 잘 해내야겠어요.
> C : 모든 방법이라.. 그냥 잘하는 게 아니라 현실적으로 실행 가능한 계획을 얘기해 보면 좋겠어요.
> 팀장 : 그래요. 계속 여러 의견들을 내면서 집단 지성을 발휘해 봅시다.

① A　　　　　　　　　　　② B
③ C　　　　　　　　　　　④ D

www.gosinet.co.kr gosinet

대전기출복원
1회 기출예상
2회 기출예상
3회 기출예상
4회 기출예상
5회 기출예상
6회 기출예상
7회 기출예상
8회 기출예상
9회 기출예상
인성검사
면접가이드

[35 ~ 36] 다음 글을 읽고 이어지는 질문에 답하시오.

(가) 과학은 이 세상의 어떤 부분에 대한 믿을 만한 지식을 추구하고, 그런 지식을 이용해서 사회를 발전시키는 데에 크게 기여하였다. 과학의 핵심은 자연은 물론 자연에 대한 인간의 간섭을 주의 깊게 관찰하는 것이라고 할 수 있다. 티리언퍼플의 색깔이 어떤 분자에서 비롯된 것이고, 어떻게 그 분자를 변형시켜서 더 밝은 자주색이나 파란색을 얻을 수 있을까를 알아내려는 노력이 바로 그런 관찰에 해당된다.

(나) 로마인들은 도로에 대해 잘 알고 있었다. 즉, 도로를 어떻게 닦고 어디에서 어디로 연결해야 할지 그리고 그것들을 오래 유지하는 방법을 알고 있었다. 로마 도로의 영구성은 오늘날에도 감탄을 자아내기에 충분하다. 20세기를 넘어서까지 계속해서 사용해 왔는데도 수백 마일의 로마 도로는 여전히 건재하니 말이다. 예를 들어, 로마의 남쪽에서부터 나폴리와 브린디시까지 갈 수 있는 아피아 가도는 오늘날에도 많은 자동차들이 달리고 있을 정도로 견고하다.

(다) 섹스투스에게서는 친절을 배웠다. 또 그로 인해 부성애로 다스려지는 가정의 전형을 알게 되었다. 자연에 순응하는 사상을, 거만에 물들지 않은 근엄함을, 친구의 생각을 중히 여기고 그 희망을 따르는 마음씨를 배웠다. 그리고 무식한 무리들에 대해서도 관대해야 한다는 것을 배웠다.

35. 다음 중 (가)와 (나)의 서술상의 공통점으로 적절한 것은?

① 문답 형식으로 화제에 대해 구체적으로 설명하고 있다.
② 구체적인 예를 들어 전달하고자 하는 내용을 설명하고 있다.
③ 비유적인 예를 통하여 문제를 제기하고 이를 반박하고 있다.
④ 문제 상황을 소개하고 이를 해결하는 과정을 제시하고 있다.

36. (가) ~ (다)의 내용을 읽고 난 후의 감상으로 가장 적절하지 않은 것은?

① 보다 더 나은 인격체가 되는 삶은 (다)와 가깝지.
② 세상을 살아가는 데는 (다)와 같은 앎이 (가)와 같은 앎보다 중요해.
③ 오늘날 과학기술의 발달에는 (가), (나)와 같은 앎이 큰 기여를 했지.
④ (가)와 (다)에서 바라보는 자연에 대한 시각은 다소 차이가 있어.

37. 다음 중 (A)가 들어갈 위치로 적절한 곳은?

> (A) 일어난 일에 대한 묘사는 본 사람이 무엇을 중요하게 판단하고, 무엇에 흥미를 가졌느냐에 따라 크게 다르다.
>
> 기억이 착오를 일으키는 프로세스는 인상적인 사물을 받아들이는 단계부터 이미 시작된다. (가) 감각적인 지각의 대부분은 무의식중에 기록되고 오래 유지되지 않는다. (나) 대개는 수 시간 안에 사라져 버리며, 약간의 본질만이 남아 장기 기억이 된다. 무엇이 남을지는 선택에 의해서이기도 하고, 그 사람의 견해에 따라서이기도 하다. (다) 분주하고 정신이 없는 장면을 주고, 나중에 그 모습에 대해서 이야기하게 해 보자. (라) 어느 부분에 주목하고, 또 어떻게 그것을 해석했는지에 따라 즐겁기도 하고 무섭기도 하다. 단순히 정신 사나운 장면으로만 보이는 경우도 있다. 기억이란 원래 일어난 일을 단순하게 기록하는 것이 아니다.

① (가)　　　　② (나)　　　　③ (다)　　　　④ (라)

38. 다음 자료에 대한 설명으로 옳은 것은?

〈20XX년 6 ~ 9월의 A ~ H 시 순이동인구〉

(단위 : 명)

구분	6월	7월	8월	9월
A 시	3,946	3,305	−3,404	−7,117
B 시	−1,378	−223	−399	−958
C 시	−1,034	−1,569	−1,670	−970
D 시	−3,328	−2,067	−2,026	−1,640
E 시	220	−511	−447	388
F 시	−714	−1,059	−1,323	−230
G 시	−614	−2,013	−3,123	−1,696
H 시	1,495	1,303	746	210

※ 순이동인구(명)=전입인구−전출인구

① A ~ H 시 중 20XX년 7월에 전입인구가 가장 많은 시는 A 시이다.
② C 시의 6월부터 9월까지 전출인구는 전입인구보다 많다.
③ H 시의 전입인구는 감소하고 있는 추세이다.
④ A ~ H 시 중 6월부터 9월까지 매월 전입인구가 전출인구보다 많은 시는 다섯 곳이다.

대전 기출복원
1회 기출예상
2회 기출예상
3회 기출예상
4회 기출예상
5회 기출예상
6회 기출예상
7회 기출예상
8회 기출예상
9회 기출예상
인성검사
면접가이드

39. 다음은 일반적인 문제해결의 절차이다. 빈칸에 들어갈 단계의 개념으로 적절한 것은?

〈문제해결의 절차〉

문제 인식 → 문제 도출 → (　　　　　　) → 해결안 개발 → 실행 및 평가

---

① 파악한 핵심 문제에 대한 분석을 통해 근본 원인을 도출하는 단계

② 문제로부터 도출된 근본 원인을 효과적으로 해결할 수 있는 최적의 해결 방안을 수립하는 단계

③ 선정된 최우선 순위의 문제를 분석하여 구체적으로 해결해야 할 것이 무엇인가를 명확히 하는 단계

④ 여러 가지 문제가 있을 경우 각 문제를 해결했을 때 얻을 수 있는 이익을 가늠하여 문제들의 우선순위를 정하는 단계

40. 다음 도서관 좌석 배정 안내문 및 학생별 상황을 참고할 때, A ～ E 중 세 번째로 좌석을 배정받을 수 있는 학생은? (단, 좌석 배정 시 A ～ E만 고려한다)

〈도서관 좌석 배정 안내문〉

　○○대학교 도서관에서는 1 ～ 4학년을 대상으로 시험 기간 동안 좌석 부족 문제로 인한 혼잡을 줄이기 위하여 좌석 배정 우선순위를 안내드립니다. 다음 순위를 바탕으로 우선 배정하며, 1 ～ 3순위에 2개 이상 해당하는 경우 더 높은 순위를 적용합니다. 우선순위가 높은 학생부터 차례대로 자리가 배정되니 참고 부탁드립니다.

• 1순위 : 장애 학생 또는 임산부

• 2순위 : 학생회 임원

• 3순위 : 학년이 높은 학생

A : 2학년 임산부로, 학생회 임원이다.

B : 4학년 일반 학생이다.

C : 1학년 장애 학생이다.

D : 3학년 일반 학생으로, 학생회 임원이다.

E : 2학년 일반 학생이다.

---

① A

② B

③ D

④ E

41. 다음 밑줄 친 부분의 띄어쓰기가 잘못된 것은?

① <u>호랑이같은</u> 성격이다.
② <u>마음 같아서는</u> 모두 사 주고 싶다.
③ 서현이는 <u>남자같이</u> 행동한다.
④ 비가 <u>올 것 같다</u>.

42. 다음은 ○○공사의 견학신청에 대한 안내문이다. 안내문을 읽고 견학을 신청한다고 했을 때, 내용을 잘못 이해한 것은?

> 1. 견학내용 : 신재생에너지 이해, 산업 동향, 에너지 절약요령 등 홍보영상 관람, 전시물 및 신재생에너지 주요시설 견학을 통하여 다양한 정보를 얻으실 수 있습니다.
>   • 연중 무료로 운영되고 있으니 방문하셔서 다양한 정보를 얻으시기 바랍니다.
>   • 신청은 견학일로부터 1주 전까지 접수되어야 합니다.
> 2. 견학가능일
>   • 견학일시 : 월 ~ 금요일(주말 및 공휴일, 근로자의 날 제외)
>   • 견학시간 : 오전 10시 ~ 오후 5시까지
>   ※ 점심시간(12:00 ~ 13:00) 제외
> 3. 견학대상
>   • 견학대상 : 초 · 중 · 고교생(인솔자 필수 참석) 및 일반인
>   • 가능인원 : 최소 10 ~ 30명 내외(상세 인원은 전화상담 후 조정 가능)
> 4. 견학코스(약 1시간 소요) : 공사 소개 → 홍보영상 시청 → 모형전시실 관람 → 발전소 외부견학 → 기념사진 촬영
> 5. 신청방법 : 견학 7일 전 홈페이지 통한 접수(연락 가능한 전화번호 필수 기재)
> 6. 문의처 : 중부지사 ☎00-000-0000, 남부지사 ☎00-000-0000

① 하루에 견학 가능한 시간은 총 7시간이군.
② 견학을 하려면 최소한 10명의 인원은 있어야 되겠군.
③ 초 · 중 · 고교생은 학생들끼리는 관람을 할 수 없겠네.
④ 20XX년 8월 24일에 견학하려면 최소한 8월 17일까지는 신청을 해야겠네.

43. 다음 글에 대한 이해로 적절하지 않은 것을 〈보기〉에서 모두 고르면?

책은 인간이 가진 독특한 네 가지 능력의 유지, 심화, 계발에 도움을 주는 매체이다. 하지만 문자를 고안하고 책을 만들고 책을 읽는 일은 결코 '자연스러운' 행위가 아니다. 인간의 뇌는 애초부터 책을 읽으라고 설계된 것이 아니기 때문이다. 문자가 등장한 역사는 6천 년, 지금과 같은 형태의 책이 등장한 역사 또한 6백여 년에 불과하다. 책을 쓰고 읽는 기능은 생존에 필요한 다른 기능들을 수행하도록 설계된 뇌 건축물의 부수적 파생 효과 가운데 하나이다. 말하자면 그 능력은 덤으로 얻어진 것일 뿐이다.

그런데 이 '덤'이 참으로 중요하다. 책 없이도 인간은 기억하고 생각하고 상상하고 표현할 수 있지만, 책과 책 읽기는 인간이 이 능력을 키우고 발전시키는 데 중대한 차이를 낳기 때문이다. 또한 책을 읽는 문화와 책을 읽지 않는 문화는 기억, 사유, 상상, 표현의 층위에서 상당한 질적 차이를 가진 사회적 주체들을 생산한다. 그렇기는 해도 모든 사람이 맹목적인 책 예찬자가 될 필요는 없다. 그러나 중요한 것은 인간을 더욱 인간적이게 하는 소중한 능력들을 지키고 발전시키기 위해서 책은 결코 희생될 수 없는 매체라는 사실이다. 그 능력을 지속적으로 발전시키는 데 드는 비용은 적지 않다. 무엇보다 책 읽기는 결코 손쉬운 일이 아니기 때문이다. 책 읽기에는 상당량의 정신 에너지와 훈련이 요구되며, 독서의 즐거움을 경험하는 습관 또한 요구된다.

보기

㉠ 책 읽기는 별다른 훈련이나 노력 없이도 마음만 먹으면 가능한 일이다.
㉡ 책을 쓰고 읽는 기능은 인간 뇌의 본래적 기능이 아니다.
㉢ 책과 책 읽기는 인간의 기억, 사유, 상상 등과 관련된 능력을 키우는 데 상당히 중요한 변수로 작용한다.
㉣ 독서 문화는 특정 층위에서 사회적 주체들의 질적 차이를 유발한다.
㉤ 책 읽기는 손쉬운 일이 아니며 상당량의 정신 에너지와 훈련이 요구되므로, 책이 좋은 것이라는 절대적인 믿음이 필요하다.

① ㉠, ㉡   ② ㉠, ㉤
③ ㉡, ㉣   ④ ㉢, ㉤

44. 2023년 전체 취업자 중 여성의 비율이 40%일 때, 다음의 자료를 참고하여 2023년 여성 일용근로자의 수를 구하면?

〈최근 5년간 취업자 수〉

(단위 : 천 명)

구분	2019년	2020년	2021년	2022년	2023년
취업자	25,299	25,867	26,178	26,409	26,725

〈2023년 종사자 지위별 여성 취업자 구성비〉

(단위 : %)

취업자	비임금근로자		임금근로자		
	자영업주	무급가족종사자	상용	임시	일용
100.0	14.4	8.4	45.7	26.5	5.0

① 505,980명
③ 523,560명
② 517,940명
④ 534,500명

45. S사 신입사원 가운데 40%는 여러 번 지원하여 합격한 경우이고 60%는 한 번에 합격한 것으로 나타났다. 이후 전자의 20%, 후자의 30%가 우수사원으로 선정되었다. 어떤 사람이 우수사원으로 선정되었다고 할 때, 그 사람이 한 번에 합격한 사원일 확률은?

① $\dfrac{1}{9}$
② $\dfrac{4}{9}$
③ $\dfrac{4}{13}$
④ $\dfrac{9}{13}$

01. 다음 중 〈보기〉의 말에 공감하며 올바른 경청을 하고 있는 사람은 누구인가?

> 보기
>
> 　능력 있는 직장인이 되기 위해서는 계속 배워야 한다고 생각해. 그래서 퇴근 후에는 영어 학원, 주말에는 컴퓨터 학원을 다녀야겠어.

① 수연 : 뭐라고? 잠시 딴 생각을 했어. 다시 말해 줄래?
② 종호 : 주말에 쉬는 사람이 더 많을 텐데 끊임없이 자기개발하는 모습이 대단한 것 같아.
③ 지은 : 4차 산업혁명 시대에 걸맞은 사람이 되기 위해 끊임없이 노력하는 모습이 멋있어.
④ 현정 : 중국어와 컴퓨터로는 부족해. 영어까지 배워야 진정한 능력 있는 직장인이 될 수 있지.

02. 다음 빈칸에 들어갈 단어를 순서대로 바르게 나열한 것은?

> • 어떤 심리학자들은 사람들을 몇 가지 유형으로 (　　　)하기도 한다.
> • 이 문제는 정답과 오답을 (　　　)하지 못한 수험생들이 많았다.
> • 스페인어 구사 능력이 뛰어난 사람을 (　　　)하여 채용할 예정이다.
> • 우리 기관에서는 최근에 어떠한 위조지폐라도 (　　　)할 수 있는 기계를 도입하였다.
> • 망 중립성은 누구나 통신망을 이용하는 데 (　　　)을 받지 않을 권리다.

① 변별(辨別) - 구별(區別) - 선별(選別) - 감별(鑑別) - 차별(差別)
② 구별(區別) - 감별(鑑別) - 변별(辨別) - 선별(選別) - 차별(差別)
③ 선별(選別) - 구별(區別) - 변별(辨別) - 차별(差別) - 감별(鑑別)
④ 구별(區別) - 변별(辨別) - 선별(選別) - 감별(鑑別) - 차별(差別)

03. 다음 명제를 바탕으로 추론할 때 밑줄 친 부분에 들어갈 문장으로 적절한 것은?

> • 의류를 판매하지 않으면 핸드백을 팔 수 있다.
> • 핸드백을 팔 경우에는 구두를 판매할 수 없다.
> • _____
> • 그러므로 의류를 판매하려고 한다.

① 핸드백을 팔기로 했다.

② 구두를 팔지 않고 핸드백을 판매한다.

③ 핸드백과 구두를 팔지 않기로 했다.

④ 구두를 판매하기로 했다.

04. ○○기업의 사옥에는 5개 팀이 2 ~ 5층을 사용하고 있다. 다음 조건에 일치하지 않는 것은? (단, 회계팀만 타 층의 복사기를 사용하며, 한 층에는 최대 2개 팀만 있다)

> • 마케팅팀과 기획관리팀은 복사기를 같이 사용한다.
> • 4층에는 회계팀만 있다.
> • 총무팀은 홍보팀의 바로 아래층에 있다.
> • 홍보팀은 마케팅팀의 아래쪽에 있으며 3층의 복사기를 사용하고 있다.
> • 회계팀은 위층의 복사기를 사용하고 있다.

① 마케팅팀은 기획관리팀과 같은 층에 있다.

② 회계팀은 5층의 복사기를 사용한다.

③ 총무팀은 3층의 복사기를 사용한다.

④ 기획관리팀은 5층에 있다.

05. 글의 통일성을 고려할 때 문장 ㉠ ~ ㉣ 중 삭제해야 할 문장은?

신문이 특정 후보를 공개적으로 지지하는 것은 사회적 가치에 대한 신문의 입장을 분명히 드러내는 행위이다. ㉠최근 신문의 후보 지지 선언이 과연 바람직한가에 대한 논쟁이 계속되고 있다. ㉡후보 지지 선언이 언론의 공정성을 훼손할 수 있다는 것이 이 논쟁의 핵심 내용이다. ㉢이런 논쟁이 일어나는 이유는 신문의 특정 후보 지지가 언론의 권력을 강화하는 도구로 이용될 뿐만 아니라, 수많은 쟁점들이 복잡하게 얽혀 있는 선거에서는 후보에 대한 독자의 판단을 선점하려는 비민주적인 행위가 될 수 있기 때문이다. ㉣신문의 특정 후보 지지가 유권자의 표심에 미치는 영향은 생각보다 강하지 않다는 학계의 일반적인 시각 또한 이에 대한 비판의 근거로 제시되고 있다.

① ㉠   ② ㉡
③ ㉢   ④ ㉣

06. 다음 대화에서 밑줄 친 부분과 가장 일맥상통하는 고사성어는?

• 엄마 : 어제 선 본 사람 어땠어? 마음에 들어?
• 나리 : 사람은 착한 것 같은데 그냥 그래요. 별로예요.
• 엄마 : 연락 오면 또 만날 거니?
• 나리 : 글쎄. 고민 중이에요.
• 엄마 : 그냥 더 만나봐. 엄마 친구가 그러는데 사람이 참 괜찮다더라.
• 나리 : 그런데 키가 너무 작아서 좀…….
• 엄마 : 얘! 남자 다 거기서 거기야. 뭐 대단한 사람 있는 줄 아니?
• 나리 : 그래도 키가 나보다는 커야 될 것 아니에요!
• 엄마 : 키 큰 사람 쓸모없다. 작은 고추가 맵다고 했어!
• 나리 : 어쨌든 싫어요! 안 만나!
• 엄마 : 그렇게 따지다가 언제 시집갈래? <u>사람 다 거기서 거기야. 아무나 만나도 다 똑같다고!</u>

① 장삼이사   ② 목불인견
③ 연목구어   ④ 거자필반

07. 주어진 상황을 바탕으로 〈보기〉에서 올바른 추론을 모두 고른 것은?

- 어학능력, 필기시험, 학점, 전공적합성을 상, 중, 하로 평가하여 A ~ D 네 명 중 평점의 합이 높은 사람부터 2명을 신입사원으로 선발하기로 하였다.
- 업무 전달의 실수로 인사 담당자에게 D의 평가 결과가 알려지지 않았다.
- D는 각 평가 항목에서 상, 중, 하의 평점을 모두 받았다.

〈지원자 평가 결과〉

지원자	어학능력	필기시험	학점	전공적합성
A	중	상	중	중
B	상	중	상	상
C	하	하	상	상
D	?	?	?	?

※ 상 : 3점, 중 : 2점, 하 : 1점

보기

㉠ A와 B는 반드시 선발된다.
㉡ A ~ D 중 동점자가 나오는 경우는 없다.
㉢ D의 평점은 B의 선발에 영향을 주지 않는다.

① ㉠   ② ㉡
③ ㉢   ④ ㉡, ㉢

08. 다음 중 논리적 오류가 발생하지 않은 것은?

① 난간에 기대면 추락 위험이 있다고 적혀 있으므로 난간에 기대는 사람은 추락하고 싶은 것이다.
② 눈이 내리는 곳에 꽃이 핀다. 그 지역은 눈이 내리지 않았으므로 꽃이 피지 않는다.
③ 내가 고양이를 좋아하는 것보다 동생이 고양이를 더 많이 좋아한다.
④ 제훈이네 어머니가 수학과 교수님이시니 제훈이도 틀림없이 수학을 잘할 것이다.

[09 ~ 10] 다음 글을 읽고 이어지는 질문에 답하시오.

어린이용 약은 어른들이 먹는 제형과 다른 데다 아이들에게 사용해선 안 되는 성분이 따로 있기 때문에 반드시 어른용과 구분해서 사용해야 한다. 또한, 연령별, 체중별로 사용 방법에 맞게 투여해야 안전하고 효과적이다.

아이는 해열제 복용 시 교차 복용을 하는 경우가 많다. 일반의약품의 해열제는 크게 아세트아미노펜 성분의 해열진통제와 이부프로펜 또는 덱시부프로펜 성분의 비스테로이드성 소염진통제 두 가지로 나뉜다. 시럽 형태를 가장 많이 사용하고, 츄어블정(알약)과 좌약 형태가 있는데, 아이가 약을 먹고 토하거나 다른 이유로 먹지 못할 경우 해열 좌약을 사용할 수 있다.

아이마다 먹는 용량이 정해져 있기 때문에 약 복용 시 용법·용량에 더욱 주의해야 한다. 해열제를 보관할 때는 복약지시서나 케이스를 함께 보관하고, 복용 전 성분명을 반드시 확인해 중복 복용하지 않도록 해야 한다. 복용 시간도 매우 중요하다. 보통 아세트아미노펜과 덱시부프로펜은 4 ~ 6시간 간격, 이부프로펜은 6 ~ 8시간 간격으로 복용하는 것이 일반적이며, 교차 복용을 하더라도 투여 간격은 최소 2 ~ 3시간을 유지하는 것이 좋다. 그리고 교차 복용 시에도 각 성분의 일일 섭취량을 꼭 지켜야 한다.

마지막으로 아이가 열이 난다는 것은 감염성 질환의 증후일 수 있으니 통증이 5일 이상, 발열이 3일 이상 지속되어 해열진통제를 복용하게 될 경우 반드시 소아과를 방문해야 한다.

09. 윗글에 해열제를 언제 먹여야 하는지에 대한 내용을 추가하고자 한다. 다음 ㉠ ~ ㉤을 순서대로 바르게 나열한 것은?

㉠ 통상적인 체온의 정상 범위는 36.0 ~ 37.7℃ 사이이다.
㉡ 아이가 힘이 없고 구토를 한다면 지체 없이 해열제를 복용해야 한다.
㉢ 하지만 감염이 많이 되었거나 염증이 심하게 났을 경우 고열이 지속되기도 한다.
㉣ 38℃ 이상인 경우 열이 난다고 보지만 38℃를 넘었다고 해서 바로 해열제를 먹여야 한다고 말할 수는 없다.
㉤ 열이 난다는 것은 우리 몸의 면역체계에 감염이 발생했을 때 세균이나 바이러스와 맞서 싸우기 위해 열을 내는 과정이기 때문이다.

① ㉠-㉡-㉤-㉢-㉣
② ㉠-㉣-㉤-㉢-㉡
③ ㉠-㉤-㉣-㉢-㉡
④ ㉡-㉢-㉤-㉣-㉠

10. 윗글을 참고할 때 아이의 해열제 보관 및 복용 시 주의사항으로 옳지 않은 것은?

① 약의 복약지시서나 케이스는 버리지 않고 약과 같이 보관한다.

② 발열로 3일 이상 해열진통제를 복용하는 경우 반드시 소아과 진료가 필요하다.

③ 아이가 약을 먹고 토할 경우 시럽 형태보다 좌약을 사용하는 것이 좋다.

④ 이부프로펜과 덱시부프로펜은 비스테로이드성 소염진통제로 4 ∼ 6시간 간격을 두고 복용한다.

11. 다음 글의 내용을 포괄하는 주제로 적절한 것은?

> 　원시공동체의 수렵채취 활동은 그 집단이 소비해 낼 수 있는 만큼의 식품을 얻는 선에서 그쳤다. 당장 생존에 필요한 만큼만 채취할 뿐 결코 자연을 과다하게 훼손하지 않는 행태는 포악한 맹수나 원시 인류나 서로 다를 바 없었다. 이미 포식한 뒤에는 더 사냥하더라도 당장 먹을 수 없고, 나중에 먹으려고 남기면 곧 부패하므로 욕심을 부릴 까닭이 없기 때문이었다. 또 각자 가진 것이라고는 하루분 식량 정도라서 강탈해도 얻는 것이 별로 없으니, 목숨을 걸고 다툴 일도 없었다. 더 탐해도 이익이 없으므로 더 탐하지 않기 때문에 원시공동체의 사람이나 맹수는 마치 스스로 탐욕을 절제했던 것처럼 보인다.
>
> 　신석기시대에 이르면 인류는 수렵채취 중심의 생활을 탈피하고 목축과 농사를 주업으로 삼기 시작한다. 목축과 농사의 생산물인 가축과 곡물은 저장 가능한 내구적 생산물이다. 당장 먹는 데 필요한 것보다 더 많이 거두어도 남는 것은 저장해 두었다가 뒷날 쓸 수 있다. 따라서 본격적인 잉여의 축적도 이 시기부터 일어나기 시작하였다. 그리고 축적이 늘어나면서 약탈로부터 얻는 이익도 커지기 시작했다. 많이 생산하고 비축하려면 그만큼 힘을 더 많이 들여야 한다. 그런데 그 주인만 제압해 버리면 토지와 비축물을 간단히 빼앗을 수 있다. 내 힘만 충분하면 토지를 빼앗고 원래의 주인을 노예로 부리면서 장기간 착취할 수도 있으니 가장 수익성 높은 '생산' 활동은 약탈과 전쟁이다. 그렇게 순수하고 인간미 넘치던 원시 인류도 드디어 탐욕으로 오염되었고 강한 자는 거리낌 없이 약한 자의 것을 빼앗기 시작하였다.

① 저장의 시작에서 발현한 인류의 탐욕

② 목축과 농사의 인류학적 가치

③ 약탈 방법의 다양성과 진화

④ 사적 소유의 필요성

대전기출복원　1회 기출예상　2회 기출예상　3회 기출예상　4회 기출예상　5회 기출예상　6회 기출예상　7회 기출예상　8회 기출예상　9회 기출예상　인성검사　면접가이드

[12 ~ 13] 다음 글을 읽고 이어지는 질문에 답하시오.

침묵은 우리 문화 속에서 긍정적인 의미를 내포하며 특히 여성이나 아랫사람에게 침묵은 미덕인 것처럼 여겨져 왔다. 동양에서는 오랫동안 침묵으로 윗사람에 대한 존중을 표현했다. 이러한 침묵은 상대방의 제안이나 의견에 대해 동의 또는 찬성의 의미를, 친밀한 관계 내에서는 신뢰의 의미를 나타내기도 했다. 그래서 침묵 혹은 과묵한 행동의 가치를 높게 표현하는 속담이 많다. (   ) 등이 그것이다. 그렇다 보니 아랫사람의 의견이나 반문 및 질문이 윗사람에게 반대나 무시, 말대꾸로 여겨져 윗사람에게 침묵을 지키는 것이 우리 민족의 보편적인 정서로 굳어져 버렸다.

그래서 영리한 직원들은 침묵을 이용하여 자신을 보호한다. 겉으로 침묵하지만, 뒤에서는 떠날 준비를 하고 있는 사람은 칭찬을 받는 반면, 마지막 남은 애정을 담아 건의를 하고 목소리를 높이는 사람에게는 따가운 시선과 상사의 질책이 쏟아진다. 이러한 상황이 반복되면 아무 말 안하고 있는 것이 자신에게 이득이 된다. 즉 '영리한 방관자'가 된다. 괜히 말해 일만 더하게 된다거나 지금 내가 말해서 회의시간이 길어져 눈총 받는 상황을 만들고 싶지 않아진다. 이때 하수는 자신의 리더십이 제대로 발동했다고 생각하며 그 순간을 즐긴다. 반면 고수는 내부를 점검하고 직원들이 가지고 있는 내면의 생각을 듣고 싶어하고 알고 싶어한다.

직원의 발전적 피드백을 적극적으로 수용해 발전적으로 활용하는 경우가 있는 반면, 피드백을 지적으로 여기고 방어적 태도를 보이거나 불편한 기분을 그대로 내색하는 경우도 있다. 영리한 리더라면 영리한 직원의 문제 제기를 자신의 단점을 들킨 것과 동일시해 반응하는 것보다 조직에 제안한 직원의 성장 포인트로 연결하는 지혜가 필요하다.

12. 윗글의 빈칸에 들어갈 수 있는 말로 적절한 것은?

① 아는 놈 당하지 못한다.
② 목마른 놈이 우물 판다.
③ 조개껍데기는 녹슬지 않는다.
④ 암탉이 울면 집안이 망한다.

13. 윗글에서 말하고자 하는 내용이 아닌 것은?

① 동양 문화에서 침묵은 윗사람에 대한 존중을 나타내는 방법 중 하나이다.
② 직원들이 침묵하는 것은 대부분 상사에 대한 반항의 표현이다.
③ 영리한 리더는 직원의 피드백을 긍정적으로 활용해야 한다.
④ 침묵은 동의나 신뢰를 나타낼 수 있다.

14. 외래어 표기법에 관한 다음 규칙에 따를 때, 잘못 표기된 것은?

> 어말의 [ʃ]는 '시'로 적고, 자음 앞의 [ʃ]는 '슈'로, 모음 앞의 [ʃ]는 뒤따르는 모음에 따라 '샤', '섀', '셔', '셰', '쇼', '슈', '시'로 적는다.

① shark - 샤크　　　　　　　　　② shrimp - 시림프
③ English - 잉글리시　　　　　　④ eye shadow - 아이섀도

15. 다음은 △△기업 경영지원팀의 인사고과평가 결과 중 일부이다. 능력과 태도 모두 '우수'인 직원은 경영지원팀 전체의 몇 %인가? (단, 우수는 90점 이상, 보통은 70 ～ 80점, 나쁨은 60점 이하이다)

(단위 : 명)

태도 \ 능력	100점	90점	80점	70점	60점 이하
100점	2	3	5	2	3
90점	3	4	3	3	1
80점	1	1	3	5	1
70점	2	2	2	2	1
60점 이하	1	3	2	3	2

① 12%　　　　　　　　　　　　② 20%
③ 30%　　　　　　　　　　　　④ 40%

16. 사내 비품 담당인 이 대리는 겨울에 대비해 가습기를 구매하려고 한다. A 업체는 구매 금액 1,000,000원당 50,000원을 할인해 주는 동시에 10대를 사면 1대를 무료로 주고, B 업체는 같은 가습기 9대를 사면 1대를 무료로 준다. 1대당 100,000원인 가습기 50대를 구매한다면 두 업체 중 어디에서 사는 것이 얼마나 더 저렴한가?

① A 업체, 100,000원　　　　　　② A 업체, 200,000원
③ B 업체, 100,000원　　　　　　④ B 업체, 200,000원

[17 ~ 18] ○○사에 다니는 김 사원은 다음 글을 참고하여 빅데이터와 관련한 보고서를 작성하려고 한다. 이어지는 질문에 답하시오.

미국에는 질병통제예방센터라는 기관이 있는데, 이 기관은 미국의 연방정부 기관인 미국 보건복지부의 산하기관 중 하나이다. 이 센터는 양질의 건강 정보를 제공하고 주 정부의 보건부서 및 여타 기관들과 연계함으로써 공중보건 및 안전을 개선하기 위해 질병 예방 및 통제 수준을 개선하며 동시에 환경보건, 산업안전보건, 건강증진, 상해예방 및 건강교육 등 다양한 분야의 정책을 담당하고 있다. 이곳에서는 매주 미국 각 지역의 독감 환자 수, 독감 유사 증상 환자 수를 파악해서 보고서를 내는데, 이는 어느 지역에서 환자 수가 급증하면 그 주변을 차단해서 독감이 전국으로 확산되는 것을 막기 위해서이다. 그런데 이 보고서 작성에는 상당한 시간이 걸린다. 먼저 일선에서 근무하는 지역 의사들에게 독감 환자가 오면 동사무소로 보고하도록 하고 동사무소는 그 정보를 모아서 구청에 보고하고, 구청은 시청에, 시청은 주 정부에, 최종적으로 주 정부는 질병예방센터로 넘긴다. 그러면 질병예방센터에서 통계를 내서 지역마다 독감 환자 상황에 관한 보고서를 낸다. 이렇게 보고서를 작성하는 데 2주가 걸리는데, 2주면 독감이 미국 전역으로 퍼진 후이기 때문에 독감 예방 대책을 ㉠세우는 것이 무의미해진다.

그런데 한 검색 사이트에서 이를 해결할 수 있는 방안을 제시하였다. 사람들은 열이 나거나 몸에 이상이 나타나면 자신이 병에 걸린 것은 아닌지 검색한다. 독감에 걸렸다면 '기침', '고열', '해열제' 등 독감과 관련된 증상이나 치료 방법을 검색하게 되는데, 검색 사이트의 서버는 이러한 검색이 어느 아이피(IP) 주소에서 왔는지 알기 때문에 그것을 분석해서 해당 지역을 찾아낼 수 있다. 실제로 이 검색 사이트가 예측한 독감 환자 수와 질병예방센터가 발표한 독감 환자 수는 거의 일치하였다. 이것은 네트워크 이론과 빅데이터를 결합하여 활용하였기 때문에 가능한 결과였다.

17. 보고서를 작성하던 김 사원은 띄어쓰기에 대한 의문이 생겼다. 다음 글을 참고할 때, 띄어쓰기가 잘못된 것은?

조사는 체언 뒤에 쓰이고 앞말에 붙여 써야 한다. 의존명사는 관형어의 수식을 받으며 앞말과 띄어 쓴다. 의존명사는 체언에 속하므로 조사와 결합하는 특성이 있다. 제시된 글에서 밑줄 친 ㉠의 '것'은 의존명사이므로 앞말과 띄어 써야 한다.

① 말하는 대로 되니 긍정적인 생각을 많이 해야 한다.
② 나 만큼 직장에서 열심히 일하는 사람은 없을 것이다.
③ 좋은 결과를 기대하며 열심히 일할 수밖에 없다.
④ 직장에서 근무한 지 1년 만에 모두에게 인정받게 되었다.

18. 윗글을 읽은 김 사원이 가질 수 있는 의문으로 적절한 것은?

① 미국 질병예방센터에서 지역별 독감 환자 수를 파악하여 보고서를 내는 이유는 무엇인가?

② 검색 사이트는 독감과 관련된 검색어가 어느 지역에서 검색되었는지 어떻게 알 수 있는가?

③ 실제로 독감에 걸리지 않았음에도 불구하고 호기심이나 공포심 등으로 독감을 검색했을 경우에는 정확도가 떨어지지 않는가?

④ 미국의 독감 환자 상황에 대한 보고서를 가지고 독감 예방 대책을 세우는 것은 왜 무의미한가?

19. 다음 그래프를 보고 추측한 내용이 적절하지 않은 사람은?

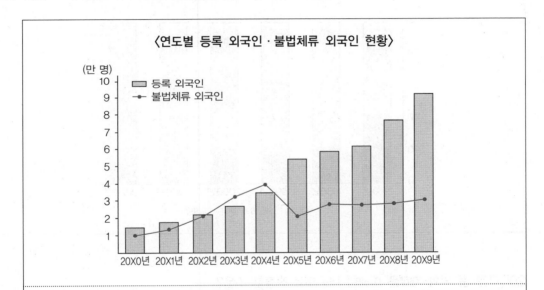

〈연도별 등록 외국인·불법체류 외국인 현황〉

- A : 등록 외국인 수가 매년 증가하고 있지만 변수가 발생하면 그 수가 줄어들 수도 있어.
- B : 불법체류 외국인의 수는 20X4년에 최고치를 기록하면서 처음으로 등록 외국인 수보다 많아졌어.
- C : 20X5년에 등록 외국인 수가 급격히 증가한 이유는 불법체류 외국인이 등록 외국인이 되었기 때문은 아닐까?
- D : 20X6년 이후 불법체류 외국인의 숫자는 비교적 안정적으로 유지되고 있어.

① A   ② B

③ C   ④ D

[20 ~ 21] 다음 자료를 보고 이어지는 질문에 답하시오.

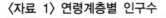

〈자료 1〉 연령계층별 인구수

(단위 : 천 명)

구분	1970년	1980년	1990년	2000년	2010년	2020년
0 ~ 14세	13,709	12,951	10,974	9,911	7,979	6,751
15 ~ 64세	17,540	23,717	29,701	33,702	36,209	37,620
65세 이상	991	1,456	2,195	3,395	5,366	7,016

〈자료 2〉 연령계층별 인구 구성비

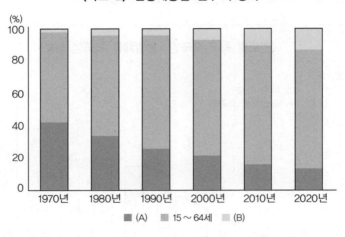

20. 다음 중 위의 자료를 이해한 내용으로 적절한 것은?

① 2010년 인구는 30년 전에 비해 11,430천 명 감소하였다.

② 〈자료 2〉의 (A)는 65세 이상, (B)는 0 ~ 14세의 비율을 나타낸다.

③ 1990년 이후로 14세 이하 인구는 매 조사시점마다 이전 조사시점에 비해 1백만 명 이상 감소하고 있다.

④ 2000년부터 14세 이하 인구는 전체 인구의 $\frac{1}{5}$ 수준 이하로 감소하였다.

21. 2020년 65세 이상 인구는 전체 인구의 몇 %를 차지하는가? (단, 소수점 아래 둘째 자리에서 반올림한다)

　① 13.3%　　　　　　　　　　② 13.5%
　③ 13.7%　　　　　　　　　　④ 14.1%

22. 어느 가방 브랜드에서 원가가 80만 원인 가방에 이윤 60%를 추가한 가격을 정가로 하여 판매하고 있다. 정기세일 기간에 정가의 20%를 할인하여 판매한다면, 가방 1개를 판매할 때 이 브랜드에서 얻는 이윤은 얼마인가?

　① 166,000원　　　　　　　　② 198,000원
　③ 224,000원　　　　　　　　④ 480,000원

23. 남자 100명, 여자 150명으로 구성된 집단에서 심리검사를 실시하였는데, 그 결과로 남자와 여자 각각 50%가 긍정적인 반응을 나타냈다. 이들 중 한 사람을 선택했을 때 긍정적 반응을 나타낸 여자일 확률은?

　① 20%　　　　　　　　　　② 25%
　③ 28%　　　　　　　　　　④ 30%

대전기술보직원 / 1회 기출예상 / 2회 기출예상 / 3회 기출예상 / 4회 기출예상 / 5회 기출예상 / 6회 기출예상 / 7회 기출예상 / 8회 기출예상 / 9회 기출예상 / 인성검사 / 면접가이드

24. 다음은 A ~ D 기관의 근로시간과 근로자 수를 나타낸 자료이다. 노동투입량지수가 높은 순서대로 나열한 것은?

구분	근로시간(시간)	근로자 수(명)
A 기관	25	18
B 기관	30	16
C 기관	20	19
D 기관	10	35

※ 노동투입량지수＝근로시간×근로자 수

① A>B>C>D
② A>C>D>B
③ B>A>C>D
④ B>A>D>C

25. 다음은 우리나라 부패인식지수(CPI)의 연도별 변동 추이에 대한 표이다. 이에 대한 설명으로 적절하지 않은 것은?

〈부패인식지수(CPI)의 연도별 변동 추이〉

(단위 : 점, 개국, 위)

구분		2016년	2017년	2018년	2019년	2020년	2021년	2022년	2023년
CPI	점수	56.0	55.0	55.0	54.0	53.0	54.0	57.0	59.0
	조사대상국	176	177	175	168	176	180	180	180
	순위	45	46	44	43	52	51	45	39
OECD	회원국	34	34	34	34	35	35	36	36
	순위	27	27	27	28	29	29	30	27

※ 점수가 높을수록 청렴도가 높다.

① CPI 순위와 OECD 순위가 가장 낮은 해는 각각 2020년, 2022년이다.
② 청렴도가 가장 높은 해와 2016년도의 청렴도 점수의 차이는 3.0점이다.
③ 조사기간 동안 우리나라의 CPI는 OECD 국가에서 항상 상위권을 차지하였다.
④ 우리나라는 다른 해에 비해 2023년에 가장 청렴했다고 볼 수 있다.

26. 다음 그림과 같은 직각삼각형 모양의 공원이 있다. 공원의 두 변의 길이가 다음과 같을 때, 나머지 한 변의 길이는 얼마인가?

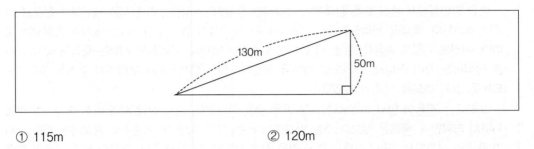

① 115m   ② 120m

③ 130m   ④ 135m

27. 다음의 단위로 계산했을 때, '?'에 들어갈 값은?

$$2.5m + 3,250mm = (\quad ? \quad)cm$$

① 5.75   ② 57.5

③ 575   ④ 5,750

28. ○○기업은 경력 2년 미만인 사원들을 대상으로 소그룹 회의를 진행하고자 회의실을 예약했다. 1개의 회의실에 6명씩 배정하면 1명이 남고, 7명씩 배정하면 마지막 회의실에는 4명만 배정되고 1개의 회의실이 남게 된다고 할 때, ○○기업의 경력 2년 미만인 사원은 몇 명인가?

① 58명   ② 61명

③ 67명   ④ 79명

대전 기출복원 / 1회 기출예상 / 2회 기출예상 / 3회 기출예상 / 4회 기출예상 / 5회 기출예상 / 6회 기출예상 / 7회 기출예상 / 8회 기출예상 / 9회 기출예상 / 인성검사 / 면접가이드

[29 ~ 30] 다음 글을 읽고 이어지는 질문에 답하시오.

> 병원 영안실에서 흔히 보듯 한국적인 장례식은 철저히 산 사람들의 질서를 재현하는 용도로 바뀌어 소비된다. 죽음을 기억하기 위해서가 아니라, 망각하기 위해서 장례라는 절차가 진행되는 것이다. 이것은 기왕의 죽음을 한 번 더 완벽하게 죽이는 것이다. 우리들의 시대는 죽음을 삶의 동기로 인식하는 것이 아니라, 개인으로 하여금 죽음에 대한 감정을 마치 무엇인가 흉측한 것이라도 되는듯 밀쳐 내도록 부추기고 있다.
>
> 그러나 ㉠죽음이 항상 이런 대접만을 받은 것은 아니었다. 원시 신앙 시대 이후 중세기에 이르기까지 어쩌면 ㉡죽음은 삶보다 더한 양지를 누려왔는지도 모른다. 기념비와 종교라는 제도 자체가 죽음의 성전에서 카리스마를 누려온 것을 전적으로 부인하기 어렵다. 더욱이 인간 구원이 영혼의 몫이 되고 덩달아서 ㉢죽음의 몫이 되었을 때, 영 · 육의 이원법에서 절대적 지배권을 향유한 것은 ㉣죽음이지 삶이 아니었다.
>
> 그러던 죽음이 이제 망각되어 가고 있다. 근대 이후, 종교의 퇴락 및 문화 전반의 세속화와 물질주의를 전제한다면, 릴케가 한탄한 바와 같이 죽음은 정말 몰가치하고 개성 없는 것이 되고 말았다. 현재 군중 사회에서 죽음은 가고 죽음이란 말만이 황당하게 남아 있을 뿐이다. 현대인의 죽음에 대한 사유의 부족과 또 막연한 공포와 부정이 죽음을 다시 죽게 하고 결국 우리의 삶에서 죽음을 소거해 간 것이다.

29. 윗글의 밑줄 친 ㉠ ~ ㉣ 중 문맥적 의미가 다른 하나는?

① ㉠   ② ㉡
③ ㉢   ④ ㉣

30. 다음 중 윗글을 이해한 내용으로 적절한 것은?

① 한국적인 장례식에서는 아직도 죽음을 기억하기 위해 장례 절차가 진행되고 있다.
② 중세에는 삶보다 죽음이 영 · 육의 이원법에서 절대적 지배권을 누렸다.
③ 중세인은 죽음을 전혀 무서워하거나 부정하지 않았으며, 죽음은 영혼이 소멸하는 일로 여겼다.
④ 현대인의 죽음에 대한 사유의 부족은 죽음을 삶을 위한 동기로 인식하기 때문이다.

31. 해외영업 1팀의 A 부장, B 과장, C 대리, D 대리, E 사원, F 사원 여섯 명은 올해 해외영업을 진행할 지역을 정하려고 한다. 지역은 중남미, 미주, 아시아 지역으로 각각 2명씩 나눠 담당하며, 다음과 같은 〈조건〉에 따라 해외영업 지역을 정한다고 할 때 항상 참이 아닌 것은?

조건

- A 부장과 B 과장은 서로 다른 지역을 담당해야 한다.
- C 대리는 아시아 지역을 담당해야 한다.
- D 대리와 F 사원은 서로 같은 지역을 담당해야 한다.
- E 사원은 중남미 지역을 담당할 수 없다.

① B 과장은 미주 지역 또는 아시아 지역의 영업을 담당하게 된다.
② D 대리와 F 사원은 중남미 지역의 영업을 담당하게 된다.
③ A 부장과 E 사원은 같은 지역의 영업을 담당하게 된다.
④ C 대리와 E 사원은 같은 지역의 영업을 담당하지 않는다.

32. 부장, 과장, 대리, 사원 A, 사원 B는 기획안에 관한 회의 진행을 위해 6인용 원형 테이블에 마주 앉아 있다. 앉은 위치가 다음 〈조건〉과 같다고 할 때, 부장의 오른쪽 옆자리에 앉은 사람은?

조건

- 대리와 사원 A는 나란히 앉아 있다.
- 사원 B의 왼쪽 옆자리에는 아무도 앉아 있지 않다.
- 과장은 대리의 왼쪽 옆자리에 앉아 있다.
- 사원 A는 부장과 마주 보고 앉아 있다.

① 과장
② 대리
③ 사원 B
④ 아무도 앉아 있지 않다.

대전기출복원
1회 기출예상
2회 기출예상
3회 기출예상
4회 기출예상
5회 기출예상
6회 기출예상
7회 기출예상
8회 기출예상
9회 기출예상
인성검사
면접가이드

33. ○○교통공사에서는 다음 자료와 같이 시민들에게 4호선 탐방학습을 제공하고 있다. 이에 대한 설명으로 적절한 것은?

■ **탐방학습 패키지**

• 역사와 미래가 공존하는 4호선으로 탐방학습 오세요!

어린이 및 청소년들이 ○○의 역사가 스며들어 있는 동래읍성 임진왜란 역사관 및 충렬사 등을 탐방하고 동시에 미래형 도시철도 무인전철의 우수성을 경험해 볼 수 있는 4호선 탐방학습 패키지 코스에 여러분을 초대합니다.

• 운영기준

– 대상 : 20인 이상 단체

– 일자 : 화 ~ 금요일(공휴일 · 공사 지정 휴일 제외)

– 개방시간 : 10:00 ~ 17:00

• 안내 순서

– 한 단체당 단체 승차권 1매로 A 코스 또는 B 코스를 선택하여 이용함.

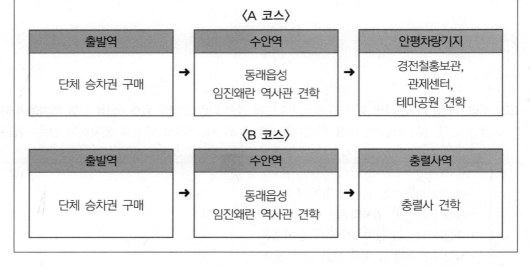

〈A 코스〉

출발역		수안역		안평차량기지
단체 승차권 구매	→	동래읍성 임진왜란 역사관 견학	→	경전철홍보관, 관제센터, 테마공원 견학

〈B 코스〉

출발역		수안역		충렬사역
단체 승차권 구매	→	동래읍성 임진왜란 역사관 견학	→	충렬사 견학

---

① 유치원생이 탐방학습 패키지에 참여하기 위해서는 청소년 이상의 보호자가 필요하다.

② 매주 월요일은 임진왜란 역사관이 휴관하므로 패키지 코스를 이용할 수 없다.

③ 개방시간은 오전 10시부터 7시간으로, 1회 탐방에는 약 1시간 30분이 소요된다.

④ 15인의 청소년으로 구성된 단체는 단체 승차권을 구매할 수 없다.

34. 다음 글에서 나타나는 서술 방식이 아닌 것은?

> 3D 프린팅 기술은 미래 제조 혁신이라고 불리며 관심이 최고조에 이르렀다가 현재는 기술 성숙 단계다. 초기에 나왔던 기술이 점점 깊이 있게 개발되고 있는데, 전문가들은 아직 사업화 단계는 요원하다고 진단하기도 한다.
>
> 의료현장에서 실제로 쓰일 수 있도록 프린팅 재료에 대한 개발도 필요하고, 3D 프린터로 만든 신체 일부를 인간의 몸속에 넣었을 때의 반응에 대한 연구도 더 필요하기 때문이다. 특히 인간의 인체에 사용되기 위한 임상 진행도 필수적이라 실제 상용화가 되기까지는 다소 시간이 걸릴 수 있다.
>
> △△생산기술연구원 박XX 박사는 "바이오프린팅 기술이 개발되고 있지만 아직까지 상용화되기는 어려운 수준"이라면서 "실제 이식을 하기 위해서는 하이드로젤을 사용해 제작해야 하는데 아직은 인체에 이식할 수 있는 수준이 아니다. 기술이 더 개발되어야 실제 활용이 가능할 것"이라고 말했다. 또 "바로 쓰이기 위해서는 공정, 재료 측면에서 고민해 봐야 할 문제들이 많고, 기술적인 성장뿐 아니라 생체 적합성을 파악하는 것이 관건"이라며 "약물, 화장품 등의 후보물질 테스트 등이 시장에서 활용될 것"이라고 주장했다.

① 인용을 통해 주장에 객관성을 확보하였다.
② 상반되는 의견의 대립 구조를 통해 합리적인 결론을 도출하였다.
③ 주장에 대한 구체적인 근거를 제시하였다.
④ 전문가의 의견을 통해 문제점에 대한 해결 방향을 제시하였다.

35. 다음 글의 중심내용으로 적절한 것은?

> 정보 사회라고 하는 오늘날, 우리는 단편적인 정보와 실용적 목적을 위해 독서하는 경우가 많다. 이런 수동적인 자세로는 곧 흩어져 버릴 정보의 파편들만 일시적으로 흡수할 뿐이다. 능동적 읽기를 위해서는 일정한 목적의식이나 문제의식을 가져야 한다. 르네상스를 대표하는 인물인 괴테는 그림에 열중하는 자신의 모습을 보고 의아해하는 사람들에게 그림의 대상인 집이나 새를 더 잘 관찰하기 위해서 그림을 그리는 것이라고 대답했다. 그림을 그리겠다는 목적의식을 가지고 사물을 관찰하면 평소에 보이지 않던 세세한 것들이 떠오를 것이다. 마찬가지로 일정한 주제의식이나 문제의식을 가지고 독서를 할 때, 보다 창조적이고 주체적인 독서 행위가 성립될 것이다.

① 특정 목적이나 문제의식을 가진 독자일수록 능동적인 독서를 할 수 있다.
② 독서의 목적은 독자들이 무엇을 필요로 하느냐에 따라 달라진다.
③ 독자들은 각자 필요한 지식 정보를 획득하기 위해 다양한 책을 읽는다.
④ 독자들이 그림을 그린다면 주체적인 독서를 하는 데에 도움이 될 것이다.

36. 다음 글을 읽고 제시한 견해로 적절하지 않은 것은?

> 한국 사회는 이미 '초저출산 사회'로 접어들었고, 최근에는 초저출산 현상이 심화되는 양상이다. 일선 지방자치단체들이 인구 증가시책의 하나로 출산·양육지원금을 경쟁적으로 늘리고 있으나 출생아는 물론 인구가 오히려 줄고 있다.
>
> 전북 진안군은 파격적인 출산장려금 지원에도 좀처럼 인구가 늘지 않아 고민이다. 2013년 2만 7천6명이던 진안군 인구는 2016년 2만 6천14명으로 줄었다. 해마다 감소하는 출산율을 높이기 위해 2016년 출산장려금을 대폭 늘렸는데도 효과를 보지 못했다. 진안군은 2007년부터 첫째·둘째 120만 원, 셋째 이상 450만 원씩 지원하던 출산장려금을 2016년 각 360만 원과 1천만 원으로 늘렸다. 열악한 군의 재정 상황에도 인구를 늘리기 위한 고육지책이었다.
>
> 경북 영덕군은 첫째 출산 때 30만 원, 둘째 50만 원, 셋째 이상 100만 원을 주고 첫돌에 30만 원, 초등학교 입학 때는 40만 원을 준다. 하지만 2013년 말, 인구가 4만 142명에서 2014년 3만 9천586명으로 4만 명 선이 무너졌다. 이후에도 2015년 3만 9천191명, 2016년 3만 9천52명에서 2017년 3만 8천703명으로 계속 감소하고 있다.

① 우리나라는 지속적인 출산율 저하로 초저출산 현상을 겪고 있다.
② 일회적이고 단편적인 지원책으로는 출산율을 늘리는 데 한계가 있다.
③ 일선 지방자치단체들이 인구 증가시책의 하나로 출산·양육지원금제도를 시행하고 있으나 오히려 인구가 줄고 있다.
④ 지방자치단체들은 출산율을 높일 수 있는 실효성 있는 지원금 액수가 어느 정도인지 제대로 파악하지 못하고 있다.

37. 열차가 A 다리를 건너는 데 5초가 걸렸다. 이 열차가 40m 길이의 터널을 통과하는 데 10초가 걸렸다면 A 다리의 길이는 몇 m인가? (단, 열차는 등속운동을 하며, 열차의 길이는 무시한다)

① 30m   ② 20m
③ 18m   ④ 15m

38. 다음은 ○○고등학교에서 시행 중인 학업 평가 결과를 나타낸 표이다. 영역별 1 ~ 5등급으로 나누어진다고 할 때, 이에 대한 설명으로 옳지 않은 것은?

〈학업 평가 4 ~ 5등급 비율 변화〉

(단위 : %)

구분	A 영역	B 영역	C 영역	D 영역
20X8년	56.0	47.2	45.6	43.1
20X9년	45.9	44.5	39.9	35.4

① 20X8년 대비 20X9년에 4 ~ 5등급 비율이 가장 크게 변한 영역은 A 영역이다.

② 20X9년 C 영역에서 1 ~ 3등급을 받은 학생의 비율은 54.4%이다.

③ 20X8년 D 영역에서 4 ~ 5등급을 받은 학생 수가 B 영역에서 4 ~ 5등급을 받은 학생 수보다 적다.

④ 20X8년과 20X9년 모두 학업 평가 4 ~ 5등급 비율이 D 영역 - C 영역 - B 영역 - A 영역 순으로 낮다.

39. 용인 근처에 있는 ○○화랑에서 지난 금요일 오후 10시에 도둑이 들어 그림을 도난당하는 사건이 발생하였다. 용의자는 A, B, C, D, E 5명으로 이 중 두 사람이 거짓을 말하고 있고, 거짓을 말한 사람들 중 한 명이 그림을 훔친 범인이다. 용의자들의 진술이 다음과 같을 때, 그림을 훔친 범인은?

- A : 나는 지난 금요일 오후 10시에 종로에 있었다.
- B : 나는 그날 오후 10시에 A와 C랑 함께 있었다.
- C : B는 그날 오후 10시에 A와 함께 인천에 있었다.
- D : C는 그날 오후 10시에 나와 단둘이 있었다.
- E : B의 진술은 참이다.

① A   ② B
③ C   ④ D

대전기출복원 / 1회 기출예상 / 2회 기출예상 / 3회 기출예상 / 4회 기출예상 / 5회 기출예상 / 6회 기출예상 / 7회 기출예상 / 8회 기출예상 / 9회 기출예상 / 인성검사 / 면접가이드

40. 다음 특별 교육 프로그램 참가자 선정 안내문 및 직원별 상황을 참고할 때, A ~ E 중 프로그램에 참가할 수 있는 직원을 모두 고른 것은? (단, A ~ E만 참가를 신청했다고 가정한다)

<특별 교육 프로그램 참가자 선정 안내문>

우리 ○○사에서 사원들 대상의 특별 교육 프로그램 참가자 선정을 위한 기준을 안내드립니다. 프로그램 참가자는 총 2명이며, 다음 우선순위를 바탕으로 선정합니다. 교육 프로그램 참가에 대한 여러분의 양해를 부탁드립니다.

• 1순위 : 최근 1년 이내에 교육 프로그램에 참가한 적이 없는 직원
• 2순위 : 부서장 추천을 받은 직원
• 3순위 : 자사 근속 기간이 5년 이상인 직원

상황

A : 최근 1년 이내에 교육 프로그램에 참가한 직원으로, 자사 근속 기간은 5년이다.
B : 최근 1년 이내에 교육 프로그램에 참가한 직원으로, 부서장 추천을 받았다.
C : 최근 1년 이내에 교육 프로그램에 참가하지 않은 직원으로, 자사 근속 기간은 8년이다.
D : 최근 1년 이내에 교육 프로그램에 참가한 직원으로, 자사 근속 기간은 2년이다.
E : 최근 1년 이내에 교육 프로그램에 참가한 직원으로, 자사 근속 기간은 6년이다.

① A, B
② A, D
③ B, C
④ C, E

41. 두영, 석훈, 용현, 칠선, 광수, 정신의 여섯 사람은 점심 먹기, 영화 보기, 커피 마시기, 축구하기 중 각자 두 가지씩 활동을 했다. <보기>의 진술이 모두 참일 때, 다음 중 축구를 하지 않은 사람은? (단, 한 가지 활동에 둘 이상의 사람이 함께할 수 있다)

보기

• 두영 : 나는 광수와 점심을 먹은 후에 칠선이와 축구를 했어.
• 석훈 : 나는 용현이와 영화를 본 후에 정신이와 커피를 마셨어.
• 용현 : 나는 석훈이를 만나서 커피를 마셨어.
• 칠선 : 나는 두영이와 점심을 먹고 축구도 함께 했어.
• 광수 : 나는 점심을 함께 먹은 친구들에 한 명을 더해 축구를 했어.

① 두영
② 용현
③ 칠선
④ 정신

42. 다음 S 기업의 기본윤리강령을 읽은 후 직원들이 나눈 대화 내용으로 적절하지 않은 것은?

S 기업인은 기본과 원칙을 지키고 인간미, 도덕성, 예의범절, 에티켓을 생활화하여 자신의 명예와 품위를 지키며 「나부터 변화」를 통해 개인의 성장과 회사의 발전을 함께 추구한다.

❏ 기본윤리
- 임직원 모두가 S 기업을 대표한다는 자세로 긍지와 자부심을 갖고 항상 단정한 복장, 예의 있는 행동, 품위 있는 언어로 명예를 유지하도록 한다.
- 공평무사하게 업무에 임하며 강령을 지키고 거짓말, 변명 등 비윤리적인 행위를 하지 않는다.

❏ 공정한 직무수행
- 모든 직무를 정직하고 공정하고 성실하게 수행한다.
- 본인에게 주어진 권한 내에서 자율적으로 판단하고 행동하며 그 결과에 책임을 진다.
- 동료 및 관련 부서 간의 창의적인 아이디어와 제안을 존중하고 상하 간 소신 있게 의견을 개진하고 경청한다.
- 어떠한 경우에도 회사의 재산을 사적으로 사용하지 않는다.
- 업무를 수행함에 있어 회사와 개인 또는 부서 간의 이해가 상충될 경우 회사의 이익을 우선으로 생각하고 행동한다.
- 허위 또는 과장보고를 하지 않으며 중요한 정보를 은폐하거나 표절하지 않는다.

❏ 임직원 상호 존중
- 임직원은 상호 간에 직장생활에서 필요한 기본 예의를 지킨다.
- 임직원 상호 간 금전거래 행위 및 부당한 청탁을 일체 금한다.
- 학벌, 성별, 종교, 집안, 출신지역 등에 대한 파벌조성이나 차별대우를 하지 않는다.

❏ 정보 및 보안관리
- 회사 기밀사항 등 보안이 필요한 정보는 사전허가나 승인 없이 외부에 유출하지 않는다.
- 타인의 지적 재산을 존중하여 무단사용, 복제, 배포, 변경 등의 침해행위를 하지 않는다.

---

① 반짝이는 아이디어가 있다면 주저하지 않고 이야기할 수 있도록 해야겠어.

② 필요한 경우 동료에게 금전적인 도움을 주는 것도 중요해.

③ 우리는 모두 S 기업을 대표하는 사람으로서 항상 기본적인 에티켓을 준수해야 해.

④ 나보다 직급이 낮더라도 언행을 조심하고, 그도 하나의 인격체라는 것을 명심해야 해.

[43 ~ 44] 다음 공문을 읽고 이어지는 질문에 답하시오.

제목	전문가 초청 워크숍 참가 안내

내용	1. 한국○○진흥원은 문화예술 관련 기관 · 단체 소속 실무자 및 예술교육 담당자의 문화예술 전문 역량 강화를 위해 다양한 교육과정을 기획 · 운영하고 있습니다.
	2. 이에 따라 '예술교육 음악으로 다가가기'를 주제로 워크숍을 다음과 같이 개최하오니 각 기관에서는 최소 1인 이상 참석하여 주시기 바랍니다.
	3. 아울러 정부중앙청사의 열린 문화공간 조성 및 근무 환경 개선을 위해 귀 기관으로부터 미술품을 대여받고자 하오니 협조하여 주시기 바랍니다.
	                        -다음-
	가. 교육명 : ○○필하모니 교육 부서 연계 전문가 초청 워크숍
	나. 교육목적 : 6 · 3 민주화운동 정신을 계승하여 한 · 일 과거사를 극복하고 미래지향적인 양국 간 관계를 발전시키기 위한 전문가 양성 및 상호 교류
	다. 교육일시 : 202X년 12월 20일(화), 15:00 ~ 19:00
	라. 교육대상 : 문화 행정 인력, 정부 부처 · 지방자치단체 공무원
	    ※접수 인원이 많으면, 문화 관련 업무 담당자 우선 선정 예정
	마. 주최 · 주관 : 한국○○진흥원

43. 위 공문을 잘못 이해한 것은?

① 수신 기관에게 미술품을 대여해 준다.

② 문화 관련 업무 담당자의 역량 강화를 위한 과정이다.

③ 워크숍을 통한 한 · 일 양국 간 관계 발전에 목적을 두고 있다.

④ 신청자가 몰릴 경우 문화 관련 업무 담당자를 우선으로 선정한다.

44. 위 공문과 관련하여 한국○○진흥원 직원들이 나눈 다음의 대화에서 경청의 자세가 바르지 않은 직원은 누구인가?

> 직원 A : 이번 워크숍 관련 공문 다들 봤죠? 이번 워크숍은 문화예술 역량 강화를 목적으로 한 우리 기관의 아주 중요한 행사래요. 저는 '예술교육 음악으로 다가가기'라는 주제가 마음에 들어요.
>
> 직원 B : 맞아요, 저도 그 주제에 관심이 많아요. 날짜가 12월 20일인데, 오후 3시부터 시작하는 거 맞죠?
>
> 직원 C : 아마 맞을 거예요. 정부중앙청사에서 열린 문화공간 조성에 필요한 미술품 대여도 같이 진행된다고 하니, 우리 부서가 미술품 준비를 도와야 할 것 같아요.
>
> 직원 D : 음, 저는 다른 업무가 바빠서 그 날 참석할 수 있을지 모르겠어요. 그런데 이번 워크숍이 어떤 목적으로 열리는 거죠?

① 직원 A ② 직원 B

③ 직원 C ④ 직원 D

45. 경쟁사인 A 통신사와 B 통신사의 인터넷 요금이 다음과 같을 때, 두 통신사의 요금이 같아지려면 인터넷을 한 달에 몇 분 사용해야 하는가?

〈각 통신사의 인터넷 요금〉

구분	기본요금	사용요금
A 통신사	10,000원/월	10원/분
B 통신사	5,000원/월	20원/분

※ 인터넷 요금은 '기본요금+사용요금'으로 계산한다.

① 350분 ② 400분

③ 450분 ④ 500분

01. 다음은 경청을 실천하기 위한 다섯 가지 행동 가이드이다. 이에 따라 적절하게 경청하고 있는 경우는?

> 1. 공감을 준비하라.
>   나의 마음속에 있는 판단과 선입견, 충고하고 싶은 생각들을 비우고 그냥 들어준다.
> 2. 상대를 인정하라.
>   상대방 역시 나만큼 소중하고 독립적인 인격체임을 인정한다.
> 3. 말하기를 절제하라.
>   상대방을 이해하기 위해 말하기보다는 듣기를 우선한다.
> 4. 겸손하게 이해하라.
>   상대방의 말을 진정으로 들어 주고 그를 존중하고 이해하려고 노력한다.
> 5. 온몸으로 응답하라.
>   상대의 말에 귀 기울이고 있음을 몸짓과 눈빛으로 표현한다.

① 갑 : 출근하는데 길이 너무 많이 막혔어요. 평소보다 10분이나 일찍 출발했는데도 늦었네요. 죄송해요.

　을 : 당신은 언제나 늦죠. 처음 있는 일도 아니에요.

② 갑 : 오늘은 저녁식사를 같이 하고 싶어요. 드릴 말씀도 있고, 제 상황에 대해 조언을 듣고 싶어요.

　을 : (눈을 쳐다보지 않고 팔짱을 낀 자세로) 오늘 할 일이 많은데, 꼭 오늘이어야 하나요?

③ 갑 : 오늘 저녁에는 회덮밥을 먹고 싶어요. 지금 장마기간이지만 제가 아는 곳 중에 위생상태가 좋은 식당이 있는데, 어떠세요?

　을 : 여름 장마인 이 상황에서 회를요? 어린애같이 너무 안일한 생각 같아요.

④ 갑 : 이번 여름은 힘들었어요. 날씨는 더운데 거기다 일은 너무 많았거든요. 아, 회사에 대한 불만을 이야기하려던 것은 아니에요.

　을 : (상대를 향해 몸을 돌리며) 괜찮습니다. 고민이 있으면 털어놓는 게 훨씬 좋죠.

02. 다음 글을 참고할 때, 밑줄 친 단어의 사용이 올바르지 않은 것은?

> 오랫동안 말을 통해 전승된 우리 고유어 '가르치다'의 유래에 대해서는 아직 여러 가지 설명이 골고루 존재한다. '가르치다'의 옛말인 'ᄀᆞᄅ치다'는 다의어로서 '가르치다(敎)'와 '가리키다(指)'를 뜻하였는데 17세기 이후에서야 분화했다. 이렇게 오랫동안 두 단어가 엮여 있었기 때문인지는 몰라도 '가르치다'와 '가리키다'를 혼용하는 사람이 많고, 심지어 둘을 섞어 '가르키다'로 잘못 쓰기도 한다.

① 동네 사람들은 미영이를 <u>가리켜</u> 신동이라 불렀다.
② 선생님은 스크린에 있는 그림을 <u>가르치면서</u> 설명을 하셨다.
③ 그가 철수에게 영어를 <u>가르쳤다</u>.
④ 이번 기회에 딸의 버르장머리를 톡톡히 <u>가르칠</u> 것이다.

03. 다음은 ○○회사 직원 A ～ F 6명에게 취미와 근무지를 조사한 내용이다. 항상 옳은 것은?

> • 사무실은 1 ～ 6층에 있고 직원 A ～ F는 모두 다른 층에 근무한다.
> • 1층 직원의 취미는 독서, 2층은 테니스, 3층은 영화, 4층은 등산, 5층은 미술관 방문, 6층은 게임이다.
> • D는 영화를 좋아하는 직원보다 아래층에 근무한다.
> • 미술관 방문이 취미인 직원은 A이다.
> • C는 등산이 취미인 직원보다 위층에 근무한다.
> • B와 D는 운동을 좋아한다.

① C는 A보다 낮은 층에서 근무한다.
② C의 근무지와 F의 근무지 간 거리가 가장 멀다.
③ D는 E보다 낮은 층에 근무한다.
④ B는 F보다 높은 층에 근무한다.

대전기출복원
1회 기출예상
2회 기출예상
3회 기출예상
4회 기출예상
5회 기출예상
6회 기출예상
7회 기출예상
8회 기출예상
9회 기출예상
인성검사
면접가이드

04. 다음의 〈승진 조건〉에 따라 4명의 승진 대상자들을 평가할 때, 2순위 승진자는 누구인가?

〈승진 조건〉
- 심사 시 총점이 높은 순으로 직원을 우선으로 선발함.
- '업무수행능력'이 A등급 이상이면 5점, '조직기여도'가 A+등급 이상이면 3점을 가점함.
- 평가 항목 중 최하위 등급이 있는 경우 승진 대상자에서 제외함.
- 동점자가 있을 경우, 업무수행능력 → 이해력 → 성실성 → 원가절감 → 조직기여도 → 협조능력의 순으로 높은 점수를 받은 직원을 우선으로 승진자로 발령함.

〈심사 결과〉

(단위 : 점)

구분	업무수행능력	이해력	협조능력	조직기여도	성실성	적극성	신뢰성	원가절감
나 대리	8	8	8	6	10	4	6	8
백 대리	4	8	4	10	8	4	6	6
서 대리	8	8	8	4	8	4	10	8
정 대리	8	10	8	8	2	8	6	8

〈등급당 배점〉

A+	A	B	C	D
10점	8점	6점	4점	2점

① 나 대리
② 백 대리
③ 서 대리
④ 정 대리

05. 다음 밑줄 친 부분에 들어갈 문장으로 적절한 것은?

- 축구를 잘하는 사람은 감기에 걸리지 않는다.
- 감기에 걸리지 않는 사람은 휴지를 아껴 쓴다.
- 나는 축구를 잘한다.
- 그러므로 _____

① 나는 감기에 자주 걸린다.
② 환자는 휴지를 아껴 쓴다.
③ 나는 축구를 자주 한다.
④ 나는 휴지를 아껴 쓴다.

06. 다음 중 문제해결의 절차를 순서대로 바르게 나열한 것은?

(A) 문제 인식	(B) 원인 분석
(C) 실행 및 평가	(D) 문제 도출
(E) 해결안 개발	

① A - B - C - D - E

② A - C - B - D - E

③ A - D - B - E - C

④ A - D - E - B - C

07. 다음 글에 대한 설명으로 옳지 않은 것은?

프랑스와 이탈리아 사람들은 @를 '달팽이'라고 부른다. 두 나라는 모두 로마 제국에 뿌리를 둔 라틴계인데다 디자인 강국답게 보는 눈도 비슷하다. 그런데 독일 사람들은 이것을 '원숭이 꼬리'라고 부른다. 그리고 동유럽의 폴란드나 루마니아 사람들은 꼬리를 달지 않고 그냥 '작은 원숭이'라고 부른다. 더욱 이상한 것은 북유럽의 핀란드로 가면 '원숭이 꼬리'가 '고양이 꼬리'로 바뀌게 되고, 러시아로 가면 그것이 원숭이와는 앙숙인 '개'로 둔갑한다는 사실이다. 아시아는 아시아대로 다르다. 중국 사람들은 @를 점잖게 쥐에다 노(老)자를 붙여 '라오수(小老鼠)' 또는 '라오수하오(老鼠號)'라 부른다. 일본은 쓰나미의 원조인 태풍의 나라답게 '나루토(소용돌이)'라고 한다. 혹은 늘 하는 버릇처럼 일본식 영어로 '앳 마크'라고도 한다. 팔이 안으로 굽어서가 아니라 인터넷 사용국 중에서 @와 제일 가까운 이름은 우리나라의 '골뱅이'인 것 같다. 골뱅이 위의 단면을 찍은 사진을 보여 주면 모양이나 크기까지 어느 나라 사람이든 무릎을 칠 것이 분명하다.

① 사람들은 문화에 따라 같은 대상을 다르게 표현한다.

② 프랑스는 라틴계 문화의 영향을 받았다.

③ 다른 나라 사람들은 현재 @를 '골뱅이'라고 부르는 것에 동의한다.

④ 핀란드에서는 @를 '고양이 꼬리'로 부른다.

[08 ~ 09] 다음 글을 읽고 이어지는 질문에 답하시오.

현대인의 삶의 질이 점차 향상됨에 따라 도시공원에 대한 관심도 함께 높아지고 있다. 도시공원은 자연 경관을 보호하고, 사람들의 건강과 휴양, 정서 생활을 위하여 도시나 근교에 만든 공원을 말한다. 또한 도시공원은 휴식을 취할 수 있는 공간인 동시에 여러 사람과 만날 수 있는 소통의 장이기도 하다.

㉠ 도시공원은 사람들이 선호하는 도시 시설 가운데 하나이지만 노인, 어린이, 장애인, 임산부 등 사회적 약자들은 이용하기 어려운 경우가 많다. 사회적 약자들은 그들의 신체적 제약으로 인해 도시공원에 접근하거나 도시공원을 이용하기에 열악한 상황에 놓여있기 때문이다.

우선, 도시공원이 대중교통을 이용해서 가기 어려운 위치에 있는 경우가 많다. 또한 공원에 간다 하더라도 사회적 약자를 미처 배려하지 못한 시설들이 대부분이다. 동선이 복잡하거나 안내 표시가 없어서 불편을 겪는 경우도 있다. 이런 물리적·사회적 문제점들로 인해 실제 공원을 찾는 사회적 약자는 처음 공원 설치 시 기대했던 인원보다 매우 적은 편이다. 도시공원은 일반인뿐 아니라 사회적 약자들도 동등하게 이용할 수 있는 공간이어야 한다. 그러기 위해서는 도시 공간 계획 및 기준 설정을 할 때 다른 시설들과 실질적으로 연계가 되도록 제도적·물리적으로 정비되어야 한다. 사회적 약자에게 필요한 것은 아무리 작은 도시공원이라도 편안하게 접근하여 여러 사람과 소통하거나 쉴 수 있도록 조성된 공간이다.

08. 다음 중 윗글의 제목으로 가장 적절한 것은?

① 도시의 자연 경관을 보호하는 도시공원

② 모두가 여유롭게 쉴 수 있는 도시공원

③ 도시공원, 사회적 약자만이 이용할 수 있는 쉼터

④ 공원 이용 활성화를 위한 도시공원 안내 표지판의 필요성

09. 〈보기〉는 밑줄 친 ㉠의 상황에 대한 의견이다. 빈칸 ㉡에 들어갈 말로 가장 적절한 것은?

> **보기**
>
> 도시공원이 있어도 제대로 이용하지 못하므로 사회적 약자들에게 도시공원은 '(㉡)'(이)라 할 수 있겠군.

① 그림의 떡   ② 언 발에 오줌 누기

③ 장님 코끼리 만지기   ④ 낙타가 바늘구멍 들어가기

10. 다음 안내문에서 알 수 있는 사실이 아닌 것은?

〈제7회 비만예방의 날 기념 정책세미나 개최 안내〉

가	주제	• 소아 · 청소년 비만의 사회적 요인 해결 방안 • 소아 · 청소년 비만예방을 위한 보험자의 역할 제언
나	발제 · 토론자	• 좌장 : 문○○(◇◇공단 비만대책위원장, □□의과학대학교 일반대학원장) • 발제자 : 박○○ 교수(□□대학교병원 소아청소년과) 　　　　　 오○○ 교수(△△대학교 일산병원 가정의학과) • 토론자 : 유○○(대한비만학회 이사장) 　　　　　 이○○(제주특별자치도교육청 학생건강증진센터 몸건강팀장) 　　　　　 허○○(부산광역시 남구 보건소장) 　　　　　 신○○(△△일보 부국장) 　　　　　 조○○(◇◇공단 건강증진부장)
다	일시, 장소	20XX. 01. 14. (금) 14:00 ~ 16:30, XX프레스센터 19층 기자회견장
라	문의처	◇◇공단 건강보험정책연구원 연구행정부 ※ Tel : (033)XXX-XXX1, XXX2 / Fax : (033)XXX-XXXX
마	주요 내용	• 소아 비만 증가 요인과 문제점, 해결 방안 등 • 소아 · 청소년 비만이 의료비 증가에 미치는 영향 및 예방을 위한 보험자의 역할 등

① 발제 · 토론자 소속   ② 세미나 소요 시간

③ 문의 메일 주소   ④ 관련 정책세미나 개최 회차

[11 ~ 12] ○○기업은 올해 신입사원을 대상으로 다음과 같은 내용의 강연을 실시하였다. 이어지는 질문에 답하시오.

수력발전소는 일단 건설되고 나면 더 이상 직접적인 폐기물은 방출하지 않으며, 이산화탄소도 발생하지 않는다. 수력발전을 위해 만들어지는 호수는 많은 물을 저장해 두기 때문에, 건기에도 말라붙지 않아 안정적으로 전기를 공급할 수 있다. 이런 호수는 저수지로 활용되어 필요한 사람들에게 물을 공급할 수 있는 수원이 되기도 한다. 싼샤 댐 건설의 큰 이점 중 하나는 양쯔강 하류의 빈번한 범람을 막을 수 있다는 점이다.

수력발전의 가장 큰 단점은 호수를 만들기 위해 인근 전체가 계속 물에 잠기게 된다는 것이다. 이런 환경의 변화로 인근 생태계가 큰 영향을 받을 뿐 아니라, 그 지역에 살던 사람들도 터전을 떠나야만 한다.

홍수를 막는 것이 항상 장점만 있는 것은 아니다. 예를 들어 나일강은 연중 특정한 시기에 범람하여 물과 함께 떠내려 온 퇴적물이 강변의 농지를 비옥하게 만들어 왔다. 그러나 나일강의 중류에 아스완 댐이 건설된 이후 이러한 일이 더는 일어나지 않기 때문에 이곳에 곡식을 키우기가 더 어려워졌다.

또한 이미 지어진 수력발전소에서 전기를 만들어 내는 과정은 무탄소 발전이지만, 거대한 콘크리트 댐을 건설하는 과정에 큰 비용이 들 뿐 아니라 많은 양의 이산화탄소가 발생한다.

---

11. 윗글에서 설명한 수력발전의 문제점으로 적절하지 않은 것을 모두 고르면?

ㄱ. 수력발전소는 발전 과정에서 많은 양의 이산화탄소를 발생시킨다.
ㄴ. 인근 생태계에 영향을 미칠 만큼 환경변화에 영향을 줄 수 있다.
ㄷ. 홍수 예방이 가능하나, 연중 특정한 시기의 범람은 막을 수 없다.
ㄹ. 퇴적물이 강변의 농지를 비옥하게 만드는 일이 일어나지 않는다.
ㅁ. 수력발전소 건설로 인해 그 지역에 살던 사람들이 삶의 터전을 잃는다.

---

① ㄱ, ㄴ
② ㄱ, ㄷ
③ ㄴ, ㄹ
④ ㄷ, ㄹ, ㅁ

12. 윗글의 내용과 가장 관련이 있는 사자성어는?

① 소탐대실(小貪大失)
② 결자해지(結者解之)
③ 사필귀정(事必歸正)
④ 일장일단(一長一短)

13. 다음 (가)와 (나)를 읽고 이해한 내용으로 적절한 것을 〈보기〉에서 모두 고르면?

> (가) 경북 영주의 한 대장간에서 만든 호미가 아마존 원예용품 '톱10'에 당당히 이름을 올렸다. 정원 가꾸는 방법을 소개하는 유튜브에 등장하면서 뜨기 시작했다. "삽만 봤지 'ㄱ' 자로 꺾어진 원예 기구는 처음", "손목에 힘을 많이 주지 않아도 된다." 등 칭찬 일색이다. 국내에선 호미 한 자루에 5,000원이지만 해외에선 최고 20달러(2만 2,600원)에 팔린다. 올 들어 3개월간 1,000개 넘게 수출했다. 60대 대장장이는 후계자가 없어 고민했는데 최근 해외동포 청년이 기술을 배우러 오겠다고 했단다. 가장 한국적인 것이 가장 세계적인 것이 될 수 있다는 얘기다. 선조들의 지혜가 담긴 물건을 잘 골라 인터넷 유통에 제대로 연결하면 대박을 낼 수 있는 시대다.
>
> (나) 선각자들이 깨달은 진리는 옛날식으로 표현되었으므로 후대의 시각으로 그 안에 깃든 의미를 늘 재음미하고 재해석해야 생명력이 사라지지 않는다.

보기

> ㄱ. 신토불이에 자부심을 갖자.
> ㄴ. 실용적인 상품은 경쟁력이 있다.
> ㄷ. 외국 상품에 대한 무분별한 선호는 지양하자.
> ㄹ. 사라져가는 무형문화재도 다시 살펴볼 필요가 있다.

① ㄱ, ㄷ   ② ㄴ, ㄹ
③ ㄱ, ㄴ, ㄹ   ④ ㄴ, ㄷ, ㄹ

14. 다음 (가) ~ (라)의 밑줄 친 부분에서 맞춤법에 맞는 어휘를 골라 순서대로 나열한 것은?

> (가) 내일은 날씨가 활짝 <u>갤/개일</u> 예정이다.
> (나) 이번 해에 난 <u>햅쌀/햇쌀</u>도 역시 맛있구나.
> (다) 양가 부모님 모두에게 결혼 <u>승낙/승락</u>을 받았다.
> (라) 잠들었던 아이가 <u>부시시/부스스</u> 일어났다.

① 갤 – 햅쌀 – 승낙 – 부스스   ② 갤 – 햇쌀 – 승낙 – 부시시
③ 개일 – 햇쌀 – 승락 – 부스스   ④ 개일 – 햅쌀 – 승낙 – 부시시

대전기술보안 1회 기출예상 2회 기출예상 3회 기출예상 4회 기출예상 5회 기출예상 6회 기출예상 7회 기출예상 8회 기출예상 9회 기출예상 인성검사 면접가이드

[15 ~ 16] 다음 글을 읽고 이어지는 질문에 답하시오.

> (가) 만약 정글에서 악어에게 다리를 물렸다면 어떻게 해야 가장 좋을까. 손을 사용해 다리를 빼내려고 발버둥치면 다리에 이어 손, 심하면 목숨까지 잃게 된다. 할 수 없이 다리 하나만 희생하는 것이 가장 현명한 선택일 것이다. 이를 '악어의 법칙'이라고 부른다.
>
> (나) 포기를 한다는 것은 반대로 또 다른 어떤 것을 얻기 위한 길이기도 하다. 뭔가를 어쩔 수 없이 포기해야 될 때, 빠른 판단을 통해 오히려 더욱 많은 것을 얻게 될 수도 있는 것이 인생이다.
>
> (다) 하지만 주위를 보면 포기를 모르고 포기하는 고통을 두려워하다 결국은 더 큰 고통을 피하지 못하는 안타까운 경우가 많다. 절대 포기한다고 해서 끝나는 것이 아니며 방법이 오직 그 하나밖에 없는 것이 아님을 우리는 알아야 한다.
>
> (라) '악어의 법칙'을 일상생활에 대입해 보면 결정적 순간에 포기할 줄 아는 지혜로운 마음과 시기적절하게 버릴 줄 아는 능력을 가진 사람이 결국 빛을 발할 수 있다는 이론이다.

15. 윗글의 (가) ~ (라)를 문맥에 따라 바르게 나열한 것은?

① (가) – (라) – (다) – (나)　　　　② (가) – (다) – (나) – (라)
③ (라) – (가) – (다) – (나)　　　　④ (라) – (나) – (다) – (가)

16. 윗글을 읽고 설명한 내용으로 적절하지 않은 것은?

① 욕심이 과하면 망한다는 말처럼 제때 포기하지 않으면 더 큰 손해를 볼 수도 있다.
② 악어의 법칙은 한쪽 다리를 잃더라도 일단 살아서 다른 길을 모색하는 것이 더 현명함을 설명하는 법칙이다.
③ 불가능한 것을 포기하지 못한다면 스스로에게 고통을 주고 그 고통은 결국 스트레스로 작용할 것이다.
④ 포기를 많이 하는 사람이 결국 현명한 사람이다.

17. 다음은 A 제품의 공장별 생산 현황이다. 제품 1개당 생산비용이 34만 원 이상인 공장은 모두 몇 곳인가?

〈A 제품의 공장별 생산 현황〉

구분	생산비용(만 원)	생산량(개)
(가)	5,213	143
(나)	6,241	184
(다)	12,484	381
(라)	9,667	287
(마)	8,258	243

① 1곳　　　　　　　　　　　　② 2곳
③ 3곳　　　　　　　　　　　　④ 4곳

18. 물품구매를 담당하고 있는 김 대리는 흰색 A4 용지 50박스와 컬러 A4 용지 10박스를 구매하는 데 5,000원 할인 쿠폰을 사용해서 총 1,675,000원을 지출했다. 컬러 용지 한 박스의 단가가 흰색 용지 한 박스보다 2배 높았다면, 흰색 A4 용지 한 박스의 단가는 얼마인가?

① 20,000원　　　　　　　　　② 22,000원
③ 24,000원　　　　　　　　　④ 26,000원

19. 갑은 중간고사에서 네 과목의 평균이 89.5점이 나왔다. 마지막 영어시험까지 합하여 다섯 과목의 평균이 90점 이상 나오려면, 영어는 최소한 몇 점을 받아야 하는가?

① 88점　　　　　　　　　　　② 90점
③ 92점　　　　　　　　　　　④ 93점

대전기출복원
1회 기출예상
2회 기출예상
3회 기출예상
4회 기출예상
5회 기출예상
6회 기출예상
7회 기출예상
8회 기출예상
9회 기출예상
인성검사
면접가이드

[20 ~ 21] 다음은 우리나라의 식량 자급도와 관련된 자료이다. 이어지는 질문에 답하시오.

〈한국의 식량 자급도 변화 추이〉

(단위 : %)

구분	2008년	2013년	2018년	2023년
전체 곡물 자급도	29.1	29.7	29.4	27.6
쌀	91.4	102.9	102.0	104.6
보리	67.0	46.9	60.0	24.3
밀	0.3	0.1	0.2	0.9

〈국민 1인당 연간 주요 농산물 소비량 변화 추이〉

(단위 : kg)

구분	2008년		2013년		2018년		2023년	
	소비량	증감률	소비량	증감률	소비량	증감률	소비량	증감률
양곡 전체	160.5	–	153.3	−4.5%	135.5	0.1%	125.6	−18.2%
쌀	106.5	–	93.6	㉠	80.7	−13.8%	72.8	−9.8%
밀	33.9	–	35.9	5.9%	31.8	㉡	32.1	0.9%
과실류	54.8	–	58.4	6.6%	62.6	7.2%	62.4	㉢
육류	27.4	–	31.9	㉣	32.1	0.6%	38.8	20.9%

※ 증감률은 해당 연도의 5년 전 대비 소비량의 증감률임.

20. 위 자료의 ㉠ ~ ㉣에 들어갈 수치를 바르게 구한 것은? (단, 소수점 아래 둘째 자리에서 반올림한다)

	㉠	㉡	㉢	㉣
①	−12.1%	−11.4%	−0.3%	16.4%
②	−14.4%	−11.4%	−0.5%	19.2%
③	−12.1%	−13.1%	−0.3%	19.2%
④	−14.4%	−13.1%	−0.5%	16.4%

21. 위 자료를 분석한 내용으로 적절하지 않은 것은?

① 전체 곡물 자급도는 2013년도부터 지속적으로 감소하는 추세이다.

② 쌀의 자급도는 2008년도부터 지속적으로 증가하고 있는 추세이다.

③ 국민 1인당 연간 주요 농산물 소비량 변화 추이를 보았을 때 양곡 전체의 1인당 연간 소비량은 감소하지만 육류는 점차 증가하고 있다.

④ 과실류의 국민 1인당 연간 소비량은 2018년까지 증가하다가 2023년에 감소했다.

22. H의 집에서 회사까지의 실제 직선거리는 16km인데, 지도상에는 2.5cm로 표시되어 있다. 회사에서 거래처까지의 직선거리가 지도상에서 5.2cm로 표시되어 있다면, 회사에서 거래처까지의 실제 직선거리는 얼마인가?

① 31.58km
② 32.48km
③ 32.88km
④ 33.28km

23. 여성 12명, 남성 x명으로 구성된 A 팀이 있다. 이 팀에서 남성의 70%가 14명이라면 A 팀의 총인원은 몇 명인가?

① 30명
② 31명
③ 32명
④ 33명

[24 ~ 25] 다음 자료를 보고 이어지는 질문에 답하시오.

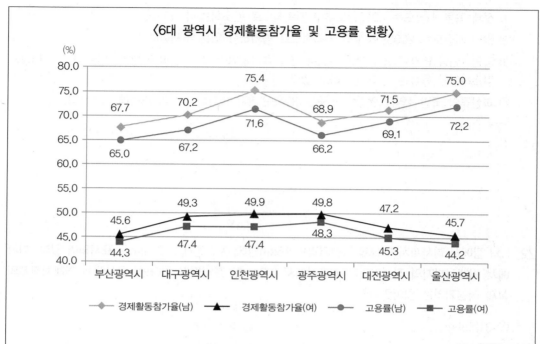

〈6대 광역시 경제활동참가율 및 고용률 현황〉

(단위 : %)

구분		경제활동참가율	고용률
전국	남성	73.0	70.1
	여성	49.4	47.8
서울특별시	남성	73.0	69.1
	여성	51.2	49.2

24. 다음 중 위 자료의 내용을 잘못 설명한 것은?

① 인천의 고용률은 남녀 모두 서울보다 높다.

② 6대 광역시 중 여성의 고용률이 가장 낮은 도시는 울산이다.

③ 6대 광역시 중 여성 경제활동참가율이 50%를 넘는 도시는 없다.

④ 6대 광역시 중 남녀 간의 경제활동참가율의 차이가 가장 큰 도시는 울산이다.

25. 6대 광역시 중 여성 경제활동참가율이 전국 기준보다는 높고 서울보다는 낮은 도시를 바르게 나열한 것은?

① 대구, 대전
② 인천, 광주
③ 대구, 인천, 광주
④ 인천, 광주, 대전

26. 가로, 세로, 높이가 각각 112cm, 168cm, 140cm인 직육면체 모양의 적재함이 있다. 이 적재함을 가장 큰 정육면체 박스로 채워 남는 공간이 없도록 할 때, 적재함의 가로, 세로, 높이에 각각 쌓을 수 있는 적재 수량을 순서대로 나열한 것은?

① 2개, 3개, 4개
② 2개, 4개, 5개
③ 3개, 4개, 5개
④ 4개, 6개, 5개

27. 다음은 한 정책에 대해 찬반 여부를 조사한 자료이다. 조사 대상자의 70%가 기혼, 30%가 미혼일 때, 정책에 찬성하는 사람 중 기혼인 사람의 비율은? (단, 소수점 아래 첫째 자리에서 반올림하여 구한다)

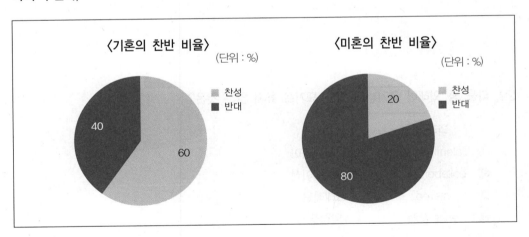

① 88%
② 75%
③ 64%
④ 53%

28. 다음 글을 참고할 때, '사회적 증거의 법칙'에 해당하는 예를 ㉠ ~ ㉢에서 모두 고른 것은?

> 사회적 증거의 법칙이란 어떤 행동이나 판단을 할 때 다른 사람들의 행동과 판단을 따라 하게 되는 성향을 얘기한다. 이 법칙의 가장 좋은 예는 개그 프로그램이나 시트콤에서 볼 수 있는 '가짜 웃음소리'이다. 똑같이 웃어야 할 포인트이지만 가짜 웃음소리가 나오면 시청자들은 더 크게 웃음을 터뜨린다. 가짜 웃음소리가 없으면 웃어야 할 포인트에도 크게 웃고 싶은 감정이 나오지 않는다. 혼자 웃기 뻘쭘하기 때문이다. TV에서 웃음소리가 나오면 '아, 지금이 웃어야 할 때구나'라고 생각하고 마음껏 웃게 된다. 이와 같이 '남들이 하는 걸 보니까 나도 해야 되겠구나' 혹은 '해도 되는구나' 하는 느낌을 주게 하는 것이 사회적 증거의 법칙이다.
>
> ---
>
> ㉠ 맛집은 실제 음식의 맛보다 방문 후기와 리뷰의 별점에 의해 결정된다.
> ㉡ 개를 무서워하는 아이들에게 개랑 노는 20분짜리 영상을 반복적으로 보여주자 나흘 후에 67%의 아이가 강아지와 함께 놀았다.
> ㉢ 화재가 났는데 대피하는 사람이 없자 10분 뒤에는 모두 가만히 있었다.

① ㉠, ㉡
② ㉠, ㉢
③ ㉡, ㉢
④ ㉠, ㉡, ㉢

29. 다음 중 외래어 표기법에 따른 표기로 옳지 않은 것은?

	외래어	표기
①	Valentine Day	밸런타인데이
②	collaboration	콜라보레이션
③	stereo	스테레오
④	ensemble	앙상블

30. 다음 〈보기〉의 명제들이 모두 참일 때 옳은 것은?

> 보기
>
> • 사과를 좋아하는 사람은 귤을 좋아한다.
> • 딸기를 좋아하지 않는 사람은 귤을 좋아하지 않는다.
> • 바나나를 좋아하는 사람은 딸기를 좋아한다.

① 귤을 좋아하는 사람은 사과를 좋아한다.
② 사과를 좋아하지 않는 사람은 딸기를 좋아한다.
③ 딸기를 좋아하는 사람은 바나나를 좋아하지 않는다.
④ 사과를 좋아하는 사람은 딸기를 좋아한다.

31. 예원, 철수, 경희, 정호, 영희 5명은 다음과 같이 긴 의자에 일렬로 앉아 사진을 찍었다. 사진을 보고 앉은 순서에 대해 다음과 같이 말하였을 때, 사진상 정호의 왼쪽에 앉아 있는 사람은? (단, 이 중 1명의 진술은 모두 거짓이며, 나머지 4명의 진술은 모두 참이다)

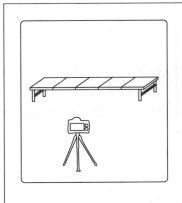

• 예원 : 영희가 맨 왼쪽에 앉아 있고, 정호는 경희보다 왼쪽에 앉아 있다.
• 철수 : 나는 영희보다 오른쪽에 앉아 있고, 경희는 예원이보다 왼쪽에 앉아 있다.
• 경희 : 예원이는 철수보다 오른쪽에 앉아 있다.
• 정호 : 철수는 경희보다 왼쪽에, 예원이는 나보다 오른쪽에 앉아 있다.
• 영희 : 철수는 정호보다 왼쪽에, 예원이는 경희보다 왼쪽에 앉아 있다.

① 예원
② 철수
③ 경희
④ 영희

대전기출복원 / 1회 기출예상 / 2회 기출예상 / 3회 기출예상 / 4회 기출예상 / 5회 기출예상 / 6회 기출예상 / 7회 기출예상 / 8회 기출예상 / 9회 기출예상 / 인성검사 / 면접가이드

32. 다음은 △△기관의 채용 안내문의 일부이다. 해당 기관에 입사를 준비 중인 A 씨가 참고해야 할 유의사항을 잘못 이해한 내용은?

〈20X3 △△기관 채용공고 유의사항 안내〉

□ Ⅰ～Ⅴ 채용 유형별 중복지원이 불가합니다.

□ 입사지원서 기재 착오 및 누락으로 인한 불이익은 응시자 책임이며, 기재사항이 제출 서류의 내용과 불일치할 경우 합격이 취소될 수 있습니다.

□ 필기 및 면접전형 시 신분증(주민등록증, 운전면허증 또는 여권)을 지참하여야 하며, 미지참 시 응시가 불가합니다.

□ 입사지원서 마감일에는 접속자가 급증할 것으로 예상되오니 마감일 이전에 접수하시기 바라며, 마감시간 이후 제출한 지원서는 자동 불합격 처리됩니다.

□ 채용과 관련하여 본 공고에서 특별히 정한 내용 이외에는 우리 회사 「인사관리규정」 및 「채용업무관리세칙」, 「교육훈련규정」 제23조(수습임용자의 채용제한), 「보수규정관리세칙」 제4조(초임호봉) 등 사내·외 관련규정 및 법률, 각종 정부가이드 라인에 따릅니다. 또한 '이전 지역인재 채용목표제' 운영과 관련한 내용은 「혁신도시 조성 및 발전에 관한 특별법 및 동법시행령」 및 「국토교통부 예규 2018-198호」를 따릅니다.

□ 지원서 작성 시 성별, 연령, 출신 학교, 부모나 친척의 신분 등 블라인드 채용 취지에 맞지 않는 정보의 입력을 금지하며, 입력 시 불합격 처리를 포함한 불이익 조치를 받을 수 있습니다.

□ 필기 및 면접전형 불합격자에 대해서는 회사에서 자체 개발한 분석 보고서를 제공합니다.

---

① 채용 유형은 모두 5가지로 중복지원이 불가능하다.

② 면접전형에서 떨어지면 회사로부터 분석 보고서를 받을 수 있다.

③ 지원자의 출신 학교나 부모의 신분을 밝히면 불이익 조치를 받을 수 있다.

④ 채용과 관련된 모든 절차는 사내·외 관련규정 및 법률, 각종 정부가이드 라인을 우선 따른다.

[33 ~ 34] 다음 글을 읽고 이어지는 질문에 답하시오.

시에스타란 이탈리아와 그리스 등의 지중해 연안 국가와 라틴아메리카 등지에서 시행하는 낮잠 풍습을 의미한다. 한낮에는 무더위 때문에 일의 능률이 떨어지기 때문에 낮잠을 통해 충분한 휴식을 취하여 저녁까지 일을 할 힘을 비축해 두자는 취지에서 시행되고 있다. (ㄱ) 풍습의 유래는 정확하게 알려지는 바는 없으나, 대체로 포르투갈 남부 지방에서 시작되어 스페인과 그리스 등의 유럽을 거쳐 멕시코와 아르헨티나 등의 라틴아메리카 국가들로 퍼졌다고 전해진다. (ㄴ) 시에스타 시간은 나라마다 1시간 내외의 차이가 있는데 주로 1시에서 4시 사이에 2시간 정도 이루어진다.

시에스타 시간에는 개인상점들은 물론 관공서도 영업을 하지 않고 낮잠을 즐긴다. 이 때문에 시에스타는 라틴아메리카 사람들의 게으름이나 끈기 부족의 상징처럼 여기지기도 한다. (ㄷ) 이에 따라 스페인에서는 생산성 증대의 일환으로 시에스타를 폐지하자는 움직임이 일어났고 2005년 12월에 관공서의 시에스타 시행을 중지하였다. 그러나 과학적 연구결과에 따르면 시에스타는 생물학적인 필요에 의한 것이라고 한다. (ㄹ)

33. 다음 중 윗글의 내용과 일치하는 것은?

① 본래 시에스타 시간에도 관공서는 영업을 한다.
② 시에스타 시간은 오후 1시부터 4시까지다.
③ 시에스타는 풍습일 뿐 과학적인 의미는 없다.
④ 시에스타는 지중해 연안 국가와 라틴아메리카 등지에서 시행하고 있다.

34. 다음 중 〈보기〉의 문장이 들어갈 위치로 가장 적절한 것은?

> **보기**
>
> 즉, 30분 정도의 짧은 낮잠은 원기를 회복하고 지적·정신적 능력을 향상시키는 데 도움이 된다는 것이다.

① (ㄱ)
② (ㄴ)
③ (ㄷ)
④ (ㄹ)

[35 ~ 36] 다음 글을 읽고 이어지는 질문에 답하시오.

1일 건강보험심사평가원의 보건의료빅데이터에 따르면 골다공증으로 인한 건강보험 요양급여 비용은 20X3년 805억 6천만 원에서 20X7년 1,153억 1천만 원으로 4년간 43% 증가했다. 이 기간 골다공증으로 의료기관에서 진료를 받은 환자도 80만 5,304명에서 90만 6,631명으로 13% 증가했다. 남성은 5만 6,303명에서 5만 5,831명으로 약간 줄었지만, 여성은 74만 9,001명에서 85만 800명으로 13.6% 증가해 환자 증가분의 대부분을 차지했다.

의료계에서는 국내 골다공증 환자를 310만 명 이상으로 추정하고 있다. 20X5년 초음파를 이용해 실시된 한 지역사회 연구에서는 50대 이상 남성의 42.7%, 여성의 74.4%가 골다공증으로 진단됐다. 골다공증은 중년기 이후 삶과 밀접한 질환이지만 치료율은 낮은 편이다. 골다공증 유병률이 포함된 마지막 대규모 조사였던 20X1년 국민건강영양조사에 따르면 50세 이상 골다공증 진단자 가운데 조사 당시 치료를 받고 있었던 사람은 여성 12.9%, 남성 4.2%에 불과했다. 대한골대사학회가 건강보험공단 통계를 분석한 자료를 살펴봐도 골다공증 환자의 치료율은 여성 36%, 남성 16%에 불과하다. 여자는 10명 중 7명, 남자는 10명 중 8명이 치료를 받지 않는다는 뜻이다.

골다공증이 위험한 것은 약해진 뼈가 부러지면서 영구적인 장애를 야기할 수 있기 때문이다. 이렇게 되면 의료비 지출이 급격하게 늘어난다. 고혈압 등 만성질환을 앓는 환자에게 골다공증까지 생겼을 때 치료비용이 얼마나 추가로 들어가는지 미국에서 연구한 결과, 의료비 지출은 최소 66%에서 최고 91%까지 늘어났다. 의료비 급증의 주요 원인은 골절이었다.

35. ○○공단 B 과장은 윗글에서 제시된 문제점에 대한 대책을 세우기 위하여 다음 자료를 찾아보았다. B 과장이 제시할 수 있는 대책은?

세계골다공증재단(IOF)에 따르면 유럽에서의 골다공증 질환 부담은 대장암, 유방암, 위암, 간암보다 높았다. 장애보정생존연수(DALY ; Disability Adjusted Life Year)는 한 사람이 건강하게 살 수 있는 시간이 특정 질환으로 인해 얼마나 사라졌는지를 측정하는 것인데, 유럽에서 한 해 대장암으로 인한 건강수명의 손실은 1,862DALY였고, 골다공증은 그보다 높은 2,006DALY에 달했다.

① 골다공증에 투입되는 의료비에 대한 국가적인 지원이 대폭 늘어날 수 있도록 제도를 확대해야겠어.
② 생애전환기 건강검진을 통해 암 진단과 비슷한 수준의 골다공증 검사 횟수가 보장되도록 검사제도를 보완해야겠어.
③ 근육량과 골밀도 증가에 도움이 되는 운동법과 식이요법 등을 적극 홍보하는 정책을 펼쳐야 해.
④ 높은 유병률을 보이는 폐경기 여성에 대한 골다공증 특별 검진제도를 실시하여 여성의 치료율 제고에 힘써야겠어.

대전기출복원

1회 기출예상

2회 기출예상

3회 기출예상

4회 기출예상

5회 기출예상

6회 기출예상

7회 기출예상

8회 기출예상

9회 기출예상

인성검사

면접가이드

36. 윗글에서 말하고자 하는 주제로 적절한 것은?

① 골다공증을 방치하면 심각한 골절로 인해 건강에 치명적인 영향을 미칠 수 있다.

② 국내 골다공증 질환자는 급속히 증가하고 있다.

③ 골다공증 진단자들의 안이한 판단으로 골다공증 치료율은 계속 낮아지고 있다.

④ 골다공증을 제때 치료하지 못하면 골절 발생으로 인해 의료비가 급증할 수 있다.

37. 다음 글에 나타난 논리적 오류로 적절한 것은?

> 똥 묻은 개가 겨 묻은 개 나무란다더니, 몇억 대를 횡령한 사람이 내가 100만 원을 받았다는 이유로 비리라고 말할 수 있나.

① 피장파장의 오류

② 허수아비 공격의 오류

③ 권위에 호소하는 오류

④ 인신공격의 오류

38. 영수는 자전거를 타고 시속 100km로, 준희는 오토바이를 타고 시속 85km로 동시에 같은 지점에서 같은 방향으로 출발했다. 20분 후에 영수와 준희의 간격은 몇 km 벌어지는가?

① 3km

② 4km

③ 5km

④ 6km

39. A 카페에서 25칸으로 구성된 박스 중 5칸에 음료 무료 쿠폰을 넣어 이벤트를 하려고 한다. 한 사람당 3번의 기회가 있다면, 두 번째에 쿠폰이 있는 칸을 고를 확률은? (단, 소수점 아래 첫째 자리에서 반올림한다)

① 11%

② 14%

③ 16%

④ 17%

40. 다음은 초혼 신혼부부의 자녀 가운데 만 5세 이하의 영유아에 대한 보육형태를 나타낸 표이다. 이에 대한 설명으로 옳지 않은 것은?

〈초혼 신혼부부의 자녀 보육형태별 현황〉

(단위 : 명, %)

구분	합계	가정양육	어린이집	유치원	아이돌봄 서비스 (종일제)	혼합				기타 (미상 등)
						소계	가정양육 +돌봄	어린이집 +돌봄	유치원 +돌봄	
20X0년	956,523	483,168	388,348	27,992	1,208	30,545	13,056	16,449	1,040	25,262
구성비	100.0	50.5	40.6	2.9	0.1	3.2	1.4	1.7	0.1	2.6
20X1년	917,863	458,208	393,205	28,747	1,147	23,617	8,485	14,221	911	12,939
구성비	100.0	49.9	42.8	3.1	0.1	2.6	0.9	1.5	0.1	1.4

① 20X1년 어린이집에 자녀 보육을 맡기는 비율이 20X0년에 비하여 증가하였다.

② 20X1년 아이돌봄 서비스(종일제)를 받는 비율은 20X0년과 동일하다.

③ 20X1년 기준 보육형태를 보면 가정양육이 가장 많고 그다음이 어린이집, 유치원 순이다.

④ 가정양육과 아이돌봄 서비스를 동시에 받는 혼합형의 보육형태는 20X0년에 비하여 20X1년에 소폭 상승하였다.

41. 다음은 어떤 한 도시 내 과일가게의 딸기와 사과 가격을 정리한 표이다. 딸기 1kg당 가격의 평균값과 중앙값의 합에서 사과 한 개당 가격의 평균값과 중앙값의 합을 뺀 값은 얼마인가?

구분	딸기(원/kg)	사과(원/개)
A 과일가게	1,300	1,400
B 과일가게	1,500	1,500
C 과일가게	1,400	1,600
D 과일가게	1,600	1,100
E 과일가게	1,800	1,700
F 과일가게	1,700	1,200
G 과일가게	1,900	1,300

① 200원

② 300원

③ 400원

④ 500원

42. 다음 글을 통해 유추한 내용으로 적절하지 않은 것은?

> 한 마리의 개미가 모래 위를 기어가고 있다. 개미가 기어감에 따라 모래 위에는 하나의 선이 생긴다. 개미가 모래 위에서 방향을 이리저리 틀기도 하고 가로지르기도 하여 형성된 모양이 아주 우연히도 이순신 장군의 모습과 유사한 그림같이 되었다고 하자. 이 경우, 그 개미가 이순신 장군의 그림을 그렸다고 할 수 있는가? 개미는 단순히 어떤 모양의 자국을 남긴 것이다. 우리가 그 자국을 이순신 장군의 그림으로 보는 것은 우리 스스로가 그렇게 보기 때문이다. 선 그 자체는 어떠한 것도 표상하지 않는다. 이순신 장군의 모습과 단순히 유사하다고 해서 그것이 바로 이순신 장군을 표상하거나 지시한다고 할 수 없다.
>
> 반대로 어떤 것이 이순신 장군을 표상하거나 지시한다고 해서 반드시 이순신 장군의 모습과 유사하다고 할 수도 없다. 이순신 장군의 모습을 본뜨지도 않았으면서 이순신 장군을 가리키는 데에 사용되는 것은 활자화된 '이순신 장군'과 입으로 말해진 '이순신 장군' 등 수없이 많다.
>
> 개미가 그린 선이 만약 이순신 장군의 모습이 아니라 '이순신 장군'이란 글자 모양이라고 가정해 보자. 그것은 분명히 아주 우연히 그렇게 된 것이므로, 개미가 그리게 된 모래 위의 '이순신 장군'은 이순신 장군을 표상한다고 할 수 없다. 활자화된 모양인 '이순신 장군'이 어느 책이나 신문에 나온 것이라면 그것은 이순신 장군을 표상하겠지만 말이다. '이순신'이란 이름을 책에서 본다면 그 이름을 활자화한 사람이 있을 것이고, 그 사람은 개미와는 달리 이순신 장군의 모습을 생각하고 있었으며, 그를 지시하려는 의도를 분명히 가졌을 것이기 때문이다.

① 이름이 어떤 것을 표상하기 위해서 의도는 필요조건이다.

② 유사성은 어떤 것을 표상하기 위한 충분조건이 아니다.

③ 이순신 장군을 그리고자 한 그림이라도 이순신 장군과 닮지 않았다면 그를 표상하는 그림이라고 볼 수 없다.

④ 이름이 어떤 대상을 표상하기 위해서는 그 이름을 사용한 사람이 그 대상에 대해서 생각할 수 있는 능력이 있어야 한다.

대전기출복원
1회 기출예상
2회 기출예상
3회 기출예상
4회 기출예상
5회 기출예상
6회 기출예상
7회 기출예상
8회 기출예상
9회 기출예상
인성검사
면접가이드

43. 다음 자료를 참고할 때, A ~ D 중 거짓말을 하고 있는 사람은?

〈국내선 탑승 절차 안내〉

1. 터미널 도착

   탑승 수속은 항공기 출발 30분 전에 마감됩니다. 따라서 항공기 출발 최소 1시간 전까지 공항에 도착하여 탑승 수속 부탁드립니다.

2. 탑승권 발급

   총 3가지 방법으로 탑승권을 발급할 수 있습니다. 자동 체크인, 온라인 체크인 또는 공항(오프라인) 체크인을 통해 탑승권 발급을 부탁드립니다.

3. 수하물 위탁

   다양한 방법으로 수하물을 위탁할 수 있습니다. 자동 수하물 위탁 기기를 사용하거나 공항 카운터에서 직접 수하물을 맡기는 방법이 있습니다.

4. 보안검색

   입구에서 보안 요원에게 탑승권과 사진이 부착된 신분증(주민등록증, 운전면허증, 여권 등)을 제시한 후 보안 검색대를 통과하여 탑승구로 이동합니다.

5. 항공기 탑승

   • 원활한 탑승 확인을 위하여 탑승권을 개별 소지 부탁드립니다(모바일 탑승권은 본인 휴대전화에 저장하는 것이 좋습니다).

   • 탑승은 출발 20분 전에 시작하여 출발 10분 전에 마감됩니다.

   • 정시 운항을 위하여 탑승 시간에 맞춰 해당 탑승구에서 대기해 주세요.

   • 안내 방송에 따라 순서대로 탑승해 주세요.

〈탑승 수속 시 준비물〉

국내선 이용 시 신분증 또는 신분증명서 원본(여권, 주민등록증, 운전면허증, 주민등록등본 등)을 소지하지 않은 경우 항공기에 탑승할 수 없습니다.

※ 만 19세 미만의 경우 주민등록등본 또는 초본, 가족관계증명서, 건강보험증이나 생년월일이 표시된 학생증, 재학증명서, 청소년증이 가능합니다.

※ 2022년 1월 28일부터는 신분증 사본이나 사진은 인정하지 않습니다.

---

① A : 2022년 1월 초에 신분증 사본으로 탑승권을 발급해 비행기에 탑승한 적이 있어.

② B : 탑승구 앞에서 가족들에게 각자의 탑승권을 나눠 주어 개인이 소지하도록 했어.

③ C : 사진이 부착되지 않은 신분증을 가지고 제주도행 비행기 보안검색을 마친 적이 있어.

④ D : 비행기 출발 40분 전에 공항에 도착해 겨우 시간을 맞추어 탑승 수속을 한 적이 있어.

44. 동일, 태현, 은혁, 보라, 민정이 〈조건〉에 따라 가위바위보 내기를 할 때, 다음 중 옳지 않은 것은?

조건

- 동일과 보라가 가위바위보를 하면 항상 동일이 이긴다.
- 태현이 가위를 내면 민정은 바위를 낸다.
- 태현과 보라는 항상 서로 다른 모양을 낸다.
- 민정은 바위와 보만을 낸다.
- 은혁은 항상 보라와 민정에게 진다.
---

① 동일이 주먹을 낼 경우 태현은 바위 혹은 보를 낸다.
② 태현이 가위를 낼 경우 은혁도 가위를 낸다.
③ 동일이 가위를 낼 경우 은혁은 보를 낸다.
④ 은혁이 민정과의 내기에서 낼 수 있는 모양은 가위와 바위뿐이다.

45. 다음 장학금 수혜자 선정 안내문 및 학생별 상황을 참고할 때, A ~ E 중 장학금을 수혜받을 수 있는 학생을 모두 고른 것은? (단, A ~ E만 장학금을 신청했다고 가정한다)

〈장학금 수혜자 선정 안내문〉

　○○고등학교에서 장학금 수혜자 선정 기준을 안내드립니다. 장학금은 총 3명에게 지급되며, 다음 우선순위를 바탕으로 선정합니다. 장학금 신청에 대한 여러분의 양해를 부탁드립니다.

- 1순위 : 가계 소득이 낮은 학생
- 2순위 : 학업 성적이 우수한 학생
- 3순위 : 학생회 임원

상황

A : 가계 소득이 낮은 2학년 학생으로, 학업 성적은 평균이다.
B : 가계 소득이 높은 3학년 학생으로, 학업 성적은 우수하다.
C : 가계 소득이 낮은 1학년 학생으로, 학업 성적은 우수하다.
D : 가계 소득이 높은 4학년 학생으로, 학생회 임원이다.
E : 가계 소득이 높은 3학년 학생으로, 학업 성적은 평균이다.
---

① A, B, C
② A, C, D
③ B, C, E
④ B, D, E

01. 다음 두 사람의 대화에서 나타난 의사소통 방법의 문제로 적절한 것은?

> 민수 : 정호야, 너 이번에 개봉한 그 영화 봤어?
>
> 정호 : 아니, 나는 그 영화에 별로 관심이 없……
>
> 민수 : 내용이 엄청 탄탄하고 좋더라. 그런데 내가 기대한 액션 장면은 조금 실망스러웠어. 생각보다 화려하지 않더라고.
>
> 정호 : 그랬구나. 나는 그 영화 말고 다음 달에 개봉하는 영화를 보려고 했어.
>
> 민수 : 그런데 그 영화에 나오는 배우가 생각보다 연기를 못하더라고. 연기력으로 극찬을 받았길래 기대했는데.
>
> 정호 : 그래? 나는 그 배우가 출연했던 다른 영화를 보고 꽤 잘한다고 생각했는데.
>
> 민수 : 아, 그래도 마지막 장면은 정말 마음에 들었어. 연출이 색다른 방식이었거든.

① 상대방의 반응을 고려하지 않고 일방적으로 말하고 있다.

② 상대방의 반응을 먼저 예측하고 대화를 주도하고 있다.

③ 상대방의 말에 관심을 보이지 않으며, 적극적인 반응을 보이지 않고 있다.

④ 상대방의 결점을 지적하며 대화의 내용을 통제하고 있다.

02. 다음 중 '친구'와 관련된 사자성어가 아닌 것은?

① 감탄고토(甘呑苦吐) ② 간담상조(肝膽相照)

③ 백아절현(伯牙絕絃) ③ 막역지우(莫逆之友)

03. 다음 밑줄 친 ㉠과 같은 의미로 단어를 사용한 것은?

> 과학사(科學史)를 살피면, 과학이 가치중립적이란 ㉠신화는 무너지고 만다. 특정 시대가 낳은 과학이론은 그 당시 과학자의 인생관, 자연관은 물론 당대의 시대사조나 사회·경제·문화적 제반 요소들이 상당히 긴밀하게 상호작용한 총체적 산물이기 때문이다. 말하자면 특정 시대적 분위기가 무르익어 어떤 과학이론을 출현시키는가 하면, 그 배출된 이론이 다시 문화의 여러 영역에서 되먹임 되어 직·간접적으로 영향을 미친다는 얘기이다. 다윈의 진화론으로부터 사회적 다윈주의가 출현한 것이 가장 극적인 예이고, 엔트로피 법칙이 현존 과학 기술 문명에 깔린 발전 개념을 비판하고 새로운 세계관을 모색하는 틀이 되는 것도 그와 같은 맥락이다.

① 기상천외한 그들의 행적은 하나의 신화로 남았다.

② 아시아의 몇몇 국가들은 짧은 기간 동안 고도성장의 신화를 이룩하였다.

③ 월드컵 4강 신화를 떠올려 본다면 국민 소득 2만 달러 시대도 불가능한 것은 아니다.

④ 미식축구 선수 하인스 워드의 인간 승리를 보면서 단일민족이라는 신화가 얼마나 많은 다문화 가정 한국인들을 소외시켜 왔는지 절실히 깨달았다.

04. 다음 (가) ～ (마)를 문맥에 따라 순서대로 배열한 것은?

> (가) 도자기 접시를 포크로 긁는 소리나 칠판에 분필이 잘못 긁히는 소리에 대해서는 대부분의 사람들이 혐오스럽다고 생각한다.
>
> (나) 고주파에 오래 노출될 경우 청각이 손상될 수 있어서 경계심이 발동되기 때문이다.
>
> (다) 세상에는 혐오스러운 소리가 수없이 많다.
>
> (라) 최근까지 혐오감을 일으키는 원인은 소리의 고주파라고 생각해 왔다.
>
> (마) 왜 이런 소리들이 혐오감을 유발할까?

① (가)-(마)-(라)-(나)-(다)   ② (라)-(가)-(나)-(다)-(마)

③ (다)-(가)-(마)-(나)-(라)   ④ (다)-(가)-(마)-(라)-(나)

05. 다음의 밑줄 친 부분에 들어갈 명제로 적절한 것은?

[전제] • _____
　　　• 맵고 짠 음식을 좋아하는 사람은 라면보다 칼국수를 더 좋아하지 않는다.
[결론] • 그러므로 형진이는 맵고 짠 음식을 좋아하지 않는다.

① 형진이는 라면보다 칼국수를 더 좋아한다.
② 형진이는 라면보다 칼국수를 더 좋아하지 않는다.
③ 맵고 짠 음식을 좋아하는 사람은 형진이다.
④ 맵고 짠 음식을 좋아하지 않는 사람은 형진이다.

06. 다음 명제가 모두 참일 때, 반드시 참이라고 볼 수 없는 것은?

• 책 읽기를 좋아하는 사람은 영화 감상을 좋아한다.
• 여행 가기를 좋아하지 않는 사람은 책 읽기를 좋아하지 않는다.
• 산책을 좋아하는 사람은 게임하기를 좋아하지 않는다.
• 영화 감상을 좋아하는 사람은 산책을 좋아한다.

① 책 읽기를 좋아하는 사람은 산책을 좋아한다.
② 책 읽기를 좋아하는 사람은 게임하기를 좋아하지 않는다.
③ 게임하기를 좋아하는 사람은 영화 감상을 좋아하지 않는다.
④ 여행 가기를 좋아하는 사람은 책 읽기를 좋아한다.

[07 ~ 08] 다음 글을 읽고 이어지는 질문에 답하시오.

(가) 광고는 소비자에게 정보를 전달하고, 반복적으로 상품 또는 브랜드를 노출시킴으로써 친근감과 신뢰도를 높이는 역할을 한다. 따라서 기업을 경영함에 있어 판촉을 위한 올바른 광고는 반드시 필요한 요소가 된다. 하지만 과대광고, 허위선전 등으로 선량한 소비자들을 현혹하는 일회성 경영 전략은 지양되어야 한다. 이와 같은 행위는 당장 눈앞의 이익을 목적으로 하는 경우가 많다. 갈택이어(竭澤而漁)라는 고사성어는 연못을 모두 말리고 고기를 잡는다는 뜻으로, 당장의 이익만 추구하여 수단과 방법을 가리지 않을 경우 곧 미래에 닥칠 재앙을 피할 수 없음을 뜻한다. 이처럼 중용을 잃은 과욕 경영은 한순간 기업의 이미지를 하락시키고, 소비자가 등을 돌리는 결과를 초래할 수 있다.

(나) 조선 시대 도공(陶工) 우명옥은 방탕한 생활로 재물을 모두 탕진한 후 잘못을 뉘우치고 스승에게 돌아와 계영배(戒盈杯)라는 술잔을 만들었다. 가득 채움을 경계하는 잔이라는 의미를 지닌 이 술잔은 구멍을 뚫어 술이 일정하게 차면 저절로 새어나가도록 고안된 것으로, 잔의 7할 정도만 채워야 온전하게 술을 마실 수 있어 절주배(節酒杯)라고도 불린다. 우명옥이 만든 계영배는 훗날 거상 임상옥에게 전해졌는데, 그는 이를 항상 옆에 두고 끝없이 솟구치는 과욕을 다스림으로써 후대에 이름을 남긴 청부(淸富)로 성공할 수 있었다고 한다.

07. (가)를 읽고 보인 반응으로 적절하지 않은 것은?

① 기업은 소비자에게 올바른 정보를 제공하며 신뢰를 쌓아야 하는구나.
② 과대광고와 허위선전은 일회성인 전략이야. 오히려 장기적으로 기업에 해를 끼칠 수 있지.
③ 갈택이어를 마음에 새기고 기업을 경영해야겠어.
④ 광고는 브랜드 친근감과 신뢰도를 높이는 중요한 요소이구나!

08. 다음 중 (가), (나)의 중심내용과 관련이 없는 속담은?

① 말 타면 경마 잡히고 싶다.
② 욕심은 부엉이 같다.
③ 자기 배 부르면 남의 배 고픈 줄 모른다.
④ 토끼 둘을 잡으려다가 하나도 못 잡는다.

대전기출복원
1회 기출예상
2회 기출예상
3회 기출예상
4회 기출예상
5회 기출예상
6회 기출예상
7회 기출예상
8회 기출예상
9회 기출예상
인성검사
면접가이드

[09 ~ 10] 다음 글을 읽고 이어지는 질문에 답하시오.

우리는 자신이 소유하고 있는 것을 알고 있기에 그것에 매달림으로써 안정감을 찾는다. 그런데 만약 자기가 소유하고 있는 것을 잃어버리면 어떻게 될까? 소유하고 있는 것은 잃어버릴 수 있기 때문에 필연적으로 가지고 있는 것을 잃어버릴까 봐 항상 걱정하게 된다. 도둑을, 경제적 변화를, 혁신을, 병을, 죽음을 두려워한다. 따라서 늘 걱정이 끊이지 않는다. 건강을 잃을까 하는 두려움뿐만 아니라 자신이 소유한 것을 상실할까 하는 두려움까지 겹쳐 만성 우울증으로 고통받게 된다. 더 잘 보호받기 위해서 더 많이 소유하려는 욕망 때문에 방어적이게 되고 경직되며 의심이 많아지고 외로워진다.

그러나 존재 양식의 삶에는 자기가 소유하고 있는 것을 잃어버릴지도 모르는 위험에서 오는 걱정과 불안이 없다. 나는 '존재하는 나'이며 내가 소유하고 있는 것이 내가 아니기 때문에, 아무도 나의 안정감과 주체성을 빼앗거나 위협할 수 없다. 나의 중심은 나 자신 안에 있으며 나의 존재 능력, 나의 기본적 힘의 발현 능력은 내 성격 구조의 일부로서 나에 근거하고 있다. 물론 이는 정상적인 삶의 과정에 해당하며 사람을 무력하게 만드는 병이나 고문, 그 밖의 강력한 외부적 제약이 있는 상황에는 해당되지 않는다. 소유는 사용함으로써 (㉠)되는 반면, 존재는 실천함으로써 (㉡)한다. 쓰는 것은 잃어버리는 것이 아니고 반대로 보관하는 것이 잃어버리는 것이다.

존재 양식의 삶을 살 때도 위험은 있지만, 유일한 위험은 내 자신 속에 있다. 그것은 삶에 대한 믿음의 결핍, 창조적 능력에 대한 믿음의 부족, 퇴보적 경향, 내적인 나태, 내 삶을 다른 사람에게 떠맡기려는 생각 등에 도사리고 있다. 그러나 이들 위험이 존재에 반드시 내재하는 것은 아니다. 소유 양식의 삶에 상실의 위험이 늘 있는 것과는 사정이 다르다. 아예 비교할 수조차 없는 것이다.

09. 윗글의 필자의 생각으로 적절하지 않은 것은?

① 소유하려는 욕망 때문에 인간이 외로워진다.

② 소유 양식의 삶에는 늘 상실의 위험이 있다고 볼 수 있다.

③ 존재 양식의 삶은 소유 양식의 삶보다 주체성이 있다고 본다.

④ 존재 양식의 삶에는 위험이 전혀 존재하지 않는다.

10. 윗글의 흐름을 고려했을 때 ㉠, ㉡에 들어갈 말을 바르게 연결한 것은?

	㉠	㉡		㉠	㉡
①	감소	성장	②	감소	퇴보
③	증가	진보	④	증가	성장

11. 다음 〈지원자 점수〉와 〈조건〉을 바탕으로 채용될 지원자는?

〈지원자 점수〉

지원자	서류전형	필기시험	면접시험	가산점
가	8점	8점	5점	해당 없음.
나	7점	6점	4점	국가유공자 자녀
다	6점	4점	8점	해당 없음.
라	5점	9점	6점	해당 없음.
마	9점	5점	3점	한 부모 가정 자녀

조건

- 모든 전형의 점수를 합산하여 가장 높은 점수를 획득한 지원자가 채용된다.
- 국가유공자 자녀는 4점을, 한 부모 가정 자녀는 3점을 가산한다.
- 동점자가 발생할 경우 필기시험의 5%를 총점에 가산한다.

① 가   ② 나
③ 라   ④ 마

12. 어느 댄스 오디션 프로그램에서 팀별 미션을 진행하려고 한다. 장르별 인원은 비보잉 2명, 댄스 스포츠 2명, 현대무용 3명, 한국무용 4명, 발레 4명이다. 다음 〈조건〉을 만족할 때 항상 옳은 것은?

조건

- 총 다섯 팀으로 구성하며 팀별 미션 조장은 각 장르에서 1명씩 맡을 수 있다.
- 한 팀에는 반드시 두 장르 이상의 인원이 속해야 하며, 같은 장르로 2명 이상 포함될 수 없다.

① 비보잉이 속한 팀에 항상 발레가 들어가 있다.
② 발레가 속한 팀에는 항상 현대무용이 속해 있다.
③ 한국무용이 속한 팀에 현대무용이 속하지 않는 경우는 없다.
④ 댄스스포츠가 속한 팀에 한국무용이 속하지 않는 경우가 있다.

13. 다음은 산업안전 · 보건 관련 교육과정별 교육내용 및 교육시간에 대한 자료의 일부이다. 이를 통해 알 수 있는 사실이 아닌 것은?

1. 교육과정별 교육내용

교육과정	교육내용
근로자 정기교육	• 산업안전 및 사고 예방에 관한 사항 • 산업보건 및 직업병 예방에 관한 사항 • 건강증진 및 질병 예방에 관한 사항 • 유해 · 위험 작업환경 관리에 관한 사항 • 「산업안전보건법」 및 일반관리에 관한 사항 • 산업재해보상보험 제도에 관한 사항
채용 시 및 작업내용 변경 시 교육	• 기계 · 기구의 위험성과 작업의 순서 및 동선에 관한 사항 • 작업 개시 전 점검에 관한 사항 • 정리정돈 및 청소에 관한 사항 • 사고 발생 시 긴급조치에 관한 사항 • 물질안전보건자료에 관한 사항 • 「산업안전보건법」 및 일반관리에 관한 사항

2. 교육과정별 교육시간

교육과정	교육내용	교육시간
가. 정기교육	사무직 종사 근로자	매분기 3시간 이상
	사무직 종사 근로자 외의 근로자	매분기 6시간 이상
나. 채용 시의 교육	일용근로자	1시간 이상
	일용근로자를 제외한 근로자	8시간 이상
다. 작업내용 변경 시의 교육	일용근로자	1시간 이상
	일용근로자를 제외한 근로자	2시간 이상

※ 단, 분기별 교육은 매 3월, 6월, 9월, 12월에 실시된다.
※ 일용근로자는 정기교육 대상자에서 제외된다.

① 교육과정별 소요 시간
② 교육내용 관련 법령
③ 정기교육 대상자의 범위
④ 교육 미수료 시 안내 사항

[14 ~ 15] 다음 글을 읽고 이어지는 질문에 답하시오.

> 단풍이 절정이다. 지난 주말 전국의 이름난 산들은 단풍을 즐기려는 사람들로 북새통을 이뤘다고 한다. 여기서 문제 하나, "단풍이 곱게 물들었다"와 "단풍이 곱게 들었다" 중 어느 것이 나은 표현일까? 아마도 전자를 택한 사람이 많으리라 예상한다. '단풍이 들었다'고 하는 것보다 '단풍이 물들었다'고 하는 것이 더욱 구체적으로 느껴지기 때문이다. 그러나 "단풍이 곱게 들었다"라고 하는 것이 적절한 표현이다.
>
> 이는 '단풍'의 의미 때문이다. '단풍(丹楓)'은 기후 변화로 잎이 붉은빛이나 누런빛으로 변하는 현상을 뜻한다. 즉, 잎이 붉은 색깔로 물든 것이 단풍이다. 따라서 단풍은 '물들다' 보다 '들다'와 결합하는 것이 더욱 자연스럽다. "단풍이 한창 들었다", "울긋불긋 단풍이 들었다"처럼 표현하는 것이 좋다. 굳이 '물들었다'를 사용하고 싶으면 "잎이 곱게 물들었다"라고 하면 된다.
>
> 이처럼 단어도 사람과 같이 저마다 타고난 속성이 있어 서로 잘 어울리는 짝이 있다. 앞말의 특성 때문에 뒷말의 선택에 제약이 있다고 해서 이런 것을 '의미상 선택 제약'이라고 한다.
>
> 그렇다면 다시 문제 하나, 지금은 단풍이 한창이지만 곧 있으면 단풍 든 잎이 떨어지게 된다. 이럴 땐 "낙엽이 떨어진다"라고 해야 할까? "낙엽이 진다"라고 해야 할까? 정답은 '진다'이다. '낙엽(落葉)'은 한자어로 나뭇잎이 떨어짐 또는 떨어진 나뭇잎을 뜻한다. 단어 자체에 '떨어지다(落)'라는 의미를 포함하고 있다. "낙엽이 떨어진다"라고 표현하면 앞뒤로 의미가 중복된다. 따라서 "낙엽이 진다"라고 하는 것이 더욱 적절한 표현이다.

14. 윗글을 통해 알 수 있는 내용으로 적절하지 않은 것은?

① 단풍은 잎이 붉은빛이나 누런빛으로 변하는 현상을 뜻한다.
② '낙엽이 떨어진다'는 표현은 앞뒤 의미가 중복되어 부적절하다.
③ 단어의 타고난 속성은 표현 선택에 영향을 미치지 않는다.
④ '단풍이 곱게 물들었다'보다 '단풍이 곱게 들었다'가 더 자연스러운 표현이다.

15. 윗글의 설명에 따를 때, 다음 중 문법적 오류가 없는 문장은?

① 내일 점심시간에 역전 앞에서 만나자.
② 돌아가신 선친께서는 참외를 참 좋아하셨지요.
③ 우리 내면속에는 괴물이 숨 쉬고 있다.
④ 가까운 곳에 산책할 수 있는 공원이 있어서 좋다.

16. 다음 시에 드러난 화자의 태도로 적절한 것은?

> 길이 끝나는 곳에서도
> 길이 있다
> 길이 끝나는 곳에서도
> 길이 되는 사람이 있다
> 스스로 봄길이 되어
> 끝없이 걸어가는 사람이 있다
> 강물은 흐르다가 멈추고
> 새들은 날아가 돌아오지 않고
> 하늘과 땅 사이의 모든 꽃잎은 흩어져도
> 보라
> 사랑이 끝난 곳에서도
> 사랑으로 남아 있는 사람이 있다
> 스스로 사랑이 되어
> 한없이 봄길을 걸어가는 사람이 있다
>
> — 정호승, '봄길'

① 딱 잘라서 판단하고 결정하려는 태도가 드러난다.

② 부정적인 상황에 한탄하지 않고 극복하고자 하는 태도가 드러난다.

③ 바라볼 것이 없게 되어 모든 희망을 끊어 버리는 태도가 드러난다.

④ 사소한 사물이나 일에 얽매이지 않고 세속을 벗어난 활달한 태도가 드러난다.

17. 다음의 단위로 계산했을 때, '?'에 들어갈 값은?

6분 37초 =(?)초

① 397

② 718

③ 2,160

④ 3,970

18. 다음은 20X1년 지역 규모별 중·고등학교 수를 나타낸 자료이다. 이를 바탕으로 빈칸 ㉠과 ㉡에 들어갈 수치를 구하여 바르게 연결한 것은? (단, 소수점 아래 첫째 자리에서 반올림한다)

(단위 : 개)

구분		중학교			고등학교		
		전체	국공립	사립	전체	국공립	사립
지역규모	대도시	1,004	775	229	823	393	430
	중소도시	972	799	173	835	393	430
	읍·면지역	1,089	859	230	623	529	306
	도서벽지	139	130	9	63	57	208

• 중소도시 고등학교에서 사립학교의 비중은 (㉠)%이다.
• 전체 고등학교와 전체 중학교 수의 차이는 (㉡)개이다.

	㉠	㉡		㉠	㉡
①	51	850	②	52	860
③	51	860	④	52	870

19. A 사원은 주주총회 참석자들을 위한 다과를 준비하였다. A 사원이 준비한 내용이 다음과 같을 때, 과자는 한 상자에 얼마인가?

• 총회에 참석하는 인원은 총 15명이다.
• 다과는 1인당 물 1병과 음료 1병, 과자 2개, 약간의 과일을 준비한다.
• 물은 1병에 600원, 음료는 1병에 1,400원이고, 과자는 한 상자에 10개가 들어 있다.
• 여분으로 5명의 분량을 추가로 준비하였다.
• 과일을 준비하는 데 17,000원을 지출하였고, 다과 비용으로 총 75,000원을 지출하였다.

① 450원　　② 700원
③ 4,500원　　④ 9,000원

[20 ~ 21] 다음은 우리나라의 20X1 ~ 20X2년 지역별 참깨 생산에 대한 자료이다. 이어지는 질문에 답하시오.

구분	재배면적(ha)			10a당 생산량(kg)			생산량(톤)		
	20X1년	20X2년	증감률(%)	20X1년	20X2년	증감률(%)	20X1년	20X2년	증감률(%)
전국	27,170	29,682	9.2	50	48	−4.0	13,575	14,258	5.0
S 시	1	3	200.0	52	48	−7.7	1	1	0.0
B 시	21	30	42.9	57	64	12.3	12	19	58.3
D 시	144	162	12.5	57	51	−10.5	82	82	0.0
E 시	116	132	13.8	52	50	−3.8	60	66	10.0
K 시	197	234	18.8	53	43	−18.9	104	100	−3.8
J 시	70	58	−17.1	57	50	−12.3	40	29	−27.5
U 시	73	85	16.4	54	49	−9.3	39	42	7.7
C 시	100	84	−16.0	44	34	−22.7	44	28	−36.4

20. 다음 중 D 시와 E 시의 지표에 대한 분석으로 옳지 않은 것은?

① 전년 대비 20X2년의 참깨 재배면적은 E 시가 D 시보다 더 많이 증가하였다.

② 전년 대비 20X2년의 10a당 참깨 생산량은 D 시가 E 시보다 더 많이 감소하였다.

③ 20X2년 재배면적당 참깨의 생산량은 D 시가 E 시보다 더 많다.

④ D, E 시 모두 전년 대비 20X2년의 재배면적은 증가하였으나 10a당 생산량은 감소하였다.

21. 다음 중 위 자료에 대한 설명으로 옳은 것은?

① 20X2년 10a당 생산량이 전년보다 가장 크게 감소한 지역은 K 시와 J 시이다.

② 참깨 생산이 가장 활발한 지역과 가장 저조한 지역은 각각 E 시와 S 시이다.

③ S 시를 제외하고, 전년 대비 재배면적과 생산량의 증감률이 가장 크게 변동된 지역은 C 시이다.

④ 20X2년 8개 시 참깨 재배면적의 합은 전국의 5%에 미치지 못한다.

22. 다음 글의 중심내용으로 가장 적절한 것은?

> 국가유공자 상징체계가 도입된다. 국가보훈처는 통합 국가유공자 상징체계를 만들기로 하고 현재 디자인 확정을 위한 마지막 작업을 진행하고 있다. 국가유공자 단독으로 상징체계를 만드는 것은 이번이 처음이다.
>
> 국가보훈처는 금년 하반기부터 국가유공자 명패 달아 드리기 사업을 추진하는 과정에서 국가유공자를 대표하는 상징체계가 필요하다고 판단해 상징체계 개발에 착수하게 됐다. 지난 7월부터 시작된 이 작업은 연구용역, 사업용역 등을 거쳐 복수의 시안을 검토한 끝에 현재 디자인 시안을 확정한 상황이다. 국가보훈처는 이르면 이달부터 확정된 상징체계를 국가유공자 명패 사업에 우선 적용할 계획이다. 국가유공자 명패 달아 드리기 사업은 국가보훈처가 후원하며, 그 가운데 광복회와 서울신문이 크라우드펀딩 형식으로 이달부터 사업을 개시했다. 올해 독립유공자를 시범으로 시작한 이 사업은 내년부터 국가유공자와 민주유공자까지 대상을 확대할 계획이다.
>
> 국가보훈처 관계자는 "국가유공자에 대한 예우와 존경, 감사의 뜻을 담은 상징체계 도입은 단순한 디자인의 개발이 아니라 통일된 국가유공자와 보훈의 정체성을 확보하는 사업"이라며, "국가유공자에 대한 국민의 이해를 높임으로써 국가를 위해 헌신하고 희생한 국가유공자의 위상과 정체성을 제고할 수 있을 것으로 기대한다."라고 말했다.

① 국가유공자 명패 달아 드리기 사업 추진
② 국가보훈처, 국가 주도 상징체계 첫 적용
③ 국가유공자 상징체계의 도입 및 개발
④ 국가보훈처, 독립유공자에 대한 관심과 감사의 뜻 전달

23. 올해 ○○공사에 입사한 P는 신입사원을 대상으로 한 '올바른 맞춤법 사용하기' 교육을 수강하였다. P가 다음 문장의 밑줄 친 단어를 수정한 내용으로 적절하지 않은 것은?

① 박 과장님, 계약이 잘 성사<u>되야</u> 할 텐데요. → '돼야'로 수정한다.
② 오 팀장님, 방금 들었는데 김 사원이 지난주에 결혼을 <u>했대요</u>. → '했데요'로 수정한다.
③ 이 대리님, 휴가 잘 다녀오시길 <u>바래요</u>. → '바라요'로 수정한다.
④ 최 대리님, 새로운 팀장님이 오신다는 소문이 <u>금새</u> 퍼졌나 봐요. → '금세'로 수정한다.

24. 다음 자료를 바르게 해석한 내용을 〈보기〉에서 모두 고른 것은?

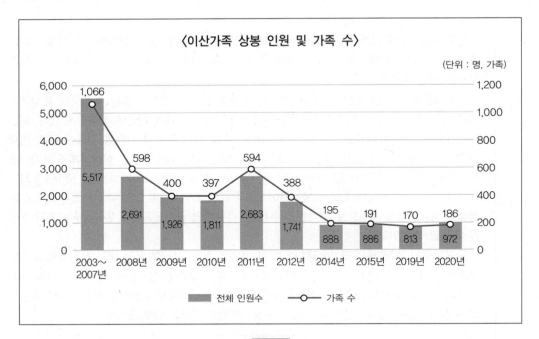

〈이산가족 상봉 인원 및 가족 수〉

(단위 : 명, 가족)

보기

(가) 해마다 이산가족 상봉 전체 인원수는 조금씩 감소하고 있다.

(나) 2011년 이후 이산가족 상봉 전체 인원수와 가족 수는 모두 감소하고 있다.

(다) 2008년 이후 이산가족 상봉 가족 수는 2008년이 가장 많다.

① (가) ② (다)

③ (가), (나) ④ (나), (다)

25. B 회사에서 개최하는 체육대회에 200캔의 음료수와 80개의 떡이 협찬으로 들어왔다. 최대한 많은 사원에게 똑같이 나누어 주려면 음료수와 떡을 각각 몇 개씩 나누어 주어야 하는가?

	음료수	떡		음료수	떡
①	4캔	1개	②	5캔	2개
③	8캔	4개	④	10캔	8개

26. 다음 그래프는 제조사별 국내 자동차 판매 실적에 대한 20X7, 20X8년의 통계치를 나타낸 것이다. 20X7년의 판매량은 총 140만 대이고, 20X8년의 판매량은 총 145만 대라고 한다. 20X7년 대비 20X8년 판매 점유율이 감소한 제조사의 경우, 전년 대비 20X8년의 판매량은 총 몇 대 감소하였는가?

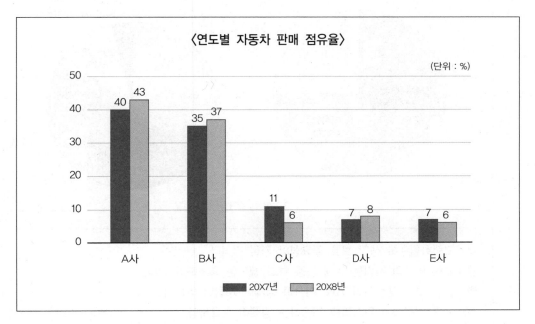

① 7.0만 대　　　　　　　　② 7.4만 대
③ 7.8만 대　　　　　　　　④ 8.2만 대

27. 직각삼각형의 밑변의 길이가 4cm, 높이가 2cm일 때, 빗변의 길이는 몇 cm인가?

① 2cm　　　　　　　　　　② $2\sqrt{3}$ cm
③ $3\sqrt{3}$ cm　　　　　　　　④ $2\sqrt{5}$ cm

28. 다음 자료를 보고 적절하지 않은 결론을 내린 사람은?

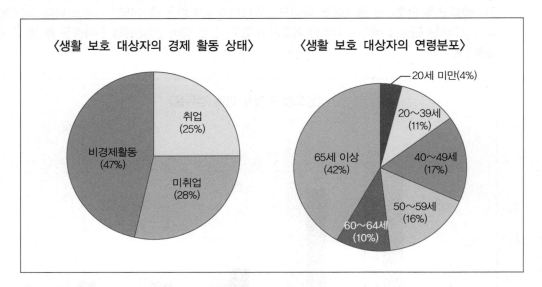

갑 : 고령화될수록 생활 보호 필요성이 커질 것이다.
을 : 고령 인구의 자립을 위해 공공 부조 제도를 축소해야 한다.
병 : 생활 보호 대상자의 70% 이상이 경제적 자립이 약하다.
정 : 고령 인구에게 일자리를 제공하는 정책이 필요하다.

① 갑
② 을
③ 병
④ 정

29. 소희에게는 2명의 언니가 있다. 첫째 언니와 소희는 6살 차이이며, 세 자매의 나이를 합하면 45세이고, 소희와 첫째 언니의 나이를 합하면 둘째 언니 나이의 2배가 된다. 둘째 언니의 나이는 몇 세인가?

① 13세
② 14세
③ 15세
④ 16세

30. 다음 명제가 모두 참일 때, 반드시 참인 것은?

> • 오래 앉아 있으면 목이 아프다.
> • 앉아 있기 힘들면 공부하기가 어렵다.
> • 앉아 있기 쉬우면 목이 아프지 않다.

① 목이 아프면 앉아 있기 쉽다.
② 앉아 있기 쉬우면 공부하기가 쉽다.
③ 공부하기가 어려우면 목이 아픈 것이다.
④ 오래 앉아 있으면 공부하기 어렵다.

31. A는 친구들을 집에 초대하여 함께 식사를 하고 있다. 다음 조건을 참고할 때, A와 친구들의 자리에 대한 설명으로 옳은 것은?

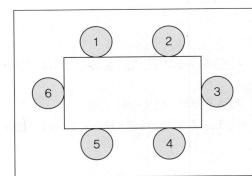

> • A가 초대한 친구는 B, C, D, E, F 5명이다.
> • A는 4번 자리에 앉아 있다.
> • C는 F의 바로 맞은편에 앉아 있다.
> • E는 C의 왼쪽 바로 옆에 앉아 있다.
> • B의 왼쪽 바로 옆에는 D가 앉아 있다.
> • B의 오른쪽 바로 옆에는 F가 앉아 있다.

① 1번 자리에 앉아 있는 사람은 E이다.
② A의 왼쪽 바로 옆에 앉은 사람은 F이다.
③ F는 A와 B 사이에 앉아 있다.
④ D와 E는 마주 보고 앉아 있다.

[32 ~ 33] 다음은 보호종료아동 관련 서비스에 대한 안내문이다. 이어지는 질문에 답하시오.

보호종료아동 자립수당과 주거지원 통합서비스 대상 확대, 지금 바로 신청하세요!

△△부는 올해 1월부터 보호종료아동*에게 자립수당과 주거지원통합서비스를 확대 지원한다고 밝혔다.

* 아동양육시설, 공동생활가정, 가정위탁에서 연령 제한으로 보호가 종료된 아동

□ 확대 내용
 - 자립수당
  : 매월 30만 원인 보호종료아동 지원수당 지급대상을 보호종료 2년에서 3년 이내로 확대
  : 아동일시보호시설, 아동보호치료시설 보호종료아동도 포함
  ※이로 인해 지난해 5,000여 명→올해 7,800여 명으로 대상 증가
 - 주거지원 통합서비스
  : 지원 물량 지난해 240호→올해 360호 증대
  : 시행 지역도 7개 시·도에서 10개 시·도**로 확대
   ** 서울, 부산, 인천(신규), 광주, 대전, 충북(신규), 충남, 전북, 전남, 경남(신규)
  : (지원 대상) 아동양육시설, 공동생활가정, 가정위탁 보호종료 5년 이내 또는 전세임대주택 에 거주 중이며 계약 잔여기간이 최소 1년 이상인 자

□ 신청 방법
 - 자립수당
  : 보호종료아동 본인 또는 그 대리인이 아동 주민등록 주소지 읍·면·동 주민센터를 방문하 여 신청
  : 보호종료 예정 아동의 경우에는 보호종료 30일 전부터 사전신청이 가능
  : 해외 견습 중인 경우 등 직접 방문 신청이 제한되는 경우에는 우편·팩스로 신청이 가능하 며 제한 사유 증빙서류를 첨부
 - 주거지원 통합서비스
  : ▲▲공사 매입임대주택 또는 전세임대주택에 거주 중인 보호종료 5년 이내 아동이 거주를 원하는 지역의 담당 수행기관에 방문 또는 우편으로 신청

---

32. 위 안내문을 이해한 내용으로 적절한 것은?

① 자립수당과 주거지원 통합서비스의 지원을 확대하여 보호종료아동의 경제적 부담을 완화하고자 한다.

② 보호종료 5년 이내 아동은 주거지원 통합서비스와 자립수당의 지원대상에 해당한다.

③ 자립수당의 지급대상 확대로 인해 지난해보다 7,800여 명 더 많은 보호종료아동이 자립수당을 지원받을 수 있다.

④ 자립수당과 주거지원 통합서비스는 본인이나 대리인이 시설 관할 읍·면·동 주민센터를 방문해야만 신청이 가능하다.

33. 다음은 위 안내문의 사업과 관련한 복지정책과 회의의 일부이다. 경청의 자세가 바르지 않은 사람은?

> A : 이번 보호종료아동 지원정책 확대는 정말 큰 도움이 될 것 같아요. 특히 자립수당 지급 대상을 확대한 건 아주 좋은 결정이에요.
>
> B : 맞아요. 아동일시보호시설과 아동보호치료시설까지 포함되니까 더 많은 아이들이 혜택을 받을 수 있게 되었죠.
>
> C : 주거지원 통합서비스도 확대된 게 정말 반가운 소식이에요. 지원 물량이 240호에서 360호로 늘어난 건 정말 큰 변화예요.
>
> D : 근데, 자립수당 30만 원은 너무 적지 않아요? 그 금액으로는 생활이 힘들 것 같은데요. 그리고 B 씨, 매번 숫자만 강조하는데, 진짜 중요한 건 금액과 실질적인 지원이죠.
>
> E : 음, 저는 해외 견습 중인 보호종료아동들이 우편이나 팩스로 신청할 수 있는 방법이 마련된 게 정말 중요하다고 생각해요. 접근성이 더 좋아졌죠.
>
> A : 네, 그런 점에서 이번 정책 변화는 정말 의미가 크다고 봐요. 더 많은 아이들이 안정적으로 자립할 수 있는 환경을 만들기 위해 다 같이 힘써야겠어요.

① B

② C

③ D

④ E

[34 ~ 35] 다음 글을 읽고 이어지는 질문에 답하시오.

> 카페인은 주의력을 높이고 피로를 줄이는 역할도 하지만 다량 섭취 시(매일 400mg 이상) 심장과 혈관에 악영향을 미친다. 카페인이 들어 있는 식품으로는 대표적으로 커피를 꼽을 수 있으며, 콜라와 초콜릿에도 포함되어 있다. 하지만 녹차의 경우 1잔(티백 1개 기준)에 15mg 정도의 적은 양이 들어 있으며, 이는 약 70mg이 들어있는 커피의 4분의 1 수준도 안 되는 분량이다. 일반적으로 카페인은 높은 온도에서 보다 쉽게 용출되는데, 보통 커피는 높은 온도에서 제조하지만 녹차는 이보다 낮은 온도에서 우려내기 때문에 찻잎에 들어 있는 카페인 성분 중 60 ~ 70%만 우러나게 된다. 이러한 연유로 1일 섭취 기준치 이상의 카페인을 녹차를 통해 섭취하기 위해서는 하루 평균 20잔 이상의 녹차를 마셔야 한다.
>
> 더불어 녹차에 들어 있는 카페인은 녹차에 들어 있는 다른 성분인 카테킨에 의해 체내 흡수가 잘 되지 않으며, 녹차에만 들어 있는 아미노산의 일종인 테아닌 성분에 의해 뇌에서 작용하는 것 또한 억제가 된다. 이 때문에 사람들은 카페인이 함유되어 있는 녹차를 마시더라도 오히려 흥분을 일으키기보다는 혈압이 낮아지고 마음이 가라앉는 기분을 느낄 수 있다. 적정량의 카페인은 신체에 도움을 주므로 카페인이 주는 장점만을 취하고자 한다면 커피보다 녹차를 선택하는 것이 훨씬 좋다.

34. 윗글의 주제로 가장 적절한 것은?

① 카페인이 인체에 미치는 악영향
② 커피와 녹차의 최적온도에 대한 연구
③ 카페인 섭취 시 녹차와 커피의 비교우위성
④ 녹차에 들어 있는 카페인에 대한 오해와 진실

35. 윗글의 내용과 일치하지 않는 것은?

① 카페인 다량 섭취의 기준은 매일 400mg 이상이다.
② 녹차는 커피보다 높은 온도에서 우려내야 한다.
③ 녹차의 테아닌 성분은 아미노산의 일종이다.
④ 적정량의 카페인은 주의력을 높여 주는 역할을 한다.

36. 다음 개요의 빈칸에 들어갈 내용으로 적절한 것은?

제목 : _____

Ⅰ. 서론 : 초등학교 체육교육의 중요성

Ⅱ. 본론

　　1. 우리나라 초등학교 체육교육의 문제점

　　　1) 교사의 체육에 대한 낮은 의식 수준과 무사안일주의식 수업 관리

　　　2) 기능 전수 위주의 획일적인 체육수업

　　　3) 체육관, 수영장 및 체육 기구 등 시설의 부족

　　2. 방안

　　　1) 체육교사의 의식 및 행동 개선

　　　2) 체육교과서 개선 및 다양한 평가 기준을 통한 창의적 교육 확립

　　　3) 체육시설의 확충

Ⅲ. 결론 : 초등학생의 전반적인 성장과 발달에 공헌할 수 있는 체육교육의 확립

---

① 우리나라 초등학교 체육교육의 실태

② 우리나라 초등학교 교육의 문제점과 대책

③ 우리나라 초등학교 체육교육의 문제점 및 해결방안

④ 올바른 신체적 성장을 촉진할 수 있는 체육교육 방안

37. 가, 나, 다라고 표기되어 있는 세 개의 컵 중 하나에 공이 들어 있다. 공에 대한 다음의 세 진술 중 오직 하나만 진실이라 할 때, 항상 거짓인 것은?

김 대리 : 공은 가 컵에 있거나 나 컵에 있다.

이 대리 : 공은 나 컵에 있거나 다 컵에 있다.

박 대리 : 공은 가 컵에 없고 다 컵에도 없다.

---

① 김 대리는 진실을 말했다.　　　　② 이 대리는 진실을 말했다.

③ 박 대리는 진실을 말했다.　　　　④ 공은 가 컵에 있다.

38. 6km/h의 속력으로 가는 A를 15분 늦게 출발한 B가 한 시간 만에 따라잡았다면, B의 속력은 얼마인가?

① 7.5km/h   ② 8km/h

③ 9.5km/h   ④ 10km/h

39. A 질병에 대해 양성 여부를 판단할 수 있는 시약이 있다. A 질병을 앓고 있는 사람은 전체 인구의 약 10%이며, 이 시약으로 감염 여부를 올바르게 판단할 확률은 90%이다. 어떤 사람이 이 시약을 사용하여 A 질병의 양성 반응이 나왔을 때, 실제 이 질병에 걸렸을 확률은?

① 50%   ② 60%

③ 80%   ④ 90%

40. 다음은 A 대학교 경영학과의 지난 5년간 졸업자 수와 졸업 당시 취업자 수를 나타낸 표이다. 졸업 당시 취업률이 20X6년보다 높은 해는 몇 개인가?

구분	졸업자 수(명)	취업자 수(명)
20X5년	70	19
20X6년	74	20
20X7년	65	17
20X8년	82	23
20X9년	77	22

① 1개   ② 2개

③ 3개   ④ 4개

41. ○○기업 인사팀에서는 부서별로 직원들의 정신적 및 신체적 스트레스 지수를 조사하여 다음 표와 같은 결과를 얻었다. 이를 바탕으로 할 때, 전 부서원(생산, 영업, 지원)의 정신적 스트레스 지수 평균점수와 전 부서원의 신체적 스트레스 지수 평균점수의 차이는?

〈부서별 정신적 · 신체적 스트레스 지수〉

(단위 : 명, 점)

항목	부서	인원	평균점수
정신적 스트레스	생산	100	1.83
	영업	200	1.79
	지원	100	1.79
신체적 스트레스	생산	100	1.95
	영업	200	1.89
	지원	100	2.05

※ 점수가 높을수록 정신적 · 신체적 스트레스가 높은 것으로 간주한다.

① 0.04점　　　　　　　　　　② 0.1점
③ 0.145점　　　　　　　　　④ 0.23점

42. 다음 중 밑줄 친 ㉠에 해당하는 사례로 가장 적절한 것은?

> 놀이가 상품 소비의 형식을 띠면서 놀이를 즐기는 방식도 변화했다. 과거의 놀이가 주로 직접 참여하는 형식으로 이루어졌다면, ㉠자본주의 사회의 놀이는 대개 참여가 아니라 구경이나 소비의 형태로 이루어진다. 생산자가 이미 특정한 방식으로 소비하도록 놀이 상품을 만들어 놓았기 때문이다. 그런데 이른바 디지털 혁명이 일어나면서 놀이에 직접 참여하여 즐기고자 하는 사람들이 늘어나고 있다. 이런 성향은 비교적 젊은 세대로 갈수록 강하다. 이는 젊은 세대가 놀이의 주체가 되려는 욕구가 크기 때문이다. 인터넷의 주요 특성인 쌍방향성이 그런 욕구의 실현 가능성을 높여 준다. 이는 텔레비전과 같은 대중 매체가 대다수의 사람들을 구경꾼으로 만들었던 것과는 근본적으로 차이가 있다.

① 진희는 직장 동료가 추천해준 식당에 찾아가서 저녁을 먹었다.
② 성호는 제휴 카드 할인을 통해 저렴하게 미술관을 관람하였다.
③ 민지는 여행사에서 제시한 상품을 통해 일본 여행을 다녀왔다.
④ 우주는 드라마 속에 등장하는 간접광고를 보고 놀이공원에 갔다.

43. 다음 〈이용안내〉를 읽고 이해한 내용으로 적절한 것은?

〈이용안내〉

01. 동물원 및 테마가든 이용안내
  - 쉬는 날 없이 운영하며 동물원(테마가든 포함)은 이용 마감시간 1시간 전까지 입장이 가능합니다.
  - 동물 관람은 동물의 컨디션이나 기타 날씨 사정으로 인해 예고 없이 내실로 옮겨지거나 관람이 금지될 수 있습니다.
  - 어린이 동반 시 유아 보호와 안전에 유의해 주십시오.
    ※ 손님의 부주의로 인한 사고에 대해서는 동물원 및 테마가든에서 책임지지 않습니다.
  - 테마가든에서 사진촬영 시 화단에 들어가는 행위는 삼가고 꽃을 보호해 주십시오.

02. 반입금지 항목
  애완동물/킥보드/자전거/전동휠/인라인/공류/외부음식/텐트
    ※ 유모차, 휠체어, 시각장애인안내견은 입장 가능합니다.
    ※ 반입금지 항목들은 동물원 및 테마가든에서 보관해 주지 않습니다.

03. 공원 내 금지행위
  - 전 구역이 금연구역으로 지정되어 위반 시 과태료 10만 원이 부과됩니다.
  - 공원 내에서 자전거, 인라인스케이트, 킥보드, 전동휠 등의 이용을 금지합니다.
  - 공원 내에서 다른 관람객들에게 피해가 되는 행동은 삼가 주십시오.
    ※ 고성방가, 취침, 과격한 행동, 잔디나 꽃밭 훼손, 바퀴가 부착된 신발 착용 등
  - 공원 내 취사행위 및 텐트, 그늘막 등의 설치를 금지합니다.
  - 깨끗한 공원 관리를 위해 쓰레기를 함부로 버리지 말아 주십시오.

04. 촬영허가 안내
  - 공원 내에서의 촬영 및 녹화의 경우 촬영허가 신청서를 작성하여 계획 일정 7일 전까지 담당자에게 제출하여야 합니다.
    ※ 담당자 연락처 : 02-123-1234
  - 신청서를 작성할 때에는 아래 촬영허가 신청서를 참고 바랍니다.
  - 광고를 위한 영리목적 촬영의 경우에는 허용되지 않습니다.

    [촬영허가 신청서 다운로드]

---

① 일요일에도 테마파크를 포함한 동물원을 이용할 수 있지만 비가 오면 동물원 관람이 불가능해질 수 있다.

② 공원 내 애완동물 동반 시 반드시 줄을 착용시키고 배설물은 수거한다.

③ 반입이 금지된 텐트 등의 물품은 테마가든의 보관소에 맡기면 된다.

④ 공원 내에서 광고 촬영을 할 경우 촬영허가 신청서를 다운로드 받아 7일 전에 담당자에게 제출하면 된다.

44. 다음 〈보기〉와 같이 A ~ D 사원이 출근할 때, 수요일에 반드시 출근하는 사람은?

보기

- 일요일에는 아무도 출근하지 않는다.
- A는 금요일에 반드시 출근하고 B가 출근하지 않는 날에도 출근한다.
- B는 수요일을 제외하고 항상 출근한다.
- C는 B와 D 모두 출근할 때 항상 출근한다.
- D는 주말에 출근하고 그 나흘 뒤에 또 출근한다.

① A, D   ② B, C
③ B, D   ④ B

45. A는 입사 동기들과 직장 내 인사 및 소개 예절에 관하여 대화를 나누고 있다. 다음 중 인사 및 소개 예절에 대해 잘못 알고 있는 사람은?

미정 : 인사를 할 때에는 사람을 가리지 않고 동일한 인사법을 사용하는 것이 바람직한 예절이야.
도훈 : 사람을 소개할 때에는 내가 속해 있는 회사의 관계자를 타 회사의 관계자에게 먼저 소개해야 하는 것도 중요한 예절이지.
태호 : 악수를 할 경우엔 손끝만 잡지 않고 가볍게 전체를 다 잡아야 하는 거야.
진수 : 처음 사람을 소개할 때에는 성까지 말할 필요는 없어. 이름과 직함을 간단히 말하는 것이 올바른 예절이지.
유선 : 나이가 어린 사람을 연장자에게 먼저 소개해야 하는 건 다들 알고 있지?

① 태호   ② 도훈
③ 유선   ④ 진수

01. 다음 대화에서 (A)에 들어갈 공감적 이해 수준이 가장 높은 답변으로 옳은 것은?

① 5등이라니 대단하다! 다음엔 더 높은 등수도 가능하겠는걸?
② 정말 대단하다! 나도 너무 기쁘고, 네가 얼마나 노력했는지 알겠어.
③ 정말? 나는 이번에 8등을 했는데!
④ 5등이라니, 조금 아쉽다. 좀만 더 열심히 했어야지.

02. 다음 〈보기〉의 빈칸에 들어갈 전제로 적절한 것은?

보기

[전제] 하얀 옷을 입는 사람은 모두 깔끔하다.
　　　 깔끔한 사람들은 모두 안경을 쓴다.
　　　 (　　　　　　　　　　　　　　　　　　　　)
[결론] 따라서 수인이는 하얀 옷을 입지 않는다.

① 하얀 옷을 입지 않는 사람은 수인이가 아니다.
② 수인이는 안경을 쓰지 않는다.
③ 안경을 쓰는 사람들은 모두 하얀 옷을 입는다.
④ 깔끔하지 않은 사람들은 모두 안경을 쓰지 않는다.

03. 다음 글의 '나'가 결론에 도달하기 위하여 암묵적으로 전제하고 있는 것은?

> 나는 티코의 관측 자료를 가지고 작업을 시작했다. 나는 다섯 행성의 위치를 나타내는 수만 개의 숫자로 표현된 그의 자료를 빠짐없이 반영하는 모형을 만들기 위해 나의 모든 수학적 능력을 동원했다. 하지만 이 작업은 결코 단순치 않았다. 거의 6년에 걸친 작업 끝에 마침내 화성의 위치를 설명하고 예측할 수 있도록 해 주는 화성 궤도의 수학적 모형을 완성하였다. 나는 이 모형의 정확성을 확신했다. 나는 이 모형을 토대로 하짓날 자정쯤 화성이 정확히 백조자리의 베타별과 중첩되어 보일 것으로 예측했다. 그러나 지난 하짓날 밤의 관측 결과는 실망스러웠다. 화성과 백조자리 베타별의 위치 사이엔 6분 정도의 차이가 나타났다. 더욱 중요한 것은 티코의 자료와 이 모형의 예측 값 사이에 종종 8분까지 오차가 벌어진다는 사실이었다. 나는 이 정도의 오차가 어디에서 비롯되었는가를 밝히는 데 몰두했다. 문제는 내 모형이 화성의 궤도를 완전한 원으로 가정하고 있다는 사실이었다. 실제로 화성의 궤도를 원이 아닌 타원이라 가정하고 원래 모형에 약간의 간단한 수정을 가하자마자 오차들은 마법처럼 사라져 버렸다. 이렇게 해서 나는 화성의 궤도가 타원이라는 확신을 가질 수 있었다.

① 행성의 공전 궤도는 타원형이어야 한다.
② 화성은 태양이 아닌 지구 주위를 회전하는 천체다.
③ 화성의 위치에 관한 티코의 자료는 신뢰할 만하다.
④ 백조자리 베타별은 행성의 위치를 가늠하는 주요 기준이다.

04. 다음 글의 서술상의 특징을 바르게 설명한 것은?

> 체계를 이루는 각 항목이나 범주는 서로 긴밀히 연관되어 있기 때문에 그중의 하나가 변화하게 되면 다른 항목이나 체계 전체에 영향을 끼쳐서, 변화 전까지 유지되어 있던 균형이 깨지기도 한다. 즉, 체계 전체에 걸쳐 변화가 일어나는 것이다. 예를 들어 중세 국어의 'ㆍ'는 'ㅡ'로 바뀌었으며 어떤 것은 'ㅗ'로 변하기도 했다. 이러한 예를 토대로 국어의 모음 체계 자체가 달라진 것을 파악하는 일이 가능하다. 'ㆍ' 모음이 소멸된 결과, 해당 모음이 담당하고 있던 기능이 'ㅏ', 'ㅡ', 'ㅗ'의 모음에 분산되어, 이 세 모음이 담당해야 하는 단어가 늘어난 것이라고 볼 수 있기 때문이다.

① 현상의 원인과 결과를 분석하여 상술하고 있다.
② 구체적인 예를 들어 독자의 이해를 돕고 있다.
③ 대상의 개념을 제시하고 그 특징을 묘사하고 있다.
④ 문제를 제기하고 나서 그 해결 방안을 제시하고 있다.

05. 어느 날 밤 ○○회사에 도둑이 들었다. 목격자를 찾기 위해 전날 야근한 사람에 대해 물어보니 직원 A, B, C, D, E가 다음과 같이 진술했다. 이 중 야근을 한 사람은 한 명이고 두 명은 거짓말을 하고 있다고 할 때, 전날 야근을 한 사람은?

• A : E는 항상 진실만을 말해.	• B : C가 야근을 했어.
• C : 나는 야근을 하지 않았어.	• D : B의 말이 맞아.
• E : A가 야근을 했어.	

① A

② B

③ C

④ D

06. 다음 글의 (가) ~ (마) 문단을 문맥에 맞게 배열한 것은?

(가) 개기월식 때 달 표면은 지구에 가려지기 때문에 햇빛이 직사광선 형태로 달 표면에 도달할 수는 없다. 그러나 햇빛이 지구 대기를 통과하는 과정에서 빛이 꺾어지는 굴절현상을 일으켜 햇빛의 일부가 달에 도달하게 된다.

(나) 달이 붉은색으로 보이는 것은 지구 대기를 통과하면서 붉은 색으로 변한 햇빛이 달 표면에 반사되기 때문이다. 즉, 햇빛은 지구 대기를 통과하면서 공기의 산란작용에 의해 붉은 색으로 변하게 된다.

(다) 달이 지구에 완전히 가려지는 개기월식 때는 달이 보이지 않을 것이라고 생각할 수도 있겠지만, 사실은 그렇지 않다. 달의 모습은 여전히 보이지만 평소와 달리 선명한 붉은색을 띨 뿐이다.

(라) 지구 대기를 통과한 햇빛은 저녁 하늘의 노을과 같은 붉은색을 띠게 된다. 개기월식 때 달이 붉은색으로 보이는 것은 결국 해돋이와 해넘이 때 태양이 붉게 보이는 것과 같은 이치이다.

(마) 오늘은 개기월식이 있는 날이다. 개기월식은 태양과 지구, 달이 일직선상에 위치해 지구의 그림자에 의해 달이 가려지는 현상이다. 이번 개기월식은 오후 6시 14분부터 지구 그림자에 의해 달이 서서히 가려지기 시작해 7시 24분부터 한 시간 동안 달이 완전히 가려지게 된다. 이후 달의 모습이 조금씩 나타나는 부분월식이 시작되고 2시간 10분 후인 9시 34분에는 달의 모습이 모두 보일 것이다.

① (마)-(가)-(나)-(라)-(다)

② (마)-(나)-(가)-(라)-(다)

③ (마)-(다)-(가)-(나)-(라)

④ (마)-(다)-(나)-(가)-(라)

[07 ~ 08] 다음 글을 읽고 이어지는 질문에 답하시오.

1950년대 프랑스의 영화 비평계에는 작가주의라는 비평 이론이 새롭게 등장했다. 작가주의란 감독을 단순한 연출자가 아닌 '작가'로 간주하고, 작품과 감독을 동일시하는 관점을 말한다.

작가주의는 상투적인 영화가 아닌 감독 개인의 영화적 세계와 독창적인 스타일을 일관되게 투영하는 작품들을 옹호한다. 감독의 창의성과 ㉠개성은 작품 세계를 관통하는 감독의 세계관 혹은 주제 의식, 그것을 표출하는 나름의 이야기 방식, 고집스럽게 되풀이되는 특정한 상황이나 배경 혹은 표현 기법 같은 일관된 문체상의 ㉡특징으로 나타난다는 것이다.

한편, 작가주의적 비평은 할리우드 영화를 재발견하기도 했다. 작가주의적 비평가들에 의해 복권된 대표적인 할리우드 감독이 바로 스릴러 장르의 거장인 알프레드 히치콕이다. 히치콕은 제작 시스템과 장르의 제약 속에서도 일관된 주제 의식과 스타일을 관철한 감독으로 평가받았다. 그는 관객의 오인을 부추기는 '맥거핀' 기법을 자신만의 이야기 법칙을 만들어 가는 데 하나의 극적 장치로 종종 활용하였다. 즉, 특정 소품을 맥거핀으로 활용하여 확실한 단서처럼 보이게 한 다음 일순간 허망한 것으로 만들어 관객을 당혹스럽게 한 것이다.

07. 다음 중 윗글의 ㉠, ㉡의 단어 관계와 동일한 것은?

① 타격 : 피해　　　　　　　　② 꽃 : 해바라기

③ 축구 : 공　　　　　　　　　④ 이기적 : 이타적

08. 다음 중 윗글의 내용과 일치하는 것은?

① 작가주의 비평 이론은 감독을 연출자로 고정시켜 버리는 관점을 말한다.

② 작가주의는 할리우드를 영화의 범주에 들이지 않으며 무시해 버렸다.

③ 맥거핀은 관객의 오인을 부추겨 당혹스럽게 만드는 영화적 장치이다.

④ 알프레드 히치콕은 할리우드 감독으로 작가주의와는 거리가 멀다.

대전교통공사 | 1회 기출예상 | 2회 기출예상 | 3회 기출예상 | 4회 기출예상 | 5회 기출예상 | 6회 기출예상 | 7회 기출예상 | 8회 기출예상 | 9회 기출예상 | 인성검사 | 면접가이드

09. 다음 글의 내용과 관련 있는 한자성어는?

> A 시는 산림자원을 보존하기 위해 숲 가꾸기 사업 및 산물 수집단을 적극적으로 운영한 결과 2만 개가 넘는 일자리를 창출하였다. 결과적으로 일자리 창출과 함께 산림자원도 증대시키는 만족스러운 결과를 얻었다고 평가받고 있다.

① 지록위마(指鹿爲馬)　　　　　② 일거양득(一擧兩得)
③ 유비무환(有備無患)　　　　　④ 건곤일척(乾坤一擲)

10. 다음 글을 쓴 목적으로 적절한 것은?

> 저는 오늘 시대와 시민의 요구 앞에 엄중한 소명의식과 책임감을 갖고 이 자리에 섰습니다. ○○시민의 삶을 책임지는 시장으로서 대승적 차원에서 힘겨운 결단을 하였습니다.
> 우리 0 ~ 5세 아이들의 무상보육을 위해 ○○시가 지방채를 발행하겠습니다. 이 결정은 올 여름을 뜨겁게 달군 무상보육 논쟁 속에서 과연 ○○시의 주인인 시민 여러분을 위한 길이 무엇인지 고민하고 또 고민한 결과입니다.
> 무상보육은 대한민국이 복지국가로 나아가는 중요한 시험대가 될 것입니다. 무상보육은 우리의 공동체가, 우리 사회가 나아가야 할 비전과 방향, 원칙과 철학의 문제입니다. 그 핵심은 바로 지속가능성입니다.
> 지속가능한 원칙과 기준을 마련하지 않으면 무상보육의 위기는 앞으로도 계속 되풀이될 것입니다. 중앙정부와 국회가 국민을 위한 현명한 판단을 한다면, ○○시는 전력을 다해 그 길을 함께하겠습니다. 우리 아이들의 희망과 미래를 위해 이제 정부와 국회가 답해 주시기를 간절히 바랍니다. 감사합니다.

① 새롭게 발견된 사실에 대한 정보를 제공하기 위함이다.
② 자신이 알고 있는 사실을 다른 사람에게 알리기 위함이다.
③ 새로운 정책을 알리고 이에 대한 동의를 구하고 설득하기 위함이다.
④ 중요한 지식을 설명하고 이를 듣는 사람들과 공유하기 위함이다.

대전기출복원

1회 기출예상

2회 기출예상

3회 기출예상

4회 기출예상

5회 기출예상

6회 기출예상

7회 기출예상

8회 기출예상

9회 기출예상

인성검사

면접가이드

11. 다음은 K 기업 지원자 A ~ D의 평가 점수표이다. 이 중 합격자로 적절한 사람은?

> 서류점수 20%, 필기점수 30%, 실기점수 40%, 면접점수 10%를 반영하여 제일 점수가 높은 사람 1명을 합격자로 선정한다.

〈K 기업 지원자 평가 점수〉

(단위 : 점)

구분	A	B	C	D
서류평가	60	70	50	50
필기시험	80	60	70	90
실기시험	70	80	90	80
면접평가	50	60	60	50

① A
② B
③ C
④ D

12. 갑, 을, 병, 정, 무 5명의 사원이 소속된 영업부에는 A, B, C의 3개 팀이 있다. 다음 〈보기〉를 바탕으로 할 때, 거짓인 것은?

보기

- 사원 갑, 을, 병, 정, 무는 A, B, C 팀 중 어느 하나에 소속된다.
- 팀의 최대 인원은 2명이다.
- 사원 을은 A 팀 소속이고, 사원 정은 C 팀 소속이다.
- 사원 을과 무는 같은 팀 소속이 아니다.
- 병은 B 팀 소속이 아니다.
- 사원 갑, 을, 병, 정, 무 중 C 팀 소속은 한 명이다.

① A 팀과 B 팀은 소속 사원이 2명이다.
② 사원 병과 정은 같은 팀 소속이 아니다.
③ 사원 갑과 병은 같은 팀 소속이다.
④ 사원 무는 B 팀 소속이다.

13. 다음은 ○○기관의 맞춤형 복지제도 운영지침 중 복지카드 포인트로 구입할 수 있는 항목들을 정리한 것이다. 다음 중 복지카드 포인트로 구입할 수 없는 품목은?

분야		항목
기본항목	필수기본항목	생명 · 상해보험
	선택기본항목	의료비보장보험
자율항목	건강관리	병의원 외래진료, 약 구입, 안경 구입, 운동시설 이용 등 공무원 및 비공무원 계약직 근로자 본인과 가족의 건강진단, 질병예방, 건강증진 등을 위한 복지항목
	자기계발	학원수강, 도서구입, 세미나 연수비 등 공무원 및 비공무원 계약직 근로자 본인의 능력발전을 위한 복지항목
	여가활용	여행 시 숙박시설 이용, 레저시설 이용, 영화 · 연극 관람 등 공무원 및 비공무원 계약직 근로자 본인과 가족의 건전한 여가활동을 위한 복지항목
	가정친화	보육시설 · 노인복지시설 이용, 기념일 꽃 배달 등 일과 삶을 조화롭게 병행할 수 있도록 공무원 및 비공무원 계약직 근로자 본인과 가족을 지원하는 복지항목

※ 전통시장에서의 구매는 분야 제한 없이 자율항목으로 구성할 수 있음.
※ 산후조리원 이용 및 출산용품 구입 등을 자율항목으로 구성할 수 있음.
※ 자율항목으로 구성할 수 없는 항목
  1. 보석, 복권, 경마장 마권, 유흥비 등 사행성이 있거나 불건전한 항목
  2. 상품권, 주유권, 증권 등 현금과 유사한 유가증권의 구매
  3. 성형, 치열교정 등 치료 목적이 아닌 미용 관련 의료행위
  4. 단순 물품구입 등 증빙이 불가능한 항목

① 산후조리원 계약금
② 다이어트를 위한 헬스장 등록
③ 대학 입학을 위한 자녀의 학원 등록
④ 부부 결혼기념일을 위한 연극 관람권 2매

[14 ~ 15] 다음은 권 사원이 ○○발전 게시판에 올릴 글의 초고이다. 이어지는 질문에 답하시오.

> 한국은 UN이 지정한 물 부족 국가라는 말을 모두 한 번쯤은 들어봤을 것이다. 그런데 이 표현은 잘못된 것이다. ⊙ 즉 한국은 '물 스트레스 국가'라고 하는데, 이는 1인당 가용 수자원량을 기준으로 1,000 ~ 1,700m³에 해당하는 것이다. 가용 수자원량이 1,000m³ 미만일 때를 물 부족 국가로 분류한다.
>
> ⓒ 우리나라가 물 스트레스 국가인 이유는 실제로 사용 가능한 물의 양이 풍부하지 않다. 우리나라는 여름에만 강수량이 집중되어 7, 8월에 강수량이 높고 다른 기간에는 가뭄에 취약하다. 또한 인구밀도가 높아 물을 활용하기 힘들며 사용하는 물의 양 자체가 많다.
>
> 우리나라 1인당 하루 물 사용량은 280L로 세계 평균 1인당 하루 110L의 2.5배에 달한다. ⓒ 사용 가능한 자원은 적으나 수요가 많다면 곧 물 부족은 현실이 될 것이다. 세계 물의 날을 맞아 물의 소중함에 대해 다시금 새기고, 물 절약을 실천해 보는 것은 어떨까?
>
> ② 물을 아껴 수자원을 절약하기 위해 개인이 할 수 있는 것은 수압을 낮추고 변기에 절수 레버를 설치하는 것, 싱크대에 절수 페달을 설치하는 것, 모아서 빨래하는 것 등이 있다. 생활 속 작은 습관으로 물을 절약하여 우리나라가 물 풍족 국가로 거듭날 수 있도록 하자.

14. 권 사원의 초고를 본 상사는 제목을 붙이라고 지시하였다. 윗글의 제목으로 적절한 것은?

① 물 부족 국가와 물 스트레스 국가의 차이점은?

② 물 스트레스 국가가 되는 기준은 무엇인가?

③ 여름철에만 집중된 우리나라 강수량의 문제점

④ 물 스트레스 국가인 한국에서 우리가 할 수 있는 것은?

15. 윗글을 읽고 상사가 밑줄 친 ⊙ ~ ②에 대해 할 수 있는 지시로 적절하지 않은 것은?

① ⊙의 '즉'은 적절하지 않으므로 문장의 흐름을 고려하여 '그 대신'으로 수정하세요.

② ⓒ은 주술호응이 맞지 않으므로 서술어를 '풍부하지 않아서이다.'로 수정하세요.

③ ⓒ의 의미를 고려하여 '수요가'를 '공급이'로 수정하세요.

④ ②은 의미가 중복되므로 '물을 아껴'를 삭제하세요.

16. 다음 자료를 참고할 때, 2014년도와 2023년도의 전체 암 수검자 중 위암 수검자 비율의 차이는 몇 %p인가? (단, 소수점 아래 둘째 자리에서 반올림한다)

〈연도별 국가 암 조기검진사업 수검자 수〉

(단위 : 천 명)

구분	2014년	2015년	2016년	2017년	2018년	2019년	2020년	2021년	2022년	2023년
전체	5,749	6,492	7,118	8,617	8,902	9,525	9,122	8,878	9,868	10,703
위암	2,085	2,347	2,511	3,033	3,044	3,079	2,995	2,844	3,074	3,255
간암	141	147	152	206	241	267	247	251	208	216
대장암	984	1,210	1,552	1,764	2,165	2,465	2,367	2,359	2,579	2,885
유방암	1,295	1,427	1,499	1,820	1,746	1,822	1,692	1,636	1,822	1,939
자궁경부암	1,244	1,361	1,404	1,794	1,706	1,892	1,821	1,788	2,185	2,408

① 6.4%p
② 6.2%p
③ 5.9%p
④ 5.5%p

17. 다음은 학생별 국어, 수학, 영어, 탐구 점수이다. 표에 대한 분석으로 적절하지 않은 것은? (단, 모든 시험은 100점 만점이다)

(단위 : 점)

구분	국어	수학	영어	탐구
승한	80	84	76	90
세영	73	90	81	82
윤지	92	73	81	78
성욱	86	80	74	82

① 총점이 두 번째로 높은 학생은 세영이다.
② 국어에 20% 가중치를 두면 총점이 제일 높은 학생은 윤지이다.
③ 탐구 반영 비율을 절반으로 줄이면 동점자가 3명 나온다.
④ 영어에 40% 가중치를 두면 총점이 두 번째로 높은 학생은 세영이다.

18. 세전 연봉이 3,750만 원인 윤 사원은 매달 급여 실수령액의 10%를 적금으로 불입하려고 한다. 매달 세액 공제가 32만 원일 경우, 월 적금액은 얼마인가?

① 250,000원   ② 275,000원

③ 280,500원   ④ 312,500원

19. 박 사원은 다음 자료를 바탕으로 시장 추이를 분석해 〈자료〉와 같이 정리했다. 이 중 적절한 내용을 모두 고른 것은?

〈20XX년 지역별 민간아파트 단위면적(3.3m²)당 분양가격〉

(단위 : 천 원/3.3m²)

구분	5월	6월	7월	8월	9월
전국 평균	8,358	8,344	8,333	8,395	8,459
서울	19,446	18,867	18,742	19,274	19,404
부산	9,501	9,453	9,457	9,411	9,258
대구	8,274	8,360	8,360	8,370	8,449
인천	9,844	10,058	9,974	9,973	9,973
광주	7,523	7,659	7,612	7,622	7,802
대전	8,341	8,333	8,333	8,333	8,048
울산	8,153	8,153	8,153	8,493	8,493

※ 6대 광역시 : 부산, 대구, 인천, 광주, 대전, 울산

자료

㉠ 5월 대비 9월에 분양가격이 하락한 지역은 2곳이다.
㉡ 인천은 '6대 광역시' 중 분양가격이 가장 높은 지역이다.
㉢ 서울은 울산의 단위면적당 분양가격의 2배 이상을 유지한 지역이다.
㉣ 단위면적당 분양가격 증감 추이가 전국 평균과 동일한 지역은 서울뿐이다.

① ㉠, ㉡   ② ㉡, ㉢

③ ㉠, ㉡, ㉢   ④ ㉡, ㉢, ㉣

[20 ~ 21] 다음은 어느 회사원의 20X0년과 20X1년 연봉에 대한 지출 내역을 그래프로 나타낸 것이다. 이어지는 질문에 답하시오.

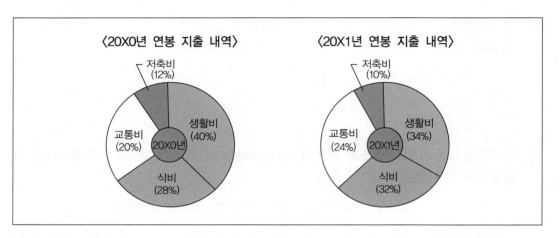

20. 20X0년의 식비에서 20X1년의 저축비를 뺀 값은 얼마인가? (단, 20X0년의 연봉은 2,500만 원, 20X1년의 연봉은 3,000만 원이다)

① 200만 원   ② 300만 원
③ 400만 원   ④ 500만 원

21. 20X0년 연봉이 2,800만 원, 20X1년 연봉이 3,200만 원이라면 20X1년 생활비는 20X0년 생활비에 비해 얼마나 변화하였는가?

① 10만 원 감소   ② 20만 원 증가
③ 32만 원 감소   ④ 45만 원 증가

22. 동전을 5개 던졌을 때 적어도 한 개가 앞면이 나올 확률은?

① $\dfrac{15}{16}$ ② $\dfrac{31}{32}$

③ $\dfrac{3}{5}$ ④ $\dfrac{4}{5}$

23. 1부터 4까지의 숫자가 적혀있는 서로 다른 사면체 주사위 2개를 동시에 던질 때 나온 숫자의 합이 홀수가 되는 경우의 수는?

① 5가지   ② 6가지
③ 7가지   ④ 8가지

24. 다음 실업자 수 및 실업률 추이에 대한 자료를 이해한 내용으로 적절하지 않은 것은?

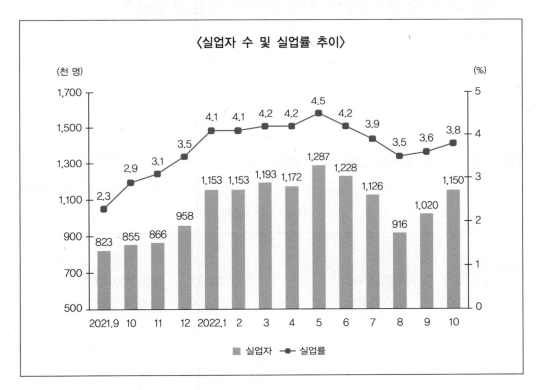

① 2022년 3월의 실업자 수는 1,193천 명이다.
② 2022년 8월부터 10월까지 실업자 수는 꾸준히 증가했다.
③ 2022년 5월의 실업자 수는 6개월 전의 실업자 수보다 2배 이상이다.
④ 2022년 5월의 실업률이 가장 높은 수치를 보인다.

대전기출복원
1회 기출예상
2회 기출예상
3회 기출예상
4회 기출예상
5회 기출예상
6회 기출예상
7회 기출예상
8회 기출예상
9회 기출예상
인성검사
면접가이드

25. A ~ E 다섯 명의 영어시험 평균 점수는 72점이다. A, B의 점수가 65점, C, D의 점수가 75점이라고 할 때 E의 점수는 몇 점인가?

    ① 70점   ② 75점
    ③ 80점   ④ 85점

26. 최 대리는 김 부장의 고등학교 후배로 12살 띠동갑이다. 4년 전, 최 대리 나이의 3배 값과 김 부장 나이의 2배 값이 같았다면, 현재 최 대리의 나이는 몇 살인가?

    ① 28살   ② 30살
    ③ 32살   ④ 34살

27. 빈칸 ㉠, ㉡에 들어갈 값을 바르게 연결한 것은?

20kg = (㉠)g = (㉡)mg

	㉠	㉡		㉠	㉡
①	2,000	20,000,000	②	2,000	200,000,000
③	20,000	20,000,000	④	20,000	200,000,000

28. A와 B가 같은 방향으로 달리기 시합을 하던 도중에 A가 넘어지면서 더 이상 움직일 수가 없게 되었고, 15초 뒤 A가 넘어진 지점에 뒤따라오던 B가 도착하였다. A와 B의 속력은 각각 13m/s, 8m/s이며 항상 일정한 속력으로 달린다고 할 때, A가 달린 거리는?

    ① 195m   ② 210m
    ③ 305m   ④ 312m

29. □□고등학교에서는 중간고사 부정행위를 방지하기 위하여 한 교실에 1, 2, 3학년 학생들을 각 줄별로 섞어서 배치한다. 배치에 대한 정보가 다음과 같을 때, 〈보기〉 중 항상 참이 되는 것은?

- 교실의 좌석은 총 6개의 줄로 배치한다.
- 1, 2, 3학년을 모두 1줄 이상 배치한다.
- 첫 번째 줄과 다섯 번째 줄은 항상 3학년을 배치한다.
- 바로 옆줄에는 같은 학년을 배치할 수 없다.
- 3학년 줄의 수는 1학년 줄과 2학년 줄의 수를 합한 것과 같다.

보기

㉠ 모든 3학년 줄의 위치는 항상 같다.
㉡ 2학년 줄과 1학년 줄의 수는 항상 같다.
㉢ 두 번째 줄이 1학년 줄이면 여섯 번째 줄은 2학년 줄이다.

① ㉠
② ㉡
③ ㉠, ㉡
④ ㉠, ㉢

30. 다음 〈보기〉의 명제들이 항상 참이라 할 때, 적절한 것은?

보기

- 달리기를 못하는 사람은 수영을 못한다.
- 달리기를 잘하는 사람은 항상 운동화를 신는다.
- 윤재는 항상 구두를 신는다.

① 윤재는 달리기를 잘한다.
② 윤재는 수영을 못한다.
③ 수영을 잘하는 사람은 구두를 신는다.
④ 수영을 못하는 사람은 운동화를 신지 않는다.

[31 ~ 32] 다음 글을 읽고 이어지는 질문에 답하시오.

우리나라에는 노숙인에 대한 공식적인 개념정의가 없다. 노숙인은 1997년 IMF 경제위기 이후 부각된 용어로 부랑인과 유사하게 사용되어 왔다. 노숙인은 일정한 숙소가 없어 거리에서 잠을 자는 사람을 의미하지만 정의를 내리는 주체가 누구냐에 따라서 다양하게 정의된다.

국제연합(UN)은 노숙인을 '집이 없는 사람과 옥외나 단기보호시설 또는 여인숙 등에서 잠을 자는 사람', '집이 있으나 UN의 기준에 충족되지 않는 집에서 사는 사람', '안정된 거주권과 직업과 교육, 건강관리가 충족되지 않은 사람'이라고 정의한다. 미국 노숙인 연합(National Coalition For The Homeless)은 노숙인을 '정규적이고 고정된 적절한 주거시설이 없고 주로 길거리나 일시적인 보호시설, 사람이 자도록 고안되지 않은 공공의 장소 등에서 자는 사람'으로 정의한다. 노숙인은 주거가 없이 길거리나 공원, 역사, 지하도 등 숙박용도가 아닌 장소에서 생활하는 길거리 노숙인(street homeless)과 각종 쉼터 등 노숙인 보호시설을 숙소로 이용하는 보호시설 이용 노숙인(sheltered homeless)으로 구분할 수 있다. 우리나라에서 노숙인은 '일정한 주거 없이 상당한 기간 거리에서 생활하거나 그에 따라 노숙인 쉼터에 입소한 18세 이상의 자'를 말하며 거리 노숙인과 쉼터 노숙인을 포함하고 있다. 이외에도 숫자로 파악되지 않지만, PC방이나 만홧(漫畵)가게 등에서 생활하는 사람들도 큰 범주에서는 노숙인으로 분류할 수 있다.

일반적으로 노숙인 문제의 발생원인을 개인적 관점과 사회구조적 관점에서 본다. 개인적 관점은 노숙경로와 과정을 중시하며 질병 및 장애, 정신질환, 알코올 및 약물의존, 가정폭력 및 해체, 비행 및 범죄, 사회적 관계망 붕괴 등이 있다. 반면 사회구조적 관점은 후기 자본주의의 빈곤화과정과 관련한 사업구조의 고도화와 신자유주의에 의한 소득의 양극화와 빈곤화, 고용의 불안정성과 실업의 증가 등을 포함한다.

31. 다음 중 윗글의 내용을 가장 잘못 이해한 것은?

① 우리나라의 노숙인은 20세기 후반부터 사회적으로 부각되기 시작하였다.

② 노숙인의 정의에 대한 국제 사회의 인식에는 조금씩 차이가 있다.

③ 우리나라에서는 18세 이상이 되어 노숙인 쉼터에 입소하게 되면 노숙인으로 분류하지 않는다.

④ 미국의 노숙인에 대한 규정으로 보면, PC방이나 만홧가게 등에서 숙식을 하는 사람은 사람이 자도록 고안된 장소가 아닌 곳에서 숙박을 하므로 노숙인으로 볼 수 있다.

32. 윗글에서 언급된 노숙인을 정의하는 기준으로 보기 어려운 것은?

① 일정하고 고정된 주거시설이 있는가
② 노숙인 보호시설을 숙소로 이용하고 있는가
③ 숙박용도가 아닌 장소에서 생활하고 있는가
④ 소득수준이 얼마나 취약한가

33. 다음 밑줄 친 부분의 띄어쓰기가 잘못된 것은?

① 그 녀석을 골탕 <u>먹일</u> 좋은 수가 없을까?
② 지금은 때를 기다리는 <u>수밖에</u> 없다.
③ 이 전망대에서 서울 시내를 <u>한 눈에</u> 내려다볼 수 있다.
④ 그 책을 다 <u>읽는 데</u> 삼 일이 걸렸다.

34. 다음 글에서 설명하는 규칙이 바르게 적용된 것을 ㉠ ~ ㉢에서 모두 고르면?

> 음절의 끝소리 규칙은, 받침으로 발음되는 자음은 'ㄱ, ㄴ, ㄷ, ㄹ, ㅁ, ㅂ, ㅇ'의 일곱 가지
> 만 올 수 있다는 것으로 이외의 자음들이 음절 끝에 오게 되면 이들 중 하나로 바뀌는 규칙이
> 다. 즉, '잎'은 [입]으로 'ㅍ'이 'ㅂ'으로 발음된다. 이는 겹받침인 경우에도 적용되는데, 두 자음
> 중 하나가 대표음으로 발음된다. 또 받침 뒤에 모음으로 시작되는 조사, 어미, 접사가 오면
> 받침이 온전히 발음되지만 '웃어른'의 '어른'처럼 실질적인 뜻을 지닌 모음으로 된 말이 오면
> 음절의 끝소리 규칙을 적용한 후 다음 음절의 첫소리로 발음하여 [우더른]이 된다.

> ㉠ '히읗'은 [히은]으로 발음된다.   ㉢ '빗으로'는 [빈으로]로 발음된다.
> ㉡ '부엌'은 [부얻]으로 발음된다.   ㉣ '웃옷'은 [우돋]으로 발음된다.

① ㉠, ㉡   ② ㉠, ㉣
③ ㉢, ㉡   ④ ㉡, ㉣

[35 ~ 36] 다음 안내문을 보고 이어지는 질문에 답하시오.

〈시립예술단 '찾아가는 연주회' 신청 안내〉

△△문화예술회관에서는 문화예술 공연을 쉽게 접하기 힘든 시민들을 위해 시립예술단이 직접 찾아가 수준 높은 연주와 공연을 펼치며 시민과 함께하는 프로그램을 운영하고 있습니다. 삶의 현장에서 생생한 감동을 느낄 수 있는 기회를 갖고자 하는 기관이나 단체의 많은 관심과 참여를 바랍니다.

• 공연 내용
  - 시립예술단의 연주와 공연 프로그램(교향악단, 합창단 연주, 무용단 공연, 극단 공연 중)

• 대상
  - △△시 소재 단체나 기관에 한함.
  - 도서(섬) 지역, 사회복지시설, 병원, 군부대, 현업기관(경찰, 소방), 공단지역, 학교 등

• 신청
  - 신청기간 : 20X1. 12. 4.(금) ~ 12. 11.(금)
    ※ 20X2년도 상반기(1 ~ 6월) 공연에 대한 신청
  - 신청방법 : 팩스 또는 공문을 통한 신청(신청서 별도 첨부)
    ※ 20X1. 12. 11.(금)까지 접수분에 한함.
  - 절차 : 내부 심의를 거쳐 가부(可否) 결정
  - 발표 : 회관 홈페이지 게시 및 개별 통보(20X1. 12. 18.(금) 예정)

• 참고사항
  - △△시의 예산 지원으로 무료로 진행되며, 다만 공연에 필요한 포스터, 현수막, 프로그램 등 홍보는 신청단체에서 준비하셔야 합니다.
  - 찾아가는 연주회(공연)는 일정 및 횟수가 한정되어 있어 도서(섬) 지역 등이 우선 선정되며, 형평성을 위해 각 군·구에 골고루 찾아갑니다. 또한 예술단 공연 및 리허설 일정, 관람 연령 및 관람객 수, 시설 여건 등에 따라 공연이 불가할 수 있습니다.
  - 신청기관별 공연 횟수 연 1회 원칙(도서 지역은 최대 연 2회 가능 → 도서 지역 내 교육기관 포함), 도서 지역을 제외한 최근 2년간 공연 실적이 있는 교육 기관(일반 초·중·고등학교)은 제외됩니다.
  - 선정 취소 시 2년간 선정 불가합니다(단, 군부대 및 경찰서, 소방본부 등은 제외).
  - 공연의 취지와 다른 경우 선정되지 않습니다(행사 초청 성격, 종교행사 동원 등).

• 문의처
  - △△문화예술회관 예술단운영팀(전화 : 123-4567 / 팩스 : 123-7654)
  - 출연자 및 공연장 규모 등에 대한 문의는 각 예술단으로 문의하여 주시기 바랍니다.

---

35. 위 안내문을 보고 신청서를 작성하고자 할 때, 신청서에 들어갈 내용으로 가장 적절하지 않은 것은?

① 희망하는 공연의 종류

② 행사 목적 및 관람 대상 정보(관람 연령층, 관람객 수 등)

③ 기관의 간단한 소개 및 도서 지역 여부

④ 공연 무대 규모, 음향, 조명 설치 여부

36. 위 안내문을 참고할 때, 공연 대상으로 선정될 수 없는 기관(단체)은?

① 올해 사정상 공연을 취소한 A 경찰서

② 교회 행사에 공연을 신청한 B 교회

③ 1년 전 공연 실적이 있는 도서지역의 D 초등학교

④ 3년 전 선정되었으나 내부 사정으로 공연을 취소한 E 중학교

37. 다음 상황에서 김 대리가 가져야 할 경청 태도로 적절한 것은?

> 최 사원 : 김 대리님, 오늘 제가 늦었습니다. 죄송합니다.
>
> 김 대리 : 장난해? 지금 시간이 몇 시인데 이제 와.
>
> 최 사원 : 사실 제가 오늘 늦은 이유가 다름이 아니라 지하철이...
>
> 김 대리 : 됐고, 빨리 일이나 시작하도록 해.

① 상대방의 이야기를 끝까지 주의 깊게 듣는다.

② 상대방이 무엇을 요구하는지에 대해 파악해야 한다.

③ 상대방에게 적절한 충고를 해 주어야 한다.

④ 상대방의 눈을 바라보며 이야기를 해야 한다.

대전기출복원
1회 기출예상
2회 기출예상
3회 기출예상
4회 기출예상
5회 기출예상
6회 기출예상
7회 기출예상
8회 기출예상
9회 기출예상
인성검사
면접가이드

38. 다음 중 관용적 표현과 그 의미가 잘못 연결된 것은?

① 심장이 약하다 : 마음이 약하고 숫기가 없다.

② 심장이 크다 : 겁이 없고 대담하다.

③ 심장에 파고들다 : 사람의 마음을 일어나게 하다.

④ 심장을 찌르다 : 핵심을 꿰뚫어 알아차리다.

39. 다음 내용에 해당하는 문제해결절차 단계는?

> 커피를 판매하는 전 세계적인 프랜차이즈인 S사는 1999년 국내에 입점한 이후 줄곧 국내 커피업계 1위로 선두를 달리고 있었다. 그런데 최근 몇 년 사이에 회사의 매출이 급격히 줄어들고 국내 토종 프랜차이즈들에게 그 자리를 위협받고 있다. 엎친 데 덮친 격으로 S사 커피를 마시는 것이 조롱거리가 되는 등 대책이 시급한 상황이다.

① 문제 인식   ② 문제 도출
③ 원인 분석   ④ 해결안 개발

40. 다음 〈정보〉는 모임의 현재 상황에 관한 설명이다. 이를 토대로 알 수 없는 것은?

정보

- 오늘 모임은 19시에 시작할 예정이며, 총 3시간이 소요된다.
- 모임은 모든 사원이 도착해야 시작된다.
- 모임시간에 늦으면 벌금을 내야 한다.
- 민아는 현재 약속장소에 도착해 있으며 벌금을 낸다.
- 천호가 민아보다 늦게 도착한다.

① 모임에 참가하는 사람은 최소 2명이다.

② 민아는 19시까지 약속장소에 도착하지 못했다.

③ 천호가 도착하면 모임이 시작된다.

④ 모임은 22시가 넘어서야 끝난다.

41. 다음 빈칸에 들어갈 접속어로 알맞은 것은?

> 나이가 들면 노화로 발생하는 활성산소 탓에 뇌세포가 파괴돼 뇌가 늙는다. 또한 뇌세포를 연결하는 수상돌기가 감소하면서 신경전달 물질의 분비가 줄어 기억력과 정보처리능력, 학습능력, 집중력이 떨어진다. (   ) 뇌기능 감퇴는 사실 20대부터 시작된다. 30대까지는 별 문제가 없기 때문에 인지하지 못할 뿐이다.

① 그런데   ② 예를 들어
③ 그래서   ④ 그러면

42. 다음은 성공적인 비즈니스를 위한 고객과의 전화응대법에 관한 두 가지 사례를 제시하고 있다. 〈사례 1〉과 〈사례 2〉를 토대로 할 때, 전화응대법에 대한 설명이 적절하지 않은 것은?

> <사례 1>
>
> 고객 : 얼마 전에 특강 듣고 관심이 있어서 전화 드렸는데요.
> 상담자 : 네….
> 고객 : 강의는 언제부터 시작하나요? 비용은 얼마인가요?
> 상담자 : 5월 13일에 시작하며 가격은 85만 원입니다.

> <사례 2>
>
> 고객 : 얼마 전에 특강 듣고 관심이 있어서 전화 드렸는데요.
> 상담자 : 아~ 그러시군요. 특강 내용은 도움이 됐나요?
> 고객 : 네~ 괜찮았습니다.
> 상담자 : 오~ 그러셨다니 감사합니다. 고객님 특강에 참석하신 거 보니까 이쪽 분야에 관심이 많은가 봐요. 혹시 어떤 쪽에 관심이 있으신 건가요?
> 고객 : 제가 관심이 있는 분야는요. (생략)

① '아~', '네~', '그러시군요.' 등으로 고객의 말에 맞장구를 쳐주면서 편안함을 주는 것이 좋다.
② 고객이 더 많은 말을 할 수 있도록 상담자는 최대한 간결하고 짧게 이야기한다.
③ 고객에게 질문을 던져서 고객이 상담 내용에 개입할 수 있도록 한다.
④ 고객에 대한 정보를 이끌어 내면서 가려운 곳을 미리 긁어 줄 수 있는 태도를 보인다.

대전기출복원
1회 기출예상
2회 기출예상
3회 기출예상
4회 기출예상
5회 기출예상
6회 기출예상
7회 기출예상
8회 기출예상
9회 기출예상
인성검사
면접가이드

43. 다음 공고문을 수정하기 위한 방안으로 적절하지 않은 것은?

〈20X2 생각하는 십대를 위한 진로 인문학 운영 계획〉

1. 목적
   ㉠ 상상력과 창의력을 키워 자신의 진로를 탐색하고 스스로 삶의 방향을 설정
   ㉡ 인문학을 통해 삶의 혜안과 철학을 형성하여 주체적 태도와 정서 함양
   ㉢ 십대들의 '생각의 힘'을 키워 세상을 보는 시야를 넓히고 행복한 미래를 준비

2. 방침
   ㉠ 인문학과의 만남을 통해 고등학생들의 인성과 소양을 기르는 데 주안점을 둠.
   ㉡ ○○대학교와 연계하여 분야별 전문가(저자) 중심으로 강사진 구성
   ㉢ 독서ㆍ인문 소양을 키우기 위해 필독서를 지정하여 '함께 읽기'와 연계

3. 세부 추진 계획
   ㉠ 제목 : 생각하는 십대를 위한 진로 인문학 '상상 새로운 지평을 열다'
   ㉡ 대상 : 서울 소재 고등학생 300명 내외(교당 5명 이내, 3회 모두 참석 조건)
   ㉢ 운영기간 : 20X2. 5. 25.(토) ~ 6. 8.(토) 10:00 ~ 12:00(기간 중 토요일 총 3회, 9:50
      까지 등록 완료)
   ㉣ 장소 : ○○대학교 학술회의장(본부관 1층 101호)
   ㉤ 주최ㆍ주관 : 서울특별시교육청
   ㉥ 특기사항 : 참가 학생들은 3회 행사 중 1회 소감문(간단 양식) 제출, 필독서를 읽고 참
      가(학생 참여형으로 진행 예정, 토론과 질의에 적극 참여 필수)

4. 기대 효과
   ㉠ 인문학을 통한 고등학생들의 상상력과 창의력 신장
   ㉡ 십대들의 생각의 힘을 키워 진로 역량 및 주체적 태도 함양
   ㉢ 다양한 분야의 전문가인 저자와의 만남을 통해 독서ㆍ인문 소양 및 미래 역량 함양

---

① 프로그램의 일자별 세부 내역이 빠져 있으므로 이를 추가한다.
② 행사를 주관하는 부서 및 부서의 연락처, 연락 방법 등을 기재한다.
③ 프로그램 참가 신청 방법에 대한 안내가 없으므로 이를 추가한다.
④ '목적'과 '방침' 항목이 서로 중복되는 내용이 많으므로 두 항목 중 한 항목을 삭제한다.

44. 다음은 ○○기관의 신입직원 직무능력평가의 응시자별 점수를 정리한 자료이다. ㉠ ~ ㉣에 들어갈 점수를 구할 때, 평균이 가장 높은 직무능력 영역은?

(단위 : 점)

구분	의사소통	수리	문제해결	자원관리	조직이해
박희순	80	90	98	85	90
이학주	85	95	82	78	86
윤경호	75	88	77	92	74
한소희	90	72	83	75	89
정승원	95	75	80	80	91
평균	㉠	㉡	84	㉢	㉣

① 의사소통　　　　　　　　　　② 수리
③ 문제해결　　　　　　　　　　④ 조직이해

45. 다음은 초·중·고등학교의 사교육비 총액을 기록한 표이다. 이에 대한 설명으로 옳은 것은?

〈학생 사교육비 총액 규모〉

(단위 : 억 원, %)

구분	20X5년 비용	20X6년 비용	전년 대비 증감률	20X7년 비용	전년 대비 증감률	20X8년 비용	전년 대비 증감률	20X9년 비용	전년 대비 증감률
전체	190,395	185,960	−2.3	182,297	−2.0	178,346	−2.2	180,605	1.3
초등학교	77,554	77,375	−0.2	75,948	−1.8	75,287	−0.9	77,438	2.9
중학교	61,162	57,831	−5.4	55,678	−3.7	52,384	−5.9	48,102	−8.2
고등학교	51,679	50,754	−1.8	50,671	−0.2	50,675	0.0	55,065	8.7

※ 20X8년 대비 20X9년 학생 수 감소 : 초등학교 2,715 → 2,673천 명, 중학교 1,586 → 1,457천 명, 고등학교 1,788 → 1,752천 명

① 조사기간 동안 전년 대비 증감률은 매년 고등학교가 가장 크다.
② 사교육비 총액은 20X9년에 전년 대비 최고 증가폭을 보였다.
③ 20X8년 대비 20X9년의 중학교 사교육비 감소는 비용의 순수 경감 효과이다.
④ 전체적으로 사교육에 쏟아 붓는 비용이 시간의 흐름에 따라 감소하였다.

대전기출복원 / 1회 기출예상 / 2회 기출예상 / 3회 기출예상 / 4회 기출예상 / 5회 기출예상 / 6회 기출예상 / 7회 기출예상 / 8회 기출예상 / 9회 기출예상 / 인성검사 / 면접가이드

01. 다음 대화에 대한 설명으로 적절하지 않은 것은?

> 진행자 : 오늘은 우리의 전통 선박에 대해 재미있게 설명한 책인 〈우리나라 배〉에 대해 교수님과 이야기를 나눠 보겠습니다. 김 교수님, 우리나라 전통 선박에 담긴 선조들의 지혜를 설명한 책 내용이 참 흥미롭던데요, 구체적인 사례 하나만 소개해 주시겠습니까?
>
> 김 교수 : 판옥선에 담긴 선조들의 지혜를 소개해 드릴까 합니다. 혹시 판옥선에 대해 들어 보셨나요?
>
> 진행자 : 자세히는 모르지만 임진왜란 때 사용된 선박이라고 알고 있습니다.
>
> 김 교수 : 네, 판옥선은 임진왜란 때 활약한 전투함인데, 우리나라 해양 환경에 적합한 평저 구조로 만들어졌습니다.
>
> 진행자 : 아, 그렇군요. 교수님, 평저 구조가 무엇인지 말씀해 주시겠습니까?
>
> 김 교수 : 네, 그건 밑 부분을 넓고 평평하게 만든 구조입니다. 그 때문에 판옥선은 수심이 얕은 바다에서는 물론, 썰물 때에도 운항이 가능했죠. 또한 방향 전환도 쉽게 할 수 있었습니다.
>
> 진행자 : 결국 섬이 많고 수심이 얕으면서 조수 간만의 차가 큰 우리나라 바다 환경에 적합한 구조라는 말씀이시군요?
>
> 김 교수 : 네, 그렇습니다.
>
> 진행자 : 선조들의 지혜가 참 대단합니다. 이런 특징을 가진 판옥선이 전투 상황에서는 얼마나 위력적이었는지 궁금한데, 더 설명해 주실 수 있습니까?

① 진행자는 김 교수에게 추가 설명을 요청하고 있다.

② 김 교수는 적절한 질문을 통하여 진행자의 배경지식을 활성화하고 있다.

③ 김 교수는 진행자의 의견에 동조하며 자신의 견해를 수정하고 있다.

④ 진행자는 김 교수의 설명을 듣고 정리하여 자신의 이해가 맞는지 질문하고 있다.

대전기출복원

1회 기출예상

2회 기출예상

3회 기출예상

4회 기출예상

5회 기출예상

6회 기출예상

7회 기출예상

8회 기출예상

9회 기출예상

인성검사

면접가이드

02. 다음에 제시된 문장의 밑줄 친 단어와 같은 의미로 단어를 사용한 것은?

> 옷가지를 <u>이어</u> 밧줄처럼 만들었다.

① 산과 강을 <u>이어</u> 주는 다리를 만들었다.

② 사람들이 표를 사기 위하여 줄을 <u>이어</u> 서 있었다.

③ 그는 대를 <u>이어</u> 그 사업을 운영했다.

④ 그는 동료를 모두 버리고 구차한 삶을 <u>이어</u> 갔다.

03. 다음 직원들의 대화의 밑줄 친 ㉠에서 범하고 있는 논리적 오류로 적절한 것은?

> 김 사원 : 아! 오늘 진상 고객 정말 많다.
>
> 박 사원 : 나도 봤어. 번호표 한참 지났는데 먼저 업무 처리해 달라고 소리치던 고객이지?
>
> 김 사원 : 맞아. 지금 생각해 보니 올 때마다 진상을 부린 것 같아.
>
> 박 사원 : ㉠<u>그 사람은 어디서든 진상을 부릴 것이 틀림없어.</u>

① 성급한 일반화의 오류   ② 흑백논리의 오류

③ 피장파장의 오류   ④ 무지에 호소하는 오류

04. 다음 〈보기〉의 내용을 통해 바르게 추론한 것은?

> **보기**
>
> • 키가 170cm인 가영이는 나영이보다 키가 크다.
>
> • 다영이는 나영이보다 키가 작다.
>
> • 라영이의 키는 155cm로 마영이보다 키가 크다.

① 나영이의 키가 두 번째로 크다.   ② 마영이는 다영이보다 키가 작다.

③ 가영이는 마영이보다 키가 크다.   ④ 라영이는 나영이보다 키가 크다.

05. 다음 (가) ~ (라)를 문맥에 따라 순서대로 나열한 것은?

> (가) 예를 들면 손을 자주 씻어 손에 묻어 있을 수 있는 감기 바이러스를 제거하고 손으로 얼굴을 비비지 않도록 한다.
>
> (나) 감기를 예방하기 위해서는 감기 바이러스와 접촉할 수 있는 기회를 아예 없애야 한다.
>
> (다) 특히 어린이는 성인에 비해 감기 바이러스에 감염될 확률이 더 높기 때문에 사람들이 많이 모여 있는 곳에는 가지 않도록 주의해야 한다.
>
> (라) 또한 다른 사람들과 수건 등의 일상 용품을 함께 사용하지 않는 것이 좋다.

① (나)-(가)-(라)-(다)　　　　② (나)-(라)-(다)-(가)
③ (라)-(가)-(다)-(나)　　　　④ (라)-(나)-(가)-(다)

06. 다음 글을 읽고 유추할 수 있는 속담으로 적절한 것은?

> 　대왕 단보가 빈(邠)이라는 곳에 있었을 때 오랑캐가 쳐들어왔다. 왕이 모피와 비단을 보내어 달래려 했으나 받지 않고, 이후 보낸 말도 받지 않았다. 오랑캐가 바라는 것은 땅이었다. 대왕 단보가 말했다.
>
> 　"나는 백성의 아비나 형과 살면서 그 아들이나 동생을 죽도록 내버려두는 일은 차마 견딜 수가 없다. 너희들은 모두 힘써 격려하며 이곳에 살도록 하라. 내 신하가 되든 오랑캐의 신하가 되든 무슨 차이가 있겠느냐. 나는 사람을 먹여 살리는 땅을 뺏으려고 사람을 해쳐서는 안 된다는 말을 들었다."
>
> 　그래서 대왕 단보가 지팡이를 짚고 그곳을 떠나자 백성들은 서로 잇달아 그를 따랐으며, 이윽고 기산(岐山) 밑에서 나라를 다시 이룩했다.

① 가난 구제는 임금도 못 한다.
② 벙어리 호적(胡狄)을 만나다.
③ 사또 행차엔 비장이 죽어난다.
④ 사람이 돈이 없어서 못 사는 게 아니라 명이 모자라서 못 산다.

[07 ~ 08] 다음 글을 읽고 이어지는 질문에 답하시오.

> MBTI는 융의 심리유형론을 근거로 캐서린 쿡 브릭스와 이사벨 브릭스 마이어스가 고안한 자기보고서 성격유형 자료이다. ⊙MBTI에 따르면 개인은 4가지 양극적 선호경향을 가지고 있다. 자신의 기질과 성향에 따라 에너지의 방향과 주의 초점이 외향형(E)이거나 내향형(I)이며, 정보를 수집하는 인지기능이 감각형(S)이거나 직관형(N)이며, 판단기능이 사고형(T)이거나 감정형(F)이고, 이행/생활양식이 판단형(J)이거나 인식형(P)에 해당한다. MBTI는 이와 같은 4가지 선호경향에 따라 개인을 여러 성격유형으로 구분한다.
>
> MBTI 결과는 인터넷 등을 통한 간이 테스트가 아닌 MBTI를 전문적으로 다루는 기관에서 검사를 받고 전문가의 해석을 듣는 것이 가장 좋다. MBTI는 자기를 이해하는 도구이자 다른 유형의 타인을 이해하고 존중하기 위한 목적을 가지고 있기 때문에 MBTI 결과에 따라 타인을 특정 집단 안에 집어넣고 판단하는 도구로 쓰여서는 안 된다.
>
> MBTI의 유행은 코로나19 영향 중 하나로 설명할 수 있다. 코로나19로 집에 머무는 시간이 많아지고 코로나19 이전에 당연시했던 '일상의 소중함'을 인식하게 되면서 '나'라는 사람의 본질에 집중하려는 흐름이 생겨나고 이것이 MBTI의 유행으로 이어졌다고 볼 수 있다. '어느 직장·학교에 다니는 나'가 아닌 있는 그대로의 나를 설명하고 이해하는 도구로서 MBTI가 사용되고 있는 것이다.

07. 윗글을 읽고 MBTI에 대해 추론한 내용으로 적절하지 않은 것은?

① 사회적 상황의 변화에 따라 유행하게 되었다고 볼 수 있다.
② 자신의 본질을 설명하고 이해하는 도구로 유용하다고 볼 수 있다.
③ 자신을 정확히 이해하기 위해서는 인터넷보다 전문가의 해석을 듣는 것이 좋다.
④ 캐서린 쿡 브릭스와 이사벨 브릭스 마이어스의 이론을 바탕으로 만들어졌다.

08. 밑줄 친 ⊙을 참고할 때, MBTI 검사 결과로 나올 수 있는 모든 성격유형의 개수는?

① 8개
② 12개
③ 16개
④ 18개

09. 다음 글의 내용과 가장 관련이 있는 한자성어는?

> 최근 영국·홍콩을 비롯하여 해외 조세 피난처로 분류되는 60여 개 국가로 빠져나가는 자금이 급증하고 있다. 이 지역을 이용해 비자금을 조성하거나 탈세하는 사례는 한 개인의 단순한 세금 탈루나 재산 해외 은닉 차원을 넘어 국부를 유출시키는 행위라 볼 수 있다. 따라서 이를 그대로 방치한다면 국민의 납세 회피를 조장하고, 나라의 경제 성장 동력을 훼손할 수 있기 때문에 국가 차원에서 엄정히 대응해야 할 필요가 있다.

① 박이부정(博而不精) ② 부화뇌동(附和雷同)
③ 도탄지고(塗炭之苦) ④ 발본색원(拔本塞源)

10. 다음 글의 중심내용으로 적절한 것은?

> 사람들은 흔히 뉴스를 세상에서 일어난 일을 사실적이고 객관적으로 기술한 정보라고 생각한다. 만약 어떤 사건이나 이슈가 완벽하게 사실적이고 객관적으로 기술될 수 있다면 서로 다른 미디어가 취재해서 보도하더라도 같은 뉴스가 만들어질 것이니 우리 사회에는 굳이 그렇게 많은 뉴스 미디어가 존재할 필요가 없을 것이다. 하지만 현실에는 언론사, 포털 뉴스, 뉴스 큐레이션 서비스, 소셜 미디어 및 개인 미디어 등 수많은 뉴스 생산 주체들이 뉴스를 생산한다. 이렇게 많은 언론사 및 개인들이 뉴스를 생산한다는 것은 현실에서 일어난 하나의 사건이 뉴스 미디어에 따라 다르게 보도될 수 있다는 것을 의미한다.
>
> 과거에는 뉴스를 만드는 사람들은 언론사에 속해 있었고, 언론사의 수도 많지 않았기 때문에 누가 뉴스를 만들었는지를 쉽게 파악할 수 있었다. 하지만 미디어 환경 및 뉴스 산업 구조의 변화로 인해 뉴스 생산환경이 급속하게 변화하였고, 지금은 언론사에 속한 기자뿐만 아니라 블로거, 시민기자, 팟캐스터 등 다양한 사람들이 뉴스 생산에 기여한다. 따라서 뉴스를 바르게 이해하기 위해서는 뉴스 생산자의 역할과 임무에 대한 이해가 선행되어야 한다.

① 뉴스가 가지는 가치는 다양성에 있다.
② 뉴스는 생산자에 따라 다르게 구성된다.
③ 뉴스에는 생산자의 특정한 시각과 가치가 담겨 있다.
④ 올바른 뉴스 소비를 위해서는 이용자의 능동적인 판단이 필요하다.

11. K 기업은 채용 조건에 따른 점수가 가장 높은 지원자를 채용할 예정이다. 〈K 기업 지원자 명단〉에서 합격자는 누구인가?

〈K 기업 지원자 명단〉

구분	토익	한국사능력검정시험 1급	컴퓨터활용능력 1급	관련 실무경험 (인턴 포함)	경력/신입
최우혁	780점	無	無	2회	경력
김선호	930점	有	無	1회	경력
김다은	900점	有	有	1회	신입
이지혜	680점	有	有	2회	신입

〈K 기업 채용 조건〉

1. 한국사능력검정시험 1급 : 5점
2. 토익 점수
   - 700점 미만 : 점수 없음.
   - 700점 이상 : 5점
   - 800점 이상 : 8점
   - 900점 이상 : 10점
3. 경력자 : (경험 횟수×2)점
   ※ 단, 실무 경험이 2회 이상인 경우에만 가산함.
4. 동점자 존재 시 컴퓨터활용능력 1급 소지자를 우선 선별한 뒤, 실무 경험이 많은 순으로 선별함.

① 최우혁　　　　　　　　　② 김선호
③ 김다은　　　　　　　　　④ 이지혜

12. A ~ E는 각각 독일어, 스페인어, 일본어, 중국어 중 1개 이상의 언어를 구사할 수 있다. 다음 진술들을 토대로 E가 구사할 수 있는 언어를 모두 고른 것은?

> A : 내가 구사할 수 있는 언어는 C와 겹치지 않아.
> B : 나는 D가 구사할 수 있는 언어와 독일어를 제외한 언어를 구사할 수 있어.
> C : 나는 스페인어를 제외한 나머지 언어를 구사할 수 있어.
> D : 3개 언어를 구사할 수 있는 C와 달리 내가 구사할 수 있는 언어는 A와 동일해.
> E : 나는 B와 C를 비교했을 때, C만 구사할 수 있는 언어만 구사할 수 있어.

① 독일어
② 스페인어
③ 독일어, 스페인어
④ 일본어, 중국어

13. 다음 〈보기〉의 명제가 모두 참일 때 옳은 것은?

> 보기
>
> • 법학을 공부하는 사람은 행정학 수업을 듣는다.
> • 경제학 수업을 듣는 사람은 역사를 공부하지 않는다.
> • 법학을 공부하는 사람은 철학을 공부한다.
> • 경제학 수업을 듣지 않는 사람은 행정학 수업을 듣지 않는다.

① 경제학 수업을 듣는 사람은 법학을 공부한다.
② 철학을 공부하는 사람은 행정학 수업을 듣는다.
③ 역사를 공부하는 사람은 법학을 공부하지 않는다.
④ 법학을 공부하는 사람은 경제학 수업을 듣지 않는다.

[14 ~ 15] 다음 기사문을 읽고 이어지는 질문에 답하시오.

최저임금 상승으로 프랜차이즈 업계가 인건비 부담을 느끼고 있는 가운데 다양한 외식·프랜차이즈 매장에 무인 주문기 도입이 확산되고 있다. 특히 키오스크와 같은 무인화 시스템은 주문시간 단축, 고객 편의 향상에 원가절감이란 매력적인 무기를 장착하고 소비자 곁에 바짝 다가서고 있다. 최근 소비 트렌드인 '언택트 마케팅'(비대면 마케팅)도 무인화 시스템 증가의 촉매제 역할을 하고 있다.

8일 업계에 따르면 최근 M사가 무인주문시스템 키오스크를 도입키로 결정했고, 이미 C사, L사, B사 등이 매장 내 키오스크를 운영 중이다. C사는 업계 최초로 장애인을 위한 키오스크 기능을 선보이며 무인화 서비스는 점차 다양화되고 발전되고 있는 추세다. M사 측은 고객 편의 증대와 함께 가맹점주들의 운영 효율을 지원하기 위해 키오스크를 도입한다고 하였는데, 이에 따라 매장 방문 고객은 점원과 대면하지 않고도 본인이 직접 원하는 메뉴 주문부터 매장 식사, 포장 등을 자유롭게 선택할 수 있게 되었으며, 결제방법도 신용카드, 교통카드 등 다양하다.

현재 키오스크를 우선 도입한 곳은 경기 파주, 전남 여수 등 중소도시 매장들로, 평소 점원을 구하기 어려운 문제를 해소하는 데도 도움이 될 것으로 기대하고 있다.

---

14. 다음 중 언택트 기술을 이용한 마케팅의 장단점으로 적절하지 않은 것은?

① 일자리 감소에 따른 실업 인구 증가의 우려가 있다.
② 구인난에 시달리는 사업주들에게 인력을 대체할 방편이 될 수 있다.
③ 개인주의 성향이 줄어들며 보다 원활한 소통의 사회로 바뀔 수 있다.
④ 디지털 환경에 익숙하지 않은 고령층이 소외되는 현상이 발생할 수 있다.

15. 다음 중 윗글에서 언급한 '언택트'의 적절한 사례로 보기 어려운 것은?

① 인천국제공항 제2터미널에 입점한 로봇카페
② 매장 도착 전 앱으로 미리 주문이 가능한 사이렌 오더
③ 대형 피규어와 운동화를 로봇 팔이 판매하는 대형 자동판매기
④ 수많은 정보를 종합해 최상의 진단과 치료법을 알려주는 암 치료 인공지능 전문의 '왓슨'

대전기출복원 / 1회 기출예상 / 2회 기출예상 / 3회 기출예상 / 4회 기출예상 / 5회 기출예상 / 6회 기출예상 / 7회 기출예상 / 8회 기출예상 / 9회 기출예상 / 인성검사 / 면접가이드

[16 ~ 17] 다음 글을 읽고 이어지는 질문에 답하시오.

> (가) 인간에게서 육체적인 부분이나 육체를 이용한 행동들을 다 배제하고 나면 인간이라는 존재는 도대체 무엇일까? 프랑스의 철학자 데카르트는 "생각이야말로 나에게 속하는 것임을 발견한다."라고 결론 내린다. 이것만은 자신에게서 떼어 낼 수 없다. 감각이나 자연적 요소, 즉 육체적 요소는 떼어 낼 수 있지만 생각과 같은 정신적인 요소는 떼어 낼 수 없다. 이 생각만은 '존재한다'고 할 수 있고, '확실하다'고 할 수 있다. 인간이라는 존재는 오직 '하나의 생각', '하나의 정신', '하나의 이성'일 뿐임을 데카르트는 명확하게 규정한다. 인간의 정신과 이성만이 인간의 고유한 특성일 수 있다는 이야기다. 그가 말한 유명한 "(㉠   )"가 그의 주장이 가장 잘 드러나 있는 예이다.
>
> (나) 인간을 정신과 육체로 분리하는 사고는 더 나아가 인간과 자연을 분리하는 사고로 연결된다. 육체의 세계, 자연의 세계는 일종의 기계적 세계로, 이는 인간의 정신으로 하는 수학적 탐구에 종속된다. 정신을 특징으로 하는 인간은 주체가 되는데 비해 자연은 객체, 관찰과 이용의 대상이 되어 버린다. 정신과 육체, 인간과 자연을 분리한다는 의미에서 이러한 사고방식을 기계적 이원론이라고 부르기도 한다.

16. (가) 문단의 빈칸 ㉠에 들어갈 내용으로 적절한 것은?

① 의식은 반드시 경험을 전제하지만, 경험은 의식을 전제로 하지 않는다.
② 아는 것이 힘이다.
③ 나는 내가 모른다는 사실을 안다.
④ 나는 생각한다. 고로 존재한다.

17. (나) 문단을 환경보호단체에서 비판한다고 했을 때, 적절한 문구는?

① 자연은 사람을 기다려 주지 않습니다. 더 손쓸 수 없게 되기 전에 자연을 보호합시다.
② 자연은 잠시 후손에게 빌려 쓰는 것일 뿐, 우리만의 소유물이 아닙니다.
③ 환경을 아끼는 마음이 자연보호 문제를 해결하는 데 무엇보다 중요합니다.
④ 자연과 인간은 따로 살 수 없습니다. 자연은 인간이 이용해야 할 대상이 아닙니다.

18. 다음은 학생들의 1차, 2차, 3차 시험 점수이다. 평균 점수가 가장 높은 학생(A)과 가장 낮은 학생 (B)으로 짝지어진 것은?

(단위 : 점)

구분	1차 시험	2차 시험	3차 시험
철수	84	71	82
영희	93	62	76
동수	95	59	83
지수	87	81	69
영서	71	76	92

	A	B			A	B
①	철수	영희		②	동수	지수
③	영서	영희		④	영서	지수

19. 캠페인을 준비 중인 ○○기업 홍보팀에서 캠페인 참여자들에게 나누어 줄 선물로 핫팩 4개, 기념볼펜 1개, 배지 2개가 1세트인 기념품 125세트를 준비하고 있다. 예산은 총 490,000원이고, 핫팩은 한 상자에 16개씩 들어 있다고 할 때, 핫팩 한 상자는 얼마인가? (단, 핫팩은 상자로만 구매 가능하며 예산은 낭비 없이 전부 사용되었다)

구분	가격(개당)
기념볼펜	800원
배지	600원

① 7,000원   ② 7,200원

③ 7,500원   ④ 7,800원

[20 ~ 21] 다음은 K 씨 가구의 가스사용량과 관련한 자료이다. 이어지는 질문에 답하시오.

⟨K 씨 가구의 용도별 가스사용량 구성비⟩

(단위 : %)

구분	오락	업무	음식	조명	방범	기타
2019년	33	27	23	8	6	3
2020년	38	27	22	6	4	3

⟨K 씨 가구의 연도별 가스사용량⟩

(단위 : m³)

2014년	2015년	2016년	2017년	2018년	2019년
310	345	390	420	440	480

20. 다음 중 K 씨 가구의 가스사용에 대한 설명으로 적절하지 않은 것은?

① 2020년에 전년 대비 오락에 사용한 가스의 양이 더 증가했다.
② 2019년에 음식 용도로 쓴 가스의 양보다 오락 용도로 쓴 가스의 양이 더 많다.
③ 2019년과 2020년에 용도별 비중이 변하지 않은 것은 두 가지이다.
④ 2014 ~ 2019년의 평균 가스사용량은 400m³를 초과하지 않는다.

21. K 씨 가구에서 2020년에 오락 용도로 쓴 가스의 양은 2019년 오락 용도로 쓴 가스의 양 대비 34.40m³ 더 많다. 2020년 K 씨 가구가 사용한 방범 용도의 가스량은 얼마인가? (단, 소수점 아래 셋째 자리에서 반올림한다)

① 23.27m³   ② 22.28m³
③ 21.53m³   ④ 20.29m³

[22 ~ 23] 다음 자료를 보고 이어지는 질문에 답하시오.

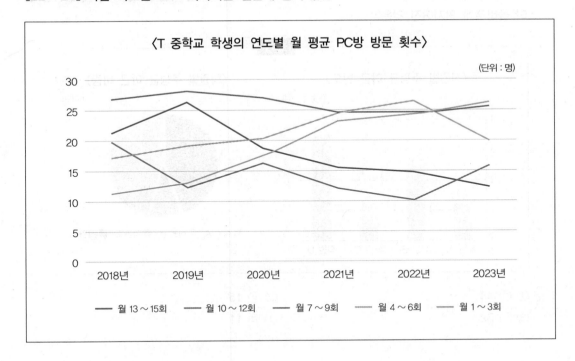

22. 2018 ~ 2021년 기간 동안 PC방 방문 횟수에 대한 응답자 증감 추이가 동일한 빈도끼리 짝지어 진 것은?

① 월 1 ~ 3회, 월 4 ~ 6회

② 월 4 ~ 6회, 월 7 ~ 9회

③ 월 1 ~ 3회, 월 13 ~ 15회

④ 월 1 ~ 3회, 월 7 ~ 9회

23. 위의 자료에 대한 설명으로 옳은 것은?

① 전체 기간 동안 매년 응답자 수가 증가한 빈도는 2개 항목이다.

② 5개 빈도 항목 모두 응답자 수가 전년보다 감소한 시기는 한 번이다.

③ 2023년에 전년보다 응답자 수가 증가한 빈도는 3개 항목이다.

④ 2018년보다 2023년에 응답자 수가 더 많은 빈도 항목은 1개이다.

24. 〈보기〉는 ○○공단 직원 A ~ D의 주평균 야근에 관한 자료이다. 다음 중 ㉠ ~ ㉣에 들어갈 값이 올바르게 짝지어진 것은?

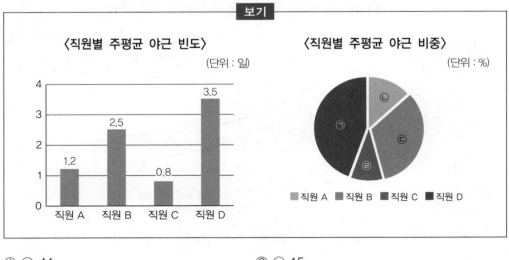

① ㉠ 44

② ㉡ 15

③ ㉢ 32

④ ㉣ 11

25. ○○농협 하나로마트에서 원가 60,000원에 20%의 이익을 붙여서 정가를 산정한 물품이 팔리지 않아 정가에 20%를 할인하여 판매하기로 했다. 이 경우 물품 하나당 손실액은 얼마인가?

① 2,400원

② 2,500원

③ 2,600원

④ 2,700원

26. 사탕 10개를 형과 남동생이 나누어 가지기로 했다. 남동생과 형이 가지게 되는 사탕의 비가 3 : 2일 때, 형이 가지게 되는 사탕의 개수는?

① 1개

② 2개

③ 3개

④ 4개

27. 다음은 20XX년 ○○공사의 직무분야별 입사지원 현황이다. 경쟁률이 재무 분야보다 높은 분야의 개수는?

(단위 : 명)

직무분야	채용인원	지원인원
경영	4	130
재무	11	346
마케팅	6	200
기계	5	208
전기	5	157
건축	9	290

① 1개　　　　　　　　　　　② 2개
③ 3개　　　　　　　　　　　④ 4개

28. 두 대의 버스가 7시에 동시에 출발하고 한 대의 버스는 15분, 다른 한 대의 버스는 20분마다 다시 출발할 때, 다음으로 동시에 출발하게 되는 시간은?

① 7시 30분　　　　　　　　② 8시
③ 8시 30분　　　　　　　　④ 9시

29. C 회사의 직원 35명 가운데 이번 연휴기간에 해외여행을 간 직원은 15명, 친척 집에 간 직원은 16명, 해외여행과 친척 집을 모두 간 직원은 7명이다. 해외여행도 친척 집도 가지 않은 직원은 몇 명인가?

① 8명　　　　　　　　　　　② 9명
③ 10명　　　　　　　　　　④ 11명

대전기출복원 / 1회 기출예상 / 2회 기출예상 / 3회 기출예상 / 4회 기출예상 / 5회 기출예상 / 6회 기출예상 / 7회 기출예상 / 8회 기출예상 / 9회 기출예상 / 인성검사 / 면접가이드

30. 9개의 책상이 있는 사무실에 근무하는 직원 7명의 자리를 조건에 따라 바르게 추론한 것은?

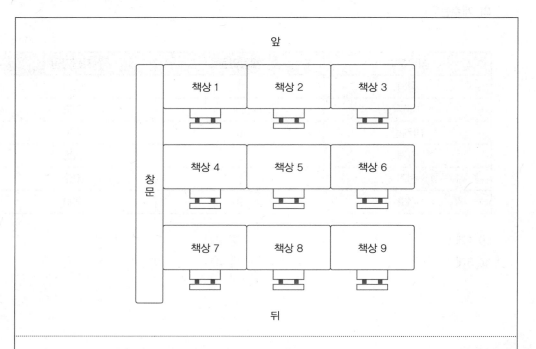

- 사무실에 근무하는 사람은 강 주임, 김 책임, 박 선임, 신 사원, 장 책임, 조 사원, 최 주임이다.
- 한 명당 한 개의 책상을 사용한다.
- 장 책임은 창문 바로 옆에 있는 책상에 앉고 그 옆자리는 공석이다.
- 박 선임 양 옆에는 김 책임과 강 주임이 앉는다.
- 조 사원 바로 앞에는 박 선임이 앉는다.
- 신 사원 뒤에는 김 책임이 앉는다.
- 창문 바로 옆자리 중에 공석이 있다.

① 최 주임은 책상 7에 앉는다.

② 신 사원은 조 사원의 옆에 앉는다.

③ 장 책임 뒤에는 김 책임이 앉는다.

④ 조 사원과 창문 사이 자리는 공석이다.

31. 다음 글에 나타난 필자의 견해로 적절하지 않은 것은?

> 가림토 문자는 논란이 되고 있는 〈환단고기〉라는 책에 등장하는 고대 한국의 문자이다. 이 책이 세간의 관심을 끈 것은 기원전 2181년에 이미 고대 한국의 문자가 만들어졌다는 기록 때문이다. 흥미롭게도 그 기록은 훈민정음의 서문이나 신숙주의 〈동국정운〉의 서문과 너무도 흡사하다. 그런데 문제는 만약 이러한 고대 한국의 문자가 있었다면 왜 우리의 고대 자료에 한 번도 등장하지 않는가 하는 점이다.
>
> 일본에서는 훈민정음이 일본의 신대 문자를 본뜬 것이라는 주장이 있어 왔다. 두 문자가 모양과 음까지 너무도 닮았고, 신대 문자는 이미 오래 전부터 전해 내려오고 있었다니 훈민정음이 이 문자의 영향을 받지 않았나 하는 주장이 제기되었다. 그러나 이러한 주장은 그 진위를 다시 한번 고려해 볼 필요가 있다. 일본에서의 신대 문자 사용에 대한 문헌조사 결과, 그 문자의 존재를 뒷받침할 근거가 불충분하여 학계에서도 그러한 문자가 존재했을 가능성은 거의 없다는 것이 정설이다. 우리의 가림토 문자도 이와 비슷한 문제점을 가지고 있으니 언어학적으로는 그리 큰 의미가 없다고 하겠다.

① 훈민정음은 가림토 문자의 영향을 받아 만들어졌다.
② 가림토 문자는 언어학적으로 큰 의미를 가지고 있지 않다.
③ 일본의 신대 문자는 그 존재의 확실성이 부족하다.
④ 훈민정음이 일본의 신대 문자를 본뜬 것이라는 주장은 사실이 아닐 가능성이 높다.

32. 다음 〈교훈 작성 원칙〉을 토대로 할 때, 작성한 교훈으로 가장 적절하지 않은 것은?

> 〈교훈 작성 원칙〉
> • 지적인 성장과 더불어 도덕성을 강조할 것
> • 짧고 명확하게 표현할 것
> • 미래를 향한 긍정적인 비전을 제시할 것
> • 학생 개개인의 잠재력을 존중할 것

① 지식을 쌓고 도덕을 실천함으로 잠재된 미래를 열어가자.
② 지혜와 도덕으로 학생들의 꿈을 현실로 만들어가는 힘
③ 최고의 지성인, 최고의 결과를 목표로 하는 학교
④ 미래를 향한 지혜와 도덕의 발현

33. 다음의 공고문을 이해한 내용으로 옳지 않은 것은?

사모펀드(PEF)의 '기업가치 연금술', M&A시장 큰 손 부상!!
제25기 사모펀드(PEF) 운영 및 투자전략 고급 전문가과정

■ 사모펀드(PEF)란?
PEF는 Private Equity Fund의 약자로 소수의 개인, 기관, 기업, 단체 등을 대상으로 투자 자본을 모집하여 이를 바탕으로 투자 활동을 하여 영리를 추구하는 활동
■ 사모펀드(PEF) 투자전문가란?
사모펀드의 설립부터 투자처 발굴, 투자 집행, 사후 관리, 투자자금 회수에 이르는 전 과정을 책임지는 실무 전문가

■ 교육대상
• 사모펀드 조성 및 투자관련 업무 종사자 · 자산운용, 운용전략, 투자금융 업무 종사자
• 사모펀드 투자에 관심 있는 일반인

■ 일정 및 장소
• 일정 : 20X0년 03월 11일 ∼ 05월 06일 (총 8주)
• 시간 : 매주 수요일 20:00 ∼ 22:00
• 장소 : AA경제 교육센터 (강남역 1번 출구)

■ 주최 및 주관
• △△경제 · (주)△△비즈
※ 과정 수료 시 매달 열리는 '□□PEF포럼' 회원자격 획득 가능
※ 신청 문의 : Tel. (02)○○○ − ○○○○

---

① 사모펀드 투자에 관심이 있거나 관련 분야 업무 종사자가 대상이구나.
② 해당 과정을 마치면 사모펀드 투자전문가 자격증을 획득할 수 있어.
③ 수강료를 알려면 전화로 문의해야겠어.
④ 교육기간은 총 8주인데, 강의는 주 1회만 하네.

34. 다음 글을 읽고 추론한 내용으로 적절한 것은?

우리 민족은 활에 대해 각별한 관심을 가지고 있었으며, 활을 중요한 무기로 여겼다. 이에 따라 활 제작 기술도 발달했는데, 특히 조선 시대의 활인 각궁(角弓)은 매우 뛰어난 성능과 품질을 지니고 있었다. 그렇다면 무엇이 각궁을 최고의 활로 만들었을까?

활은 복원력을 이용한 무기이다. 복원력은 탄성이 있는 물체가 힘을 받아 휘어졌을 때 원래대로 돌아가는 힘으로, 물체의 재질과 변형 정도에 따라 힘의 크기가 변한다. 이를 활에 적용해 보자. 활의 시위를 당기면 당기는 만큼의 복원력이 발생한다. 복원력은 물리학적인 에너지의 전환 과정이기도 하다. 사람이 시위를 당기면 원래의 시위 위치에서 시위를 당긴 거리만큼의 위치 에너지가 화살에 작용하게 된다. 따라서 시위를 활대에서 멀리 당기면 당길수록 더 큰 위치 에너지가 발생하게 된다. 이때 시위를 놓으면 화살은 날아가게 되는데, 바로 이 과정에서 위치 에너지가 운동 에너지로 전환된다. 즉, 시위를 당긴 거리만큼 발생한 위치 에너지가 운동 에너지로 바뀌어 화살을 날아가게 하는 것이다.

또한 복원력은 활대가 휘는 정도와 관련이 있다. 일반적으로 활대가 휘면 휠수록 복원력은 더 커지게 된다. 따라서 좋은 활이 되기 위해서는 더 큰 위치 에너지를 만들어 낼 수 있는 탄성이 좋은 활대가 필요하다. 각궁은 복원력이 뛰어난 활이다. 그 이유는 각궁이 동물의 뿔이나 뼈, 힘줄, 탄성 좋은 나무 등 다양한 재료를 조합해서 만든 합성궁이기 때문이다. 합성궁은 대나무와 같은 나무만을 재료로 만든 활보다 탄력이 좋아서 시위를 풀었을 때 활이 반대 방향으로 굽는 것이 특징이다. 바로 이러한 특성으로 인해 각궁은 뛰어난 사거리와 관통력을 갖게 되었다.

① 고려 시대 때의 활은 여러 재료의 조합이 아닌 한 가지 재료로만 만들어졌다.
② 위치 에너지가 운동 에너지로 전환되는 힘의 크기가 활의 사거리와 관통력을 결정한다.
③ 활대가 많이 휠수록 복원력은 더 커지므로, 활이 많이 휠수록 가격은 비싸진다.
④ 각궁의 탄력이 좋은 것은 나무로만 만들어져 시위를 풀었을 때 활이 반대 방향으로 굽는 특징 덕분이다.

대전기출복원

1회 기출예상

2회 기출예상

3회 기출예상

4회 기출예상

5회 기출예상

6회 기출예상

7회 기출예상

8회 기출예상

9회 기출예상

인성검사

면접가이드

35. A 팀 3명, B 팀 3명이 각각 색깔 카드를 한 장씩 가지고 있다. 카드는 빨강, 초록, 노랑의 3가지 색이고 팀 내에서 같은 색을 가지고 있는 사람은 없다. 이 중에서 3명을 선출할 때, 〈보기〉의 추론 중 항상 참인 것은?

㉠ 선출한 3명은 모두 같은 팀이다.
㉡ 선출한 3명의 카드에는 빨강과 초록이 들어있다.
㉢ 선출한 3명의 카드는 다른 색이다.

보기

추론 1 : ㉠이 참이면 ㉢도 반드시 참이다.
추론 2 : ㉡이 참이면 ㉢도 반드시 참이다.
추론 3 : ㉢이 참이면 ㉠도 반드시 참이다.

---

① 추론 1   ② 추론 2
③ 추론 3   ④ 추론 1, 추론 2

36. □□기업은 최근 감사를 진행하던 중에 부정청탁을 받은 정황을 포착하였다. 이에 관련된 직원 4명을 불러 조사한 결과 다음과 같은 사실을 알 수 있었다. 반드시 부정청탁을 받은 사람은?

• 해미는 부정청탁을 받은 사실이 없다.
• 유결이 부정청탁을 받았다면 다른 한 명도 부정청탁을 받았다.
• 문영이 부정청탁을 받았다면 다른 두 명도 부정청탁을 받았다.
• 해미, 유결, 문영, 기현 중 최소 한 명은 부정청탁을 받았다.

---

① 해미   ② 유결
③ 문영   ④ 기현

[37 ~ 38] 다음 글을 읽고 이어지는 질문에 답하시오.

> '읽는 문화'의 실종, 그것이 바로 현대사회의 특징이다. 신문의 판매 부수가 날로 떨어져 가는 반면에 텔레비전의 시청률은 나날이 증가하고 있다. 또한 깨알 같은 글로 구성된 20쪽 이상의 책보다 그림과 여백이 압도적으로 많이 들어간 만화책 같은 것이 늘어나고 있다. '보는 문화'가 읽는 문화를 대체해 가고 있는 것이다. 읽는 일에는 피로가 동반하지만 보는 놀이에는 휴식이 따라온다. 그러니 일을 저버리고 놀이만 좇는 문화가 범람하고 있지 않은가. 보는 놀이가 머리를 비게 하는 것은 너무나 당연하다. 읽는 일이 (   )되지 않는 한 우리 사회는 생각 없는 사회로 치달을 수밖에 없다. 책의 문화는 바로 읽는 일과 직결되며 생각하는 사회를 만드는 지름길이다.

37. 윗글의 주제로 적절한 것은?

① 만화책을 통해 읽는 즐거움을 느껴야 한다.

② 놀이 후에는 충분한 휴식을 취해야 한다.

③ 사회에 책 읽는 문화가 퍼지도록 권장해야 한다.

④ 사람이라면 누구나 생각하며 살아야 한다.

38. 윗글의 빈칸에 들어갈 말로 적절한 것은?

① 장려　　　　　　　　　② 근절

③ 제거　　　　　　　　　④ 추가

대전기출복원

1회 기출예상

2회 기출예상

3회 기출예상

4회 기출예상

5회 기출예상

6회 기출예상

7회 기출예상

8회 기출예상

9회 기출예상

인성검사

면접가이드

39. 다음 중 띄어쓰기가 잘못된 것은?

① 보란 듯이

② 스물다섯

③ 할텐데

④ 후회할 걸 알고

40. 다음 ㉠ ~ ㉤ 중 맞춤법 및 표현이 옳은 것을 모두 고르면?

> 킥오프는 경기의 시작 방법이자 ㉠독점이 됐거나 후반 혹은 연장전이 열릴 때 경기를 ㉡제개하는 방법이다. 경기장 가운데 위치한 ㉢샌터 서클 안 하프라인 중앙에 공을 놓고 차는 것을 킥오프라고 한다.
>
> 기존 킥오프는 선수가 찬 공이 앞으로 ㉣정지해야만 했다. 그렇기 때문에 두 선수가 서클 안에 들어가 한 선수가 공을 살짝 앞으로 밀고 다른 선수가 공을 잡거나 뒤로 내주는 식으로 킥오프가 ㉤진행됐다. 이때 상대 선수들은 공과 9.15m 떨어진 서클 밖에 위치했다.

① ㉠

② ㉡, ㉢

③ ㉣, ㉤

④ ㉤

41. 일정한 속력으로 달리는 열차가 있다. 이 열차가 길이 1,800m인 터널을 완전히 통과하는 데 80초가 걸리고, 길이 600m인 철교를 완전히 지나가는 데 30초가 걸릴 때, 이 열차의 길이는?

① 112m

② 116m

③ 120m

④ 124m

42. 다음은 △△기업 필기시험을 앞둔 수험생 S 씨가 참고해야 할 유의사항이다. S 씨가 이해한 내용으로 가장 적절하지 않은 것은?

〈응시자 유의사항〉

1. 응시자는 검사 당일 지정된 입실시간까지 검사실에 입실하여야 합니다.
   - 고사장, 교통편, 소요시간을 사전에 확인하시기 바랍니다.
   - 고사장 내 주차는 불가하오니 대중교통을 이용하시기 바랍니다.

2. 응시자는 검사 당일 수험표, 신분증, 컴퓨터용 사인펜, 수정테이프를 반드시 지참하시기 바라며, 복장은 자율복입니다.
   - 수험표 : △△기업 채용홈페이지에서 출력 가능
   - 신분증 : 주민등록증, 운전면허증, 여권에 한함(학생증, 자격증 등은 신분증으로 인정하지 않음).
   - 검정색 컴퓨터용 사인펜에 한함.
   - 테이프형 백색 수정테이프에 한함(수정액 사용불가).
   ※ 해외 고사장의 경우 컴퓨터용 사인펜 지참이 어려우신 분들을 위해 고사장에서 사인펜을 제공합니다.

3. 응시자는 휴대전화기, 디지털 카메라, 전자계산기 등 각종 통신기기, 정보저장장치, 전자기기를 검사시간 중에 휴대하거나 사용할 수 없습니다.

4. 검사시간 관리의 책임은 전적으로 응시자 본인에게 있습니다. 공식적인 검사시간 운영은 방송이나 감독관의 '시작(검사 시작)'과 '그만(검사 종료)'이라는 지시로 이루어집니다.
   - 검사시간 중 시간 확인은 검사실에 비치된 시계가 부정확할 수 있으므로, 필요하신 경우 응시자는 개인용 시계를 준비하여 본인의 시계로 검사시간을 확인하시기 바랍니다.
   - 진행 중인 검사시간에는 해당 검사영역의 문제만을 풀어야 하며, 해당 검사시간 중에 다른 검사영역의 문제를 풀거나, 답안 표기를 할 경우 부정행위로 간주됩니다.

5. 부정행위자는 즉시 퇴실조치되며, 불합격 처리됩니다.
   ※ 부정행위 유형은 첨부자료 참고

---

① 수험표는 해당 기업 채용홈페이지에서 출력이 가능하다.

② 신분증은 명시된 3가지 종류만 인정된다.

③ 컴퓨터용 사인펜 지참이 어려울 경우 모든 고사장에서 사인펜을 제공받을 수 있다.

④ 정해진 시간 동안 해당 검사영역만을 풀어야 하며, 그렇지 않을 경우 즉시 퇴실조치 될 수도 있다.

43. 다음 회의 내용에서 회의가 원활하게 진행되지 않는 이유로 가장 적절한 것은?

> 최 부장 : 다음 달 워크숍 주제에 대해 이야기해 봅시다. 우리 강 대리님은 좋은 아이디어가
> 있습니까?
> 강 대리 : 지난번 주제가 '우리 회사 복지의 현주소'였잖아요. 사실 마무리가 안 된 채로 끝났
> 기 때문에 이번에 마무리를 지…
> 정 과장 : 그건 얼추 해결된 걸로 아는데요? 웬만하면 새로운 주제가 좋지요.
> 홍 대리 : '90년대생이 온다'라는 책 읽어 보셨어요? 우리 회사 직원만 해도 30%가 90년대생
> 이니까 이 책을 읽고 워크숍에서 토론하면 어떨…
> 정 과장 : 책을 읽자고요? 다들 바쁘다는 핑계로 읽어 올 직원은 몇 안 될 것 같은데요.

① 최 부장이 독단적으로 의사결정을 내렸다.
② 강 대리가 발언권을 얻지 않은 채 발언했다.
③ 홍 대리가 주제와 무관한 아이디어를 제시했다.
④ 정 과장이 다른 사람의 의견에 특별한 대안 없이 반대했다.

44. ○○기업은 신입사원을 대상으로 지난 한 달 동안 스마트폰을 사용한 시간에 대하여 조사하여, 스마트폰을 매일 1시간 이상 사용한 집합 A와 그렇지 않은 집합 B로 분류하였다. 집합 A에 속한 사원은 전체 사원의 60%이었고 이 중에서 70%의 사원은 안경을 착용하고 있었다. 그리고 집합 B에 속한 사원의 40%가 안경을 착용하고 있는 것으로 나타났다. 임의로 한 신입사원을 선택하였더니 안경을 착용하고 있었을 때, 이 사원이 집합 A에 속할 확률은?

① $\dfrac{15}{29}$
② $\dfrac{17}{29}$
③ $\dfrac{19}{29}$
④ $\dfrac{21}{29}$

45. 다음은 청년들의 주택 점유형태를 나타내는 자료이다. 이에 대한 설명으로 옳지 않은 것은?

〈청년(20 ～ 39세)의 연령계층별 점유형태 비율〉

(단위 : %)

구분	자가	임차			무상	계
		전세	보증부월세	순수월세		
20 ～ 24세	5.1	11.9	62.7	15.4	4.9	100
25 ～ 29세	13.6	24.7	47.7	6.5	7.5	100
30 ～ 34세	31.9	30.5	28.4	3.2	6.0	100
35 ～ 39세	45.0	24.6	22.5	2.7	5.2	100

① 20 ～ 24세 청년의 약 78.1%가 월세 형태로 거주하고 있으며 자가 비율은 5.1%이다.

② 20 ～ 39세 전체 청년의 자가 거주 비중은 약 31.1%이나 이 중 20대 청년의 자가 거주 비중은 약 9.4%로 매우 낮은 수준이다.

③ 연령계층이 높아질수록 자가 비율이 높아지고 월세 비중은 작아지는 것으로 나타났다.

④ 25 ～ 29세 청년의 경우, 20 ～ 24세에 비해서는 자가 거주의 비중이 높고 전체의 78.9%가 임차이며, 전체의 54.2%가 월세로 거주한다.

01. 다음 두 사람의 대화에서 나타난 의사소통 방법의 문제로 가장 적절한 것은?

> A : 나 지난주에 처음으로 전주에 다녀왔어. 생각보다 볼거리가 많아서 즐겁더라.
> B : 아, 진짜?
> A : 응, 전주는 비빔밥으로 유명하지만 비빔밥이 아니고서도 먹을 게 참 많더라고.
> B : (휴대 전화 게임을 하며) 그랬구나.
> A : 숙소도 한옥 형식의 건물로 다녀왔는데, 전주의 자랑인 우리나라의 전통 문화를 체험할
>   수 있어서 너무 좋았어.
> B : 아, 진짜?

① 선입견과 고정관념을 가지고 평가적인 태도로 대화하고 있다.
② 상대방의 처지를 고려하지 않은 채 자신의 이야기만을 전달하고 있다.
③ 상대방의 말에 관심을 보이지 않으며 적극적인 반응을 보이지 않고 있다.
④ 자신의 느낌이나 생각을 무시하고 다른 사람에게만 맞춰 주고 있다.

02. 다음 글의 내용과 관련 있는 사자성어는?

> 북쪽 변방에 한 노인이 살고 있었는데, 어느 날 이 노인이 기르던 말이 멀리 달아나 버렸
> 다. 마을 사람들이 이를 위로하자 노인은 "오히려 복이 될지 누가 알겠소."라고 말했다. 몇
> 달이 지난 어느 날 그 말이 한 필의 준마(駿馬)를 데리고 돌아왔다. 마을 사람들이 이를 축하
> 하자 노인은 "도리어 화가 되는지 누가 알겠소."라며 불안해했다. 그런데 어느 날 말 타기를
> 좋아하는 노인의 아들이 그 준마를 타다가 떨어져 다리가 부러졌다. 마을 사람들이 이를 걱정
> 하며 위로하자 노인은 "이것이 또 복이 될지 누가 알겠소."라며 태연하게 받아들이는 것이었
> 다. 그로부터 1년이 지난 어느 날 마을 젊은이들은 싸움터로 불려 나가 대부분 죽었으나, 노
> 인의 아들은 말에서 떨어진 후 절름발이였기 때문에 전쟁에 나가지 않아 죽음을 면하게 되었다.

① 유비무환(有備無患)　　　　② 새옹지마(塞翁之馬)
③ 전화위복(轉禍爲福)　　　　④ 자업자득(自業自得)

03. ○○기업은 근무평가 우수자를 선정하여 포상을 주고자 한다. 다음 기준을 참고할 때, 1순위 대상과 2순위 대상을 바르게 연결한 것은?

> • 점수 합이 높은 순서대로 포상 대상자를 선정한다.
> • 징계가 있으면 총점에 5점을 감점한다.
> • 부서장 추천이 있으면 3점을 가점한다.
> • 감점 혹은 가점을 고려한 총점이 같으면 직무능력평가 점수에 우선순위를 둔다.
>
> <후보자 명단>
>
> | 구분 | 이름 | 각 분야별 점수(점) | | 부서장 추천 | 징계여부 |
> |---|---|---|---|---|---|
> | | | 직무능력평가 | 컴퓨터활용능력 | | |
> | 1 | 전지현 | 83 | 75 | 없음. | 없음. |
> | 2 | 김종인 | 81 | 77 | 있음. | 있음. |
> | 3 | 박종필 | 85 | 70 | 있음. | 없음. |
> | 4 | 조해영 | 79 | 87 | 없음. | 있음. |

	1순위	2순위		1순위	2순위
①	전지현	김종인	②	박종필	조해영
③	조해영	전지현	④	조해영	박종필

04. 다음 빈칸에 들어갈 명제로 적절한 것은?

> • 2호선을 이용한다면 5호선도 이용한다.
> • 9호선을 이용한다면 7호선도 이용한다.
> • (_____)
> • 그러므로 8호선을 이용하면 5호선을 이용한다.

① 8호선을 이용하면 2호선을 이용한다.

② 2호선을 이용하지 않으면 7호선을 이용한다.

③ 2호선을 이용하면 8호선을 이용하지 않는다.

④ 9호선을 이용하지 않으면 5호선을 이용한다.

[05 ~ 06] 다음 글을 읽고 이어지는 질문에 답하시오.

1979년은 석유 현대사에서 가장 많은 사건, 사고가 있었던 한 해였다고 해도 과언이 아니다. 1979년의 여러 사건들 중 그해 12월에 소련의 아프가니스탄 침공이 있었다. 당시 미국은 이란의 친미정권이 혁명으로 몰락하여 중동에서의 입지가 흔들리는 상황이었기에, 소련이 아프가니스탄을 교두보로 하여 중동에서의 영향력을 확대할 것을 우려하였다. 이에 미국은 소련의 군사적 행보에 단호하면서도 강력한 대응을 하게 되는데, 1980년 1월 미국의 지미 카터 대통령이 중동에서 미국의 국익에 반하는 행위가 있다면 군사 행위를 하겠다고 직접 밝혔다. 이러한 카터의 선언을 '카터 독트린'이라고도 한다. 이는 핵심 국익인 중동에서의 기득권을 수호하려는 의지의 표현이라고 볼 수 있다.

그러나 카터의 선언은 과잉 대응한 면이 있었다. 이전에 미국이 베트남을 과소평가하여 큰 희생을 치른 것과 마찬가지로, 카터는 아프가니스탄을 과소평가하고 소련을 과대평가하였다. 소련은 중동에서 세를 확장하지 못하고 오히려 아프가니스탄의 이슬람 무장세력 무자헤딘에게 철저히 고전하며 10년 동안 전쟁을 끌게 되었는데, 이에 대한 요인으로 미국도 있었다. 미국이 스팅어 미사일과 같은 무기와 전쟁 자금을 무자헤딘에 지원하며 소련 침공을 견제했기 때문이다. 이로 인해 아프가니스탄에서 소련은 엄청난 인적, 물적 손실을 입게 되었다. 그리고 미국은 친소 정권과 맞서는 이슬람 원리주의 세력을 지원함으로써 탈레반과 오사마 빈 라덴의 알카에다 세력을 키워 주게 되었다. 결과적으로 미국은 훗날 자신들의 적이 되는 집단에게 무기와 자금을 지원한 것이다. 이후 오사마 빈 라덴이 미국산 시계를 착용하고 미군 무기를 들고 성전을 독려하는 모습이 TV에서 보이기도 했다.

05. 윗글에서 말하고자 하는 내용이 아닌 것은?

① 카터 독트린은 중동에서 미국의 군사적 개입 가능성을 언급한 선언이다.
② 소련은 아프가니스탄에서 무자헤딘의 저항으로 인해 큰 손실을 입었다.
③ 카터 독트린은 베트남 전쟁과 비슷한 과잉 대응의 일환이었다.
④ 오사마 빈 라덴은 미국의 지원을 받아 소련에 대항했다.

06. 윗글의 미국이 결과적으로 처한 상황을 표현할 수 있는 속담으로 적절한 것은?

① 돌다리도 두들겨보고 건너라.　　② 간에 붙었다 쓸개에 붙었다 한다.
③ 고래 싸움에 새우 등 터진다.　　④ 누워서 침 뱉기.

[07 ~ 08] 다음 글을 읽고 이어지는 질문에 답하시오.

> 2018년 여름에는 기록적인 폭염이 한반도를 덮쳤다. 지구온난화로 티베트 고원에서 달아오른 공기가 북태평양 고기압과 합세해 한반도를 비롯한 지구 북반구에 고온다습한 '열돔'을 형성했다. 이는 2018년에만 일어난 이상현상은 아니다. 미국 국립해양대기국(NOAA)의 2016년 기후현황보고서에 따르면 2016년이 기상관측 이래 가장 더운 해로 기록됐다. 해수면 높이는 6년 연속 최고치를 경신했다. 폭염은 폭염만으로 끝나지 않았다. 겨울에는 혹독한 한파와 여름의 폭염이 번갈아 반복되면서 2018년의 경우 서울의 연교차는 57.4도를 기록했다. 기상청 자료에 의하면 한반도를 둘러싼 해수면 온도 역시 상승하고 있다. 매년 0.34도씩 상승했고, 해수면 온도 상승은 포획 어종까지 바꿔 놓고 있어 생태계의 변화를 실감할 수 있다.
>
> 그렇다면 지구온난화 대책으로 무엇이 있을까? 인류는 1992년 리우회의의 유엔기후변화협약, 1997년 교토의정서 이후 많은 논의를 통해 2015년 파리협약을 체결했다. 2020년 만료된 교토의정서를 대체한 이 협약은 2020년 이후의 기후변화 대응을 담았다. 한국은 2050년 온실가스 배출 전망치 대비 37%를 감축하기로 했다. 정부나 지자체의 정책적 규제나 노력이 반드시 선행되어야 하겠지만, 우리 각자의 자발적인 고민 역시 필수적이다.

07. 다음 중 글쓴이가 윗글을 작성할 때 고려한 사항이 아닌 것은?

① 근거 내용의 출처를 제시해야겠군.
② 질문을 던져 주의를 환기시켜야겠군.
③ 2018년 폭염이 나타난 원인을 제시해야겠군.
④ 정부에서 추진하는 구체적인 규제방법을 제시해야겠군.

08. 윗글을 회의 자료로 사용할 수 있는 기관으로 적절한 것은?

① 화력발전량의 일정 비율을 신재생에너지로 공급하는 기관
② 담배사업의 내수 안정화와 해외 수출에 앞장서는 기관
③ 국민이 믿고 탈 수 있는, 안전한 철도를 만드는 기관
④ 국민주거생활의 향상 및 국토의 효율적인 이용을 도모하는 기관

09. 다음 밑줄 친 부분과 가장 유사한 의미로 단어를 사용한 것은?

우리나라에서는 고양이를 요물로 보지만 일본에서는 복을 가져오는 동물로 여긴다. 또한 아침 거미는 복 거미이고 저녁 거미는 근심 거미라 하며, 아침에 거미를 보면 살려 보내지만, 저녁에는 보는 족족 죽인다.

이렇게 동물을 동물 자체로 보지 않고 다양한 인식과 관념으로 포장한 이유는 다음과 같다. 동물의 강한 힘과 거대한 지구는 인간에게 공포심과 경외감을 <u>실어</u> 준다. 바람처럼 빠른 발과 날카로운 이빨 또는 공작새와 같은 화려하고 아름다운 자태에서 범상치 않은 힘을 느껴 동물을 숭배하게 된 것이다. 민화에도 자주 등장하는 호랑이는 대표적인 동물 신으로, 그가 지닌 강한 힘과 용맹성은 두려움과 존경의 이중적인 관념을 가지게 해 주었고 그것은 호랑이를 신으로 숭배하는 이유가 되었다.

① 모종이 모판에서 어느 정도 자라면 꽃밭에 옮겨 <u>심는다</u>.
② 이웃에서 얻은 연꽃을 <u>심었더니</u> 여름 내내 꽃이 예쁘게 피었다.
③ 유럽인들은 다양한 방식으로 미개 사회에 그들의 문화를 옮겨 <u>심었다</u>.
④ 그는 우리에게 그녀가 무엇이든지 대충대충 넘긴다는 인식을 <u>심어</u> 주었다.

10. 다음 글의 결론으로 적절한 것은?

어떤 시점에 당신만이 느끼는 어떤 감각을 W라는 용어로 표현한다고 해보자. 그 이후에 가끔 그 감각을 느끼게 되면, "W라고 불리는 그 감각이 나타났다."라고 당신은 말할 것이다. 그렇지만 당신이 그 용어를 올바르게 사용했는지 아닌지를 어떻게 알 수 있는가? 첫 번째 감각을 잘못 기억할 수도 있으며, 실제로는 희미하고 어렴풋한 유사성밖에 없는데도 첫 번째 감각과 두 번째 감각 사이에 밀접한 유사성이 있다고 착각할 수도 있다. 더구나 그것이 착각인지 아닌지를 판단할 근거가 없다. 만약 W라는 용어의 의미가 당신만이 느끼는 그 감각에만 해당한다면, W라는 용어의 올바른 사용과 잘못된 사용을 구분할 방법은 어디에도 없게 된다.

① 감각은 느낄 때마다 다르기 때문에 같은 감각이란 존재하지 않는다.
② 감각에 관하여 만든 용어가 올바른지 올바르지 못한지 잘 구분해야 한다.
③ 감각에 관하여 만들어진 용어는 잘못된 기억과 착각을 유발한다.
④ 혼자 느끼는 감각에 관하여 만든 용어는 무의미하다.

11. 다음 〈보기〉를 토대로 A ~ H 8명의 직원이 돌아가면서 사내 직원식당의 식사 당번을 정했을 때, 당번에 대한 설명으로 옳은 것은?

보기

- A, B, C는 순서에 상관없이 연속으로 식사 당번을 한다.
- A와 F 사이에 식사 당번 1명이 있다.
- B와 D 사이에 식사 당번 1명이 있다.
- C와 E 사이에는 4명의 식사 당번이 있다.
- F와 G는 B보다 먼저 식사 당번을 한다.
- F는 네 번째, H는 마지막 식사 당번이다.

---

① 첫 번째 식사 당번은 E이다.

② A는 다섯 번째 식사 당번이다.

③ B는 C 바로 다음 순번이다.

④ D 앞에는 2명의 식사 당번이 있다.

12. 해진, 예림, 희은, 찬빈, 은희, 영준, 유민은 영어회화, 시사토론, 수영 강의 중 최소 하나 이상을 수강하고 있다고 할 때, 해진이가 수강하고 있는 강의는?

- 영어회화, 시사토론, 수영의 수강인원은 각각 4명, 4명, 3명이다.
- 수영만 수강하는 사람은 없다.
- 세 강의를 모두 수강하는 사람은 없다.
- 은희와 유민은 두 개의 강의를 수강하고 있고 모두 같은 강의를 수강하고 있다.
- 희은, 찬빈은 시사토론 강의를 수강하고 있다.
- 예림과 영준은 두 개의 강의를 수강하고 있으며 그중 하나만 같은 강의이다.
- 은희와 영준은 하나만 같은 강의를 듣고 있다.
- 예림은 영어회화는 듣지 않는다.

---

① 시사토론

② 영어회화

③ 영어회화, 시사토론

④ 시사토론, 수영

13. 다음 중 띄어쓰기가 올바르지 않은 것은?

① 몇 번 정도 해보니까 알겠다.
② 과수원에는 사과, 귤, 배 들이 있다.
③ 나는 아무래도 포기하는 게 좋을거 같다.
④ 보란 듯이 성공해서 부모님의 은혜에 보답하겠다.

14. ○○공단에서는 우수한 기능을 보유한 인재를 발굴하기 위해 기능한국인 신청사업을 시행하고 있다. △△공장에서 기능장으로 근무하고 있는 A는 「이달의 기능한국인」을 신청하려고 한다. 다음의 자료를 활용하여 A가 작성할 신청자 프로필에 들어가지 않는 내용은?

〈「이달의 기능한국인」 신청자 프로필 양식 및 기입내용과 방법〉

성명〈만00세(생년월일)〉	신청자의 이름, 나이, 생년월일을 기입
출신학교	출신 고등학교(이하), 대학교(이상) 이름과 졸업년도(0000)
소속업체	소속업체명, 직위, 업종, 주 생산품, 사업장 규모(상시근로자 수, 총매출액), 업체 소재지(신주소 활용)
주요 경력	업체명, 직위, 근무기간(예시, 0000 ~ 0000 업체명)
특허·실용신안 취득 및 국제규격 ISO 인증 등	• (특허) 제10-000000호 "명칭"(단독/공동 여부) • (실용신안) 제20-000000호 "명칭"(단독/공동 여부) • (ISO) ISO09012008 "인증범위"
산학협력 실적	산학협력 추진실적 기입
국가기술자격 취득 및 기능대회 입상 실적	산업기능사(0000년) 외 0건
주요 수상내역	대통령 표창(0000년), 국무총리 표창(0000년) 외 00건

※ 신청서 작성 시 〈신청자 프로필 양식 기입내용과 방법〉을 준수할 것

① ○○고등학교(2012)
② 영업이익 5억 원
③ 2013 ~ 2015 △△공장/사원
④ ○○대학교와 제품개발 MOU 체결

[15 ~ 16] 다음 글을 읽고 이어지는 질문에 답하시오.

경제 위기가 여성 노동에 미치는 영향에 관한 연구에서 나타나는 입장은 크게 세 가지로 분류할 수 있다. 첫째는 안전판 가설로, 여성 노동력은 주기적인 경기 변동의 충격을 흡수하는 일종의 산업예비군적 노동력으로서 경기 상승 국면에서는 충원되고 하강 국면에서는 축출된다는 가설이다. 둘째는 대체 가설로, 불황기에 기업은 비용 절감과 생산의 유연성 증대를 위해 남성 노동력을 대신하여 여성 노동력을 사용하기 때문에 여성의 고용이 완만하게 증가한다고 분석한다. 마지막으로 분절 가설에서는 여성 노동력이 특정의 산업과 직무에 고용되어 있는 성별 직무 분리 때문에 여성의 고용 추이는 경기 변화의 영향을 남성 노동과 무관하게 받는다고 주장한다. (㉠) 서구의 1970 ~ 1980년대 경기 침체기 여성 노동 변화에 대한 경험적 연구에 따르면, 이 기간에도 여성 고용은 전반적으로 증가하였으며 불황의 초기 국면에서는 여성 고용이 감소하지만 불황이 심화되면서부터는 여성 고용이 오히려 증가하는 경향을 보였다. (㉡) 경제 위기 자체보다도 산업별·규모별·직업별 구조적 변동이 여성 노동에 더 큰 영향을 미치는 것으로 나타났다. 이것은 세 가지 가설이 경기의 국면과 산업 부문에 따라 차별적으로 설명력을 갖는다는 것을 의미한다.

15. 윗글의 내용에서 유추할 수 없는 것은?

① 추측의 산물인 가설은 경험 자료를 근거로 기각되거나 채택된다.
② 경기 변동과 관계없이 여성의 경제 활동 참여가 지속적으로 증가하고 있다.
③ 복잡한 사회 상황을 특정의 입장에서 명료하게 해명하기는 어렵다.
④ 대체 가설에 따르면 여성의 임금은 남성보다 낮게 산정되어 있다.

16. 다음 중 윗글의 빈칸 ㉠과 ㉡에 들어갈 접속어를 각각 바르게 연결한 것은?

	㉠	㉡		㉠	㉡
①	즉	반면	②	그러나	따라서
③	그런데	또한	④	그러므로	하지만

대전기출복원
1회 기출예상
2회 기출예상
3회 기출예상
4회 기출예상
5회 기출예상
6회 기출예상
7회 기출예상
8회 기출예상
9회 기출예상
인성검사
면접가이드

17. 다음 자료를 바탕으로 빈칸 ㉠과 ㉡에 들어갈 수치를 구하여 바르게 연결한 것은? (단, 소수점 아래 둘째 자리에서 반올림한다)

(단위 : 명)

전공	석사 학위 취득			박사 학위 취득		
	남성	여성	계	남성	여성	계
경영학	75	45	120	20	15	35
사회학	45	40	85	16	9	25

• 경영학을 전공한 남성의 석사 학위 취득자 대비 박사 학위 취득자 비율은 (㉠)%이다.
• 사회학을 전공하여 석·박사 학위를 취득한 전체 여성에서 박사 학위 취득자의 비중은 (㉡)%이다.

	㉠	㉡		㉠	㉡
①	33.3	18.4	②	33.3	16.4
③	26.7	18.4	④	26.7	16.4

18. △△상품의 원가에 40%의 이익을 붙여 정가로 팔다가 세일 기간에 정가의 15%를 할인하여 팔았더니 2,660원의 이익을 보았다. 이 상품을 정가로 팔았을 때의 이익은?

① 5,000원
② 5,300원
③ 5,600원
④ 6,000원

19. 다음의 단위로 계산했을 때, '?'에 들어갈 값은?

20,000,000kg = (?)t

① 20
② 200
③ 2,000
④ 20,000

[20 ~ 21] 다음은 20X7 ~ 20X9년 K 국의 석유 수입량을 나타낸 자료이다. 이어지는 질문에 답하시오.

〈수입 대상국별 K 국의 석유 수입량〉

(단위 : 만 리터)

구분	20X7년	20X8년	20X9년	국가별 합계
A 국	42,400	111,642	247,675	401,717
B 국	126,615	114,338	126,293	367,246
C 국	141,856	156,275	(C)	433,657
D 국	(A)	86,150	64,734	
E 국	305,776	(B)	305,221	
총수입량	736,868	823,141	(D)	2,439,458

20. 다음 중 위 자료에 대한 설명으로 옳지 않은 것은?

① C 국에 대한 수입량은 지속적으로 증가하고 있다.

② 20X7 ~ 20X9년의 국가별 수입량 합계가 가장 적은 국가는 D 국이다.

③ 20X7년부터 석유 총수입량은 매해 증가하였다.

④ 20X8년 총수입량은 E 국의 3개년 합계보다 적다.

21. (D)에서 (A), (B), (C)를 뺀 값은?

① 163,566
② 199,156
③ 210,846
④ 268,966

대전기술보험원 / 1회 기출예상 / 2회 기출예상 / 3회 기출예상 / 4회 기출예상 / 5회 기출예상 / 6회 기출예상 / 7회 기출예상 / 8회 기출예상 / 9회 기출예상 / 인성검사 / 면접가이드

22. 다음은 근로자 평균 연령 및 근속연수에 관한 자료이다. 이에 대한 설명으로 옳지 않은 것은?

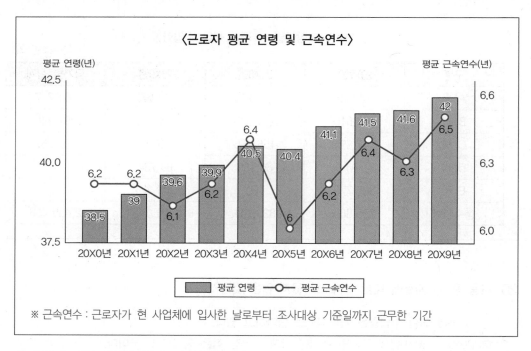

〈근로자 평균 연령 및 근속연수〉

① 근로자 평균 연령은 대체로 높아지고 있는 추세이다.
② 근로자 평균 근속연수가 가장 길었던 해는 20X9년이다.
③ 조사 기간 중 근로자 평균 연령이 감소한 해는 한 번 있었다.
④ 조사 기간 동안 근로자 평균 연령의 변화폭보다 근속연수의 변화폭이 더 크다.

23. ○○기업의 올해 바둑동호회 회원 수는 작년보다 남성 회원이 5% 증가하고, 여성 회원이 10% 감소하여 작년과 동일하게 60명이다. 올해의 남성 회원 수는 몇 명인가?

① 36명   ② 38명
③ 40명   ④ 42명

24. ○○시에서 근무하는 직장인 2,000명을 대상으로 직장인 주거 생활에 관한 설문조사를 실시하였다. 자가를 제외한 전·월세 또는 지인과 동거라고 응답한 사람 중 25%가 향후 2년 내에 내 집 마련 계획이 있다고 했다면, 향후 2년 내에 내 집 마련 계획이 있다고 응답한 사람은 모두 몇 명인가?

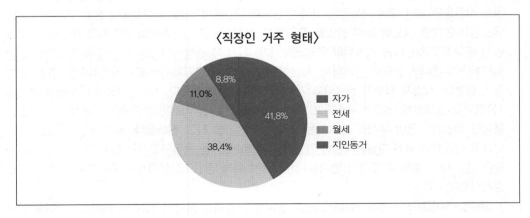

〈직장인 거주 형태〉

- 8.8%
- 11.0%
- 41.8%
- 38.4%

- ■ 자가
- ■ 전세
- ■ 월세
- ■ 지인동거

① 291명 ② 294명

③ 297명 ④ 300명

25. A, B, C, D, E, F, G 7명이 일렬로 설 때, C와 F가 이웃하여 서는 경우의 수는?

① 240가지 ② 480가지

③ 720가지 ④ 1,440가지

26. 정수, 현민, 지혜 세 사람이 A 대학에 합격할 수 있는 확률은 각각 $\frac{1}{4}$, $\frac{1}{5}$, $\frac{1}{2}$이다. 이 중 적어도 한 명이 대학에 합격할 확률은?

① 0.5 ② 0.6

③ 0.7 ④ 0.8

[27 ~ 28] 다음 글을 읽고 이어지는 질문에 답하시오.

"2018년도 1월 31일 14시 정각 기상청 규모 5.8 지진이 발생하였습니다. 협력업체를 포함한 전 직원은 기지본부 운동장으로 지금 즉시 대피하여 주시기 바랍니다. 다시 한번 알립니다." ○○ 공사 직원들은 재난 대비 매뉴얼에 따라 안전모와 재난통제 조끼, 비상반출낭 등을 구비하여 피난 유도반의 안내를 받으며 대피 장소로 집결했다. 현장에는 재난상황실이 꾸려지고 통영시, 통영소 방서 등이 ICT 재난대응 시스템에 연결됐다. **(가)** <u>기지 내 소방차와 설비복구 차량이 화재와 긴급 설비복구에 대비해 출동을 대기하자,</u> 재난상황실에서는 통영기지본부에 위기관리수준 '경계' 단계 를 발령했다. 작업자 철수가 완료되고 기지 출입이 완전 통제됐다. 15시, 규모 7.0 지진이 발생해 1공장 2차 펌프에서 LNG가 누출되고 화재가 일어난 상황을 가정한 훈련으로 이어졌다. 합동점검 중이던 점검원 3명이 부상을 입었다는 소식이 무전기를 타고 전해졌다. 위기수준 단계를 '심각' 단계로 상향했다. **(나)** <u>재난통제단이 가동되고 자체소방대는 응급구조사와 함께 즉시 현장으로 급 파하였다.</u> 다른 설비로 피해가 번지는 것을 막기 위해 중앙조정실에서는 원격으로 공장 설비를 정지시켰다.

곧바로 화재지역 전체에 Water Spray 설비가 가동되고 통영시 재난 대책본부와 119에 협조 요청이 전달됐다. 시청에서는 신속하게 경찰서와 군부대에 요청하여 교통통제 및 기지외곽 경비를 지원해 주었다. 이 모든 화재진압 상황은 상황실에서 ICT 재난대응 시스템을 통해 통영시 재난안 전대책본부, ○○공사 본사, 유관기관에 실시간으로 공유됐다. 통영소방서의 지원 장비와 인력이 도착한 후에는 현장지휘권을 통영소방서 현장대응팀에 이양했다. 이후에는 **(다)** <u>화재 발생지역의 복사열로 인한 추가 화재가 발생하지 않도록 통영소방서와 ○○공사 자체소방대가 복사열을 차단 하는 작업을 진행하고, 가스누출을 막기 위한 긴급조치반을 투입했다.</u> 긴급조치반은 현장의 가스 농도 측정 및 누설 여부를 확인하고 복구 작업에 박차를 가했다. 복구 작업에는 ○○전력과 △△ 공사는 물론 통영시, 통영보건소, 8358부대원 20여 명이 가세해 신속하게 복구 작업에 임했고, 긴급 복구 작업이 완료됨에 따라 이날 준비된 모든 훈련 과정이 종료됐다.

이 모든 훈련 과정은 실시간으로 실제 상황과 똑같이 진행되다 보니 **(라)** <u>현장훈련에 참여한 150여 명의 훈련자와 150여 명의 참관인은 한 순간도 긴장을 늦출 수가 없었다.</u> 훈련 종료를 알리 는 사이렌이 울리고 그렇게 '2018년도 1월 31일 규모 7.0 지진 발생' 상황에 대한 대응훈련이 마무리됐다.

27. 밑줄 친 (가) ~ (라) 중 비문인 것은?

① (가)

② (나)

③ (다)

④ (라)

28. 다음 중 윗글에 대한 설명으로 가장 적절하지 않은 것은?

① 이러한 훈련의 목적은 재난 발생 시 신속한 대응뿐 아니라 국민의 경각심을 높이기 위함도 포함 되어 있다.

② 이 훈련은 지진 상황 발생 시 각 기관 간의 협업체제 구축을 중점으로 진행되었다.

③ 유사시 재난관리 정보 공유를 통해 신속하게 재난상황을 판단하고 의사결정을 할 수 있도록 하 는 ICT 재난대응 시스템에 유관기관이 동시에 연결된다.

④ 이번 훈련으로 중요 국가기반시설인 ○○공사 LNG 생산기지의 안전성과 견고함을 다시 한번 확인할 수 있었다.

29. 다음 글의 빈칸에 들어갈 문제점으로 적절한 것은?

여성을 대상으로 하는 정책은 대개 여성이기에 공통적으로 직면하는 실질적 위험이 존재 한다는 사회적 공감대를 바탕으로 만들어지고 운용된다. 노동시장에서 여성과 남성의 구별을 발생시키는 주된 위험은 출산과 육아라는 생애사적 사건과 이에 부과되는 책임에서 기인한 다. 출산과 육아는 노동시장에 참가하고 있는 여성이 노동시장으로부터 이탈을 선택하고 이 후 노동시장에 재진입하려고 할 때 좋은 일자리를 갖기 어렵게 하여 노동시장에서 여성을 취약하게 만든다.

하지만 다양한 여성이 직면하는 공통의 위험에만 집중하는 여성정책은 (   )으로써 또 다른 배제를 발생시킬 가능성이 있다. 또한 출산과 육아라는 생 애사적 사건은 사전적으로 통계적 차별을 발생시키는 원인으로 작동하기도 한다. 따라서 생 애사적 사건에만 집중하는 정책은 사전적으로 발생하는 통계적 차별과 사후적 어려움 모두를 해결하지 못한다.

① 남성과의 차별을 더욱 부각시킴

② 여성 전체의 생애사적 약점을 드러냄

③ 노동시장의 문제점을 덮어버림

④ 여성 각자가 처한 상이한 상황과 경험을 간과함

대정기출복원

1회 기출예상

2회 기출예상

3회 기출예상

4회 기출예상

5회 기출예상

6회 기출예상

7회 기출예상

8회 기출예상

9회 기출예상

인성검사

면접가이드

30. 다음 경지규모별 농가 비중 추이에 관한 그래프를 해석한 내용 중 적절하지 않은 것은?

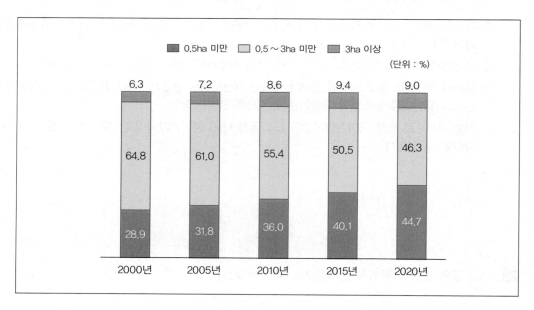

① 3ha 이상 농가 비중은 계속 증가하였다.

② 0.5 ~ 3ha 미만 농가 비중이 계속 감소하였다.

③ 0.5 ~ 3ha 미만 농가가 전체에서 차지하는 비중이 항상 가장 크다.

④ 0.5ha 미만 농가의 비중이 꾸준히 증가하였다.

31. 선진이가 혼자 하면 8일, 수연이가 혼자 하면 12일이 걸리는 일이 있다. 이 일을 선진이와 수연이가 같이 한다면 며칠이 걸리겠는가?

① 3일

② 5일

③ 6일

④ 8일

32. 다음 조건이 성립한다고 가정할 때, 반드시 참인 것은?

> • 영화를 좋아하면 감수성이 풍부하다.
> • 꼼꼼한 성격이면 편집을 잘한다.
> • 영화를 좋아하면 꼼꼼한 성격이다.

① 편집을 잘하지 못하면 영화를 좋아하지 않는다.
② 꼼꼼한 성격이면 감수성이 풍부하다.
③ 편집을 잘하면 영화를 좋아한다.
④ 꼼꼼한 성격이면 영화를 좋아한다.

33. A ~ E 다섯 명의 직원 중 잘못된 정보를 말하고 있는 직원 두 명은 누구인가?

> • A : 최 사원은 1년 전에 입사했습니다.
> • B : 최 사원은 2년 전에 이직해 왔습니다.
> • C : D는 진실을 말하고 있습니다.
> • D : 1년 전에 입사한 직원 중에 최 사원이 있습니다.
> • E : 최 사원은 올해 우리 회사에 들어왔습니다.

① A, E   ② B, C
③ B, E   ④ C, D

34. 다음 글에 나타난 논리적 오류로 적절한 것은?

> 이번 투표 결과에 대해 부정선거 의혹을 제기하지 않는 사람은 민주주의를 파괴하고자 하는 사람이다.

① 원천봉쇄의 오류   ② 피장파장의 오류
③ 은밀한 재정의의 오류   ④ 성급한 일반화의 오류

대전기출복원 1회 기출예상 2회 기출예상 3회 기출예상 4회 기출예상 5회 기출예상 6회 기출예상 7회 기출예상 8회 기출예상 9회 기출예상 인성검사 면접가이드

35. 다음 문서를 보고 이해한 내용으로 옳지 않은 것은?

〈연수 계획서〉

1. 연수 과정 : 업계 마케팅 동향 및 사례 분석
2. 연수 종별 : 직무연수
3. 연수 과정 분류 : 전문성 향상 과정
4. 연수 대상 및 인원 : 홍보팀 · 마케팅팀(팀별 4명)
5. 연수 기간 및 시간

과정명	기간	교육 시간
마케팅 동향 및 사례 분석	202X. 1. 3.(화) ~ 1. 5.(목)	• 10:00 ~ 17:00(1, 2일차) • 10:00 ~ 15:00(3일차)

6. 연수 이수 시간 : 16시간
7. 연수 위치 : 종합연수원 특별관 연수실(서울특별시 관악구 소재)
8. 연수 목적
   (1) 급변하고 있는 업계 마케팅 동향 파악 및 전략적 마케팅의 중요성 인식
   (2) 효과적인 마케팅 전략을 수립하기 위한 회의 모형을 실무에 적용
   (3) 소비자들로부터 긍정적인 반응을 얻은 최신 마케팅 사례 학습
9. 연수 운영 및 방침
   (1) 이론과 사례를 통해 최신 마케팅 전략을 이해하도록 한다.
   (2) 다양한 회의 모형 및 사례를 제공하여 실무 현장에 적용이 용이하도록 한다.

① 제시된 문서는 특정 직무 관련 직원을 대상으로 한 연수 계획을 기재한 것이다.
② 연수 이수 시간과 연수가 실제로 이루어지는 교육 시간에는 차이가 있다.
③ 연수는 서울특별시 관악구에 있는 연수원에서 3일에 걸쳐 진행된다.
④ 연수는 실제 사례를 바탕으로 마케팅 이론을 학습하는 것을 목표로 한다.

36. 다음 글의 내용과 일치하는 것은?

> 인간과 동물은 두 가지 주요한 방식으로 환경에 적응한다. 하나는 생물학적 진화이며, 다른 하나는 학습이다. 고등 생명체의 생물학적 진화는 수천 년 이상 걸리는 매우 느린 현상인 반면, 학습은 짧은 생애 안에서도 반복적으로 일어난다. 세상에 대한 새로운 정보를 얻는 과정인 학습과 획득된 정보를 기억하는 능력은 적절히 진화된 대부분의 동물들이 갖고 있는 특징이다. 신경계가 복잡할수록 학습 능력은 뛰어나기 때문에 지구상 가장 복잡한 신경계를 갖고 있는 인간은 우수한 학습 능력을 지니고 있다. 이러한 능력 때문에 인간의 문화적 진화가 가능했다. 여기서 문화적 진화라 함은 세대와 세대를 거쳐 환경에 대한 적응 능력과 지식이 발전적으로 전수되는 과정을 의미한다. 사실 우리는 세계와 문명에 대한 새로운 지식들을 학습을 통해 습득한다. 인간 사회의 변화는 생물학적 진화보다는 거의 전적으로 문화적 진화에 의한 것이다. 화석 기록으로 볼 때 수만 년 전의 호모 사피엔스 이래로 뇌의 용적과 구조는 결정적이라 할 만큼 변화하지 않았다. 고대로부터 현재까지 모든 인류의 업적은 문화적 진화의 소산인 것이다.
>
> 학습은 인간의 본성에 관한 철학의 쟁점과도 관련되어 있다. 고대의 소크라테스를 비롯하여 많은 철학자들은 인간 정신의 본성에 대하여 질문을 던져왔다. 17세기 말에 이르러 영국과 유럽 대륙에서 두 가지 상반된 견해가 제기되었다. 하나는 로크, 버클리, 흄과 같은 경험론자들의 견해로 정신에 타고난 관념 또는 선험적 지식이 있다는 것을 부정하고 모든 지식은 감각적 경험과 학습을 통해 형성된다고 보는 것이다. 다른 하나는 데카르트, 라이프니츠 등의 합리론자와 칸트의 견해로 정신은 본래 특정한 유형의 지식이나 선험적 지식을 가지고 있으며 이것이 감각 경험을 받아들이고 해석하는 인식의 틀이 된다는 것이다.

① 학습은 생물학적인 진화보다 우월하다.

② 학습은 인간만이 지니고 있는 인간의 고유한 특성이다.

③ 인간 사회의 변화는 생물학적 진화와 문화적 진화가 적절히 혼합되어 이루어졌다.

④ 경험론자들은 생물학적 진화보다는 학습을 중요시하였다.

[37 ~ 38] 다음 대화를 읽고 이어지는 질문에 답하시오.

송 부장 : 자, 모두들 집중해 주세요. 다음 주말에 회사 단합대회를 가질 예정입니다. 모두 참석 가능하신가요?

김 팀장 : 지금까지 회사 단합대회는 사원들의 의견을 모아 시기, 장소, 내용 등을 결정해 왔는데 올해는 왜 이렇게 갑자기 진행하나요?

송 부장 : 부서별로 업무 진행 상황이 저마다 달라서 의견을 모을 시간이 부족하여 임원회의를 통해 다음 주말로 결정하였습니다.

김 팀장 : 조금 시간이 걸리더라도 부서별로 다양한 의견을 들으면 여러 계획안이 나오고 호응도 좋았을 텐데요.

송 부장 : 그 의견도 옳아요. 하지만 모든 사람들의 의견을 다 듣기에는 시간도 부족하고, 또 자신의 의견이 받아들여지지 않았을 경우 불만을 품는 사람도 있어요.

유 사원 : 그러면 이번 단합대회는 어디서 무엇을 하나요?

송 부장 : 작년과 같이 몇 가지 종목으로 체육대회를 한 후, 부서별 장기자랑을 할 예정입니다.

유 사원 : 단합대회는 회사의 연중 대규모 행사인 만큼 여러 사원들의 의견을 모아 진행하면 더 좋았을 텐데요. 제 지인이 다니는 회사에서는 사원들이 중심이 되어 워크숍을 진행했는데 서로 친목을 다지고 업무 관련 이해도 높이는 좋은 기회였다고 합니다.

송 부장 : 네, 그렇게 진행하면 좋겠지만 이번에는 사정상 어려웠어요. 다음 달 대규모 인사이동으로 국내외 발령자가 많아질 예정이라, 그 전에 단합대회를 진행하게 되었어요.

유 사원 : 그런 사정이 있었군요. 알겠습니다.

김 팀장 : 참석할 수 있도록 일정을 조정해 보겠습니다.

---

37. 위의 대화에 대한 설명으로 적절하지 않은 것은?

① 송 부장은 행사 진행을 위한 의견 수렴 시간이 부족한 이유를 설명하고 있다.

② 김 팀장은 자신의 의견이 받아들여지지 않았기 때문에 불참 의사를 표출하고 있다.

③ 송 부장은 다음 주말 회사 단합대회에의 부서원들의 참여를 권하고 있다.

④ 유 사원은 다양한 의견 수렴의 기회가 없는 것에 대한 아쉬움을 표현하고 있다.

38. 위의 대화를 통해 알 수 있는 사실로 적절한 것은?

① 조직의 상황과 목적에 따라 의사결정 방식이 달라질 수 있다.

② 다수결에 의해 결정하면 모든 구성원의 이해와 협조를 얻을 수 있다.

③ 상위에서 하위 직급으로 전달되는 의사결정에는 구성원들의 불만이 적다.

④ 다른 회사와의 비교는 의사결정을 하는 데 많은 도움을 줄 수 있다.

39. 다음 글의 서술 방식으로 알맞은 것은?

> 춘향전에서 이도령과 변학도는 아주 대조적인 사람들이다. 흥부와 놀부도 마찬가지이다. 한 사람은 하나부터 열까지가 다 좋고, 다른 사람은 모든 면에서 나쁘다. 적어도 이 이야기에 담긴 '권선징악'이라는 의도가 사람들을 그렇게 믿게 만든다.
>
> 소설만 그런 것이 아니다. 우리의 의식 속에는 은연중 이처럼 모든 사람을 좋은 사람과 나쁜 사람 두 갈래로 나누는 버릇이 있다. 그래서인지 흔히 사건을 다루는 신문 보도에는 모든 사람이 경찰 아니면 도둑놈인 것으로 단정한다. 죄를 지은 사람에 관한 보도를 보면 마치 그 사람이 죄의 화신이고, 그 사람의 이력이 죄만으로 점철되었고, 그 사람의 인격에 바른 사람으로서의 흔적이 하나도 없는 것으로 착각하게 된다.
>
> 이처럼 우리는 부분만을 보고, 또 그것도 흔히 잘못 보고 전체를 판단하기 부지기수이다. 부분만을 제시하면서도 보는 이가 그것이 전체라고 잘못 믿게 만들 뿐만 아니라 '말했다'를 '으스댔다', '우겼다', '푸념했다', '넋두리했다', '뇌까렸다', '잡아뗐다', '말해서 빈축을 사고 있다' 같은 주관적 서술로 감정을 부추겨서 상대방으로 하여금 이성적인 사실 판단이 아닌 감정적인 심리 반응으로 얘기를 들을 수밖에 없도록 만든다.
>
> 이 세상에서 가장 결백하게 보이는 사람일망정 스스로나 남이 알아차리지 못하는 결함이 있을 수 있고, 이 세상에서 가장 못된 사람으로 낙인이 찍힌 사람일망정 결백한 사람에게는 찾지 못할 아름다운 인간성이 있을지도 모른다.

① 설의법을 적절히 활용하여 내용을 강조하고 있다.

② 열거법을 통해 말하고자 하는 바를 강조하고 있다.

③ 인용을 통해 주장을 뒷받침하고 있다.

④ 두 대상을 비교하여 자세히 설명하고 있다.

40. 다음은 대한민국의 법률상 나이와 대통령의 피선거권을 가지는 조건을 설명한 것이다. 〈보기〉의 A ~ D 중 선거일 기준으로 대통령 피선거권을 가진 사람은?

• 법률상 나이 : 생후 생존 개월 수를 12개월로 나눈 시간이다. 예를 들어 1993년 3월 6일에 태어난 사람은 2020년 2월 20일 시점에서 생일이 지나지 않았기 때문에 법률상 나이가 26살이다.

• 대통령의 피선거권 : 선거일 현재 5년 이상 국내 거주한 법률상 나이 40세 이상의 국민이어야 한다. 공무로 외국에 파견된 기간, 국내에 주소를 두고 일정기간 외국에 체류한 기간은 국내 거주기간에 포함한다(공직선거법 제16조 제1항). 단, 선거범은 피선거권이 없다.

보기

대통령 선거일은 2022. 03. 09.이다.

A : 생년월일은 1978. 05. 17.로 서울특별시에 거주 중이다. 미국 단일 국적을 가진 사람으로 대한민국 생활 7년 차이다. 대한민국에 큰 애정을 가지고 있고 여러 차례 정치적 의견을 피력하는 모습을 보여 주며 국민들의 이목을 끌었다.

B : 생년월일은 1975. 10. 29.로 충청남도 서산시에 거주 중이다. 외국 국적을 가졌다가 대한민국 국적을 취득해 귀화를 한 사람이고, 2018. 01. 12.부터 대한민국에 거주하고 있다. 다문화 가정을 위한 다양한 사회 활동을 하였고, 방송에도 자주 출연하며 인지도가 높은 편이다.

C : 생년월일은 1983. 02. 05.로 서울특별시에 거주 중이다. 3선 서울시장 출신으로 시정에 대한 이해가 깊다. 서울특별시에서 닦은 행정 능력을 바탕으로 대한민국을 이끌고 싶다는 포부가 크다.

D : 생년월일은 1981. 04. 10.로 제주특별자치도에 거주 중이다. 외교관 부모님 밑에서 태어나 외국에서 25세까지 거주했고 군 입대 전날에 귀국했다. 군 복무 2년간 외무고시를 공부하여 전역하자마자 외무고시에 합격했다. 외무고시 합격 후 30년간 각국 주재 대한민국 대사관에 근무하며 외교관으로 이름을 떨쳤다. 공무상 이유로 대한민국 영토 내에서의 체류 기간은 4년이다.

① A

② B

③ C

④ D

41. 다음 글을 읽고 이해한 내용으로 적절하지 않은 것은?

〈△△공사, 시민을 위한 힐링메시지 열차 운영〉

– △△시의 상징물, 바다 2가지 콘셉트로 조성 · 운영 –

– 코로나로 지친 △△시 시민의 생활에 활력 줄 수 있을 것으로 기대 –

△△공사(사장 이○○)는 오는 6월 1일부터 8월 31일까지 도시철도 1호선과 2호선에서 재단법인 △△시대중교통시민기금과 함께 코로나로 일상에 지친 시민들에게 힐링메시지를 전달하는 '메트로 마린' 테마 열차를 운행한다.

메트로 마린 열차는 1호선 열차 3량, 2호선 열차 2량 총 5량에 조성되며 △△시의 상징물, △△시의 바다 2가지 콘셉트로 조성 · 운영된다.

△△시의 상징물 테마 열차는 '하늘 위에서 △△시를 내려보다'라는 구성으로 △△시 상징물을 퍼즐 형태로 제작하였으며, △△시의 바다 테마 열차는 '우연히 만난 도시철도, △△시 바다를 여행하는 기분'이라는 콘셉트로 열차 창문과 벽면에 다양한 △△시 바다 이미지를 조성했다.

특히 바닥에는 △△시의 바다를 즐길 수 있는 서핑 보드의 이미지를 구현하여 승객이 다양한 포즈로 사진을 연출할 수 있게 함으로써 열차를 즐기는 공간으로 조성하였다. 테마 열차는 평일 하루 평균 1호선 왕복 9회, 2호선 왕복 4회 운행되어 시민과 만날 예정이다.

한편 이번 테마 열차는 공사가 재단법인 △△시대중교통시민기금과 최초로 협업하여 실시하는 테마 열차 사업으로, 5월 말부터 매일 한 량씩 시범설치를 시작하여 6월 1일 전량 정상 운행하도록 추진 중에 있다. 아울러 방염 재질 랩핑 및 승객의 미끄럼 방지를 위한 돌기를 사용하는 등 안전사고 예방에도 많은 노력을 기울였다.

△△공사 이○○ 사장은 "코로나로 인하여 지친 △△시 시민의 생활에 활력을 불어넣을 수 있음과 동시에 급감한 도시철도 이용객 회복에 견인 역할을 수행할 것"이라며 "△△시 시민들 덕분에 우리의 존재 가치가 있는 만큼 그 가치를 조금이나마 다시 돌려 드릴 수 있게 되어서 기쁘게 생각한다."라고 전했다.

---

① △△공사에서 힐링메시지 열차를 운행하는 이유는 코로나로 일상에 지친 시민들에게 힐링메시지를 전달하기 위해서이다.

② 힐링메시지 열차는 △△시의 상징물, △△시의 바다 2가지 콘셉트로 조성되고 운영될 예정이다.

③ △△시의 상징물 테마 열차는 '우연히 만난 도시철도, △△시 하늘을 여행하는 기분'이라는 콘셉트로 조성된다.

④ 이 열차는 방염 재질 랩핑을 사용하고 승객의 미끄럼 방지를 위한 돌기를 사용하는 등 안전사고 예방에도 많은 노력을 기울였다.

대전기출복원 1회 기출예상 2회 기출예상 3회 기출예상 4회 기출예상 5회 기출예상 6회 기출예상 7회 기출예상 8회 기출예상 9회 기출예상 인성검사 면접가이드

42. 다음 (가)와 (나)를 읽고 한 발언이 적절하지 않은 사람은?

(가) 옥도 다듬지 않으면 그릇이 안 되듯이
    사람이 배우지 않으면 도리를 모른다.

                                      - 『예기』 -

(나) 일생의 계획은 어릴 때 세운다.
    일 년의 계획은 봄에 세운다.
    하루의 계획은 새벽에 세운다.
    어릴 때 공부하지 않으면
    늙어서 아는 것이 없다.
    봄에 밭 갈지 않으면
    가을에 거둘 것이 없다.
    새벽에 일어나지 않으면
    그날에 할 일을 하지 못한다.

                                      - 『공자삼계도』 -

---

① 지영 : (가)는 자기 수양을 옥을 다듬는 것에 비유했어.
② 영준 : (가)는 유교 경전인 '오경(五經)'의 하나로 옛 현인의 지혜를 엿볼 수 있지.
③ 선희 : (나)는 계획 있는 생활의 중요성에 대해 말하고 있어.
④ 수한 : (가)와 (나)에 공통적으로 해당하는 사자성어로 '상산구어(上山求魚)'가 적합하겠군.

43. 다음은 지역별 교통카드 지출내역에 대한 자료이다. A ~ D 중 1인당 교통카드 지출액이 가장 많은 지역은?

구분	지출액(억 원)	인구(만 명)
A 지역	60,264	972
B 지역	19,437	341
C 지역	16,225	295
D 지역	15,730	242

① A 지역   ② B 지역
③ C 지역   ④ D 지역

44. 다음 〈조건〉을 토대로 할 때, A가 자전거를 이용해 출퇴근을 하는 경우 소모되는 총열량은 얼마인가? (단, 출퇴근 시 이동하는 경로는 동일하다)

> **조건**
>
> • A의 몸무게는 70kg이며, 자전거를 10분간 탈 때 소모되는 열량은 85kcal이다.
> • A의 집에서 회사까지의 거리는 6km이다.
> • A는 10km/h의 속력으로 자전거를 탄다.

① 300kcal 　　　　　　　　　② 306kcal
③ 512kcal 　　　　　　　　　④ 612kcal

45. 다음은 인접장소에 위치하고 규모가 비슷하여 서로 경쟁 관계에 있는 K 백화점과 J 백화점의 한 해 매출액과 인건비를 비교한 자료이다. 이에 대한 설명으로 옳은 것은?

(단위 : 명, 백만 원)

구분	종사자 수	매출액	매출원가	인건비
K 백화점	245	343,410	181,656	26,705
J 백화점	256	312,650	153,740	28,160

※ 매출 총이익＝매출액－매출원가
※ 직원 1인당 평균 인건비＝인건비÷종사자 수

① J 백화점은 K 백화점보다 매출액과 매출원가가 모두 높다.
② J 백화점의 매출 총이익이 K 백화점의 매출 총이익보다 많다.
③ J 백화점의 직원 1인당 평균 인건비는 K 백화점보다 낮다.
④ K 백화점은 J 백화점보다 인건비 대비 매출액이 높은 편이다.

01. 다음 〈대화〉를 읽고 성 사원에게 해줄 수 있는 조언으로 적절한 것을 고르면?

> **대화**
>
> 김 부장 : 성 사원, 지난주에 보고한 계약 건은 어떻게 마무리되었나요?
> 성 사원 : 직접 그곳 사장을 만나 보니, 인상이 좋고 신뢰해도 될 거 같습니다.
> 김 부장 : 그래서요?
> 성 사원 : 품질도 우수하고 납기 시기도 맞출 수 있을 것 같습니다. 또 그곳 공장에 방문해보
> 니 시설 투자도…….
> 김 부장 : 아니, 그런데 지난주에는 가격 협상만 남았다고 하지 않았나요? 가격 협상이 제대
> 로 끝났는지를 물어본 거예요, 저는.
> 성 사원 : 그러니까…… 그게…… 아직 결정이…….

① 대화 분위기를 고려하여 적절한 단어를 사용해야 한다.
② 상대방의 말을 끝까지 경청하고 말해야 한다.
③ 대화 상대의 기분이 어떠한지를 파악하고 대답해야 한다.
④ 대화 상대가 요구하는 것이 무엇인지 파악하고 말해야 한다.

02. 다음 〈보기〉의 밑줄 친 부분과 유사한 의미로 단어가 사용된 것은?

> **보기**
>
> 그 고객은 아마 어쩌다가 길에서 날 만나도 아는 체를 못할 거야.

① 그녀는 어쩌다가 그와 눈을 마주치기라도 하면 기겁을 하는 것이었다.
② 사장님께선 업무 중에 어쩌다가 주무시지 자주 그러시진 않아.
③ 너 그걸 어쩌다가 그렇게 다 부숴 버렸니?
④ 취직 전에는 그래도 어쩌다가 야구장에 가곤 했다.

03. 다음 전제에 따라 밑줄 친 부분에 들어갈 결론으로 적절한 것은?

[전제] • 아침에 커피를 한 잔씩 마시는 사람은 불면증을 겪는다.
 • 생과일주스를 좋아하는 사람은 불면증을 겪지 않는다.
[결론] _____

① 아침에 커피를 한 잔씩 마시는 사람은 생과일주스를 좋아한다.
② 아침에 커피를 한 잔씩 마시는 사람은 생과일주스를 좋아하지 않는다.
③ 생과일주스를 좋아하는 사람은 아침에 커피를 한 잔씩 마신다.
④ 생과일주스를 좋아하지 않는 사람은 불면증을 겪는다.

04. 다음은 Z, Y, X, W, V 다섯 명이 자동차 경주를 마친 후 순위에 대해 나눈 대화이다. 이 중 한 명만 거짓을 말하고 있다고 할 때, 1위부터 5위까지의 순위를 바르게 나열한 것은?

Z : W는 5등을 했고, Y와 순위 차이가 제일 커.
Y : Z는 1등도 꼴찌도 하지 않았어.
X : 나와 Y는 2순위 차이가 나.
W : 나는 4등을 했어.
V : 나는 2등을 했고, X와 연이은 순위에 있어.

① Y-V-X-Z-W   ② Y-V-X-W-Z
③ V-W-Z-Y-X   ④ V-Y-X-Z-W

대전기출복원
1회 기출예상
2회 기출예상
3회 기출예상
4회 기출예상
5회 기출예상
6회 기출예상
7회 기출예상
8회 기출예상
9회 기출예상
인성검사
면접가이드

05. 다음 문장 뒤에 이어질 (가) ~ (마)를 문맥에 맞게 순서대로 나열한 것은?

> 미세플라스틱은 독성 화학물질을 해수로 방출하고 바닷속 화학물질을 표면으로 흡착하여 해양생물에 독성을 유발할 수 있다.
>
> (가) 더불어 인간에게도 각종 암을 비롯하여 생식기 발달의 저하, 성장 지연 등을 유발한다.
> (나) 특히 POPs, PBTs 같은 화학물질은 잔류성과 생물축적성이 높은 물질로써 체내에 축적되면 동물의 면역력이 감소하고 생식기능이 약화된다.
> (다) 이처럼 미세플라스틱이 인체에 유해한 각종 물질을 전이·확산시킬 가능성이 많아 이에 대한 다양한 연구가 진행되고 있다.
> (라) 인간은 해산물과 소금 등을 섭취하는 생태계 먹이사슬의 최상위 포식자이므로 미세플라스틱에 노출되는 것은 불가피하다.
> (마) 실제로 태평양 굴을 미세플라스틱에 노출하는 실험 결과, 난모세포 수 38% 감소, 지름 5% 감소, 정자 속도 23% 감소, 자손들의 성장 18 ~ 41% 감소를 보였다.

① (가)-(라)-(다)-(나)-(마)
② (가)-(마)-(다)-(나)-(라)
③ (나)-(라)-(마)-(가)-(다)
④ (나)-(마)-(가)-(라)-(다)

06. 다음 속담들과 공통적으로 관련 있는 단어로 적절한 것은?

> • 개구리 올챙이 적 생각 못 한다.
> • 소 잃고 외양간 고친다.
> • 등잔 밑이 어둡다.

① 어리석음
② 게으름
③ 지혜로움
④ 고지식함

대전기출복원

1회 기출예상

2회 기출예상

3회 기출예상

4회 기출예상

5회 기출예상

6회 기출예상

7회 기출예상

8회 기출예상

9회 기출예상

인성검사

면접가이드

[07 ~ 08] 다음 글을 읽고 이어지는 질문에 답하시오.

최근 과도한 스트레스와 불규칙한 생활패턴, 잘못된 식습관으로 만성피로를 겪는 현대인이 늘고 있다. 일시적인 과로로 발생한 피로가 6개월 이상 지속되거나, 충분히 쉬어도 회복되지 않을 때를 만성피로로 진단한다. 보통 휴식을 취하면 만성피로가 나아질 것이라고 생각하지만, 만성피로를 개선하지 않고 내버려 두면 집중력이 감소하고 근육통, 두통 등이 나타난다. 면역력이 떨어져 감염병에도 취약해질 수 있는 만큼 주의가 필요하다.

◇ 건강관리 힘든 일상, 활성비타민 인기

만성피로를 개선하려면 규칙적인 운동과 영양소가 골고루 함유된 식단이 기본이다. 하지만 일상이 바쁘고 불규칙하게 살아야 하는 현대인에게는 어려운 이야기다. 대신 하루 한 알로 피로회복에 도움 되는 성분을 간편하게 먹을 수 있는 고함량 활성비타민이 인기를 끌고 있다.

비타민 B군으로 대표되는 활성비타민은 육체 피로부터 어깨 결림, 눈 피로 등의 증상 완화에 효과가 있다. 스트레스 완화, 면역력 강화, 뇌신경 기능 유지, 피부와 모발 건강 등에도 도움을 준다고 알려졌다.

활성비타민의 효과가 알려지며 관련 시장은 매년 30% 이상 폭발적으로 성장해 다양한 제품들이 출시되고 있다. 전문가들은 비타민 제품을 고를 때 자신에게 필요한 성분인지, 함량이 충분한지, 활성형 비타민이 맞는지 등을 충분히 살펴본 다음 선택하라고 권고한다.

07. 윗글에 대한 이해로 적절하지 않은 것은?

① 과로로 인한 피로가 1년 이상 지속된 철수는 만성피로로 진단될 수 있다.

② 피로는 면역력을 감퇴시킬 수 있어 독감과 같은 전염병에 걸리기 쉽게 만든다.

③ 비타민 B군은 스트레스를 경감시키고, 모발 건강에 도움을 줄 수 있다.

④ 시중에 있는 다양한 비타민 제품은 모든 사람에게 동일한 효과를 낸다.

08. 윗글을 바탕으로 활성비타민 영양제 상품 A에 대한 홍보 문구를 작성하였다. 다음 중 홍보 문구로 가장 적절하지 않은 것은?

① 고함량 활성비타민, 하루 한 알로 쉽게 섭취해 보세요.

② A로 피로회복과 더불어 스트레스도 극복해 보세요!

③ 활성비타민 A와 함께 규칙적인 운동과 균형 잡힌 식단을 실천할 수 있어요.

④ 어깨 결림, 눈 피로 이제 그만! 활성비타민 A로 보다 튼튼하게!

09. 다음 글에 나타난 신경성 매독의 치료법을 개발한 사례를 일컫는 한자성어로 적절한 것은?

> 프랑스의 샤를 8세와 영국의 헨리 8세의 공통점은 매독으로 사망했다는 것이다. 샤를 8세가 이탈리아를 침공했을 당시 프랑스군의 대규모 성범죄로 인해 유럽 전역으로 퍼져 나가기 시작한 매독은 한때 인류를 위기에 빠뜨렸던 가장 무서운 질병 중 하나였다.
>
> 매독의 원인은 1905년에서야 독일의 세균학자 샤우딘과 호프만에 의해 매독의 병원균인 스피로헤타가 발견되며 밝혀졌다. 그리고 마침내 1909년에 파울 에를리히에 의해 '마법의 탄환'으로 알려진 살바르산이라는 매독 치료제가 개발됐다.
>
> 그런데 매독에 감염된 후 약 15년 후에 발병하는 이상한 질병이 있다. 신경계를 침범한 매독이 뇌를 손상시키게 되면 운동장애가 일어나거나 판단 및 기억 저하 등의 증상과 함께 마비를 일으키고 마침내는 치매에 빠지게 되는데, 이를 진행성 마비 혹은 마비성 치매라고 한다. 이 정신질환은 뇌매독의 한 종류로서, 전체 매독환자의 약 4 ~ 5%에게서 발병한다. 발병 후 약 3년 만에 죽음에 이르게 될 만큼 치명적이며 마비가 나타나는 주 연령대가 32 ~ 45세 사이의 남성들이라 사회와 가족에 큰 고통을 주었다.
>
> 하지만 오스트리아의 정신의학자인 율리우스 바그너 야우레크는 기발한 발상으로 신경성 매독의 치료법을 개발했다. 매독 병원균인 스피로헤타가 고열에 약하다는 사실에 착안해 환자들을 말라리아에 감염시킨 것이다.

① 이열치열(以熱治熱)　　　　　　② 순망치한(脣亡齒寒)

③ 하충의빙(夏蟲疑氷)　　　　　　④ 연목구어(緣木求魚)

10. 글의 통일성을 고려할 때, ㉠ ~ ㉣ 중 삭제해야 할 문장으로 적절한 것은?

> 국어 순화는 우리말을 순수하게 가꾸자는 것이다. ㉠순화란 잡것을 걸러서 순수하게 한다는 것이니 우리말을 어지럽히는 잡것을 제거하고 순수하고 아름다운 말씨로 바꾸어서 다듬어 나가자는 것이 국어 순화이다. ㉡하지만 실제로 말을 다듬는 것은 어려운 일이다. ㉢우리말의 발달을 해치는 외국말, 저속하고 틀린 말, 까다롭고 어려운 한자말들을 솎아 내거나 줄이고, 바르고 쉽고 아름다운 말로 바꾸어 가는 것이 국어 순화인 것이다. ㉣또 토박이말 가운데서도 발음이 까다롭거나 어감이 나쁜 말을 되도록 발음하기 쉽고 듣기 좋은 말로 바꾸고, 동음이의어를 되도록 줄여 가도록 힘쓰는 것도 국어 순화의 길이다.

① ㉠　　　　　　　　　　　　　② ㉡

③ ㉢　　　　　　　　　　　　　④ ㉣

11. 다음은 우주인 평가 과정 중 일부를 나타낸 것이다. 3차 평가에서 선정되는 인원이 1명일 때, 지원자 A ~ D 중 선정되는 사람은?

- 1차 평가선정(인원 : 3명)
  - 3.5km 달리기
- 2차 평가선정(인원 : 2명)
  - 윗몸일으키기, 팔굽혀펴기 개수의 합, 관련 자격증 있는 경우 3점 가점
- 3차 평가선정(인원 : 1명)
  - 상황대처능력 평가

〈지원자 기록〉

구분	A	B	C	D
3.5km 달리기	21분 33초	22분 12초	20분 5초	22분 19초
윗몸일으키기(개)	63	58	61	73
팔굽혀펴기(개)	52	56	52	45
상황대처능력(점)	88	86	85	91
자격증 유무	X	X	O	O

① A　　　　　　　　　　　　　② B
③ C　　　　　　　　　　　　　④ D

12. 다음 글에 나타난 논리적 오류는?

　　최근 청소년들의 일탈이 사회적 문제가 되고 있는 가운데, 여론 조사 전문기관이 성인들을 대상으로 청소년들의 길거리 흡연을 보았을 때 어떻게 행동하였는지를 조사하였다. 조사 결과 '봉변을 당할 수 있으므로 제지하지 못했다'는 의견이 56%로 나타나 사회적 충격을 주고 있다. 이를 볼 때 우리나라 성인들은 도덕심이 결여되어 있음을 알 수 있다.

① 애매어의 오류　　　　　　　　② 감정에 호소하는 오류
③ 원천봉쇄의 오류　　　　　　　④ 성급한 일반화의 오류

13. 다음은 지방자치단체 조직관리지침 목표와 추진과제를 정리한 자료이다. 이를 통해 알 수 있는 사실이 아닌 것은?

목표	"급변하는 행정환경에 대응하는 경쟁력 있는 자치단체"	
추진 방향	• 행정수요에 다양하고 탄력 있게 대응할 수 있는 조직설계 • 적절한 수준의 기구와 인력을 배치하는 효율적인 조직관리 • 원칙과 규칙을 준수하는 책임 있는 조직운영	
세부 추진 과제	**구분**	**주요 내용**
	행정수요에 탄력적인 조직설계	1. 행정수요 변화율에 따른 기구 수 조정
		2. 전문임기제 운영방안
		3. 지역본부 운영방안
		4. 협업조직 설치 및 운영
	효율적인 조직관리	1. 20X9년 조직 분석 · 진단 추진
		2. 인력증원수요 수시반영제도 운영
		3. 조직 분석 · 진단을 통한 기능 · 인력 재배치 추진

	규칙을 준수하는 조직운영	1. 조직관리 원칙과 규칙 준수
		  – 기구직급, 기준인건비 등
		  – 한시기구 성과평가 강화
		  – 위원회 및 소속 행정기관 정비

		2. 조직 및 정원 관리 감사 계획

① 기능과 인력의 재배치를 위하여 선행되어야 하는 사항
② 준수해야 할 조직관리의 원칙과 규칙 사항
③ 추진방향별 추진 내용
④ 조직 및 정원 관리를 위한 외부 전문 감사기관 의뢰 계획

[14 ~ 15] 다음 글을 읽고 이어지는 질문에 답하시오.

야외활동 시 진드기 각별히 조심해야!

㉠ 평택시에서 최근 중증열성혈소판감소증후군(SFTS)에 걸린 것으로 의심되던 환자가 사망하였다. 평택시 보건소는 지난달 말경에 사망한 양○○ 씨(73, 여)의 경우 중증열성혈소판감소증후군에 걸린 것으로 의심된다고 밝혔다. 당시 양○○ 씨는 밭에서 진드기에 물린 것으로 알려졌다. ㉡ 양○○ 씨는 이달 초 밭일을 한 뒤 발열과 무기력 증세를 보이다가 사망하였다. 당 보건소는 이에 따라 중증열성혈소판감소증후군의 위험성을 홍보하고 이를 방지하기 위한 대책마련에 나섰다. ㉢ 보건소 관계자 김○○ 씨(44)는 "농촌주민들의 경우 진드기의 위험성에 대한 인식이 낮아 이에 대한 경각심을 높이기 위해 노력을 다할 계획"이라고 말했다. 밭일을 하는 경우나 숲에 들어가는 경우 긴 옷을 입고, 일을 마친 후에는 반드시 옷을 세탁하는 등 진드기 예방을 위한 조치를 다할 것을 당부하고 있다. 특히 진드기가 붙기 쉬운 머리카락, 귀 주위, 다리 등을 중심으로 하여 조치를 취하고, 야외활동 후 6 ~ 13일이 경과한 후 고열, 두통, 설사, 피로감 등의 증상이 있으면 의료기관 등을 방문하여 검사를 받는 것이 좋다고 말한다.

중증열성혈소판감소증후군(SFTS)은 작은소참진드기를 매개로 하는 바이러스성 감염병이다. 이는 작은소참진드기가 주로 활동하는 4월경부터 11월경에 많이 발생하므로 이 시기에 특별한 주의가 요구된다. ㉣ 특히 중증열성혈소판감소증후군의 경우 예방백신 및 치료제가 없으므로 진드기에 물리지 않는 것이 무엇보다 중요하다.

---

14. 위 기사문에서 밑줄 친 ㉠ ~ ㉣ 중 글 전체의 중심내용에 해당하는 것은?

① ㉠   ② ㉡

③ ㉢   ④ ㉣

15. 다음 중 위의 기사가 전달하고자 하는 바를 이해한 의견으로 적절한 것은?

① 요즘은 의학이 발달해서 못 고치는 병이 없으니 진드기에 물리는 건 괜찮아.

② 4월에서 11월 사이 야외활동을 한 사람이 고열이 나면 진드기에 물렸는지 물어봐야겠군.

③ 전염병이 있다고 하니 평택시에는 당분간 방문하지 않는 것이 좋겠어.

④ 사망한 환자는 나이가 많아서 사망한 것이니, 면역력이 강한 젊은 사람은 조심하지 않아도 돼.

16. P 공장에서는 a ~ e 5대의 기계로 제품을 생산한다. 다음은 P 공장의 각 기계가 하루 동안 생산하는 제품의 개수와 불량품의 개수를 정리한 표이다. b 기계보다 불량률이 낮은 기계의 수는?

구분	하루 생산량(개)	불량품의 개수(개)
a 기계	5,610	17
b 기계	5,830	19
c 기계	5,400	16
d 기계	5,950	21
e 기계	5,670	18

① 1개   ② 2개
③ 3개   ④ 4개

17. A는 매달 20만 원을, B는 매달 50만 원을 저축하기로 하였다. 현재 A가 모은 돈은 200만 원이고 B가 모은 돈은 100만 원이라면, B가 모은 돈이 A가 모은 돈의 두 배가 넘는 때는 지금부터 몇 개월 후인가?

① 27개월   ② 29개월
③ 31개월   ④ 33개월

18. 가로 42cm, 세로 60cm인 벽에 남는 부분 없이 정사각형 타일을 붙이고자 한다. 필요한 타일의 최소 개수는?

① 40개   ② 50개
③ 60개   ④ 70개

19. A 사원은 30장의 문서를 워드로 옮기는 데 2시간 30분이 걸린다. A 사원이 먼저, 그리고 B 사원이 이어서 60장의 문서를 워드로 옮겼더니 5시간이 걸렸다. B 사원이 36장의 문서를 옮겼다면, B 사원은 1시간에 몇 장의 문서를 워드로 옮길 수 있는가?

① 12장   ② 18장
③ 20장   ④ 24장

[20 ~ 21] 다음은 어떤 유원지의 연령별·성별 매출액 비율이다. 이어지는 질문에 답하시오.

(단위 : %, 만 원)

연령·성별	유원지	A	B	C	D
성인	남자	19.2	21.3	22.1	13.6
	여자	23.5	26.4	19.8	20.7
학생	남자	17.8	14.2	23.0	11.6
	여자	21.4	19.2	10.3	34.4
소인	남자	( )	10.7	20.7	7.2
	여자	12.3	8.2	4.1	12.5
합계		100.0	100.0	100.0	100.0
총매출액		4,026	2,160	3,284	1,819

20. A 유원지의 총매출액에서 소인 남자가 차지하는 비율은?

① 5.4% ② 5.6%
③ 5.8% ④ 6.0%

21. D 유원지에 입장한 여학생의 경우 총매출액의 37%는 고등학생이었다. 이때 총매출액에서 여자 고등학생이 차지하는 비율은? (단, 소수점 아래 둘째 자리에서 반올림한다)

① 11.3% ② 12.7%
③ 14.5% ④ 23.7%

22. 다음은 공인중개사 수험생의 성별, 연령대별 시험접수 시 전자금융서비스 인증수단 선호도에 관한 자료이다. 이에 대한 설명으로 옳지 않은 것은?

⟨성별·연령대별 전자금융서비스 인증수단 선호도⟩

(단위 : %)

구분		휴대폰 문자인증	공인인증서	아이핀 (I-PIN)	이메일	전화인증	신용카드	바이오 인증
성별	남성	72.2	69.3	34.5	23.1	22.3	21.2	9.9
	여성	76.6	71.6	27.0	25.3	23.9	20.4	8.3
연령대	10대	82.2	40.1	38.1	54.6	19.1	12.0	11.9
	20대	73.7	67.4	36.0	24.1	25.6	16.9	9.4
	30대	71.6	76.2	29.8	15.7	28.0	22.3	7.8
	40대	75.0	77.7	26.7	17.8	20.6	23.3	8.6
	50대	71.9	79.4	25.7	21.1	21.2	26.0	9.4
전체		74.3	70.4	30.9	24.2	23.1	20.8	9.2

※ 응답자 1인당 최소 1개에서 최대 3개까지의 선호하는 인증수단을 선택했음.
※ 인증수단 선호도는 전체 응답자 중 해당 인증수단을 선호한다고 선택한 응답자의 비율임.
※ 전자금융서비스 인증수단은 제시된 7개로만 한정됨.

① 연령대별 인증수단 선호도를 살펴보면 30대와 40대 모두 아이핀이 3번째로 높다.

② 전체 응답자 중 선호 인증수단을 3개 선택한 응답자 수는 40% 이상이다.

③ 선호하는 인증수단으로 이메일을 선택한 20대가 아이핀과 공인인증서를 동시에 선택했다면, 신용카드를 선택한 20대 모두가 아이핀을 동시에 선택한 것이 가능하다.

④ 20대와 50대 간의 인증수단별 선호도 차이는 공인인증서가 가장 크다.

[23 ~ 24] 다음은 중소기업 CEO 400명을 대상으로 해외경기가 부진하다고 느껴지는 분야와 지역을 설문한 결과이다. 이어지는 질문에 답하시오(단, 주어진 모든 수치는 소수점 아래 첫째 자리에서 반올림한 것이다).

〈해외경기가 부진하다고 느끼는 분야별 비율(중복 응답)〉

(단위 : %)

농수산업	경공업	중화학공업	기타	계
31	37	36	7	100

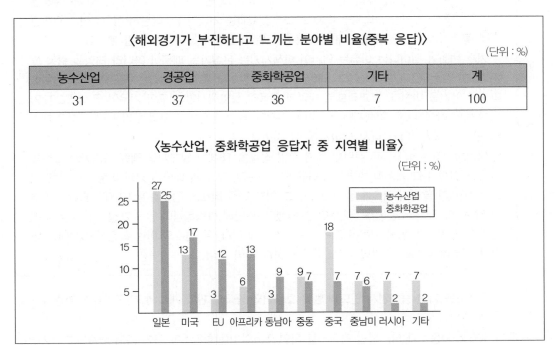

〈농수산업, 중화학공업 응답자 중 지역별 비율〉

(단위 : %)

23. 위 자료에서 경공업 분야의 해외경기가 부진하다고 응답한 CEO의 수는?

① 124명   ② 132명
③ 148명   ④ 154명

24. 위 자료에서 농수산업 분야의 해외경기가 중남미 지역에서 부진하다고 응답한 CEO의 수는? (단, 소수점 아래 첫째 자리에서 반올림한다)

① 9명   ② 10명
③ 11명   ④ 12명

25. 다음 글의 논지를 반박할 수 있는 근거로 가장 적절한 것은?

> 지구 곳곳에서 심각한 기후 변화가 나타나고 있고 그 원인이 인간의 활동에 있다는 주장은 일견 과학적인 것처럼 들리지만 따지고 보면 진실과는 거리가 먼, 다분히 정치적인 프로파간다에 불과하다. 즉, 온실가스 배출을 낮추기 위한 인간의 노력은 낭비일 뿐이다.
>
> 기후 변화가 일어나는 이유는 인간이 발생시키는 온실가스 때문이 아니라 태양의 활동 때문이라고 보는 것이 합리적이다. 태양 표면의 폭발이나 흑점의 변화는 지구의 기후 변화에 막대한 영향을 미친다. 결과적으로 태양의 활동이 활발해지면 지구의 기온이 올라가고 태양의 활동이 상대적으로 약해지면 기온이 내려간다. 태양 활동의 거시적 주기에 따라 지구 대기의 온도는 올라가다가 다시 낮아지게 될 것이다.
>
> 대기화학자 브림블컴은 런던의 대기 오염 상황을 16세기 말까지 추적해 올라가서 그때부터 20세기까지 그 거시적 변화의 추이를 연구했는데, 그 결과 매연의 양과 아황산가스농도가 모두 19세기 말까지 빠르게 증가했다가 그 이후 아주 빠르게 감소하여 1990년대에는 16세기 말보다도 낮은 수준에 도달했음이 밝혀졌다. 반면에 브림블컴이 연구 대상으로 삼은 수백 년 동안의 지구의 평균 기온은 지속적으로 상승해 왔다. 두 변수의 이런 독립적인 행태는 인간이 기후에 미치는 영향이 거의 없다는 것을 보여 준다.

① 지구의 온도가 상승하면서 인도의 벵골 호랑이와 중국의 판다 개체 수가 줄어들어 멸종 위기에 처해 있다.

② 1,500cc 자동차가 5분 동안 공회전을 하면 90g의 이산화탄소가 공기 중에 배출되고, 12km를 달릴 수 있는 정도의 연료가 소모된다.

③ 친환경 에너지타운, 생태마을 등을 조성하는 일이 실질적으로 미세먼지를 줄이는 데에 실효성이 있는지는 여전히 의문이다.

④ 최근 수십 년간 전 세계가 대기오염을 줄이기 위한 캠페인의 일환으로 숲을 조성한 결과 지구의 평균 기온 상승률이 어느 정도 완만해졌다.

26. 다음 중 어법에 맞고 정확한 문장을 사용한 직원은?

① 현 부장 : 안정적인 사업 운용이 가능했던 까닭은 시장의 변화를 정확하게 예측한 데 있다.

② 김 과장 : 현재의 환경 정책은 앞으로 손질이 불가피할 전망입니다.

③ 엄 차장 : 김 과장은 관련 부서 담당자와 협력업체 실무자를 방문했다.

④ 하 사원 : 홍보팀은 이번 국제 박람회에서 신제품의 기능과 판매를 할 예정이다.

27. 다음 외래어 표기법에 따른 예시로 적절하지 않은 것은?

> 1. 짧은 모음 다음의 어말 무성 파열음([p], [t], [k])은 받침으로 적는다.
>   예 book[buk] 북
> 2. 짧은 모음과 유음·비음([l], [r], [m], [n]) 이외의 자음 사이에 오는 무성 파열음([p], [t], [k])은 받침으로 적는다.
>   예 act[ækt] 액트
> 3. 위 경우 이외의 어말과 자음 앞의 [p], [t], [k]는 '으'를 붙여 적는다.
>   예 part[pɑːt] 파트

① gap[gæp] 갭　　　　　　　　　② cat[kæt] 캣
③ setback[setbæk] 세트백　　　　④ stamp[stæmp] 스탬프

28. ○○기업에서는 신입사원과 선임이 팀을 이루어 멘토링 프로그램을 진행하려고 한다. 다음 〈조건〉을 토대로 할 때, 옳지 않은 것은?

조건

> • 신입사원은 A, B, C, D, E 5명이고 선임은 (가), (나), (다) 3명이다.
> • B와 E는 같은 팀이다.
> • (다) 선임은 C와 같은 팀이다.
> • D는 (가) 선임과 같은 팀이 아니다.
> • A, B, C, D, E 중 (가) 선임과 팀을 이룬 사람은 1명이다.
> • 선임 (가), (나), (다)는 신입사원 2명 또는 1명과 팀을 이루며, 팀을 이루지 않는 사람은 없다.

① 선임 (나)는 B의 멘토이다.　　　　② 선임 (다)는 D의 멘토이다.
③ A와 C의 선임은 같다.　　　　　　④ A와 D는 같은 팀이 아니다.

29. 다음 [사실]이 모두 참일 때, 항상 참인 것은?

[사실 1] A 스위치가 켜져 있으면 B와 C 스위치도 켜져 있다.
[사실 2] D 스위치가 꺼져 있으면 C 스위치도 꺼져 있다.
[사실 3] C 스위치가 켜져 있으면 E 스위치도 켜져 있다.
---

① C 스위치가 켜져 있으면 A 스위치도 켜져 있다.
② E 스위치가 꺼져 있으면 C 스위치도 꺼져 있다.
③ A 스위치가 꺼져 있으면 B 스위치도 꺼져 있다.
④ E 스위치가 켜져 있으면 B와 C 스위치도 켜져 있다.

30. A, B, C 세 사람은 직업이 각각 다르고 판사, 검사, 변호사 중 하나이다. A는 진실만 말하고 B는 거짓만 말할 때 반드시 참인 것은?

• A : 검사는 거짓말을 하고 있다.
• B : C는 검사이다.
• C : B는 변호사이다.
---

① 검사는 A이다.
② C의 진술은 거짓이다.
③ 변호사는 거짓말을 하고 있다.
④ 모든 경우의 수는 세 가지이다.

31. 다음은 △△공단 본사 홍보관에 대한 설명이다. 아래의 〈안내문〉을 읽고 방문 계획을 세운다고 할 때, 가장 적절한 것은?

〈안내문〉

- **관람 전 안내사항**
  - 자유관람은 별도 예약신청 없이 자유롭게 이용 가능합니다.
  - 10명 이상 단체견학은 온라인 견학신청을 해 주시기 바랍니다.
  - 안전한 관람을 위하여 바퀴 달린 신발, 인라인 스케이트, 킥보드 등의 착용 및 휴대를 삼가 주시기 바랍니다.
  - 홍보관 내에서는 시각장애 안내견 이외의 애완동물의 출입은 금지되어 있습니다.

- **관람정보**
  - 관람운영일 : 매일 오전 9시 ~ 오후 6시(오후 5시 입장마감)
  - ※ 휴관일 : 1월 1일, 설 · 추석연휴

- **홍보관 해설 시간**
  - 매주 화요일 ~ 일요일 오전 11시 / 오후 2시 / 오후 4시 (총3회), 회당 40명 이내
  - 해설코스 : 홍보관 1층 로비(회사소개 영상관람) → 홍보관 → 특별전시
  - 해설 소요시간 : 40분(회사소개 영상 10분, 해설 30분)
  - 참여방법 : 홍보관 1층 데스크에서 선착순 접수, 방문기념품 제공
  - ※ 해당 시간 단체견학이 있을 경우 동반 해설 진행
  - ※ 외국인 대상 영어 해설 : 관람 4일 전까지 유선 신청(☎ 054-704-8114)
  - ※ 관람 입장시간 및 관람 소요시간은 당일 신청인원과 홍보관 내부 사정에 따라 지연 · 변경될 수 있습니다.

- **자체제작 애니메이션 상영 안내**
  - 애니메이션명 : 네버랜드를 구하라(20분), 트러스트(8분) 총 2편
  - 매일 오전 10시 30분 / 오후 1시 30분 / 오후 3시 30분 총 3회, 홍보관 로비 멀티비전

---

① 영탁 : 홍보관 관람을 위해서는 바퀴 달린 신발을 신고 가는 것뿐만 아니라 소지하는 것도 안 되겠구나. 또한 모든 애완동물의 출입이 금지되므로 시각장애인 친구와 함께 방문하는 것은 어렵겠어.

② 호중 : 이번 주 일요일에 아이들과 함께 방문하여 관련 애니메이션을 볼 수 있겠어. 이 애니메이션은 일반 극장에서도 쉽게 볼 수 있겠구나.

③ 영웅 : 외국인 친구와 함께 방문할 때에는 미리 인터넷 홈페이지에서 영어 해설을 신청하는 것이 좋겠구나.

④ 동원 : 반 친구들 8명과 함께 단체 견학을 하려고 하는데 별도의 예약신청은 필요 없겠구나. 홍보관 해설도 들으려면 일찍 가서 홍보관 1층 데스크에서 신청하는 게 필요하겠어.

32. 다음 기사의 제목으로 가장 적절한 것은?

> 30대 직장인 김 씨는 지난 2020년 말 시중은행에서 3% 초반대의 변동금리로 신용대출을 받았다. 당시 기준금리는 1%가 채 되지 않았지만 이후 한국은행이 기준금리를 공격적으로 올리면서 기준금리는 5% 가까이 치솟았고 가산금리를 더한 신용대출의 금리는 7%에 육박했다. 그러나 최근 치솟았던 대출금리가 다시 안정세에 접어들자 김 씨는 '대출상품 갈아타기'에 나섰다.
>
> 금융권에 따르면 지난달 31일 기준 4대 시중은행의 고정형(혼합형) 주택담보대출 금리(은행채 5년물 기준)는 연 3.660 ~ 5.856%로 하단이 3% 중반대까지 하락했다. 시중은행의 주택담보대출 고정형 금리가 3%대로 떨어진 것은 지난해 2월 이후 약 1년 만이다. 주택담보대출 금리는 지난해 6월, 13년 만에 처음으로 상단이 7%를 넘었으나 시장금리 인하와 정부의 인하 압박에 지난 1월 이후 꺾이기 시작했다.

① 시중금리 하향 조정세
② 대출금리 경쟁적 인상 조짐
③ 변동금리와 고정금리 비교
④ 주택담보대출의 위험성

33. 다음 글을 참고했을 때, 올바른 거절 방법으로 적절하지 않은 것은?

> 전국 직장인 2천 명을 대상으로 착한 아이 콤플렉스에 대한 설문조사를 실시한 결과 응답자의 약 83.9%가 착한 아이 콤플렉스로 인해 거절이 어렵다고 밝혔다. 이들 중 약 84.2%는 직장에서 착한 아이 콤플렉스를 경험했다고 답했는데, 그 상황으로는 '동료의 부탁을 거절하지 못할 때', '상사의 무리한 주문에 싫은 티를 내지 못할 때' 등이 언급되었다. 직장인들은 착한 아이 콤플렉스에 대해 사회생활에서 피할 수 없다는 태도를 보였으며 착한 아이 콤플렉스를 갖는 이유로는 '누구에게나 좋은 사람으로 기억되고 싶어서', '작은 것 하나로 평가되는 사회 분위기 때문', '소심한 성격 때문에 거절을 못해서', '나에 대한 사람들의 뒷담화가 두려워서'라고 응답하였다.

① 거절함으로써 발생될 문제들과 자신이 거절하지 못해서 그 일을 수락했을 때의 기회비용을 따져본다.
② 거절의 의사결정 전에 신중하게 고민하는 시간을 충분히 가진다.
③ 상대방이 부탁할 때에는 주의를 기울여 문제의 본질을 파악한다.
④ 무작정 거절 의사만 밝히기보다는 대안을 함께 제시한다.

34. 다음 글에서 사용된 서술 방법에 대한 설명으로 적절한 것은?

> 가족은 성원들 간의 공유와 협동이 이루어지는 집단이다. 그러나 집단 안에서만 공유와 협동이 이루어지는 배타적 권리를 주장하고 사적 이익만을 추구한다면 이타성과 공공선을 추구하는 전 사회적 공동체의 원리와 대립하게 된다.
> 그동안 우리 사회는 경제적으로 급성장을 하였지만 불균등한 분배 구조로 계층 간의 차이가 지속적으로 확대되고, 그 차이는 다음 세대로 전승됨으로써 사회적 불평등 구조가 재생산되고 있다. 이러한 사회적 불평등 구조의 재생산은 한국 특유의 배타적 가족주의와 결합하게 되면서 온갖 사회 모순을 확대시켜 왔다. 기업의 족벌 경영 체제, 부동산 투기, 사치성 소비 성향, 고액 과외 등의 부정적 현상들은 개개인들이 자기 가족의 안락과 번영을 위해 헌신한 행위로 정당화되어 결과적으로 가족 집단의 공동 이익이 다른 가족들의 경제적 빈곤을 악화시키는 반공동체적 행위를 강화시켜 온 것이다.
> 이와 같이 가족 내에서의 공동체적 삶의 원리가 전체 사회의 공동체적 언어를 파괴하고 가족 생활 자체도 점차 공동체적 성격을 상실해 간다면 가족은 더 이상 전체 사회에 유익한 일차 집단이 될 수 없다. 그럼에도 가족에 대한 비판을 금기시하고 신성화하는 이데올로기를 고집한다면 우리 사회가 당연한 문제들을 해결하기는 더욱 어려워질 것이다.

① 대상의 특성을 파악하며 비교 설명하고 있다.
② 개별적 사례에서 보편적 원리를 이끌어내고 있다.
③ 필자의 가설을 제시하고 사례를 통해 입증하고 있다.
④ 사회현상을 연속적인 흐름에 따라 설명하고 있다.

35. 수아와 엄마는 29살 차이가 나고 아빠는 엄마보다 7살이 많으며, 3년 후 엄마와 아빠의 나이를 합하면 수아 나이의 7배가 된다. 수아의 현재 나이는?

① 8세　② 9세　③ 10세　④ 11세

36. 어떤 가게는 주스 빈 병 3개를 가지고 오면 새 주스 1병을 증정하는 행사를 하고 있다. A가 주스 18병을 구매했다면 마실 수 있는 주스는 최대 몇 병인가?

① 24병　② 25병　③ 26병　④ 27병

[37 ~ 38] 다음 글을 읽고 이어지는 질문에 답하시오.

지구온난화로 인한 기후변화 때문에 자연재해가 급증하고 있다. 그중 물을 통한 자연재해는 집중호우 형태의 홍수와 물 부족이 원인인 가뭄으로 구분할 수 있다. 가뭄은 홍수에 비해 피해가 시작되는 시점을 일정 부분 파악할 수 있고, 사회경제적 영향에 의해 선택적으로 피해를 발생시키는 특징이 있다. 이러한 이유로 홍수보다 가뭄은 피해 계층 간의 불평등이 더욱 심하다. 쉬운 예로 심각한 가뭄 중에도 도시인의 생활용수 공급이 중단되는 사례는 극히 드물다는 사실을 들 수 있다. 또한 가뭄이 발생하면 곡물 재배가 어려워져 종종 식량공급에 차질을 빚는데, 이러한 상황은 상대적으로 사회적 약자의 피해로 전가되는 경향이 크다. 따라서 어느 정도 여유가 있는 대다수 국민의 입장에서 가뭄은 홍수에 비해 드물게 발생하는 것처럼 느껴진다. 또한 대부분의 사람들은 가뭄 발생지역만이 가뭄의 피해를 입는 지역이라고 인식하고 있다. 그러나 심각한 피해지역이라 할지라도 경제적 능력이 있으면 충분히 그 피해를 타지역으로 전가시킬 수 있다. 또한 가뭄은 홍수와 같이 발생주기가 비교적 불규칙하다고 알고 있으나 문헌에 의하면 가뭄은 일정한 주기를 가지고 반복되는 현상으로 알려져 있다. 이렇듯 가뭄은 재해로 인한 피해계층의 불평등과 반복성을 지닌 현상으로, 관심과 고통분담의 원칙을 생각한다면 쉽게 극복할 수 있는 자연재해이기도 하다. 어떠한 의미에서 홍수는 '확률에 의한 재해'이고 가뭄은 '선택에 의한 재해'라고 정의할 수 있을 것이다.

37. 윗글을 읽고 유추한 사실로 옳지 않은 것은?

① 도시인들은 가뭄으로 인한 재해에 비교적 무감각할 것이다.
② 가뭄은 홍수에 비해 예측 가능성이 높은 재해일 것이다.
③ 기득권층은 가뭄으로 인한 피해를 타 계층에 의도적으로 전가하고 있다.
④ 홍수로 인한 재해는 가뭄에 비해 급작스럽게 발생하는 경우가 많을 것이다.

38. 윗글의 주제로 가장 적절한 것은?

① 재해와 그로 인한 불평등
② 가뭄으로 인한 재해의 특징
③ 지구온난화로 인한 재해의 종류
④ 홍수와 가뭄으로 인한 피해의 원인과 결과

39. 다음 (가), (나)를 읽고 도출할 수 있는 결론으로 적절한 것은?

> (가) 지난해 정부에서는 정보격차 해소를 위해 저소득층 가정의 아이들에게 컴퓨터 등의 정보 통신기기를 보급하였다. 이를 통해 정보의 접근성 및 활용능력이 향상되었고 이는 학업성적의 향상에도 도움이 될 것으로 전망하였다. 그런데 올해 정보 통신기기를 지원받은 가정의 아이들의 학업성적을 살펴본 결과, 성적이 오른 아이들은 소수에 불과하고 대부분이 전과 유사한 성적에 머물거나 오히려 하락한 경우도 나타났다.
>
> (나) 정보 통신기기의 보급은 아이들로 하여금 다양한 지식을 쉽게 얻을 수 있도록 한다는 점에서 도움이 되지만, 수업에 대한 흥미와 집중력이 낮아지고 공부를 소홀히 하는 행동 등을 유발하여 학업성적이 떨어지는 이유가 되기도 한다. 그런데 정보 통신기기로 인한 학업성적의 하락은 저소득층 가정의 아이들에게서 더 큰 폭으로 나타나는데, 이러한 결과는 부모들의 관리에서 비롯된다고 보는 견해가 있다. 대부분 고소득층의 부모들은 자녀의 기기 활용에 대해 관리와 통제를 가하지만, 저소득층의 부모들은 이러한 관리에 대해 소홀한 경향이 있다는 것이다.

① 정보 통신기기의 보급은 정보격차 해소에는 도움이 되지만 아이들의 학업수준에는 부정적인 영향을 미친다.

② 아이들의 학업성적에는 정보 통신기기의 보급보다 기기에 대한 관리와 통제가 더 중요하게 작용한다.

③ 저소득층 아이들의 학업성적은 정보 통신기기의 보급에 따라 영향을 받으므로 적절한 조절을 통해 아이들의 성적향상을 도울 수 있다.

④ 저소득층의 정보 통신기기 보급률은 고소득층보다 낮은 수준으로, 이로 인한 정보수준의 격차가 아이들의 학업에 영향을 미친다.

40. 다음 OO국립병원의 연구원 채용공고문을 읽고 이해한 내용으로 옳지 않은 것을 고르면?

〈OO국립병원 정신건강의학과 연구원 채용공고〉

OO국립병원 정신건강의학과 연구소는 정신신체장애, 신경정신장애, 강박장애, 불안장애, 우울장애 등 해당 분야 국내 최고의 교수진으로 구성되어 있으며 최신 이론을 기반으로 연구가 활발히 진행되고 있습니다. 최신 이론과 다양한 임상 사례를 접하고 싶으신 연구원을 아래와 같이 모집합니다. 관심 있는 분들의 많은 지원 바랍니다.

20X2. 05. 23.

OO국립병원장

1. 모집분야 : 연구원

2. 지원자격 : 박사 학위 소지자(임상심리 관련 전공자 우대)

3. 근무조건
   – 주 5일 근무
   – 고용형태 : 계약직(임용 1년 후 근무 성과에 따라 정규직 전환 가능)
   – 임용일 : 20X2. 07. 01
   – 근무처 : OO국립병원 제1별관 8층 정신건강의학과 연구소
   – 보수 : 면접 후 결정

4. 주요업무 : 연구수행 및 논문작성

5. 제출서류
   – 이력서(사진 첨부)
   – 자기소개서(주요 경력 상세 기술)
   – 학력 및 성적증명서(학부 및 대학원 각 1부)
   – 경력 및 재직증명서(해당자에 한함)
   – 자격증 사본(해당자에 한함)
   – 개인정보 수집 및 이용 동의서(아래 첨부)

6. 접수 일정 및 방법
   가. 서류심사
       – 기간 : 20X2. 06. 10.(금요일)까지 이메일 접수
       – 방법 : E-mail 제출서류 송부(주소 : abcd@hos.com)
       – 합격통지 : 지원자의 이메일로 합격 및 불합격 통지
   나. 면접심사
       – 일시 : 서류심사 합격자에 한해 이메일로 개별 통지
       – 최종합격통지 : 지원자의 이메일로 합격 및 불합격 통지

7. 문의 : 02) 000-0000

---

① 자격증과 경력은 필수가 아니다.

② 임상심리 관련 전공자 대상의 채용공고문이다.

③ 서류 및 면접심사의 합격여부는 모두 이메일로 알려준다.

④ 임용되면 근무성과에 따라 20X3.07.01부터 정규직으로 전환될 수 있다.

41. 다음 글의 빈칸에 들어갈 언어의 특성으로 알맞은 것은?

> 낱말의 소리는 그것이 지시하는 대상과 아무런 관계가 없다. 우리가 주거하는 곳을 한국어로 '집'이라고 하는데 영어로는 '하우스'고 프랑스어에선 '메종'이라 한다. 스페인어는 '카사', 러시아어는 '돔', 힌디어는 '바완', 아프리카 스와힐리어는 '니움바'다. 집과 하우스 사이의 언어적 연관성을 캐내는 일은 정말 부질없는데, 이는 (   ) 때문이다. 즉, 집을 집이라 부르는 것은 무슨 이유가 있는 게 아니라 그냥 그렇게 이름이 붙었기 때문이다.
>
> 의성어는 소리를 흉내 내는 말이기 때문에 대상과 관련이 있다. 하지만 이마저도 언어 간의 차이가 생각보다 크다. 강아지는 한국어로 '멍멍' 짖지만, 영어로는 '바우와우', 프랑스어로는 '우아프우아프' 짖는다. 스페인에선 '과우과우', 러시아에선 '가프가프' 짖는다고 하니, 전 세계의 강아지들이 고개를 갸웃할 일이다.

① 언어의 자의성　　　　② 언어의 독자성

③ 언어의 역사성　　　　④ 언어의 다의성

42. 현우와 진희는 함께 점심을 먹기 위해 각자 위치의 중간 지점에서 만나기로 하였다. 현우가 120km/h, 진희가 80km/h로 이동할 경우 현우가 진희보다 35분 일찍 도착한다고 할 때, 현재 두 사람 사이의 거리는 몇 km인가? (단, 현우와 진희는 동시에 출발한다)

① 120km
② 140km
③ 245km
④ 280km

43. 다음 202X년 난청 환자 수 자료에 대한 설명으로 옳은 것은?

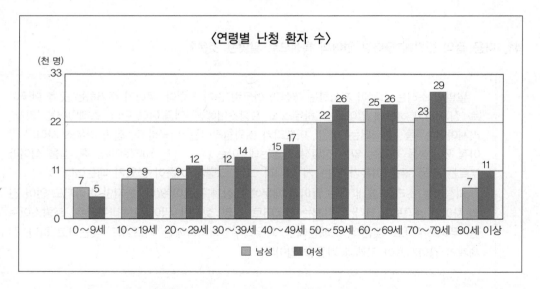

〈연령별 난청 환자 수〉

① 전 연령대에서 여성 환자의 수가 남성 환자의 수보다 많다.
② 남성과 여성 환자 수의 차이가 가장 큰 연령대는 70 ∼ 79세이다.
③ 남성 환자와 여성 환자의 수는 모두 60 ∼ 69세 이후부터 줄어들고 있다.
④ 60 ∼ 69세 남성 환자 수는 80세 이상 남성 환자 수의 4배 이상이다.

44. 다음은 K 대학의 연령별 편입 응시생 현황이다. 정치학과 편입 응시생의 평균 연령은 몇 세인가? (단, 소수점 아래 둘째 자리에서 반올림한다)

(단위 : 명)

학과 \ 연령	23세	24세	25세	26세	27세
경영학과	10	12	13	16	13
경제학과	12	10	15	13	16
행정학과	18	16	8	13	15
정치학과	20	21	14	18	15
회계학과	8	9	17	20	22
세무학과	9	10	11	10	11
계	77	78	78	90	92

① 약 22.5세 ② 약 23.0세

③ 약 24.9세 ④ 약 25.5세

45. 출근 시간이 오전 8시까지인 ○○기업의 A 대리가 8시 정각에 출근할 확률은 $\frac{1}{4}$이고, 지각할 확률은 $\frac{2}{5}$이다. A 대리가 이틀 연속 정해진 시간보다 일찍 출근할 확률은?

① $\frac{49}{400}$ ② $\frac{3}{16}$

③ $\frac{13}{200}$ ④ $\frac{64}{225}$

01. ○○관광개발의 관광사업부 직원들은 매출 향상을 위해 회의를 진행 중이다. 다음 중 박 부장의 말을 바르게 경청한 사람은?

> 박 부장 : 본부장 회의에서 나온 결론은 매출 향상을 위해서는 여행상품이 연령대, 소득 격차 등에 따라 세분화될 필요가 있다는 거였어요. 이건 특히 제가 아주 강조한 의견이기도 하고요. 자, 제가 지금까지 얘기한 걸 다들 들었을 테니 이제 여러분들이 여행상품 세분화에 대한 실행 방안은 어떤 게 있을지 의견들을 말해 보세요.
> A 대리 : 부장님, 그럼 혹시 각 권역별 특성에 맞는 상품 개발에 대한 논의도 있었나요?
> B 사원 : 네, 저는 고객의 안전이 최우선이라고 예전부터 생각해 왔습니다.
> C 사원 : 부장님 의견에 전적으로 동의합니다.
> D 과장 : 역시 우리 부장님의 의견은 늘 윗선에 잘 받아들여지는 거 같아요.

① A 대리
② B 사원
③ C 사원
④ D 과장

02. 글의 통일성을 고려할 때, 다음 밑줄 친 ㉠~㉣ 중 삭제해야 할 문장은?

> ㉠오늘날 세계 거의 모든 나라의 사람들은 '빅맥'을 먹는다. ㉡'빅맥'은 맥도날드의 대표적인 제품으로 세계 여러 나라들의 실질적인 통화 가치를 측정하는 데에도 활용되고 있다. ㉢이는 세계화의 확산을 단적으로 나타내는 현상이다. ㉣오늘날 세계화 시대의 양상은 두 가지로 표현할 수 있다. 하나는 '모든 나라의 사람들은 빅맥을 먹는다'라는 것이고, 다른 하나는 '그렇다 하더라도 일부는 '김치'를 또한 먹고 있다'라는 것이다.

① ㉠
② ㉡
③ ㉢
④ ㉣

03. 다음 결론이 참이 될 때, 빈칸에 들어갈 전제로 옳은 것은?

> [전제] • 건강에 관심이 많지 않은 사람은 종합비타민제를 챙겨 먹지 않는다.
> • 건강에 관심이 많은 사람은 규칙적으로 운동을 한다.
> • _____
> [결론] A는 종합비타민제를 챙겨 먹지 않는다.

① A는 규칙적으로 운동을 하지 않는다.
② A는 건강에 관심이 많다.
③ 규칙적으로 운동을 하면 종합비타민제를 챙겨 먹는다.
④ A는 규칙적으로 운동을 하지만 건강에 관심이 없다.

04. 사내 체육대회에서 각 부서별 대표 1명 또는 2명씩 총 7명(A, B, C, D, E, F, G)이 달리기 시합을 진행하였다. 시합 결과가 다음과 같다면 첫 번째로 결승점에 들어온 직원은 누구인가?

> • 네 번째로 들어온 사람은 D이다.
> • F보다 나중에 D가 들어왔다.
> • G보다 나중에 F가 들어왔다.
> • B보다 나중에 E가 들어왔다.
> • D보다 나중에 E가 들어왔다.
> • G보다 나중에 B가 들어왔다.
> • A보다 나중에 F가 들어왔으나 A가 1등은 아니다.

① A　　　　　　　② B
③ E　　　　　　　④ G

05. 다음 자료를 참고할 때, 바이럴 마케팅의 사례로 적절하지 않은 것은?

> 바이럴 마케팅(Viral marketing)은 네티즌들이 SNS 등 다른 전파 가능한 매체를 통해 자발적으로 어떤 기업이나 기업의 제품을 홍보하는 마케팅 기법으로 컴퓨터 바이러스처럼 확산된다고 해서 이러한 이름이 붙었다. 바이럴 마케팅은 2000년 말부터 확산되어 새로운 인터넷 광고 기법으로 주목받았다. 기업이 직접 홍보를 하지 않고 소비자를 통해 입에서 입으로 전해지는 광고라는 점에서 기존의 광고와 다르다. 입소문 마케팅과 일맥상통하지만 입소문 마케팅은 정보 제공자를 중심으로 메시지가 퍼져나가고 바이럴 마케팅은 정보 수용자를 중심으로 퍼져나간다.
>
> 기업은 유행이나 풍조 등 현실의 흐름을 따라가면서 네티즌들의 입맛에 맞는 재미있고 신선한 내용의 동영상을 제작, 인터넷 사이트에 무료로 게재하면서 그 사이에 기업의 이름이나 제품을 슬쩍 끼워넣는 방식으로 간접광고를 한다. 네티즌은 애니메이션 내용이 재미있으면 SNS를 통해 다른 네티즌에게 전달하고 이러한 과정이 반복되다 보면 어느새 네티즌 사이에 화제가 되며 자연적으로 마케팅이 이루어지는 것이다. 또 다른 바이럴 마케팅은 웹 애니메이션 기술을 바탕으로 이루어지며, 이는 기존의 텔레비전이나 영화 등 필름을 이용한 광고보다 비용이 훨씬 저렴하기 때문에 빠른 속도로 확산되고 있다.

① K 화장품 회사는 여성의 자신감과 본연의 아름다움에 관한 메시지를 전하는 캠페인의 일환으로 동영상을 제작하여 SNS를 통해 전파하였다. 제작된 동영상의 말미에는 K사의 로고를 그려 넣었다.

② 전 세계적으로 인기였던 '아이스 버킷 챌린지'는 희귀병으로 고통 받는 환자들을 돕기 위한 캠페인이었다.

③ P 자동차 회사는 오토 쇼(Auto show)에서 신차를 공개했던 기존의 방법 대신 SNS를 통해 신차를 공개하며 사람들의 호기심을 자극하여 화제가 되었다.

④ T 외식 업체의 마스코트가 유행어를 구사하는 애니메이션이 SNS에서 인기를 끌고 있다.

06. 다음 중 절약을 이야기하는 속담이 아닌 것은?

① 단단한 땅에 물이 괸다.　　　　　② 열의 한술 밥
③ 소같이 벌어서 쥐같이 먹어라.　　④ 강물도 쓰면 준다.

[07 ~ 08] 다음은 ○○공사에서 작성한 보도자료이다. 이어지는 질문에 답하시오.

전기와 소금을 동시에 생산하는 (㉠) 발전시스템 구축

○○공사는 녹색△△연구원, □□소프트웨어와 공동으로 '100kW급 염전 태양광 발전시스템'을 개발했다고 밝혔다. 본 시스템은 수심 5cm 내외의 염전 증발지 바닥에 수중 태양광모듈을 설치하여 소금과 전력을 동시에 생산할 수 있는 태양광 발전시스템이다. 태양광 발전과 염전의 설치 조건은 일사량이 많고 그림자가 없으며 바람이 잘 부는 곳으로 동일하다는 공통점이 있다. 본 연구는 국내 염전 중 약 85%가 전라남도에 밀집하여 지난 2018년 3월부터 전남 무안에 염전 태양광 6kW 프로토타입을 설치 운영한 이후, 이번에 100kW급으로 용량을 늘렸다. ○○공사는 염전 내부에 태양광 설치를 위해 수압에 잘 견디는 태양광 모듈을 설계하고, 태양광－염전 통합운영시스템을 개발했다. 여름철에는 염수에 의한 냉각으로 일반 지상 태양광과 비교하여 발전량이 5% 개선됐고, 태양광 모듈에서 발생하는 복사열로 염수의 증발시간이 줄어서 소금생산량도 늘었다. 현재까지 태양광 발전시스템 상부에 항상 염수가 접촉해 있음에도 전기안전 및 태양광 모듈 성능저하 등 운영 결함은 없었지만 계속 점검할 계획이다.

○○공사 관계자는 "염전태양광이 본격적으로 보급되면 국내 태양광 발전의 확대는 물론 열악한 염전산업계를 지원하여 주민들의 소득증대에도 기여할 수 있는 전라남도와 ○○공사 간 지역 상생협력 그린뉴딜 사업이 될 것"이라고 밝혔다.

---

07. 다음 중 위 보도자료를 이해한 내용으로 적절하지 않은 것은?

① 염전 태양광 발전시스템은 ○○공사 단독으로 개발하지 않았다.
② 우리나라 염전의 대부분이 특정 지역에 밀집해 있다.
③ 염전 태양광 발전시스템을 활용하면 발전량과 소금생산량이 반비례 관계가 된다.
④ 염전 태양광 발전시스템은 전기안전 및 태양광 모듈 성능저하의 가능성이 있다.

08. 다음 중 빈칸 ㉠에 들어갈 말로 적절한 것은?

① 일거양득(一擧兩得)   ② 절치부심(切齒腐心)
③ 조삼모사(朝三暮四)   ④ 권토중래(捲土重來)

[09 ~ 10] 다음 글을 읽고 이어지는 질문에 답하시오.

> ㉠상품은 그것을 만들어 낸 생산자의 분신이지만, 시장 안에서는 상품이 곧 독자적인 인격체가 된다. 사람이 주체가 아니라 상품이 주체가 되는 것이다. 상품 생산자, 즉 판매자는 ㉡화폐를 얻기 위해 자신의 상품을 시장에 내놓는다. 이렇게 내놓아진 상품이 시장에서 다른 상품이나 화폐와 관계를 맺게 되면 그 상품은 주인에게 복종하기를 멈추고 자립적인 삶을 살아가게 된다.
>
> 또한, 사람들이 상품을 생산하여 교환하는 과정에서 시장의 경제 법칙을 만들어 냈지만, 이제 거꾸로 상품들은 인간의 손을 떠나 시장 법칙에 따라 교환된다. 이런 시장 법칙의 지배 아래에서는 사람과 사람 간의 관계가 상품과 상품, 상품과 화폐 등 사물과 사물 간의 관계에 가려 보이지 않게 된다.
>
> 이처럼 상품이나 시장 법칙은 인간에 의해 산출된 것이지만, 거꾸로 상품이나 시장 법칙이 인간을 지배하게 된다. 이때 인간 및 인간들 간의 관계가 소외되는 현상이 나타난다.

09. 윗글의 중심내용으로 적절한 것은?

① 시장경제는 사람이 관여하지 않을 때 가장 이상적이다.
② 상품과 시장 법칙 중심의 경제가 사람을 소외시킨다.
③ 시장경제 법칙이 실제 시장에 잘 적용되지 않고 있다.
④ 사람 간 관계 중심의 시장 정책 마련이 필요하다.

10. 다음 중 윗글의 ㉠, ㉡의 단어 관계와 동일한 것은?

① 잡채 : 당면   ② 남자 : 여자
③ 축구 : 공   ④ 운동 : 건강

11. A ~ E 중 책임감과 신중함 점수가 가장 높은 사람을 선정한 후, 그중에서 실적이 가장 높은 사람을 진급시키려고 한다. 다음 중 선발될 사람은?

구분	근속연수 (년)	실적	교육이수학점	건강상태	인성		
					사회성	책임감	신중함
A	19	하	중	상	상	중	상
B	15	중	중	중	중	중	상
C	13	하	상	상	하	상	하
D	13	중	중	중	상	중	중
E	17	중	중	중	중	하	상

※ 근속년수를 제외한 모든 특성에 다음과 같이 점수를 부여함.
 상 : 3점, 중 : 2점, 하 : 1점

① A ② B
③ C ④ D

12. ○○기업 신입사원 A ~ D 4명은 다음과 같이 부서를 지원하였다. 항상 거짓인 것은?

• ○○기업은 경영기획부, 마케팅부, 홍보부의 3개의 부서가 있다.
• 신입사원 A ~ D 4명은 각자 2개의 부서에 지원하였다.
• A는 경영기획부를 지원하지 않았다
• A와 B는 각자 지원한 부서 중 하나만 같았다.
• 경영기획부를 지원한 사원은 1명이었다.

① A는 마케팅부에 지원하였다.
② B는 경영기획부에 지원하였다.
③ 4명 중 3명 이상이 마케팅부에 지원하였다.
④ C와 D는 각자 지원한 부서 중 하나만 같았다.

13. 다음은 ○○기관의 숙련기술자 지위체계 구축방안에 대한 연구결과 평가서이다. 이를 통해 알수 있는 사항으로 옳지 않은 것은?

〈연구결과 평가서〉

□ 연구과제명 : 숙련기술자 지원체계 구축방안 연구

□ 연구수행기관 : 한국 K 학회

□ 책임연구자 : 김△△ 연구원

□ 연구결과 : 숙련기술장려법의 일부 개정이 이루어진 바, 대한민국명장 등의 전수 활동 및 우수숙련기술인에 대한 평가, 숙련기술인 정보체계 구축 등에 대한 방안 모색 필요, 이 연구는 우수숙련기술인의 전수 활동에 대한 사항, 우수숙련기술인의 숙련기술장려활동 평가·지원체계 및 숙련기술인 등의 정보관리 체계 구축·운영방안 등의 제시를 통해 숙련기술인장려법 시행령 등의 개정 방안을 제시함.

□ 평과결과 :

하나. 숙련기술장려 정책을 효과적으로 추진하기 위한 숙련기술자 지원체계구축 방안 마련의 일환으로 숙련기술장려활동 평가 및 지원, 숙련기술자 등 정보관리체계의 구축·운영을 목적으로 하였으며, 이에 대한 연구를 수행함.

둘. 연구목적 및 연구내용에 적절한 자료 조사 및 검토, 관련 유사 제도 사례 조사 및 검토, 숙련기술단체 등 이해관계자 의견 등을 연구방법으로 적절하게 활용함.

셋. 숙련기술장려활동 평가 및 지원체계에 대한 시행령 등 하위규정 마련과 숙련기술자 등의 정보관리체계 구축 및 운영방안 등을 구체적으로 제시한 바, 직접적으로 정책에 활용 가능함.

넷. 기타 평가위원 및 과제 담당부서장이 필요하다고 인정하는 사항 평가 등을 직접 수행할 기관의 평가계획 마련에 도움을 줌.

---

① 연구 추진배경
② 연구 조사방법의 적절성
③ 연구 결과의 활용 가능성
④ 연구 활용 결과의 우수성

[14 ~ 15] 다음 글을 읽고 이어지는 질문에 답하시오.

우리는 식인 풍습의 긍정적인 형태들(그 기원이 신비적이거나 주술적인, 또는 종교적인 것들이 대부분 여기에 포함됨)을 고찰해 볼 필요가 있다. 식인종은 조상의 신체 일부분이나 적의 시체의 살점을 먹음으로써 죽은 자의 덕을 획득하려 하거나 또는 그들의 힘을 중화시키고자 한다. 이러한 의식은 종종 매우 비밀스럽게 거행된다. 식인종들은 인간의 살점을 다른 음식물과 섞어 먹거나 가루로 만든 유기물 약간과 함께 먹는다. 오늘날 식인 풍습의 요소가 보다 공개적으로 인정받고는 있으나, 그러한 풍습은 여전히 비도덕적이라는 이유로 비난 받기도 한다. 하지만 식인종들의 풍습은 시체가 물리적으로 파괴되면 육체적 부활이 위태로워진다는 생각에서 비롯된 것이거나, 또는 영혼과 육체의 연결과 여기에 따르는 육체와 영혼의 이원론에 대한 확신에서 비롯된 것이라는 점을 인정해야만 한다. 이러한 확신들은 의식적인 식인 풍습의 의미로 시행되고 있는 것에 나타나는 것과 동일한 성격을 지닌다. (㉠) 우리는 어느 편이 더 나은 것이라고 말할 수 있는 어떠한 정당한 이유도 지니고 있지 못하다. 뿐만 아니라 우리는 죽음의 신성시함을 무시한다는 이유에서 식인종을 비난하지만, 어찌 보면 식인종들의 풍습은 우리가 해부학실습을 용인하고 있다는 사실과 별반 다를 것이 없다. (㉡) 무엇보다도, 만약 우리와 다른 사회에서 살아온 관찰자가 우리를 연구하게 된다면 우리에게는 자연스러운 어떤 풍습이, 그에게는 우리가 비문명적이라고 여기는 식인 풍습과 비슷한 것으로 간주될 수 있다는 점을 인식해야만 한다.

14. 다음 중 ㉠과 ㉡에 들어갈 접속어를 순서대로 가장 바르게 나열한 것은?

	㉠	㉡		㉠	㉡
①	그리고	따라서	②	그리고	그러나
③	그러므로	따라서	④	더불어	그로 인해

15. 다음 중 저자가 지양하는 태도에 해당하지 않는 것은?

① 음식을 손으로 먹다니, 인도 사람들은 여전히 미개해.

② 저 범죄자들을 감옥에 격리시키기로 했구나. 그들 입장에서는 사형보다 더 잔인하군.

③ 애벌레를 먹는다니, 아프리카 사람들은 너무 야만적이야.

④ 이렇게 일 처리가 느리다니, 동남아시아 사람들은 너무 게을러.

16. 다음 〈표〉와 〈공식〉을 따를 때, 운동에너지가 가장 큰 물체(X)와 가장 작은 물체(Y)는?

〈표〉 물체별 질량과 속력

물체	질량(kg)	속력(m/s)
(가)	10	6
(나)	8	7
(다)	6	8
(라)	12	5
(마)	15	4

〈공식〉

$$운동에너지(E) = \frac{1}{2} \times (질량) \times (속력)^2$$

	X	Y			X	Y
①	(나)	(가)		②	(나)	(마)
③	(다)	(라)		④	(다)	(마)

17. 원가가 2,000원인 상품에 50%의 이익을 붙여 정가를 매겼는데 잘 팔리지 않아 할인하여 팔았더니 원가의 30%가 이익으로 남았다. 할인한 금액은 얼마인가?

① 200원   ② 400원
③ 600원   ④ 800원

18. 물 225g에 소금 75g을 넣고 완전히 녹일 때, 이 소금물의 농도는 몇 %인가?

① 5%   ② 15%
③ 25%   ④ 35%

[19 ~ 20] 다음 자료를 보고 이어지는 질문에 답하시오.

〈20X3년 주택형태별 에너지 소비 현황〉

(단위 : 천 TOE)

구분	연탄	석유	도시가스	전력	열에너지	기타	합계
단독주택	411.8	2,051.8	2,662.1	2,118.0	–	110.3	7,354
아파트	–	111.4	5,609.3	2,551.5	1,852.9	–	10,125
연립주택	1.4	33.0	1,024.6	371.7	4.3	–	1,435
다세대주택	–	19.7	1,192.6	432.6	–	–	1,645
상가주택	–	10.2	115.8	77.6	15.0	2.4	221
총합	413.2	2,226.1	10,604.4	5,551.4	1,872.2	112.7	20,780

※ 전력 : 전기에너지와 심야전력에너지 포함
※ 기타 : 장작 등 임산 연료

19. 위의 자료에 대한 해석으로 적절한 것은?

① 단독주택에서 소비한 전력 에너지량은 단독주택 전체 에너지 소비량의 30% 이상을 차지한다.
② 모든 주택형태에서 소비되는 에너지 유형은 4가지이다.
③ 아파트는 다른 주택형태에 비해 가구당 에너지 소비량이 많다.
④ 모든 주택형태에서 가장 많이 소비한 에너지 유형은 도시가스이다.

20. 아파트 전체 에너지 소비량 중 도시가스 소비량이 차지하는 비율은 몇 %인가? (단, 소수점 아래 둘째 자리에서 반올림한다)

① 53.4%   ② 55.4%
③ 58.4%   ④ 60.4%

[21 ~ 22] 다음 자료를 보고 이어지는 질문에 답하시오.

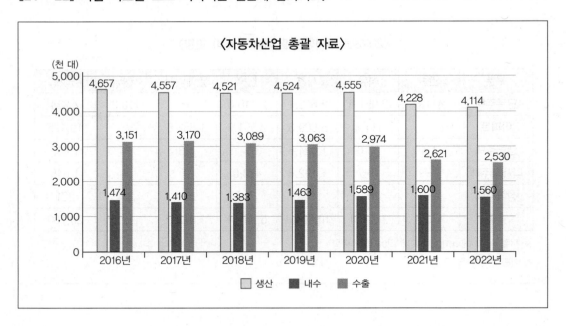

〈자동차산업 총괄 자료〉

21. 위의 자료에 대한 설명으로 옳지 않은 것은?

　① 매년 내수보다 수출량이 더 많다.
　② 매년 자동차 생산량은 400만 대를 상회한다.
　③ 2022년 자동차 생산량은 수출량의 1.7배 이상이다.
　④ 자동차의 수출량은 2017년부터 지속적으로 감소하고 있다.

22. 2017 ~ 2022년 중 전년 대비 생산, 내수, 수출의 증감 추세가 같은 해는 몇 개인가?

　① 2개　　　　　　　　　　② 3개
　③ 4개　　　　　　　　　　④ 5개

23. 다음은 특정 시점 우리나라의 전기 생산 에너지별 비중을 OECD 국가 평균과 비교한 자료이다. 이에 대한 설명으로 옳은 것을 〈보기〉에서 모두 고르면?

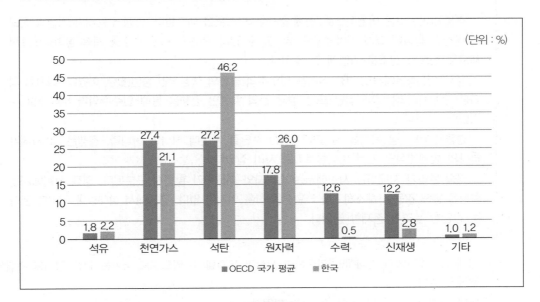

(단위 : %)

	석유	천연가스	석탄	원자력	수력	신재생	기타
OECD 국가 평균	1.8	27.4	27.2	17.8	12.6	12.2	1.0
한국	2.2	21.1	46.2	26.0	0.5	2.8	1.2

보기

(가) OECD 국가들의 평균은 천연가스를 통한 전기 생산량이 우리나라보다 더 많고, 우리나라는 석탄을 통한 전기 생산량이 OECD 국가 평균보다 더 많다.
(나) 전기 생산 에너지별 비중을 합하여 90% 이상의 전기를 생산해내는 에너지원들을 고려할 때, OECD 국가 평균이 우리나라보다 더 다양한 에너지원을 활용하고 있다.
(다) 우리나라와 OECD 국가 평균 모두 석탄과 원자력의 비중이 절반을 넘는다.
(라) 우리나라와 OECD 국가 평균과의 생산 비중 차이가 가장 큰 에너지원은 석탄이다.

① (가), (나)
② (가), (다)
③ (나), (다)
④ (나), (라)

24. 12명의 학생 가운데 9명의 점수를 총합하면 630점이고, 나머지 3명 중 두 명의 평균 점수는 84점이며 나머지 한 명의 점수는 12명의 평균 점수보다 16점 높다고 한다. 학생 12명의 평균 점수는?

① 70점
② 74점
③ 86점
④ 90점

25. 다음 글의 빈칸에 들어갈 문장으로 알맞은 것은?

> 경쟁이라는 말은 어원적으로 '함께 추구한다'는 뜻을 내포한다. 경쟁의 논리가 기술의 진보와 생산성 향상에 크게 기여했음은 부인할 수 없다. 인간의 욕구 수준을 계속 높여감으로써 새로운 진보와 창조를 가능케 한 것이다.
>
> 정치적인 측면에서도 경쟁 심리는 민주주의 발전의 핵심적인 동인(動因)이었다. 정치적 의지를 관철시키려는 이익집단 또는 정당 간의 치열한 경쟁을 통해 민주주의가 뿌리내릴 수 있었다. 그러나 (   )
>
> 경쟁은 더 이상 목적을 달성하기 위한 수단들 가운데 하나가 아니다. 경쟁은 그 자체가 하나의 범세계적인 지배 이데올로기로 자리 잡았다.
>
> 경쟁 논리가 지배하는 사회에서는 승리자와 패배자가 확연히 구분된다. 경쟁 사회에서는 협상을 통해 갈등을 해소하거나 타협점을 찾을 여지가 없다. 경쟁에서 상대방을 이기면 된다는 간단한 논리가 존재할 뿐이다.

① 경제적인 측면에서 경쟁에만 의존하면 시장이 붕괴될 수 있으므로 국가는 경쟁 정책을 수립할 필요가 있다.

② 현대 사회에서 경쟁을 피할 수 없게 되었다.

③ 경쟁에서 상대적으로 불리한 조건에 있는 사람은 살아남기 위해 새로운 혁신적 수단을 사용하게 되었다.

④ 오늘날 경쟁은 어원적 의미와는 달리 변질되어 통용된다.

26. 다음 밑줄 친 부분의 띄어쓰기가 적절하지 않은 것은?

① 김∨주원∨박사는 열심히 노력한∨만큼 큰 상을 받게 되었다.

② 이곳에서 주문할 물품의 개수는 스물∨내지∨서른 정도입니다.

③ 꽃잎이 한잎∨두잎 강물에 떠내려가∨버렸다.

④ 부장∨겸∨대외협력실장을 맡고 계신 황∨부장님을 모셨다.

27. S 기업의 야유회에서 10명의 사원들을 5명씩 두 팀으로 나누어 보물찾기를 하고 있다. 한 팀이 먼저 보물을 숨기고 다른 팀에게 다음과 같이 힌트를 주었는데 두 명은 거짓을 말하고 있을 때, 거짓을 말하는 사람은? (단, 보물은 한 개다)

> A : 보물은 풀숲 안에 숨겼습니다.
> B : 텐트 안에 보물이 있습니다.
> C : D는 진실만을 말하고 있습니다.
> D : 풀숲 안에 보물을 숨기는 것을 보았습니다.
> E : 저희는 나무 아래에 보물을 숨겼습니다.

① A, B
② A, D
③ B, C
④ B, E

28. 승아, 현정, 아영, 희진, 도현, 선우 6명은 놀이기구를 타기 위해 줄을 서 있다. 서 있는 위치가 〈조건〉과 같을 때, 항상 옳은 것은?

조건

> ㉠ 승아와 현정 사이에 2명이 있다.
> ㉡ 아영은 현정의 바로 뒤에 위치한다.
> ㉢ 선우는 앞에서 두 번째에 위치한다.
> ㉣ 희진은 도현과 붙어 있지 않다.
> ㉤ 현정과 선우는 서로 붙어 있다.

① 승아는 맨 앞에 위치한다.
② 현정은 희진과 붙어 있다.
③ 선우는 승아와 붙어 있다.
④ 도현은 현정과 붙어 있지 않다.

대전기출복원
1회 기출예상
2회 기출예상
3회 기출예상
4회 기출예상
5회 기출예상
6회 기출예상
7회 기출예상
8회 기출예상
9회 기출예상
인성검사
면접가이드

29. 다음은 테러 안전 대응 안내 자료이다. 이를 이해한 내용으로 적절한 것은?

〈테러로부터 안전한 대한민국 비상대비 행동요령〉

■ 전 세계, 테러 안전지대는 없다!
- 국제 테러단체 위협 고조
  - 테러 목표가 불특정 다수의 민간인을 노리는 소프트타깃으로 변화
- 외로운 늑대 등 자생테러 증가

■ 테러유형별 대응요령
  1. 폭발물 테러
    1) 폭발물 의심물품 또는 차량 발견 시
      - 폭발물 반대 방향 비상계단을 이용하여 건물 밖으로 탈출 후 경찰에 신고
      ※ 엘리베이터는 위험하므로 이용 금지
    2) 폭발물이 폭발하는 경우
      - 폭발음이 들리면 즉시 바닥에 엎드리고 귀와 머리를 손으로 감싸 두개골 보호
      - 폭발이 종료되어도 연쇄 폭발이 있을 수 있으므로 좀 더 엎드려 있다가 폭발지점 반대 방향으로 신속히 대피
  2. 화학생물 테러
    ▶ 증상 : 눈물, 근육경련, 고열, 복통, 호흡곤란, 균형감각 상실 등
      - 오염지역과 오염원을 재빨리 확인 후 신속히 현재 위치에서 탈출
      - 화학물질 등에 노출되었을 경우, 비누로 얼굴과 손 등을 깨끗이 씻고 응급치료
  3. 방사능 테러
    ▶ 테러로 인해 방사성 물질에 노출 오염이 의심되는 경우
      - 원자력 시설, 방사성 물질 이용시설에 대한 테러 발생 시 즉시 지하대피소나 엄폐물을 찾아 몸을 숨김.
      ※ TV, 라디오 또는 인터넷을 통해 당국의 공식 발표내용을 파악하고 지시에 따름.
  4. 억류 · 납치 테러
      - 납치범을 자극하지 말고 몸값 요구를 위한 서한이나 녹음을 요청할 때는 응함.
      - 눈을 가릴 때 주변 소리, 냄새, 범인 목소리, 이동할 경우 도로 상태 등을 최대한 기억
      - 구출된다는 희망을 갖고 최대한 건강 상태를 유지하고, 구출 작전 시 바닥에 엎드림.
  5. 항공기 피랍 테러
    ▶ 항공기에서 납치범의 인질이 되었을 경우
      - 당황하지 말고 납치범의 지시에 순응하여 납치범이 말을 걸면 조용히 대답하고 관심을 끄는 행동 자제
      - 구출팀은 테러범과 승객 구분이 어려우므로 엎드린 자세 유지

① 납치 테러가 발생했다면 납치범에게 감정과 호소를 통해 탈출을 요구한다.

② 최근 테러는 특정 소수의 사람들을 타깃으로 하는 방식으로 이루어진다.

③ 폭발물 발견 시에는 폭발물 방향을 향한 비상계단을 이용하여 신속하게 탈출한다.

④ 근육 경련 및 복통 등의 증상을 보일 시 오염지역과 오염원을 확인 후 현 위치에서 탈출한다.

30. 다음은 외래어 표기법의 일부이다. 이에 대한 예시로 적절하지 않은 것은?

> 제1항 외래어는 국어의 현용 24 자모만으로 적는다.
>
> 제2항 외래어의 1 음운은 원칙적으로 1 기호로 적는다.
>
> 제3항 받침에는 'ㄱ, ㄴ, ㄹ, ㅁ, ㅂ, ㅅ, ㅇ'만을 쓴다.
>
> 제4항 파열음 표기에는 된소리를 쓰지 않는 것을 원칙으로 한다.
>
> 제5항 이미 굳어진 외래어는 관용을 존중하되, 그 범위와 용례는 따로 정한다.

① spy[spaɪ] 스빠이

② book[buk] 북

③ Paris[pǽris] 파리

④ radio[reɪdioʊ] 라디오

31. 다음 중 단위 환산이 잘못된 것은?

① 1일＝86,400초

② 1GB＝1,048,576KB

③ 1km＝1,000,000mm

④ $1km^2 = 100,000m^2$

32. 여행지에서 돌아온 승훈이는 팀원들에게 떡을 나누어 주려고 한다. 팀원 한 명에게 떡을 5개씩 주면 10개가 남고, 6개씩 주면 25개가 부족하다고 할 때, 전체 팀원의 수는 몇 명인가?

① 30명

② 32명

③ 33명

④ 35명

대전기출복원

1회 기출예상

2회 기출예상

3회 기출예상

4회 기출예상

5회 기출예상

6회 기출예상

7회 기출예상

8회 기출예상

9회 기출예상

인성검사

면접가이드

[33 ~ 34] 다음 글을 읽고 이어지는 질문에 답하시오.

진통제 하면 가장 먼저 떠오르는 약이 아스피린과 타이레놀이다. 약간 열이 나거나 두통이 있을 때 둘 중 어떤 약을 먹어야 하는지 혼란스러워하는 사람이 많다. 아스피린과 타이레놀의 차이점은 무엇일까? 진통제의 라이벌이라고도 불리는 아스피린과 타이레놀의 효능 및 차이점과 복용 시 주의사항을 살펴보자.

아스피린은 대표적인 '해열소염진통제'로 두통, 치통, 생리통뿐만 아니라 치은염, 근육염, 상처에 생긴 염증을 가라앉히는 등 진통과 염증 완화(소염)에 효과적이다. 아스피린은 혈전(피떡)을 없애는 효과가 있어 심혈관질환 예방 목적으로도 많이 사용된다. 하지만 위 자극이 심하므로 제산제나 음식과 함께 먹는 것이 좋다. 또한 임신·수유부와 독감, 수두에 걸린 15세 이하의 어린이는 부작용이 나타날 수 있어 복용하지 않도록 한다. 임산부가 진통 및 해열제가 필요한 경우에는 타이레놀을 복용하는 것이 좋다.

타이레놀은 대표적인 '해열진통제'로 해열과 진통의 효과가 있는 단일성분 제제이다. 해열 효과가 좋고 중등도의 통증 치료에 효과적이다. 하지만 아스피린과는 달리 소염 기능이 없어 염증이 동반되지 않는 두통, 치통, 생리통 등의 생활 통증 시 복용하는 것이 좋다. 타이레놀은 공복에 복용해도 되고 임산부와 어린이가 복용할 수 있는 등 아스피린보다 부작용이 적지만 '아세트아미노펜' 성분이 간 독성을 유발할 수 있으므로 평소 술을 많이 먹는 사람이나 간질 환자는 전문의와 상담 후 복용하도록 한다.

33. 윗글의 제목으로 가장 적절한 것은?

① 진통제의 올바른 복용 방법
② 아스피린과 타이레놀의 선택 기준
③ 진통제 오남용 문제의 심각성
④ 아스피린에 대한 타이레놀의 우수성

34. 윗글을 읽고 추론한 내용으로 적절하지 않은 것은?

① 아스피린은 해열 기능이 있다.
② 아스피린과 타이레놀의 선택 기준에 연령도 고려할 수 있다.
③ 두통, 치통, 생리통은 염증이 유발되지 않는 통증이다.
④ 아스피린은 타이레놀과 달리 간 독성을 일으키는 성분이 들어있다.

[35 ~ 36] 다음 글을 읽고 이어지는 질문에 답하시오.

올해 초 영국의 UKG 노동인구연구소(The Workforce Institute at UKG)는 10개국의 3,400명 직장인을 대상으로 업무 스트레스, 직장이 정신 건강에 미치는 영향, 일에 대한 감정 등에 대한 설문을 진행했고 그 결과, 69%의 직장인이 정신 건강에 가장 큰 영향을 미치는 사람으로 직장 상사를 뽑았다고 한다. 특히 직장 상사에게 받는 압박과 같은 부정적인 정신 환경인 '화목하지 못한 가정생활(61%)', '일상(54%)', '인간관계(42%)' 순으로 직장인에게 좋지 않은 영향을 끼친다는 결과를 공개했다.

심지어 직장 상사 항목에 응답한 사람 중 38%가 '거의' 또는 '절대' 직장 상사와 관계 개선을 위한 대화를 나누지 않는다고 답변했다. 그 이유는 '스스로 해결할 수 있어야 해서(20%)', '상사가 신경을 쓰지 않아서(16%)', '상사가 너무 바빠서(13%)' 순이었다.

직장 결정에 관한 질문에서는 응답자 80% 이상이 고액의 연봉보다 정신 건강을 지킬 수 있는 직장을 선호한다고 답했다. 매니저 이상 직급의 직장 상사 중 70%도 같은 답변을 했다. 자릭 카너드 영국 노동인구연구소 박사는 "불안정한 글로벌 상황으로 인해 생기는 불안감이 직장인들의 에너지를 더 소비하게 하고, 이는 업무 성과, 혁신, 사내 문화에 영향을 미친다."라며 "회사는 직원들이 필요로 하는 자원을 제공하며 안정감을 느낄 수 있도록 조치를 취해야 한다."라고 말했다.

35. 윗글을 참고할 때, 직장 상사와 관계 개선을 위한 대화를 하지 않는 이유에 해당하는 사례로 적절하지 않은 것은?

① 모든 문제는 본인이 하는 것에 달려 있어. 문제가 생겼을 때 다른 사람에게 의지하지 않고 본인이 해결하기 위해 노력해야 해.

② 우리 부장님은 본인으로 인해 부서 내에서 어떤 일이 발생하고 있는지 잘 모르는 것 같아. 그래서 나도 관심을 두지 않기로 했어.

③ 우리 차장님과 대화하면 문제가 더 꼬이는 느낌이야. 도대체 내 말을 이해하지 못하신다니까.

④ 우연히 다음 주 상무님 일정을 보게 되었는데, 어떻게 그걸 다 소화하시는지 모르겠어. 정말 바쁘시더라. 잠깐 시간을 내달라는 얘기를 못하겠어.

36. 다음 중 자릭 카너드 박사가 제안한 내용을 구현한 기관은?

① A 기관은 직원에 대한 징계 절차를 명확하게 개정하였다.

② B 기관은 직원의 주택 자금 지원 정책을 개선하여 지원 규모를 확대하였다.

③ C 기관은 재무 여건을 고려하여 직원 채용 규모를 확정하기로 하였다.

④ D 기관은 기관 비전을 미래 지향적으로 개정하였다.

37. 다음은 20X9년 유럽 주요 국가의 보건부문 통계 자료이다. 이에 대한 설명으로 옳은 것을 〈보기〉에서 모두 고르면?

구분	기대수명(세)	조사망률(명)	인구 만 명당 의사 수(명)
독일	81.7	11.0	38.0
영국	79.3	10.0	27.0
이탈리아	81.3	10.0	37.0
프랑스	81.0	9.0	36.0
그리스	78.2	12.0	25.0

※ 조사망률 : 인구 천 명당 사망자 수

보기

ㄱ. 유럽에서 기대수명이 가장 낮은 국가는 그리스이다.
ㄴ. 인구 만 명당 의사 수가 많을수록 조사망률은 낮다.
ㄷ. 20X9년 프랑스의 인구가 6,500만 명이라면 사망자는 585,000명이다.

① ㄱ
② ㄷ
③ ㄱ, ㄴ
④ ㄴ, ㄷ

38. 철수가 시속 6km로 운동장을 달리고 있다. 30분 동안 같은 속력으로 달리기를 했다면 철수가 이동한 거리는 얼마인가?

① 2.8km
② 3km
③ 3.5km
④ 3.8km

39. 다음 기숙사 추가 방 배정 안내문 및 학생별 상황을 참고할 때, A ~ E 중 방을 배정받을 수 있는 학생을 모두 고르면? (단, A ~ E만 고려한다)

〈기숙사 추가 방 배정 안내문〉

○○고등학교 기숙사에서 방 배정 우선순위를 공지합니다. 추가로 배정하는 방의 수는 모두 1인실 3개이며, 다음 순위를 바탕으로 우선 배정합니다. 방 배정에 대한 여러분의 양해를 부탁드립니다.

- 1순위 : 집이 학교로부터 40km 이상 떨어져 있는 원거리 통학생
- 2순위 : 거동 장애 학생
- 3순위 : 학년이 높은 학생

상황

A : 1학년으로, 집이 학교로부터 50km 떨어져 있다.
B : 2학년 거동 장애 학생으로, 집이 학교로부터 30km 떨어져 있다.
C : 2학년으로, 집이 학교로부터 70km 떨어져 있다.
D : 3학년으로, 집이 학교로부터 20km 떨어져 있다.
E : 1학년 지적 장애 학생으로, 집이 학교로부터 10km 떨어져 있다.

---

① A, B, C   ② B, D, E   ③ A, C, D   ④ A, B, D

40. 다음은 문제해결절차의 5단계에 대한 설명이다. 적절하지 않은 것은?

1단계 문제 인식 : "이건 아니야."
2단계 문제 도출 : "이것이 문제였어."
3단계 원인 분석 : "여기서 문제가 생겨났군."
4단계 해결안 개발 : "이렇게 하면 해결될 거야."
5단계 실행 및 평가 : "이제 같은 일이 발생하지 않아."

---

① 문제 인식은 여러 가지 문제 중 가장 우선시할 문제를 선정하는 일이다.
② 문제 도출은 해결과제가 무엇인지 도출하는 일이다.
③ 원인 분석은 문제발생의 근본원인을 분석하는 단계이다.
④ 해결안 개발은 최적의 해결방안을 수립하는 단계이다.

41. 다음 글을 읽고 (가)~(라) 중 〈보기〉의 문장이 들어갈 알맞은 곳은?

언어결정론자들은 우리의 생각과 판단이 언어를 반영하고 있고 실제로 언어에 의해 결정된다고 주장한다. 언어결정론자들의 주장에 따르면 에스키모인들은 눈에 관한 다양한 언어 표현들을 갖고 있어서 눈이 올 때 우리가 미처 파악하지 못한 미묘한 차이점들을 찾아낼 수 있다. (가) 또, 언어결정론자들은 '노랗다', '샛노랗다', '누르스름하다' 등 노랑에 대한 다양한 우리말 표현들이 있어서 노란색들의 미묘한 차이가 구분되고 그 덕분에 색에 관한 우리의 인지 능력이 다른 언어 사용자들보다 뛰어나다고 본다. (나) 이렇듯 언어결정론자들은 사용하는 언어에 의해서 우리의 사고 능력이 결정된다고 말한다. 정말 그럴까? 모든 색은 명도와 채도에 따라 구성된 스펙트럼 속에 놓이고, 각각의 색은 여러 언어로 표현될 수 있다. (다) 이러한 사실에 비추어보면 우리말이 다른 언어에 비해 더 풍부한 색 표현을 갖고 있다고 볼 수 없다. (라) 따라서 우리의 생각과 판단은 언어가 아닌 경험에 의해 결정된다고 보는 것이 옳다. 언어결정론자들의 주장과 달리, 언어적 표현은 다양한 경험에서 비롯된다.

보기

나아가, 더 풍부한 표현을 가진 언어를 사용함에도 불구하고 인지 능력이 뛰어나지 못한 경우도 발견할 수 있다.

① (가)   ② (나)

③ (다)   ④ (라)

42. 다음 글의 내용과 가장 일치하지 않는 것은?

구매력 평가를 기준으로 우리나라 1인당 국내총생산(GDP)은 3만 달러를 넘었다. 이는 소비자가 여가와 건강, 취미 및 자기 계발에 소비를 늘리는 생활 방식으로 진입했음을 의미한다. 이와 더불어 미국 중심으로 떠오른 '욜로(YOLO) 라이프'가 우리나라에서도 굵직한 소비 경향으로 자리 잡고 있다. 2016년 초, 당시 오바마 미국 대통령이 오바마케어 홍보 영상에서 언급해 알려지기 시작한 욜로는 'You only live once'를 줄인 말이다. 욜로는 한 번뿐인 인생을 후회 없이 즐기며 사랑하자는 의미가 담겨 있으며, 현재의 삶이 행복해야 미래의 삶도 행복하다는 철학을 바탕으로 오늘의 일상을 즐겁게 만들자는 움직임이다. 따라서 욜로 라이프는 단순히 내일은 준비하지 않고 현재의 충동적 욕망에만 충실하자는 의미와는 거리가 있다.

이러한 욜로 라이프는 즉흥적이며 일회성의 일상이 아닌 '지금 현재의 삶'을 아름답게 즐기자는 경향이 반영돼 있다. 예컨대 자기 소유의 집이 아닌 전세나 월세로 산다 할지라도 벽지나 조명, 가구나 인테리어 소품 등을 자신의 취향에 따라 아름답게 꾸미려는 소비 현상이 증가한 것을 대표적인 욜로 현상의 예로 들 수 있다.

욜로 라이프 현상은 여행업계에서 한층 뚜렷하게 나타난다. 여행사를 통해 널리 알려진 곳 위주로 관광하는 단순한 여행 패턴을 넘어, 남들이 가 보지 않은 지역을 찾아 즐거움과 환희를 느끼는 관광객이 계속 늘고 있다. 한 소셜커머스에서 2016년에 판매한 여행상품 자료에 따르면, 세계 최대 산호 군락지인 호주의 그레이트 배리어 리프 여행객과 겨울철 극지방 도깨비불로 불리는 오로라 여행객이 예년보다 많이 증가한 것으로 나타났다.

과거 우리 부모 세대는 미래를 위해 한 푼이라도 아껴 저축하기를 강조하였지만, 욜로 라이프를 추구하는 욜로족은 지금 현재의 나에게 초점을 맞춘다. 이는 지속적인 경기 불황 및 청년 구직난의 어두운 그늘에서 벗어나려는 젊은 층의 심리가 반영된 것이라는 분석도 있다. 또한 타인이 아닌 나 자신을 위한 투자가 과소비나 과시형 소비를 부를 수 있다는 지적도 있다. 그러나 현재 여러 산업 분야에서 소비 시장이 계속 위축되고 있으므로, 이러한 소비 트렌드와 심리를 반영하여 삶의 다양한 가치를 채울 수 있는 상품의 개발은 소비를 유도할 수 있다. 이렇게 차별화된 서비스 개발도 점차 늘어날 것으로 전망된다.

① 욜로 라이프는 2016년 초 미국에서 소개된 후 우리나라 소비에도 영향을 미쳤다.

② 욜로족은 현재의 즐거움을 추구하는 동시에 미래를 위한 투자에도 중점을 둔다.

③ 유명 관광지 중심인 패키지 여행보다 개성을 살린 개별 여행이 증가한 것도 욜로족의 영향이라 볼 수 있다.

④ 한 번뿐인 인생을 즐겁게 살자는 경향이 반영된 서비스 상품 개발이 앞으로 계속 늘어날 것이다.

43. 다음은 ○○기관 직원들이 나눈 '직장 내 인사 예절'에 관한 대화이다. 직원 A ~ D 중 홀로 다른 주제의 말을 한 사람은?

> A : 저는 ○○기관에 입사한 후에 가장 힘들었던 점이 인사 예절이었던 것 같아요. 특히, 처음에는 제가 동료들이 낯설어서 경직된 표정으로 인사하곤 했는데, 나중에 익숙해진 후 밝은 표정으로 눈을 맞추며 인사하니 동료들이 더 잘 받아 주더라고요.
>
> B : 맞아요. 매일 하는 인사지만 상황마다 차이가 있어서, 처음 뵙는 분께는 "처음 뵙겠습니다."라고 먼저 인사드리니 더 관심을 가지고 좋게 봐주시더라고요.
>
> C : 저는 아침에 출근해서 인사할 때 그날의 날씨나 건강 상태를 표현하는 말을 함께한 것이 다른 분들과 더 가까워지게 된 계기인 것 같아요.
>
> D : 저는 특히 선배님들과 인사할 때마다 너무 긴장이 돼요. 예전에 어떤 선배가 제가 먼저 인사를 안 했다고 꾸짖으신 기억이 있거든요. 먼저 선배님들께 인사해야 한다는 압박 때문인지 더 긴장이 되는 것 같습니다.

① A   ② B

③ C   ④ D

44. 운전면허 시험은 1차, 2차, 3차의 3단계를 거쳐 모두 합격해야 면허증을 발급하는데, 1차, 2차, 3차 시험의 합격률은 각각 $\frac{4}{5}$, $\frac{7}{12}$, $\frac{4}{7}$이다. A가 운전면허 시험에 불합격하여 면허증을 발급받지 못했을 때, 3차 시험에서 불합격했을 확률은? (단, 특정 단계에서 불합격하면 다음 단계를 응시할 수 없다)

① $\frac{4}{15}$ ② $\frac{7}{12}$

③ $\frac{1}{4}$ ④ $\frac{1}{5}$

45. 다음은 A 기업의 영업사원 김 씨에 대한 만족도 조사 결과이다. 친절도와 약속이행 항목 중 평균 점수가 더 낮은 항목과 평균 점수의 차이를 바르게 나열한 것은?

〈영업사원 김 씨에 대한 만족도 조사 결과〉

(단위 : 명)

약속이행 \ 친절도	5점	4점	3점	2점
5점	1	2	2	1
4점	1	3	2	1
3점	0	2	3	0
2점	1	0	0	1

① 친절도, 0.25점

② 친절도, 0.35점

③ 약속이행, 0.25점

④ 약속이행, 0.35점

파트 **3**

인성검사

01 인성검사의 이해

02 인성검사 모의 연습

01 인성검사의 이해

1 인성검사, 왜 필요한가?

채용기업은 지원자가 '직무적합성'을 지닌 사람인지를 인성검사와 필기평가를 통해 판단한다. 인성검사에서 말하는 인성(人性)이란 그 사람의 성품, 즉 각 개인이 가지고 있는 사고와 태도 및 행동 특성을 의미한다. 인성은 사람의 생김새처럼 사람마다 다르기 때문에, 몇 가지 유형으로 분류하고 이에 맞추어 판단한다는 것 자체가 억지스럽고 어불성설일지 모른다. 그럼에도 불구하고 기업들의 입장에서는 입사를 희망하는 사람이 어떤 성품을 가졌는지에 대한 정보가 필요하다. 그래야 해당 기업의 인재상에 적합하고 담당할 업무에 적격한 인재를 채용할 수 있기 때문이다.

지원자의 성격이 외향적인지 아니면 내향적인지, 어떤 직무와 어울리는지, 조직에서 다른 사람과 원만하게 생활할 수 있는지, 업무 수행 중 문제가 생겼을 때 어떻게 대처하고 해결할 수 있는지에 대한 전반적인 개성은 자기소개서나 면접을 통해서도 어느 정도 파악할 수 있다. 그러나 이것들만으로는 인성을 충분히 파악할 수 없기 때문에, 객관화되고 정형화된 인성검사로 지원자의 성격을 판단하고 있다.

채용기업은 직무적성검사를 높은 점수로 통과한 지원자라 하더라도 해당 기업과 거리가 있는 성품을 가졌다면 탈락시키게 된다. 일반적으로 직무적성검사 통과자 중 인성검사로 탈락하는 비율이 10% 내외라고 알려져 있다. 물론 인성검사에서 탈락하였다 하더라도 특별히 인성에 문제가 있는 사람이 아니라면 절망할 필요는 없다. 자신을 되돌아보고 다음 기회를 대비하면 되기 때문이다. 탈락한 기업이 원하는 인재상이 아니었다면 맞는 기업을 찾으면 되고, 적합한 경쟁자가 많았기 때문이라면 자신을 다듬어 경쟁력을 높이면 될 것이다.

2 인성검사의 특징

우리나라 대다수의 채용기업은 인재개발 및 인적자원을 연구하는 한국행동과학연구소(KIRBS), 에스에이치알(SHR), 한국사회적성개발원(KSAD), 한국인재개발진흥원(KPDI) 등 전문기관에 인성검사를 의뢰하고 있다.

이 기관들의 인성검사 개발 목적은 비슷하지만 기관마다 검사 유형이나 평가 척도는 약간의 차이가 있다. 또 지원하는 기업이 어느 기관에서 개발한 검사지로 인성검사를 시행하는지는 사전에 알 수 없다. 그렇지만 공통으로 적용하는 척도와 기준에 따라 구성된 여러 형태의 인성검사지로 사전 테스트를 해 보고 자신의 인성이 어떻게 평가되는가를 미리 알아보는 것은 가능하다.

인성검사는 필기시험 당일 직무능력평가와 함께 실시하는 경우와 직무능력평가 합격자에 한하여 면접과 함께 실시하는 경우가 있다. 인성검사의 문항은 100문항 내외에서부터 최대 500문항까지 다양하다. 인성검사에 주어지는 시간은 문항 수에 비례하여 30 ~ 100분 정도가 된다.

문항 자체는 단순한 질문으로 어려울 것은 없지만, 제시된 상황에서 본인의 행동을 정하는 것이 쉽지만은 않다. 문항 수가 많을 경우 이에 비례하여 시간도 길게 주어지지만, 단순하고 유사하며 반복되는 질문에 방심하여 집중하지 못하고 실수하는 경우가 있으므로 컨디션 관리와 집중력 유지에 노력하여야 한다. 특히 같거나 유사한 물음에 다른 답을 하는 경우가 가장 위험하니 주의해야 한다.

대전기출복원
1회 기출예상
2회 기출예상
3회 기출예상
4회 기출예상
5회 기출예상
6회 기출예상
7회 기출예상
8회 기출예상
9회 기출예상
인성검사
면접가이드

3 인성검사 합격 전략

1 포장하지 않은 솔직한 답변

'다른 사람을 험담한 적이 한 번도 없다', '물건을 훔치고 싶다고 생각해 본 적이 없다'

이 질문에 당신은 '그렇다', '아니다' 중 무엇을 선택할 것인가? 채용기업이 인성검사를 실시하는 가장 큰 이유는 '이 사람이 어떤 성향을 가진 사람인가'를 효율적으로 파악하기 위해서이다.

인성검사는 도덕적 가치가 빼어나게 높은 사람을 판별하려는 것도 아니고, 성인군자를 가려내기 위함도 아니다. 인간의 보편적 성향과 상식적 사고를 고려할 때, 도덕적 질문에 지나치게 겸손한 답변을 체크하면 오히려 솔직하지 못한 것으로 간주되거나 인성을 제대로 판단하지 못해 무효 처리가 되기도 한다. 자신의 성격을 포장하여 작위적인 답변을 하지 않도록 솔직하게 임하는 것이 예기치 않은 결과를 피하는 첫 번째 전략이 된다.

2 필터링 함정을 피하고 일관성 유지

앞서 강조한 솔직함은 일관성과 연결된다. 인성검사를 구성하는 많은 척도는 여러 형태의 문장 속에 동일한 요소를 적용해 반복되기도 한다. 예컨대 '나는 매우 활동적인 사람이다'와 '나는 운동을 매우 좋아한다'라는 질문에 '그렇다'고 체크한 사람이 '휴일에는 집에서 조용히 쉬며 독서하는 것이 좋다'에도 '그렇다'고 체크한다면 일관성이 없다고 평가될 수 있다.

그러나 일관성 있는 답변에만 매달리면 '이 사람이 같은 답변만 체크하기 위해 이 부분만 신경 썼구나'하는 필터링 함정에 빠질 수도 있다. 비슷하게 보이는 문장이 무조건 같은 내용이라고 판단하여 똑같이 답하는 것도 주의해야 한다. 일관성보다 중요한 것은 솔직함이다. 솔직함이 전제되지 않은 일관성은 허위 척도 필터링에서 드러나게 되어 있다. 유사한 질문의 응답이 터무니없이 다르거나 양극단에 치우치지 않는 정도라면 약간의 차이는 크게 문제되지 않는다. 중요한 것은 솔직함과 일관성이 하나의 연장선에 있다는 점을 명심하자.

3 지원한 직무와 연관성을 고려

다양한 분야의 많은 계열사와 큰 조직을 통솔하는 대기업은 여러 사람이 조직적으로 움직이는 만큼 각 직무에 걸맞은 능력을 갖춘 인재가 필요하다. 그래서 기업은 매년 신규채용으로 입사한 신입사원들의 젊은 패기와 참신한 능력을 성장 동력으로 활용한다.

기업은 사교성 있고 활달한 사람만을 원하지 않는다. 해당 직군과 직무에 따라 필요로 하는 사원의 능력과 개성이 다르기 때문에, 지원자가 희망하는 계열사나 부서의 직무가 무엇인지 제대로 파악하여 자신의 성향과 맞는지에 대한 고민은 반드시 필요하다. 같은 질문이라도 기업이 원하는 인재상이나 부서의 직무에 따라 판단 척도가 달라질 수 있다.

4 평상심 유지와 컨디션 관리

역시 솔직함과 연결된 내용이다. 한 질문에 대해 오래 고민하고 신경 쓰면 불필요한 생각이 개입될 소지가 크다. 이는 직관을 떠나 이성적 판단에 따라 포장할 위험이 높아진다는 뜻이기도 하다. 오래 생각하지 말고 자신의 평상시 생각과 감정대로 답하는 것이 중요하며, 가능한 한 건너뛰지 말고 모든 질문에 답하도록 한다. 200 ~ 300개 정도의 문항을 출제하는 기업이 많기 때문에, 끝까지 집중하여 임하는 것이 중요하다.

특히 적성검사와 같은 날 실시하는 경우, 적성검사를 마친 후 연이어 보기 때문에 신체적·정신적으로 피로한 상태에서 자세가 흐트러질 수도 있다. 따라서 컨디션을 유지하면서 문항당 7 ~ 10초 이상 쓰지 않도록 하고, 문항 수가 많을 때는 답안지에 바로 바로 표기하도록 한다.

인성검사 모의 연습

검사문항	200 문항
검사시간	40 분

[01~50] 다음 문항을 읽고 본인이 상대적으로 더 해당된다고 생각되는 쪽을 선택하여 정답지에 표기해 주십시오.

번호	문항	선택	
1	① 외향적인 성격이라는 말을 듣는다. ② 내성적인 편이라는 말을 듣는다.	①	②
2	① 정해진 틀이 있는 환경에서 주어진 과제를 수행하는 일을 하고 싶다. ② 새로운 아이디어를 활용하여 변화를 추구하는 일을 하고 싶다.	①	②
3	① 의견을 자주 표현하는 편이다. ② 주로 남의 의견을 듣는 편이다.	①	②
4	① 실제적인 정보를 수집하고 이를 체계적으로 적용하는 일을 하고 싶다. ② 새로운 아이디어를 활용하여 변화를 추구하는 일을 하고 싶다.	①	②
5	① 냉철한 사고력이 요구되는 일이 편하다. ② 섬세한 감성이 요구되는 일이 편하다.	①	②
6	① 사람들은 나에 대해 합리적이고 이성적인 사람이라고 말한다. ② 사람들은 나에 대해 감정이 풍부하고 정에 약한 사람이라고 말한다.	①	②
7	① 나는 의사결정을 신속하고 분명히 하는 것을 선호하는 편이다. ② 나는 시간이 걸려도 여러 측면을 고려해 좋은 의사결정을 하는 것을 선호하는 편이다.	①	②
8	① 계획을 세울 때 세부 일정까지 구체적으로 짜는 편이다. ② 계획을 세울 때 상황에 맞게 대처할 수 있는 여지를 두고 짜는 편이다.	①	②
9	① 나는 원하는 일이라면 성공확률이 낮을지라도 도전한다. ② 나는 실패할 가능성이 있는 일이라면 가급적 하지 않는 편이다.	①	②
10	① 일반적으로 대화 주제는 특정 주제나 일 중심의 대화를 선호한다. ② 일반적으로 대화 주제는 인간관계 중심의 대화를 선호한다.	①	②
11	① 나는 완벽성과 정확성을 추구하는 성향이다. ② 나는 융통성이 있고 유연성을 추구하는 성향이다.	①	②

12	① 나는 관계의 끊고 맺음이 정확하다. ② 나는 상대의 감정에 쉽게 흔들린다.	①	②
13	① 일을 할 때 지시받은 일을 정확하게 하길 좋아한다. ② 일을 할 때 지시받는 일보다 스스로 찾아서 하는 편이다.	①	②
14	① 나는 한번 집중하면 의문이 풀릴 때까지 집중한다. ② 나는 어려운 문제에 부딪히면 포기하는 게 마음이 편하다.	①	②
15	① 의사결정 시 논리적이고 합리적인 결정을 중시한다. ② 의사결정 시 분위기나 정서를 많이 고려한다.	①	②
16	① 나는 집단이나 모임 활동에 적극적이다. ② 개인 취미 활동에 적극적이다.	①	②
17	① 인류의 과학 발전을 위해 동물 실험은 필요하다. ② 인류를 위한 동물 실험은 없어져야 한다.	①	②
18	① 나에게 있어 사회적 책임과 의무는 그리 중요하지 않다. ② 나에게 있어 사회적 책임과 의무는 심각하고 진지하게 받아들인다.	①	②
19	① 미래를 위해 돈을 모아야 한다고 생각한다. ② 현재를 즐기기 위해 나에게 투자해야 한다고 생각한다.	①	②
20	① 바쁜 일과 중에 하루 휴식 시간이 주어지면 거리를 다니면서 쇼핑을 하거나 격렬한 운동을 한다. ② 바쁜 일과 중에 하루 휴식 시간이 주어지면 책을 읽거나 음악 감상을 하고 낮잠을 자는 등 편히 쉰다.	①	②
21	① 생활의 우선순위는 다른 사람의 필요를 채우고 봉사하는 일이다. ② 생활의 우선순위는 내 삶에 충실하고 나 자신의 경쟁력을 키우는 일이다.	①	②
22	① 원인과 결과가 논리적으로 맞는지를 확인하는 편이다. ② 과정과 상황에 대한 좋고 나쁨을 우선 고려하는 편이다.	①	②
23	① 조직이나 모임에서 분위기를 주도하고 감투 쓰기를 선호한다. ② 조직이나 모임에서 나서기보다 뒤에서 도와주는 역할을 선호한다.	①	②
24	① 자신의 속마음을 쉽게 노출하지 않는 사람이다. ② 상대방을 크게 신경 쓰지 않는 시원스러운 사람이다.	①	②
25	① 혼란을 막기 위해 매사를 분명히 결정하는 조직을 선호한다. ② 차후에 더 나은 결정을 내리기 위해 최종 결정을 유보하는 조직이 좋다.	①	②
26	① 타인을 지도하고 설득하는 일을 잘한다. ② 상대를 뒤에서 도와주고 섬기는 역할을 잘한다.	①	②

27	① 어떤 일을 할 때 주변 정리는 일 도중에 중간중간 정리해 나간다. ② 어떤 일을 할 때 주변 정리는 일을 마치고 마지막에 한꺼번에 정리한다.	①	②
28	① 일을 처리하는 데 있어서 미리 시작해서 여유 있게 마무리하는 편이다. ② 일을 처리하는 데 있어서 막바지에 가서 많은 일을 달성하는 편이다.	①	②
29	① 토론을 할 때 내 의견이 대부분 관철되고 반영된다. ② 토론을 할 때 많은 사람이 동의하는 쪽을 선택한다.	①	②
30	① 나는 적극적으로 변화를 주도하고 도전하는 것을 즐긴다. ② 기존의 방식을 문제없이 유지하는 것에 안정감을 느낀다.	①	②
31	① 나는 일반적으로 혼자 하는 일을 선호한다. ② 나는 일반적으로 함께 하는 일을 잘한다.	①	②
32	① 묶이는 것보다 자유로운 분위기가 좋다. ② 정해진 질서와 틀이 짜여 있는 곳이 좋다.	①	②
33	① 일상생활에서 미리 일별, 월별 계획을 세워 꼼꼼하게 따져가며 생활한다. ② 그때그때 상황에 맞춰 필요한 대책을 세워나간다.	①	②
34	① 처음 보는 사람과 한자리에 있으면 먼저 말을 꺼내는 편이다. ② 처음 보는 사람과 한자리에 있으면 상대가 말을 할 때까지 기다린다.	①	②
35	① 합리적이고 이성적인 것을 더 강조하는 조직을 선호한다. ② 인간적이고 감성적인 것을 더 강조하는 조직을 선호한다.	①	②
36	① 상호작용이 주로 업무를 통한 정보 교환을 중심으로 이루어지는 조직을 선호한다. ② 상호작용이 주로 개인적 인간관계를 통해 이루어지는 조직을 선호한다.	①	②
37	① 처음 만나는 사람들에게 본 모습을 바로 보여 주기보다 조금 경계하는 편이다. ② 처음 만나는 사람들에게 조금 친해지고 나면 털털한 면을 보여준다.	①	②
38	① 새로운 상황에 직면하게 되면 쉽고 빠르게 적응해 나간다. ② 새로운 상황에 직면하게 되면 적응하는 데 시간이 오래 걸린다.	①	②
39	① 아는 사람끼리 다툼이 생기면 적극적으로 개입하여 중재를 하는 편이다. ② 당사자끼리 해결하도록 상관하지 않는다.	①	②
40	① 3일 동안 여행을 떠날 때 미리 행선지나 일정을 철저히 계획하고 떠난다. ② 3일 동안 여행을 떠날 때 행선지만 정해놓고 여행지에서 발길이 닿는 대로 정한다.	①	②
41	① 나는 가능한 한 색다른 방법을 모색하는 경향이다. ② 나는 기존의 방법을 수용하고 잘 활용하는 경향이다.	①	②

42	① 나는 정해진 계획에 따라 행동하는 것을 좋아한다. ② 나는 지금 당장 마음에 내키는 것을 하기 좋아한다.	①	②
43	① 분위기가 침체되어 있을 때 있는 그대로의 상황을 즐긴다. ② 분위기가 침체되어 있을 때 적극 나서서 분위기를 바꾸려 애쓴다.	①	②
44	① 상대에게 부정적인 말을 들으면 농담이나 유머로 상황을 넘기려 애쓴다. ② 상대에게 부정적인 말을 들으면 조목조목 따지며 시시비비를 가린다.	①	②
45	① 규정을 준수하고 신뢰감 있게 행동하는 것을 더 강조하는 조직을 선호한다. ② 창의적이고 창조적으로 행동하는 것을 더 강조하는 조직을 선호한다.	①	②
46	① 다른 조직과의 교류가 활발하고 외부 환경을 많이 고려하는 조직을 선호한다. ② 내부 응집력이 강하고 내부 환경을 많이 고려하는 조직을 선호한다.	①	②
47	① 세부 일정까지 구체적으로 짜 놓은 계획에 따라 움직이는 조직을 선호한다. ② 상황에 따라 변할 수 있도록 융통성 있게 일정을 짜고 움직이는 조직을 선호한다.	①	②
48	① 어떤 일이 맡겨지면 건강에 무리가 가더라도 일의 완수를 우선시 한다. ② 어떤 일이 맡겨지면 열심히 하지만 심신이 피곤하도록 무리해서 일하지 않는다.	①	②
49	① 정해진 틀보다 자유로운 분위기를 선호한다. ② 원칙과 조직의 규범을 중요하게 여긴다.	①	②
50	① 일의 속도는 느리지만, 꾸준히 하는 편이다. ② 일을 신속히 처리하나 오래 하는 일은 금방 지루함을 느낀다.	①	②

[51~185] 다음 문항을 읽고 '그렇다'에 생각되면 ①, '아니다'에 생각되면 ②를 선택하여 정답지에 표기해 주십시오.

번호	문 항	그렇다	아니다
51	모임이나 조직에서 중책을 많이 맡는다.	①	②
52	일을 다른 사람에게 쉽게 맡기지 못한다.	①	②
53	나와 관심 또는 관련 없는 일도 끝까지 잘 들어준다.	①	②
54	궂은일이나 애로사항이 생기면 도맡아서 처리한다.	①	②
55	억울한 상황에서도 자신의 주장을 잘 전달하지 못한다.	①	②
56	주변 사람들에게 배려심이 많다는 말을 자주 듣는다.	①	②
57	모든 상황을 긍정적으로 인식한다.	①	②
58	분위기에 쉽게 동화된다.	①	②
59	남의 의견에 좌우되어서 쉽게 의견이 바뀐다.	①	②
60	허세를 부린 적이 한 번도 없다.	①	②
61	모든 일을 계획적으로 처리한다.	①	②
62	사람들과 만나면 이야기를 주도하는 편이다.	①	②
63	화가 나면 마음에 오래 담아 두는 편이다.	①	②
64	주변 사람들의 생일이나 경조사를 잘 챙긴다.	①	②
65	법도 사회의 변화에 따라 달라져야 한다고 생각한다.	①	②
66	가끔 색다른 음식을 의도적으로 먹는다.	①	②
67	복잡한 곳보다 조용한 곳이 좋다.	①	②
68	친구가 많지 않다.	①	②
69	다른 사람을 가르치는 일을 좋아한다.	①	②
70	한 가지 일에 집중하면 그 외 일은 소홀히 하는 경향이 있다.	①	②
71	의사결정 할 때 주도적 역할을 한다.	①	②
72	한 가지 일을 오래하지 못한다.	①	②
73	다른 사람의 의견에 장단(공감)을 잘 맞춰준다.	①	②
74	특별히 가리는 음식이 없는 편이다.	①	②

75	남을 의심해 본 적이 없다.	①	②
76	메모를 잘하고 일정표를 통해 늘 스케줄을 관리한다.	①	②
77	자신감이 없는 편이다.	①	②
78	창의성을 발휘하는 업무가 적성에 맞는다.	①	②
79	어떤 일을 결심하기까지 시간이 걸리는 편이다.	①	②
80	쉬운 문제보다 어려운 문제를 더 좋아한다.	①	②
81	쉽게 좌절하거나 의기소침해지지 않는다.	①	②
82	짜인 틀에 얽매이는 것을 싫어한다.	①	②
83	일을 주도하는 것보다 따르는 것이 좋다.	①	②
84	다른 사람의 마음을 잘 읽는 편이다.	①	②
85	신중하다는 말을 자주 듣는다.	①	②
86	맡은 일은 무슨 일이 생겨도 끝까지 완수한다.	①	②
87	계산 문제를 다루는 것이 좋다.	①	②
88	우리 가족은 항상 화목하다.	①	②
89	아침에 일어났을 때가 하루 중 가장 기분이 좋다.	①	②
90	어떤 문제가 생기면 그 원인부터 따져 보는 편이다.	①	②
91	자신의 주장을 강하게 내세우지 않으며 순종을 잘한다.	①	②
92	식사 전에는 꼭 손을 씻는다.	①	②
93	타인의 문제에 개입되는 걸 원하지 않는다.	①	②
94	주변에 못마땅해 보이는 사람들이 많다.	①	②
95	우선순위가 상황에 따라 자주 바뀐다.	①	②
96	내가 행복해지려면 주변의 많은 것들이 변해야 한다.	①	②
97	남의 일에 신경 쓰다 정작 내 일을 하지 못하는 경우가 종종 있다.	①	②
98	말이 별로 없고 과묵한 편이다.	①	②
99	기분에 따라 행동하는 경우가 많다.	①	②
100	상상력이 풍부한 편이다.	①	②
101	다른 사람에게 명령이나 지시하는 것을 좋아한다.	①	②
102	끈기가 있고 성실하다.	①	②

103	새로운 학문을 배우는 것을 좋아한다.	①	②
104	긴박한 상황에서도 차분함을 잃지 않으며 상황 판단이 빠르다.	①	②
105	어떤 상황에서든 빠르게 결정하고 과감하게 행동한다.	①	②
106	성공하고 싶은 욕망이 매우 강하다.	①	②
107	가끔 사물을 때려 부수고 싶은 충동을 느낄 때가 있다.	①	②
108	무슨 일이든 도전하는 편이다.	①	②
109	사람들과 어울릴 수 있는 모임을 좋아한다.	①	②
110	다른 사람이 한 행동의 이유를 잘 파악하는 편이다.	①	②
111	조직적으로 행동하는 것을 좋아한다.	①	②
112	처음 보는 사람에게 말을 잘 걸지 못한다.	①	②
113	일을 시작하기 전에 조건을 꼼꼼히 따져본다.	①	②
114	목표 달성을 위해서라면 사소한 규칙은 무시해도 된다.	①	②
115	많은 사람보다 몇몇의 특별한 친구를 갖고 있다.	①	②
116	남이 시키는 일을 하는 것이 편하다.	①	②
117	다른 사람들이 무심코 보다 넘기는 것에도 관심을 갖는다.	①	②
118	기상시간과 취침시간이 거의 일정하다.	①	②
119	지금까지 거짓말을 한 번도 하지 않았다.	①	②
120	약속을 한 번도 어긴 적이 없다.	①	②
121	하고 싶은 말을 잘 참지 못한다.	①	②
122	다른 사람들의 행동을 주의 깊게 관찰하는 경향이 있다.	①	②
123	주변 사람들에게 독특한 사람으로 통한다.	①	②
124	남에게 지고 싶지 않은 승부사적인 기질이 있다.	①	②
125	매사에 확인하고 또 확인해야만 마음이 놓인다.	①	②
126	다른 사람들의 이야기를 귀담아듣는다.	①	②
127	눈치가 빠르며 상황을 빨리 파악하는 편이다.	①	②
128	사람을 사귈 때 어느 정도 거리를 두고 사귄다.	①	②
129	어떤 경우라도 남을 미워하지 않는다.	①	②
130	다소 무리를 해도 쉽게 지치지 않는 편이다.	①	②

131	논리가 뛰어나다는 말을 듣는 편이다.	①	②
132	나 자신에 대해 불평한 적이 없다.	①	②
133	양보와 타협보다 내 소신이 중요하다.	①	②
134	자진해서 발언하는 일이 별로 없다.	①	②
135	결정을 내릴 때 남들보다 시간이 걸리는 편이다.	①	②
136	현실적인 사람보다 이상적인 사람을 더 좋아한다.	①	②
137	비교적 금방 마음이 바뀌는 편이다.	①	②
138	쓸데없는 고생을 하는 타입이다.	①	②
139	아무리 힘들더라도 힘든 내색을 하지 않는다.	①	②
140	확실하지 않은 것(일)은 처음부터 시작하지 않는다.	①	②
141	원하지 않는 일이라도 모든 일에 잘 적응한다.	①	②
142	상대가 원하면 마음에 안 들어도 따라주는 편이다.	①	②
143	주어진 시간 내에 맡겨진 과제를 마칠 수 있다.	①	②
144	임기응변으로 대응하는 것에 능숙하다.	①	②
145	가끔 의지가 약하다는 말을 듣는다.	①	②
146	처음 보는 사람에게도 내 의견을 자신 있게 말할 수 있다.	①	②
147	남이 나를 어떻게 생각하는지 신경이 쓰인다.	①	②
148	일의 시작은 잘하나 마무리가 안될 때가 많다.	①	②
149	나와 다른 의견을 가진 사람들을 설득하는 것을 잘한다.	①	②
150	쓸데없는 잔걱정이 끊이질 않는다.	①	②
151	이롭지 않은 약속은 무시할 때가 종종 있다.	①	②
152	나도 모르게 충동구매를 하는 경우가 많다.	①	②
153	비교적 상처받기 쉬운 타입이다.	①	②
154	낯선 사람과 대화하는 데 어려움이 있다.	①	②
155	몸이 아프고 피곤하면 만사를 뒤로하고 일단 쉬고 본다.	①	②
156	하고 싶은 일을 하지 않고는 못 배긴다.	①	②
157	애교가 별로 없고 표정관리를 잘 못한다.	①	②
158	항상 나 자신이 만족스럽다.	①	②

159	여러 사람을 통솔하는 것보다 개인을 도와주는 일을 잘한다.	①	②
160	무슨 일이든 빨리 해결하려는 경향이 많다.	①	②
161	사람을 가리지 않고 두루두루 교제한다.	①	②
162	많은 사람들이 나를 이해하지 못하는 것 같다.	①	②
163	말보다는 행동으로 보여주는 성향이다.	①	②
164	갈등이나 마찰을 피하기 위해 대부분 양보하는 편이다.	①	②
165	사소한 잘못은 지혜롭게 변명하고 넘어간다.	①	②
166	일에 집중하면 다른 것은 생각나지 않는다.	①	②
167	잘못된 규정이라도 일단 확정되면 규정에 따라야 한다.	①	②
168	사람들의 부탁을 잘 거절하지 못한다.	①	②
169	융통성이 없는 편이다.	①	②
170	세상에는 바보 같은 사람이 너무 많다고 생각한다.	①	②
171	스포츠 경기를 관람하다가 금방 흥분한다.	①	②
172	약속을 어긴 적이 한 번도 없다.	①	②
173	어울려서 일하면 집중이 잘 안된다.	①	②
174	감수성이 풍부하며 감정의 기복이 심하다.	①	②
175	무슨 일이 있더라도 상대방을 이겨야 직성이 풀린다.	①	②
176	항상 스스로 실수를 인정한다.	①	②
177	일과 사람(공과 사)의 구분이 명확하다.	①	②
178	다른 사람의 말에 쉽게 흔들린다.	①	②
179	어떤 일에든 적극적으로 임하는 편이다.	①	②
180	간단한 일은 잘하나 오래 걸리는 일은 잘 못한다.	①	②
181	팀을 위해 희생하는 편이다.	①	②
182	좋을 때나 나쁠 때나 변함없이 남을 도울 수 있다.	①	②
183	일의 성사를 위해서는 다소 거짓말도 필요하다.	①	②
184	수업시간에 발표하는 것을 즐기는 편이다.	①	②
185	내 전공 분야와 상관없는 분야의 지식에도 관심이 많다.	①	②

대전기출복원

1회 기출예상

2회 기출예상

3회 기출예상

4회 기출예상

5회 기출예상

6회 기출예상

7회 기출예상

8회 기출예상

9회 기출예상

인성검사

면접가이드

[186~200] 다음 제시된 문제를 읽고 하나를 선택하여 정답지에 표기해 주십시오.

186. 자신의 성격을 잘 표현할 수 있는 단어로 묶인 것은?

① 온화한, 자유로운, 침착한, 긍정적인

② 꼼꼼한, 섬세한, 감수성이 풍부한, 사려 깊은

③ 성격이 급한, 상상력이 풍부한, 승부욕이 있는, 적극적인

④ 인내심이 있는, 실패를 두려워하지 않는, 집중력이 좋은, 일관성 있는

187. 자신이 조직에서 일하는 방식은?

① 팀워크가 필요한 일을 선호한다.

② 하고 싶은 일을 먼저 하려고 한다.

③ 일을 하기 전에 미리 계획을 세운다.

④ 혼자만의 힘으로도 최고의 성과를 낼 수 있다.

188. 나의 행동 패턴은?

① 몸을 움직이는 활동을 좋아한다.

② 생각보다 행동이 앞선다.

③ 하루하루 계획을 세워 생활한다.

④ 하고 싶은 일은 망설이지 않고 도전한다.

189. 약속 장소에 가는 시간은?

① 먼저 가서 기다린다.

② 시간에 맞춰서 나간다.

③ 대부분 조금 늦게 나간다.

④ 만나는 사람에 따라 나가는 시간이 다르다.

190. 스트레스를 받는 상황은?

① 규정이나 절차가 엄격하다.

② 상황에 따라 일이 자주 바뀐다.

③ 지속적으로 결점을 지적받는다.

④ 모든 일에서 남들보다 잘해야 한다.

191. 내가 선호하는 것은?

    ① 혼자 여행 다니는 것

    ② 운동이나 쇼핑을 하는 일

    ③ 책을 읽거나 독서 모임에 나가는 것

    ④ 가족과 함께 즐거운 시간을 보내는 것

192. 나의 소비 성향은?

    ① 간단하고 빠르게 산다.

    ② 계획 없이 마음에 들면 산다.

    ③ 마음에 든 물건이라도 바로 구매하지 않고 한 번 더 생각한다.

    ④ 여러 가지 상품을 비교하면서 필요한 물건인지 확인 후 산다.

193. 중요한 결정을 할 때 가장 영향을 미치는 것은?

    ① 나의 직관적인 생각

    ② 세부적인 계획과 연구

    ③ 다른 사람들의 조언

    ④ 전체적인 분위기

194. 식사시간은?

    ① 편한 시간에

    ② 정해진 시간대에

    ③ 시간은 정해졌으나 신축성 있게

    ④ 매우 불규칙적이다.

195. 업무를 수행하는 방법은?

    ① 항상 새로운 것에 도전한다.

    ② 어려워 보이는 목표부터 달성한다.

    ③ 동시에 여러 일을 하는 것을 좋아한다.

    ④ 한 가지 일에 열중한다.

196. 자신의 성격상 단점은?
   ① 지구력이 없고 쉽게 포기한다.
   ② 의존적이고 낯을 가린다.
   ③ 비판적이고 오지랖이 넓다.
   ④ 생각보다 행동이 앞서고 자제력이 약하다.
   ⑤ 결정을 내릴 때 시간이 걸리고 우유부단하다.

197. 다른 사람이 자신에게 자주 하는 말은?
   ① 호기심이 많고 트렌드에 민감하다.
   ② 목표의식이 뚜렷해서 끝까지 일을 해낸다.
   ③ 조용하지만 사교의 깊이가 있는 사람 같다.
   ④ 성격이 화끈하고 남을 잘 배려할 줄 안다.
   ⑤ 약속 시간을 잘 지키는 신의가 있는 사람이다.

198. 자신의 주된 이미지는?
   ① 승부욕이 많은 사람
   ② 분석적이고 논리적인 사람
   ③ 목표의식이 뚜렷한 사람
   ④ 타인을 잘 도와주는 친절한 사람
   ⑤ 즐거움을 추구하고 사교성이 있는 사람

199. 자신의 리더십 스타일은?
   ① 비전을 제시하고 공정성과 유연성을 지닌 비전형 리더
   ② 의사결정에 구성원을 참여시키는 집단운영형 리더
   ③ 창조적 아이디어 제시와 지속적인 혁신 분위기를 조성하는 혁신형 리더
   ④ 구성원들에게 명확한 비전을 제시하고 자신을 따를 수 있도록 유도하는 카리스마형 리더
   ⑤ 높은 업적을 요구하며 리더가 솔선수범하여 팀을 이끄는 규범형 리더

200. 창의적인 기획안을 제출했으나 상사는 기존의 방식대로 일을 처리하자고 한다면 자신은 어떻게 하겠는가?
   ① 상사의 지시대로 한다.
   ② 수정 없이 기획안을 제출한다.
   ③ 동료들과 상의하여 기획안을 접수시킨다.
   ④ 창의적인 기획안을 실행했을 때의 장단점을 제출한다.
   ⑤ 기존의 방식대로 하되 기획안을 조금이라도 적용하려고 한다.

고시넷 **대전광역시교육청 교육공무직원**

대전광역시교육청 소양평가

파트 **4**

면접가이드

01 면접의 이해

02 구조화 면접 기법

03 면접 최신 기출 주제

면접가이드

01 면접의 이해

※ 능력 중심 채용에서는 타당도가 높은 구조화 면접을 적용한다.

1 면접이란?

일을 하는 데 필요한 능력(직무역량, 직무지식, 인재상 등)을 지원자가 보유하고 있는지를 다양한 면접기법을 활용하여 확인하는 절차이다. 자신의 환경, 성취, 관심사, 경험 등에 대해 이야기하여 본인이 적합하다는 것을 보여 줄 기회를 제공하고, 면접관은 평가에 필요한 정보를 수집하고 평가하는 것이다.

- 지원자의 태도, 적성, 능력에 대한 정보를 심층적으로 파악하기 위한 선발 방법
- 선발의 최종 의사결정에 주로 사용되는 선발 방법
- 전 세계적으로 선발에서 가장 많이 사용되는 핵심적이고 중요한 방법

2 면접의 특징

서류전형이나 인적성검사에서 드러나지 않는 것들을 볼 수 있는 기회를 제공한다.

- 직무수행과 관련된 다양한 지원자 행동에 대한 관찰이 가능하다.
- 면접관이 알고자 하는 정보를 심층적으로 파악할 수 있다.
- 서류상으로 미비한 사항과 의심스러운 부분을 확인할 수 있다.
- 커뮤니케이션, 대인관계행동 등 행동·언어적 정보도 얻을 수 있다.

3 면접의 평가요소

1 인재적합도

해당 기관이나 기업별 인재상에 대한 인성 평가

2 조직적합도

조직에 대한 이해와 관련 상황에 대한 평가

3 직무적합도

직무에 대한 지식과 기술, 태도에 대한 평가

4 면접의 유형

구조화된 정도에 따른 분류

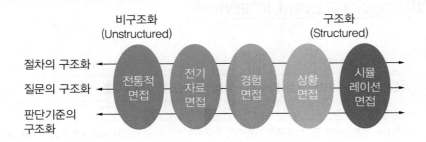

비구조화   구조화
(Unstructured)   (Structured)

절차의 구조화
질문의 구조화   전통적   전기   경험   상황   시뮬
                  면접   자료   면접   면접   레이션
판단기준의   면접   면접
구조화

1 구조화 면접(Structured Interview)

사전에 계획을 세워 질문의 내용과 방법, 지원자의 답변 유형에 따른 추가 질문과 그에 대한 평가역량이 정해져 있는 면접 방식(표준화 면접)

- 표준화된 질문이나 평가요소가 면접 전 확정되며, 지원자는 편성된 조나 면접관에 영향을 받지 않고 동일한 질문과 시간을 부여받을 수 있음.
- 조직 또는 직무별로 주요하게 도출된 역량을 기반으로 평가요소가 구성되어, 조직 또는 직무에서 필요한 역량을 가진 지원자를 선발할 수 있음.
- 표준화된 형식을 사용하는 특성 때문에 비구조화 면접에 비해 신뢰성과 타당성, 객관성이 높음.

2 비구조화 면접(Unstructured Interview)

면접 계획을 세울 때 면접 목적만 명시하고 내용이나 방법은 면접관에게 전적으로 일임하는 방식(비표준화 면접)

- 표준화된 질문이나 평가요소 없이 면접이 진행되며, 편성된 조나 면접관에 따라 지원자에게 주어지는 질문이나 시간이 다름.
- 면접관의 주관적인 판단에 따라 평가가 이루어져 평가 오류가 빈번히 일어남.
- 상황 대처나 언변이 뛰어난 지원자에게 유리한 면접이 될 수 있음.

대기업기출복원 | 1회 기출액상 | 2회 기출액상 | 3회 기출액상 | 4회 기출액상 | 5회 기출액상 | 6회 기출액상 | 7회 기출액상 | 8회 기출액상 | 9회 기출액상 | 인성검사 | 면접가이드

02 구조화 면접 기법

👥 1 경험면접(Behavioral Event Interview)

면접 프로세스

안내 ⟩ 지원자는 입실 후, 면접관을 통해 인사말과 면접에 대한 간단한 안내를 받음.

⌄

질문 ⟩ 지원자는 면접관에게 평가요소(직업기초능력, 직무수행능력 등)와 관련된 주요 질문을 받게 되며, 질문에서 의도하는 평가요소를 고려하여 응답할 수 있도록 함.

⌄

세부질문 ⟩
- 지원자가 응답한 내용을 토대로 해당 평가기준들을 충족시키는지 파악하기 위한 세부질문이 이루어짐.
- 구체적인 행동·생각 등에 대해 응답할수록 높은 점수를 얻을 수 있음.

- **방식**
  해당 역량의 발휘가 요구되는 일반적인 상황을 제시하고, 그러한 상황에서 어떻게 행동했었는지(과거경험)를 이야기하도록 함.

- **판단기준**
  해당 역량의 수준, 경험 자체의 구체성, 진실성 등

- **특징**
  추상적인 생각이나 의견 제시가 아닌 과거 경험 및 행동 중심의 질의가 이루어지므로 지원자는 사전에 본인의 과거 경험 및 사례를 정리하여 면접에 대비할 수 있음.

- **예시**

지원분야		지원자		면접관		(인)
경영자원관리 조직이 보유한 인적자원을 효율적으로 활용하여, 조직 내 유·무형 자산 및 재무자원을 효율적으로 관리한다.						
주질문						
A. 어떤 과제를 처리할 때 기존에 팀이 사용했던 방식의 문제점을 찾아내 이를 보완하여 과제를 더욱 효율적으로 처리했던 경험에 대해 이야기해 주시기 바랍니다.						
세부질문						
[상황 및 과제] 사례와 관련해 당시 상황에 대해 이야기해 주시기 바랍니다. [역할] 당시 지원자께서 맡았던 역할은 무엇이었습니까? [행동] 사례와 관련해 구성원들의 설득을 이끌어 내기 위해 어떤 노력을 하였습니까? [결과] 결과는 어땠습니까?						

기대행동	평점
업무진행에 있어 한정된 자원을 효율적으로 활용한다.	① - ② - ③ - ④ - ⑤
구성원들의 능력과 성향을 파악해 효율적으로 업무를 배분한다.	① - ② - ③ - ④ - ⑤
효과적 인적/물적 자원관리를 통해 맡은 일을 무리 없이 잘 마무리한다.	① - ② - ③ - ④ - ⑤

척도해설

1 : 행동증거가 거의 드러나지 않음	2 : 행동증거가 미약하게 드러남	3 : 행동증거가 어느 정도 드러남	4 : 행동증거가 명확하게 드러남	5 : 뛰어난 수준의 행동증거가 드러남
관찰기록 :				
총평 :				

※ 실제 적용되는 평가지는 기업/기관마다 다름.

🔍 2 상황면접(Situational Interview)

면접 프로세스

안내
지원자는 입실 후, 면접관을 통해 인사말과 면접에 대한 간단한 안내를 받음.

∨

질문
• 지원자는 상황질문지를 검토하거나 면접관을 통해 상황 및 질문을 제공받음.
• 면접관의 질문이나 질문지의 의도를 파악하여 응답할 수 있도록 함.

∨

세부질문
• 지원자가 응답한 내용을 토대로 해당 평가기준들을 충족시키는지 파악하기 위한 세부질문이 이루어짐.
• 구체적인 행동·생각 등에 대해 응답할수록 높은 점수를 얻을 수 있음.

• 방식
  직무 수행 시 접할 수 있는 상황들을 제시하고, 그러한 상황에서 어떻게 행동할 것인지(행동의도)를 이야기하도록 함.

• 판단기준
  해당 상황에 맞는 해당 역량의 구체적 행동지표

• 특징
  지원자의 가치관, 태도, 사고방식 등의 요소를 평가하는 데 용이함.

• 예시

지원분야		지원자		면접관	(인)

유관부서협업
타 부서의 업무협조요청 등에 적극적으로 협력하고 갈등 상황이 발생하지 않도록 이해관계를 조율하며 관련 부서의 협업을 효과적으로 이끌어 낸다.

주질문
당신은 생산관리팀의 팀원으로, 2개월 뒤에 제품 A를 출시하기 위해 생산팀의 생산 계획을 수립한 상황입니다. 그러나 원가가 곧 실적으로 이어지는 구매팀에서는 최대한 원가를 줄여 전반적 단가를 낮추려고 원가절감을 위한 제안을 하였으나, 연구개발팀에서는 구매팀이 제안한 방식으로 제품을 생산할 경우 대부분이 구매팀의 실적으로 산정될 것이므로 제대로 확인도 해 보지 않은 채 적합하지 않은 방식이라고 판단하고 있습니다. 당신은 어떻게 하겠습니까?

세부질문
[상황 및 과제] 이 상황의 핵심적인 이슈는 무엇이라고 생각합니까?
[역할] 당신의 역할을 더 잘 수행하기 위해서는 어떤 점을 고려해야 하겠습니까? 왜 그렇게 생각합니까?
[행동] 당면한 과제를 해결하기 위해서 구체적으로 어떤 조치를 취하겠습니까? 그 이유는 무엇입니까?
[결과] 그 결과는 어떻게 될 것이라고 생각합니까? 그 이유는 무엇입니까?

척도해설

1 : 행동증거가 거의 드러나지 않음	2 : 행동증거가 미약하게 드러남	3 : 행동증거가 어느 정도 드러남	4 : 행동증거가 명확하게 드러남	5 : 뛰어난 수준의 행동증거가 드러남
관찰기록 :				
총평 :				

※ 실제 적용되는 평가지는 기업/기관마다 다름.

3 발표면접(Presentation)

면접 프로세스

안내
- 입실 후 지원자는 면접관으로부터 인사말과 발표면접에 대해 간략히 안내받음.
- 면접 전 지원자는 과제 검토 및 발표 준비시간을 가짐.

발표
- 지원자들이 과제 주제와 관련하여 정해진 시간 동안 발표를 실시함.
- 면접관은 발표내용 중 평가요소와 관련해 나타난 가점 및 감점요소들을 평가하게 됨.

질문응답
- 발표 종료 후 면접관은 정해진 시간 동안 지원자의 발표내용과 관련해 구체적인 내용을 확인하기 위한 질문을 함.
- 지원자는 면접관의 질문의도를 정확히 파악하여 적절히 응답할 수 있도록 함.
- 응답 시 명확하고 자신있게 전달할 수 있도록 함.

대전기출복원

1회 기출예상

2회 기출예상

3회 기출예상

4회 기출예상

5회 기출예상

6회 기출예상

7회 기출예상

8회 기출예상

9회 기출예상

인성검사

면접가이드

- 방식

  지원자가 특정 주제와 관련된 자료(신문기사, 그래프 등)를 검토하고, 그에 대한 자신의 생각을 면접관 앞에서 발표하며 추가 질의응답이 이루어짐.

- 판단기준

  지원자의 사고력, 논리력, 문제해결능력 등

- 특징

  과제를 부여한 후, 지원자들이 과제를 수행하는 과정과 결과를 관찰 · 평가함. 과제수행의 결과뿐 아니라 과제수행 과정에서의 행동을 모두 평가함.

4 토론면접(Group Discussion)

면접 프로세스

안내
- 입실 후, 지원자들은 면접관으로부터 토론 면접의 전반적인 과정에 대해 안내받음.
- 지원자는 정해진 자리에 착석함.

토론
- 지원자들이 과제 주제와 관련하여 정해진 시간 동안 토론을 실시함(시간은 기관별 상이).
- 지원자들은 면접 전 과제 검토 및 토론 준비시간을 가짐.
- 토론이 진행되는 동안, 지원자들은 다른 토론자들의 발언을 경청하여 적절히 본인의 의사를 전달할 수 있도록 함. 더불어 적극적인 태도로 토론면접에 임하는 것도 중요함.

마무리 (5분 이내)
- 면접 종료 전, 지원자들은 토론을 통해 도출한 결론에 대해 첨언하고 적절히 마무리 지음.
- 본인의 의견을 전달하는 것과 동시에 다른 토론자를 배려하는 모습도 중요함.

- 방식

  상호갈등적 요소를 가진 과제 또는 공통의 과제를 해결하는 내용의 토론 과제(신문기사, 그래프 등)를 제시하고, 그 과정에서 개인 간의 상호작용 행동을 관찰함.

- 판단기준

  팀워크, 갈등 조정, 의사소통능력 등

- 특징

  면접에서 최종안을 도출하는 것도 중요하나 주장의 옳고 그름이 아닌 결론을 도출하는 과정과 말하는 자세 등도 중요함.

5 역할연기면접(Role Play Interview)

- **방식**
  기업 내 발생 가능한 상황에서 부딪히게 되는 문제와 역할을 가상적으로 설정하여 특정 역할을 맡은 사람과 상호작용하고 문제를 해결해 나가도록 함.
- **판단기준**
  대처능력, 대인관계능력, 의사소통능력 등
- **특징**
  실제 상황과 유사한 가상 상황에서 지원자의 성격이나 대처 행동 등을 관찰할 수 있음.

6 집단면접(Group Activity)

- **방식**
  지원자들이 팀(집단)으로 협력하여 정해진 시간 안에 활동 또는 게임을 하며 면접관들은 지원자들의 행동을 관찰함.
- **판단기준**
  대인관계능력, 팀워크, 창의성 등
- **특징**
  기존 면접보다 오랜 시간 관찰을 하여 지원자들의 평소 습관이나 행동들을 관찰하려는 데 목적이 있음.

면접가이드

03 면접 최신 기출 주제

👥 1 면접 빈출키워드

• 직무별 업무내용	• 업무자세 / 마음가짐	• 교육공무직원의 의무
• 특정 상황에서의 교육방법	• 교사, 동료와의 갈등 해결 방법	• 민원 대처방법
• 개인정보법	• 업무 처리 방법	• 업무분장
• 전화 응대법	• 해당 교육청의 교육목표	• 공문서

👥 2 대전광역시교육청 교육공무직원 최신 면접 기출

📋 2024년

특수교육 실무원	1. 교육공무직의 자세에 대해 아는 대로 말해 보시오.
	2. 장애학생 식사지도 방법 3가지를 말해 보시오.
	3. 특수교육법 장애유형 6가지 이상 말해 보시오.
조리원	1. 영양사 선생님의 부당한 업무지시에 어떻게 대처할 것인가?
	2. 조리원 위생조리복장에 대해 말해 보시오.
	3. 조리원의 자세에 대해 말해 보시오.
	4. 안전사고가 발생했을 때 어떻게 대처해야 하는가?
돌봄전담사	1. 교육공무직원의 올바른 자세를 말해 보시오.
	2. 본인의 업무가 아닌 학교 행사 등의 지원 업무를 지시받는다면 어떻게 하겠는가?
	3. 학교폭력 예방 방안 3가지를 말해 보시오.
	4. 2학기부터 늘봄학교가 운영되는데 돌봄교실의 위상과 역할을 무엇이고, 돌봄에서 중요하다고 생각하는 점을 말해 보시오.

대전기출복원

1회 기출예상

2회 기출예상

3회 기출예상

4회 기출예상

5회 기출예상

6회 기출예상

7회 기출예상

8회 기출예상

9회 기출예상

인성검사

면접가이드

🔲 2023년

공통질문	1. 교육공무직의 역할, 자세, 지원동기를 말해 보시오.
	2. 업무공백이 생길 경우 어떻게 할 것인가?
돌봄전담사	1. 돌봄교실 인원이 다 찼는데 추가인원 요청이 있을 경우 어떻게 할 것인가?
	2. 돌봄교실 내 안전사고 예방을 위해 어떻게 하겠는가?
특수교육 실무원	1. 어떠한 실무원이 되고 싶은가?
	2. 아이들과 라포형성을 어떻게 하겠는가?
	3. 특수교육실무원의 자세 3가지를 말해 보시오.
전문상담사	1. 전문상담사의 인성적 자질에 대해 말해 보시오.
	2. 비밀보장 예외원칙에 따라 상담자 비밀에 대해 요청받을 수 있는 경우는?
체험해설 실무원	1. 의식 잃은 사람에게 구급처치 하는 방법과 제세동기 사용에 대해 말해 보시오.
	2. 과학전시물 주제에 따라 시연해 보시오.

🔲 2022년

교육복지사	1. 교육공무직원이 갖춰야 할 3가지 덕목은?
	2. 다른 부서에 업무 공백이 생길 경우 해야 할 역할은 무엇인가?
	3. 교육복지 우선 지원 사업이 시작된 이유와 시행 영역에 대해 말해 보시오.
돌봄전담사	1. 돌봄전담사의 역할에 대해 아는 대로 말해 보시오.
	2. 교육공무직원이 갖춰야 할 3가지 덕목은?
	3. 돌봄교실에서의 안전사고 예방과 대처 방법에 대해 말해 보시오.
특수교육 실무원	1. 교육공무직의 의무는?
	2. 특수실무원의 직무향상을 위해 노력한 3가지와 본인이 특수실무가가 되고 싶은지 말해 보시오.
	3. 법령에 근거하여 특수교육실무원이 하는 일에 대해 말해 보시오.

🗨 2021년

특수교육 실무원	1. 교육공무직으로서 필요한 자질은 무엇이며 가장 중요하다고 생각하는 의무는 무엇인가?
	2. 특수교육실무원으로서 전문적 역량을 갖추기 위해 한 노력은 무엇인가?
	3. 앞으로 어떤 특수교육실무원이 되고 싶은지 말하시오.
	4. 법적 근거에 의한 특수교육실무원의 역할은 무엇인가?
유치원 방과후과정 전담사	1. 교육공무직이 가져야 할 자세는 무엇인가?
	2. 교실 내 응급상황을 대비할 수 있는 방법 세 가지를 말하시오.
	3. 학부모 민원 발생 시 대처방법에 대해 말하시오.

🗨 2020년

조리원	1. 동료가 자신의 일을 도와달라고 하면 어떻게 행동할 것인가?
	2. 학부모나 학생이 급식 조리방법에 대해 민원을 제기한다면 어떻게 대처하겠는가?
	3. 올바른 손 씻기 방법과 알코올 손 소독 방법에 대해 설명해 보시오.

🗨 2019년

특수교육 실무원	1. 특수교육실무원으로 채용될 경우 어떤 자세로 일하겠는가?
	2. 지적장애아의 학습특성을 3가지 말해 보시오.
	3. 본인이 채용되면 교육청이 갖는 이점을 3가지 말해 보시오.
	4. 교육공무직원으로 갖춰야 할 자질을 말해 보시오.
	5. 특수교육실무사의 역할을 말해 보시오.
	6. 동료와의 갈등 발생 시 대처방법을 말해 보시오.

👥 3 그 외 지역 교육공무직원 최신 면접 기출

💬 2024년

경남

공통질문	1. 지원한 동기를 말해 보시오.
	2. 내부적으로 청렴도를 높이기 위한 본인만의 실천 방안을 말해 보시오.
	3. 교육공무직 6대 덕목 중 2가지 고르고 고른 이유를 설명해 보시오.
	4. 기성세대와 MZ(신세대) 사이에 갈등이 많이 발생하는데, 조직 내 세대 간 갈등, 차이를 해결 또는 극복하기 위한 방안을 말해 보시오.
	5. 경남교육의 가치인 공존과 자립에 대해 아는 대로 말해 보시오.
	6. 경남교육청 브랜드슬로건 '아이좋아'에 대해 설명해 보시오.
	7. 직장동료와 트러블이 생겼을 때 어떻게 할 것인가?
	8. 본인실수로 문제가 생겼을 때 어떻게 할 것인가?
돌봄전담사	1. 학부모 동행 귀가 시 유의사항에 대해 말해 보시오.
	2. 돌봄교실 평가방법에 대해 말하시오.
	3. 돌봄교실 목표와 추진과제에 대해 말하시오.
	4. 복지와 관련해서 오후돌봄교실에 대해 말해 보시오.
	5. 알레르기가 있는 학생에 대한 급·간식 지도에 대해 말해 보시오.
	6. 돌봄전담사는 아동학대 신고 의무자이다. 이와 관련되어 아는 것을 모두 말해 보시오.
특수교육 실무원	1. 학부모가 통학지원 중에 상담전화를 했을 때, 어떻게 대처할 것인가?
	2. 특수아동이 돌발행동을 했을 때 어떻게 대처할 것인가?
	3. 자폐아동의 특징을 3가지 말해 보시오.

충남

교무행정사	1. 부장교사와 학부모 민원이 동시에 들어올 경우 어떻게 대처할 것인가?
	2. 업무가 과중하여 초과 근무를 해야 할 것 같을 때 어떻게 대처할 것인가?
	3. 교무행정사 지원동기와 역할을 말해 보시오.
초등 돌봄전담사	1. 자녀가 따돌림을 당했다는 학부모 민원 전화에 어떻게 대처할 것인가?
	2. 과중한 업무에 대한 대처 방법을 말해 보시오.
	3. 친절과 공정의 의무 사항을 학부모에게 어떻게 보여줄 것인가?
늘봄실무사	1. 늘봄 업무 민원을 가진 학부모가 연락해 왔을 때 어떻게 대처할 것인가?
	2. 교직원과 의견충돌 시 대처 방법을 말해 보시오.
	3. 늘봄학교 도입 배경과 늘봄실무사로서의 역할을 말해 보시오.
특수교육 실무원	1. 학교에 중요한 행사가 있는데, 집안일로 위급한 상황이 생긴 경우 어떻게 대처할 것인가?
	2. 실무원이 된다면 자기계발을 어떻게 하겠는가?
	3. 본인의 잘못으로 민원이 발생했다면 어떻게 대처할 것인가?

울산

돌봄전담사	1. 상사가 본인 업무 외의 다른 업무를 지시했을 때 또는 부당한 업무를 지시했을 때 어떻게 대처할 것인가?
	2. 돌봄전담사의 역할은 무엇이라고 생각하는가?
	3. 돌봄교실 프로그램을 구성할 때 고려해야 하는 사항은 어떤 점들이라고 생각하는가?
특수교육 실무사	1. 특수교육실무사의 상사가 부당한 업무를 지시한다면 어떻게 대처할 것인가?
	2. 특수실무 업무를 막상 해보니 적성에 맞지 않았다. 이럴 경우 어떻게 대처할 것인가?
	3. 특수교육실무사의 주된 업무 2가지를 말해 보시오.
	4. 특수아동을 지도하는 방법 2가지를 말해 보시오.
	5. 학부모 민원이 들어올 경우 어떻게 대처할 것인가?
조리사	1. 조리사에 지원한 동기를 말해 보시오.
	2. 식중독 예방법에 대해 아는 대로 말해 보시오.
	3. 조리사의 업무에 대해 아는 대로 말해 보시오.
	4. 본인 업무가 끝난 후 업무가 남은 동교가 있다면 어떻게 할 것인가?
	5. 상사가 타 업무를 추가적으로 시켰을 경우 어떻게 할 것인가?
	6. 동료와의 불화가 발생했을 때 이를 어떻게 대처할 것인가?

전북

늘봄실무사	1. 학교는 공공기관이므로 봉사정신이 필요한데, 자신의 봉사경험을 말해보고 그것을 늘봄실무사로서 일하면서 어떻게 적용시킬 것인지 말해 보시오.
	2. 자신이 살면서 경험했던 봉사활동을 토대로 교육공무직에 어떻게 적용시켜 일할 수 있는지 말해 보시오.
	3. 늘봄실무사와 돌봄전담사가 하는 일을 각각 이야기하고, 어떻게 협력하여 일할 것인지 말해 보시오.
	4. 늘봄실무사의 역할에 대해 아는 대로 말해 보시오.
	5. 전북교육청 늘봄학교의 중점 과제를 말해 보시오.
	6. 전북 교육 기본방향이 학생중심, 미래교육인데, 이 정책방향을 늘봄실무사로서 어떻게 적용하여 일할 수 있는지 말해 보시오.
교육복지사	1. 자신의 봉사경험을 말해보고 그것을 교육복지사로서 일하면서 어떻게 적용시킬 것인지 말해 보시오.
	2. 교육복지사의 역할과 업무는 무엇인지 말해 보시오.
	3. 최근 일어났던 전북지역의 일가족 사망사건과 관련하여 위기개입을 어떻게 하고 지역사회와 맞춤형 지원을 어떻게 할 것인가?

부산

늘봄교무행정실무원	1. 늘봄교무행정실무원이 필요한 이유와 어떤 마음으로 일한 것인지를 말해 보시오.
	2. 부산형 늘봄이 무엇인지, 늘봄교무행정실무원의 업무가 무엇인지 말해 보시오.
	3. 학생 관련 안전사고가 발생했을 때 어떻게 대처하겠는가?
	4. 늘봄 업무의 경계가 불분명할 때의 해결 방안과 동료와의 갈등 해결 방안을 말해 보시오.

경북

특수교육실무사	1. 특수교사와 갈등이 생겼을 경우 어떻게 대처할 것인가?
	2. 장애에 대한 특수교육법 4조의 특수교육대상자와 학부모에 대한 차별금지 사항에 관해 말해 보시오.
	3. 바지를 벗는 행동을 하는 특수교육 대상아동 지원방법을 말해 보시오.

📋 2023년

전북

조리실무사	1. 지원한 동기를 말하고 자기소개를 해 보시오.
	2. 자신의 단점에 대해 말해 보시오.
	3. 손을 씻어야 할 때를 아는 대로 말해 보시오.
	4. HACCP에 대해 아는 대로 설명하시오.
특수교육 지도사	1. 지원동기를 말해 보시오.
	2. 자신의 단점과 보완방법을 말해 보시오.

충남

특수교육 실무원	1. 폭력적인 아이가 물건을 집어 던진다면 어떻게 대처할 것인가?
	2. 특수교육 대상자인 아동이 특수교육실무원에게 폭력을 당했다는 학부모 민원이 발생한다면 어떻게 대처할 것인가?
돌봄전담사	1. 발령받은 학교가 원한 곳이 아니거나 가정에서 먼 곳이라면 어떻게 하겠는가?
	2. 반복적인 민원이 들어온다면 어떻게 대처하겠는가?
	3. 돌봄전담사의 역할과 그 역할을 잘 수행하기 위한 자기계발 방법을 말해 보시오.

경남

교무행정원	1. 청렴하기 위한 방법을 말해 보시오.
	2. 생태환경교육과 관련하여 생활 속에서 실천할 수 있는 방법은?
	3. 동료가 바쁜 본인을 도와주지 않는다고 화를 낼 경우 어떻게 대처하겠는가?
	4. 교무행정원의 업무 중 본인이 가장 자신 있는 것은?
조리실무사	1. 미숙한 사람과 한 조가 된다면 어떻게 하겠는가?
	2. 생소한 식재료로 조리를 해야 하는데 조리법을 모른다면 어떻게 하겠는가?
	3. 3식 하는 곳에 배정되면 어떻게 하겠는가?
	4. 세정제가 하나만 있을 때 채소, 어패류, 육류를 세척할 순서를 말해 보시오.
	5. 법정 감염병 대처 및 예방 방법 5가지를 말해 보시오.
	6. HACCP가 무엇인지 설명해 보시오.
안내원	1. 민원인을 어떻게 대할 것인가?
	2. 타부서 직원과 불화가 발생한다면 어떻게 하겠는가?
	3. 심폐소생술 순서를 말해 보시오.

📄 2022년

부산

특수교육 실무원	1. 뇌전증이 있는 특수아동이 수업 중 발작을 시작할 때 어떻게 대처할 것인가?
	2. 특수아동이 계속 교문을 나가려 할 때(무단이탈) 이에 대한 사전 방안은?
	3. 특수아동의 등교 지원 시 학생이 20분 늦게 도착하게 됐을 때 어떻게 할 것인가?
	4. 특수교육실무원의 역할과 자세는?
교육실무원	1. 학교 기록물 종류와 관리법에 대해 아는 대로 말해 보시오.
	2. 정보공개법률에 따라 정보공개가 원칙인데, 공개하지 않아도 되는 정보는 무엇인가?
	3. 교직원과 갈등이 발생할 경우 어떻게 대처할 것인가?
	4. 교육실무원의 기본자세는?

경북

조리원	1. 조리원의 역할에 대해 아는 대로 말해 보시오.
	2. 배식 중 좋아하는 반찬은 많이 받으려 하고 싫어하는 음식은 받지 않으려는 학생이 있다면 어떻게 할 것인가?
	3. 손을 씻어야 하는 경우는 어떤 것이 있는가?
돌봄전담사	1. 지원한 동기와 돌봄전담사의 역할에 대해 말해 보시오.
	2. 학교 근무자로서 가져야 할 마음가짐과 자세에 대해 말해 보시오.
	3. 돌봄 학생이 다쳤는데 학부모가 치료비를 요구할 경우 어떻게 해결할 것인가?
	4. 돌봄 교실에서 학생이 타인에게 해를 끼쳐 퇴원 조치를 해야 하는 경우 어떻게 해결할 것인가?

경남

조리실무사	1. 손 씻는 방법에 대해 구체적으로 설명하시오.
	2. 식중독 예방 3대 원칙은 무엇인가?
	3. 동료 간에 불화가 발생한 경우 어떻게 대처할 것인가?
	4. 자신의 캐비닛에 남의 금품이 있다면 어떻게 처리할 것인가?
	5. 일을 하게 된 동기를 20초 이내로 말해 보시오.
	6. 경남교육공동체의 소통, 공감과 관련하여 아는 대로 말해 보시오.
	7. 조리실무사는 어떤 일을 하는 사람인가?

	8. '녹색지구' 살리기를 위해 교직원으로서 학생들을 어떻게 지도할 것인가?
	9. 소독의 종류에 대해 아는 대로 말해 보시오.
	10. 악성 민원에 대처하는 방안에 대해 말해 보시오.
	11. 손을 씻어야 하는 이유 7가지를 말해 보시오.
특수행정 실무사	1. 경남교육에서 목표로 하는 철학 4가지 중 3가지를 말해 보시오.
	2. 행사나 축제 등으로 야간 업무를 해야 하는데 개인 사정으로 불참해야 할 경우 어떻게 대처할 것인가?

세종

간호사	1. 세종시교육청의 목표와 지표, 중점기 교육분야 3가지에 대해 말해 보시오.
	2. 비협조적인 구성원과 갈등이 발생했을 때 어떻게 해결할 것인가?
	3. 경련을 일으키는 아동에 대한 5가지 대응방안을 말해 보시오.
	4. 코로나19 예방 대응 4가지를 말해 보시오.

전북

특수교육 지도사	1. 특수교육지도사에게 필요한 자세는?
	2. 하교지도 중 학부모가 상담을 요청할 때 어떻게 대처할 것인가?
	3. 자폐아동의 특징에 대해 말해 보시오.
조리원	1. 산업재해를 예방하기 위한 방안에 대해 말해 보시오.

충북

초등돌봄 전담사	1. 최근 초등 관련 외의 자기계발을 한 사례와 좋았던 점을 말해 보시오.
	2. 초등돌봄전담사에 지원한 동기를 말해 보시오.
	3. 교육공무직원의 의무를 말해 보시오.
	4. 동료와 갈등이 발생한 경우 어떻게 대처할 것인가?
	5. 돌봄이 하는 일은 무엇인가?
	6. 학생 간 다툼이 발생한 경우 어떻게 중재할 것인가?

서울

돌봄전담사	1. 시간제 돌봄 연장에 관한 개인의 제안을 말해 보시오.
	2. 돌봄교실에 필요한 것은 무엇인가?
	3. 개인 실수로 인해 민원이 발생한 경우 어떻게 대처할 것인가?
	4. 시간제 돌봄 시간이 연장되었는데 그에 대한 정보와 이에 어떻게 대처하면 좋을지에 대해 말해 보시오.
특수교육 실무사	1. 자신의 장점과 지원한 직무와의 연관성에 대해 말해 보시오.
	2. 특수실무사의 역할에 대해 아는 대로 말해 보시오.
	3. 학생의 편식지도 방법 3가지를 말해 보시오.
	4. 학부모 민원 전화가 왔을 때 어떻게 대응할 것인가?
	5. 여러 가지 장애가 있는 특수장애 아이 지원에 대해 아는 대로 말해 보시오.

📖 2021년

부산

특수교육 실무원	1. 특수교육실무원의 역량 및 자질에는 무엇이 있는가?
	2. 자폐아동의 특징 2가지와 지도 방식 3가지를 말해 보시오.
	3. 수업 중 난폭한 행동에 대한 대처 방안을 말해 보시오.
	4. 아동학대를 목격했을 때 대처 방안을 말해 보시오.
	5. 학교 구성원과의 갈등 시 대처 방안을 말해 보시오.

울산

유치원 방과후과정 전담사	1. 울산광역시교육청의 교육방향을 말하고, 이것을 유치원 방과후과정반에 어떻게 적용시켜 운영할 것인지 말해 보시오.
	2. 본인의 업무를 하기 위해서는 어떤 능력이 필요할 것 같은가? 이를 접목시킨 적이 있다면 사례를 들어 보시오.
	3. 교사들과의 마찰 시 어떻게 행동할 것인가?
	4. 전담사에게 제일 중요한 것이 무엇이라고 생각하는가?
	5. 본인의 업무 외 다른 일을 시켰을 때 어떻게 할 것인지 말해 보시오.
	6. 본인의 장단점이 무엇이라고 생각하는가?

대전기출복원

1회 기출예상

2회 기출예상

3회 기출예상

4회 기출예상

5회 기출예상

6회 기출예상

7회 기출예상

8회 기출예상

9회 기출예상

인성검사

면접가이드

광주

특수 교육실무사	1. 즐거운 직장 문화를 만들기 위해 무엇을 할 수 있는지 3가지를 말해 보시오.
	2. 여러 부서가 존재하고 각 부서 간 갈등이 많은데, 이를 어떻게 해결할 수 있을지 말해 보시오.
	3. 뇌병변을 앓고 있는 아이가 갑작스럽게 발작할 경우 어떻게 대처할 것인가?
초등 돌봄전담사	1. 학교는 학생들의 안전교육을 중요시하는 곳이다. 안전교육 중 안전하게 귀가조치를 하기 위한 방법 3가지를 말해 보시오.
	2. 귀가시간을 지키지 않는 학부모가 있다면 어떻게 할 것인가?
	3. 저출산과 관련지어 돌봄교실의 역할은 무엇이라고 생각하는가?
과학실무사	1. 교사들을 지원하는 행정업무에 대해 어떻게 생각하는가?
	2. 과학실무사가 가져야 하는 자세 3가지에 대해 말해 보시오.
	3. 과학중점학교에 대해 어떻게 생각하는가?

전북

특수교육 지도사	1. 특수교육지도사가 갖춰야 할 자세 2가지 이상을 말해 보시오.
	2. 특수교사 부재 시 하교지도를 하는 도중 학부모가 학교생활과 학습태도에 관련하여 상담을 요청한다면 어떻게 대처할지 지도사의 자세와 연관 지어 말해 보시오.
	3. 자폐 아동의 특성과 통합교육 시 지원방법에 대해 말해 보시오.
	4. 특수교육과 일반교육의 차이점은 무엇이 있는가?
	5. 특수아동과 일반아동 사이에 갈등이 발생할 경우 어떻게 대처하겠는가?
조리종사원	1. 동료들과 갈등이 발생한다면 어떻게 해결할 것인가?
	2. 조리종사원이 하는 일이 무엇인가?
	3. 교차오염 5가지에 대해 말해 보시오.
	4. 교차오염 방지를 위해 도마, 칼 등의 조리기구들을 어떻게 사용해야 하는가?

경기

특수교육 지도사	1. 그간의 경력 및 학력이 특수교육지도사에 발휘될 수 있는 점을 말해 보시오.
	2. 교실에서 중복 장애, 복합적인 장애를 가진 학생들을 만났을 경우, 어떻게 지도할 것인가?
	3. 향후 인생의 계획을 말해 보시오.
	4. 다른 교사와 문제가 있을 때 어떻게 대처할 것인지 말해 보시오.
	5. 꼬집거나 소리 지르는 문제 아동에 대한 행동 대처와 대소변 실수 시 지원 방법에 대해 말해 보시오.
	6. 기억나는 특수아동이 있다면?
	7. 학부모의 상담요청이 빈번할 경우 어떻게 대처할 것인가?
	8. 원하지 않는 동네 유치원, 초등, 중등, 고등학교 발령 시 어떻게 할 것인가?
	9. 보육교사와 특수교육지도사의 업무 차이점에 대해 아는 대로 말해 보시오.
초등 돌봄전담사	1. 근무 중 다른 좋은 조건을 가진 자리가 난다면 갈 것인가?
	2. 다른 돌봄교사와 전담관리자 선생님과 의견 차이가 있어 갈등이 생길 경우, 어떻게 대처할 것인가?
	3. 돌봄교실에서 두 아이가 다툼을 하다가 다치게 된다면 어떻게 대처할 것인가?
	4. 자신의 성격의 장점을 말해 보시오.
	5. 컴퓨터 사용 능력은 어느 정도 되는가?

서울

교무행정 지원사	1. 동료가 한 달간 출근을 못하게 되었을 때 어떻게 할 것인가?
	2. 5년마다 전보 시, 이전 학교에서 하지 않은 일을 전보를 간 학교에서 하라고 한다면?
	3. 나로 인해 민원이 발생하여 학부모가 학교로 연락을 했을 경우, 어떻게 할 것인가?
특수 교육실무사	1. 나의 실수로 민원이 들어온다면 어떻게 해결할 것인가?
	2. 자폐 학생이 다른 학생에게 폭력을 행한다면 어떻게 대처할 것인가?
	3. 장특법에 나타나는 여러 장애에 대해 아는 대로 말해 보시오.

충북

특수 교육실무사	1. 자기계발을 하기 위해 어떤 노력을 했는가? 그리고 앞으로의 일을 하면서 필요한 자기계발이 있다면 어떻게 할 것인가?
	2. A 실무원이 아이의 모든 것을 도와주고 있다. 이때의 문제점과 당신이라면 어떻게 할 것인지 말해보시오.

대전기출복원

1회 기출예상

2회 기출예상

3회 기출예상

4회 기출예상

5회 기출예상

6회 기출예상

7회 기출예상

8회 기출예상

9회 기출예상

인성검사

면접가이드

경남

교무행정원	1. 기후, 환경 문제를 해결하기 위해 학교에서 할 수 있는 것은 무엇인가?
	2. 몸이 안 좋아 병원을 예약했는데 갑자기 교감선생님이 업무를 시키신다면 어떻게 할 것인가?
	3. 성인지감수성이란 무엇이며, 교내에서 성추행 상황을 목격한다면 어떻게 할 것인가?
	4. 아이톡톡에 대해 아는 대로 말해 보시오.
	5. 교육행정지원팀의 목적과 의의는?
	6. 공문서 취급 방법 4가지 이상을 말해 보시오.
	7. 학부모 민원에 대응하는 4가지 방법을 말해 보시오.
	8. 경남교육청에서 시행하고 있는 기후위기 대응운동에 대해 아는 대로 말해 보시오.
	9. 경남교육청의 정책방향 5가지 중 소통과 공감에 대해 말해 보시오.
돌봄전담사	1. 교육감이 올해 발표한 5대 교육정책은 무엇인가?
	2. 올해 돌봄교실 운영추진 목표와 과제를 말해 보시오.
	3. 여성가족부와 보건복지부에서 운영하는 각각의 돌봄교실 유형을 말해 보시오.
특수 교육실무사	1. 편식하는 아동의 지원 방법은?
	2. 특수실무원 역할 중 교수활동지원 4가지를 말해 보시오.
	3. 학교에서 직원들이 할 수 있는 코로나 예방(방역) 방법에 대해 4가지 이상 말해 보시오.

충남

교무행정사	1. 교무행정사에게 필요한 자질에 대해 아는 대로 말해 보시오.
	2. 교무행정사가 하는 일에 대해 말해 보시오.
	3. 어린 교사와 마찰이 생길 경우 어떻게 대처할 것인가?
	4. 학교에서 과중한 업무를 시킨다면 어떻게 할 것인가?
	5. 본인이 갖고 있는 자격증은 무엇이며 이를 업무에 어떻게 활용할 것인가?
	6. 정해진 절차와는 다르게 업무를 처리하라고 할 경우 어떻게 할 것인가?

세종

돌봄전담사	1. 김영란법의 목적과 상한가를 예를 들어 설명하라.
	2. 돌봄간식 수요조사 후, 학생들에게 나가기 전까지의 5단계는 무엇인가?
	3. 2월에 해야 할 일 4가지 이상을 말해 보시오.
	4. 합격 후 역량 강화를 위해 해야 할 일은 무엇인가?
	5. 교장선생님의 부당한 지시에 대해 어떻게 대처할 것인가?
	6. 살면서 크게 싸운 일이 있었을 텐데 어떻게 대처하였는가?

🗨 2020년

부산

조리원	1. 조리원으로 지원한 동기를 말해 보시오.
	2. 알레르기 있는 학생이 있다면 어떻게 할 것인가?
	3. 단체급식 경험이 있는가?
	4. 조리원은 어떤 직업인 것 같은가?
	5. 식중독 예방법에 대해 아는 대로 말해 보시오.
돌봄전담사	1. 초등 돌봄교실의 필요성과 초등 돌봄전담사로서의 복무 자세에 대해 말해 보시오.
	2. 친구를 자꾸 때리고 괴롭히는 학생이 있다면 어떻게 지도할 것인가?
	3. 돌봄전담사의 역할 3가지와 가장 중요하다고 생각되는 것은?
특수교육 실무원	1. 지체장애 아동의 식사 지도 시 주의할 점이 있다면?
	2. 마스크를 착용하지 않으려는 아동이 있다면 어떻게 지도할 것인가?
	3. 특수교사 학부모 아동과의 협업을 잘하기 위한 자세는?

울산

사서	1. (경력이 없는 경우) 학교도서관에서는 혼자서 근무해야 하는데 어떻게 할 계획인가?
	2. 생각하지 못한 상황이 닥치면 어떻게 대처할 것인가?
	3. 독서율 증진을 위해 어떤 프로그램을 진행할 계획인가?
	4. 교직원과 트러블이 생기면 어떻게 대처할 것인가?

대전기출복원

1회 기출예상

2회 기출예상

3회 기출예상

4회 기출예상

5회 기출예상

6회 기출예상

7회 기출예상

8회 기출예상

9회 기출예상

인성검사

면접가이드

전북

조리종사원	1. 동료의 일을 도와주다 나의 일에 차질이 발생해 징계가 내려진다면 어떻게 하겠는가?
	2. 교차오염 방지를 위해 급식실에서는 칼, 도마, 앞치마, 고무장갑 등을 구분하여 사용하는데 구분법은 무엇인가?
	3. 짠 맛을 내기 위한 소금 사용 외의 나만의 비법이 있는가?

세종

초등돌봄 전담사	1. 학교나 직장에서 의견 차이를 극복했던 경험과 방법에 대해 말해 보시오.
	2. 초등돌봄전담사의 직무에 대해 설명하고 내실화 방안에 대해 말해 보시오.
	3. 초등돌봄전담사로서 가져야 할 자세 및 자질을 말해 보시오.
	4. 코로나 바이러스와 관련하여 등교 찬반 입장과 그 이유를 설명해 보시오.
	5. 민원 응대방법에 대해 말해 보시오.
교육실무사	1. 교직원과 학생의 긍정적 관계를 유지하는 방법을 4가지 말해 보시오.
	2. 비협조적이었던 직원의 업무협조 요청에 어떻게 대처할지 말해 보시오.
	3. 자신의 강점과 관련해서 자기계발을 어떻게 할지 말해 보시오.
	4. 봉사활동의 필요성을 4가지 말해 보시오.
	5. 화재 시 대처방법을 4가지 말해 보시오.
특수 교육실무사	1. 교직원으로서 학생과 교사가 조화롭게 융합하는 방법을 4가지 말해 보시오.
	2. 뇌전증 발작 시 대처방법을 4가지 말해 보시오.
	3. 자신의 장점과 그와 관련해 앞으로 어떻게 발전해 나갈지 말해 보시오.
	4. 관계가 좋지 않은 직원이 일을 부탁하면 어떻게 대처할지 말해 보시오.
	5. 특수교육실무사가 하는 일을 4가지 말해 보시오.

경북

조리원	1. 이물질 관련 컴플레인에 대한 대처방안을 말해 보시오.
	2. 약품 사용 시 유의사항을 3가지 이상 말해 보시오.
	3. 조리원의 기본 자세를 말해 보시오.
	4. 식중독 예방 방법 3가지를 말해 보시오.
	5. 학생들의 잘못된 식습관 2가지와, 맛있는 반찬만 배식해 달라고 했을 경우 대처 방법을 말해 보시오.
특수교육 실무사	1. 통합교육이 일반학생과 장애학생에게 주는 장점을 2가지씩 말해 보시오.
	2. 장애학생과 일반학생 간 학교폭력이 발생하였을 때 중재방법을 4가지 말해 보시오.
	3. 문제행동의 유형별(관심끌기, 회피, 자기자극) 중재방법을 1가지씩 말해 보시오.

경남

돌봄전담사	1. 퇴근을 준비하고 있는데 업무가 생긴다면 어떻게 대처할 것인가?
	2. 돌봄전담사의 주요 역할은 무엇인가?
	3. 교육공무직의 덕목을 말해 보시오.
사무행정원	1. 경남교육청의 슬로건을 말해 보시오.
	2. 사무행정원의 업무는 무엇인가?
	3. 공무직이 갖추어야 할 자세와 그중 무엇을 가장 중요하게 생각하는지 말해 보시오.
	4. 민원 전화를 받는 법을 말해 보시오.
특수교육 실무사	1. 교육공무직으로서의 자질과 덕목을 말해 보시오.
	2. 특수아동의 개인욕구를 어떻게 지원할 것인지 말해 보시오.
	3. 특수교육실무사의 역할과 그와 관련된 자신의 장점을 말해 보시오.
특수교육 실무원	1. 경남교육청이 밀고 있는 교육정책을 말해 보시오.
	2. 상사나 동료와의 갈등 시 대처방법을 말해 보시오.
	3. 특수교육실무원이 하는 일은 무엇인가?
	4. 민원 발생 시 대처방법을 말해 보시오.

대전기술복원 1회 기출예상 2회 기출예상 3회 기출예상 4회 기출예상 5회 기출예상 6회 기출예상 7회 기출예상 8회 기출예상 9회 기출예상 인성검사 면접가이드

인천

특수교육 실무사	1. 특수교육실무사의 역할은 무엇인가?
	2. 코로나 바이러스와 관련된 나만의 특화된 학생 지도방법은 무엇인가?
	3. (경력이 많은 경우) 신입 특수교사와 학생지도에 있어 갈등상황을 겪는다면 어떻게 해결할 것인가?
교무행정사	1. 동료가 교통사고가 나서 1달은 입원, 2달은 통원치료를 하는데 대체직 채용이 어려워서 업무가 과중된다면 어떻게 대처하겠는가?
	2. 전입생이 많은 경우 교무실과 행정실에서 전입생을 어떻게 지원할 것인가?
	3. 어려운 업무인 교과서 업무를 A 학교에서 5년 동안 맡았고, 5년 후 전보된 B 학교에서도 교과서 업무를 맡게 되었다면 어떻게 할 것인가?

충남

교무행정사	1. 교무행정사가 하는 일과 교무행정사가 필요한 이유는 무엇인가?
	2. 교무행정사에게 협업이 필요한 업무는 무엇이 있는가? 협업을 위한 자세를 3가지 말해 보시오.
	3. 동료와의 갈등 시 대처방법을 말해 보시오.
조리실무사	1. 중요하고 급한 업무와 상사의 지시 중 어떤 것을 먼저 하겠는가?
	2. 동료와의 불화나 갈등 발생 시 어떻게 대처할 것인가?
	3. 업무 중에 손을 씻어야 하는 경우를 5가지 이상 말해 보시오.

경기

특수교육 실무사	1. 특수교육실무사가 하는 역할을 말해 보시오.
	2. 본인의 교육에 대해 학부모가 불만을 가진다면 어떻게 대처하겠는가?
	3. 특수아동이 문제 행동(폭력성이나 성 문제 등)을 보이면 어떻게 대처하겠는가?

2019년

부산

돌봄전담사	1. 지원동기를 말해 보시오.
	2. 학부모와의 갈등 발생 시 대처방법에 대해 말해 보시오.
	3. 돌봄전담사의 역할 5가지를 말해 보시오.
	4. 급·간식 준비 시 주의할 점 4가지를 말해 보시오.
	5. 돌봄교실에서 신경 써야 할 안전교육 3가지와 안전상 문제가 생겼을 경우 대처방안을 말해 보시오.
	6. 돌봄교실 환경구성을 어떻게 할 것인지 3가지 방안을 말해 보시오.

울산

교육업무사	1. 개인정보보호 방법에는 무엇이 있는가?
	2. 자신의 강점은 무엇인가?
	3. 동료와의 갈등 상황을 어떻게 해결할 것인가?
	4. 민원인 또는 손님이 와서 차나 과일을 준비해 달라고 요청할 시 어떻게 대응할 것인가?
돌봄전담사	1. 지원동기를 말해 보시오.
	2. 일반적인 근무시간이 9~17시 또는 10~18시인데, 만약 학교에서 11~19시로 근무해 달라고 한다면 어떻게 하겠는가? 만약 자신은 근무시간 변경에 동의하는데 다른 직원들은 동의할 수 없다고 반대하여 근무시간 때문에 마찰이 생긴다면 어떻게 대처하겠는가?
	3. 잠시 화장실을 다녀오는 동안 아이가 다친 상황을 보지 못했다면 어떻게 대처하겠는가? 학부모가 이에 강한 불만을 가지고 따지러 왔다면 어떻게 하겠는가?
	4. 교실 cctv 설치에 대한 생각을 말해 보시오.
	5. 동료 직원들 간 또는 다른 부서 직원이나 상사와의 갈등이 일어났다면 어떻게 해결하겠는가? 선생님들과 갈등이 있을 때는 어떻게 대처하겠는가?
	6. 돌봄전담사의 역할에 대해 말해 보시오.

대전기출복원

1회 기출예상

2회 기출예상

3회 기출예상

4회 기출예상

5회 기출예상

6회 기출예상

7회 기출예상

8회 기출예상

9회 기출예상

인성검사

면접가이드

충남

교무행정사	1. 교육과정 개정으로 인한 5대 교육과제를 말해 보시오.
	2. 교무행정사가 하는 업무를 말해 보시오.
	3. 악성 민원인에 대처하는 방법을 말해 보시오.
	4. 퇴근 후 자녀를 데리러 가야 하는데 할 일이 남았거나 새로운 일이 주어졌다면 어떻게 하겠는가?
	5. 업무 수행에 불만을 가진 민원인이나 학부모가 찾아와서 따진다면 어떻게 대처할 것인가?
	6. 교무행정사로서 자신만의 강점과 단점에 대해 말해 보시오. 단점을 극복하기 위해 노력한 점은 무엇인가? 장점을 학교에서 활용할 수 있는 방안은 무엇인가?
	7. 교육공무직으로서 중요한 자세 3가지를 말해 보시오.
	8. 적극적 행정은 무엇이며, 자신이 생각하는 적극적 행정에 대해 말해 보시오.
	9. 교무행정사의 역할에 대해 말해 보시오.
	10. 악성 민원인에 대처하는 방법을 말해 보시오.
	11. 직장 상사가 부당한 명령을 내렸을 때 대처방법을 말해 보시오.
돌봄전담사	1. 교육공무직을 지원한 동기와 내가 잘할 수 있는 특기는?
	2. 돌봄전담사로서 어떤 마음가짐으로 일할 것인가?
	3. 최근에 읽은 책의 제목과 느낀점을 말해 보시오.

세종

공통질문	1. 교직원 및 학생과 긍정적인 관계를 유지하는 방법을 4가지 말해 보시오.
	2. 비협조적이었던 직원의 업무 협조 요청 시 어떻게 대처할 것인가?
	3. 자신의 강점과 관련하여 자기계발을 어떻게 할 것인가?
교무행정사	1. 봉사활동의 필요성을 4가지 말해 보시오.
	2. 화재 시 대처방법을 4가지 말해 보시오.
특수교육 실무사	1. 뇌전증 발작 시 대처방법을 4가지 말해 보시오.
	2. 특수교육실무사가 하는 일을 4가지 말해 보시오.

전북

특수교육 지도사	1. 특수교육지도사 지원 동기에 대해 말해 보시오.
	2. 특수교육지도사의 업무 5가지 이상을 말해 보시오.
	3. 특수아동이 뇌전증일 때 어떻게 대처할 것인가?
	4. 특수교사와 특수아동의 학부모 간의 갈등이 생긴다면 어떻게 할 것인가?
	5. 특수교육지도사 업무와 관련된 경험 또는 경력이 있는가?
	6. 특수아동을 실제로 대해 본 경험이 있는가?

경북

조리실무사	1. 손 씻는 순서를 말해 보시오.
	2. 식중독 예방방법 3가지와 보존식에 대해 말해 보시오.
	3. 다른 조리원과 갈등 발생 시 대처방법을 말해 보시오.
	4. 경상북도교육청의 역점과제와 교육지표를 말해 보시오.
	5. 개인위생방법을 3가지 이상 말해 보시오.

서울

에듀케어	1. 에듀케어 교사로서 학급 교사와의 갈등에 어떻게 대응할 것인가?
	2. 사소한 민원으로 치부하여 커진 민원에 어떻게 대응할 것인가?
	3. 놀이 중심 교육과정을 적용한 방과후과정을 어떻게 진행할지 설명해 보시오.
교육실무사	1. 교장선생님께서 학연, 혈연과 관련된 부당한 지시를 한다면 어떻게 할 것인가?
	2. 담당자가 없어서 본인이 민원인을 대응했는데 민원인이 그것을 다시 민원으로 가져왔을 경우 어떻게 대처할 것인가?
	3. 코로나 바이러스와 관련된 학부모의 민원에 대해 어떻게 대응할 것인가?

🔍 4 그 외 면접 기출

- 자신이 급하게 처리해야 할 일을 하고 있는데 상사가 부당한 일을 시키면 어떻게 하겠는가? 거절을 했는데 도 계속 시키면 어떻게 하겠는가?

- 교장선생님이 퇴근시간 이후에 새로운 일을 시키면 어떻게 하겠는가?

- 교장선생님이 시키신 일을 처리하는 중에 3학년 선생님이 전화해서 일을 부탁한다면 어떻게 대처하겠는가?

- 여러 선생님들이 동시에 일을 주었을 때 처리하는 순서에 대해 말해 보시오.

- 학교 근무 시 정말 하기 싫은 일을 시키면 어떻게 할 것인가?

- 동료들과 화합하고 갈등이 일어나지 않으려면 어떤 자세가 필요한가?

- 채용 후 근무 시 전문성을 키우기 위해 자기계발을 어떻게 하겠는가?

- 결혼하게 될 사람이 직장을 그만두라고 한다면?

- 지금까지 살면서 가장 힘들었던 순간과 그 순간을 극복한 사례를 말해 보시오.

- 사무부장이 타당하지 않은 일을 시키면 어떻게 하겠는가?

- 동료가 다른 학교로 전보를 가기 싫어하고 나는 거리가 멀어 갈 수 없는 상황이라면 어떻게 하겠는가?

- 행정실무사가 하는 업무는 무엇인지 말해 보시오. 자존심이 상하거나 교사에게 상대적인 박탈감을 느낄 수 있는데 잘 적응할 수 있겠는가?

- 살아오면서 좋은 성과를 낸 협업 경험이나 자원봉사활동 경험이 있다면 말해 보시오.

- 학교 발전을 위해 자신이 할 수 있는 것을 3가지 말해 보시오.

- 돌봄교실에서 아이들을 지도할 때 기존 프로그램과 다르게 자신만의 프로그램을 시도해 보고 싶은 것이 있다면?

- 돌봄교실에서 급식이나 간식 준비 시 유의사항 및 고려사항에 대해 말해 보시오.

- 돌봄교실에서 신경 써야 할 안전교육을 3가지 이상 말하고, 안전사고 시 대처방안에 대해 설명하시오.

- 학부모로부터 3학년 ○○○ 학생에게 방과후 수업이 끝나면 이모 집으로 가라고 전해 달라는 전화가 온다면 어떻게 할 것인가?

- 현재 학교에 없는 방과후 프로그램을 학부모가 만들어 달라고 요청하는 경우 어떻게 하겠는가?

- 2020년 개정되는 교육과정은 놀이와 쉼 중심으로 이루어지는데 이를 어떻게 운영해야 하는가?

- 아이가 다쳤을 때 어떻게 처리해야 하는지 의식이 있을 때와 없을 때를 구분하여 말해 보시오.

- 산만한 아이가 다른 아이들의 학습을 방해한다면 어떻게 해결할 것인가? 힘들게 하는 학생이 있다면 어떻게 대처하겠는가?

- 공문서에 대해 말해 보시오. 학교업무나 공문서 처리방법이나 유의사항은 무엇이 있는가?

대전기출복원

1회 기출예상

2회 기출예상

3회 기출예상

4회 기출예상

5회 기출예상

6회 기출예상

7회 기출예상

8회 기출예상

9회 기출예상

인성검사

면접가이드

- 사서가 되면 하고 싶은 일은 무엇이며, 독서율 증진을 위해 어떤 프로그램을 하고 싶은가?

- 전화 응대 방법에 대해 말해 보시오.

- 상급 근무부서에서 근무 중 전화가 오면 어떻게 받을 것인지 절차를 설명해 보시오.

- 민원인이 전화해서 자신의 업무와 상관없는 내용을 물어보면 어떻게 응대할 것인가?

- 고성이나 폭언 민원인을 상대하는 방법에 대해 말해 보시오.

- 다음 중 부정청탁 금품수수에 해당하는 것을 말해 보시오.
  - 퇴직한 교사가 선물을 받는 것
  - 교사가 5만 원 이하의 선물을 받는 것
  - 교직원 배우자의 금품수수
  - 기간제교사의 금품수수

- ○○교육청 교육공무직원 관리규정에 나오는 교육공무직의 8가지 의무 중 4가지 이상을 말해 보시오.

- ○○교육청의 교육비전, 교육지표, 교육정책을 말해 보시오.

- 코로나 시국 돌봄 교실 내 방역 방법은 무엇인가?

- 하고 싶은 프로그램이 있는데 동료전담사와 의견이 맞지 않아 갈등이 생긴다면 어떻게 풀 것인가?

- 돌봄 교실에서 가장 중요하게 생각하는 것은 무엇인가?

- 중증장애, 중도장애 학생을 지원하기 위해 해야 할 일은 무엇인가?

- 특수교육지도사와 특수교사 간 의견차이로 갈등이 발생할 시 어떻게 해결할 것인가?

- 발령지가 멀 경우 근무할 수 있는가?

- 돌발상황이 많이 일어나는데 지원한 직무와 관련하여 아는 대로 말해 보시오.

- 컴퓨터를 사용할 수 있는가?

- 해당 직무를 수행할 때 가장 중요하게 생각하는 것 세 가지를 말해 보시오.

- 본인의 최대 강점은 무엇인가?

- 본인의 인생에서 가장 뿌듯했던 경험은 무엇인가?

- 자리를 비운 사이 누군가 돈봉투를 두고 간 것을 발견했다면 어떻게 할 것인가?

- 본인의 업무가 아니지만 상사가 업무를 준다면 어떻게 할 것인가?

- 학생이 없어진 것을 알게 됐다면 어떻게 할 것인가?

- 아동학대가 발생하지 않도록 예방하는 방법은?

- 정원 외 추가로 아동을 넣어달라는 학부모의 요청에 어떻게 대처할 것인가?

- 학부모가 반을 바꿔달라고 한다면 어떻게 대처할 것인가?

교육공무직원 소양평가

기출문제복원

감독관 확인란

성명표기란

수험번호

(주민등록 앞자리 생년제외) 월일

수험생 유의사항

※ 답안은 반드시 컴퓨터용 수성사인펜으로 보기와 같이 바르게 표기해야 합니다.
 (보기) ① ② ③ ❹ ⑤

※ 성명표기란 위 칸에는 성명을 한글로 쓰고 아래 칸에는 성명을 정확하게 ● 표기하십시오.
 (단, 성과 이름은 붙여 씁니다)

※ 수험번호 표기란 위 칸에는 아라비아 숫자로 쓰고 아래 칸에는 숫자와 일치하게 ● 표기하십시오.

※ 출생월일은 반드시 본인 주민등록번호의 생년월일 제외한 월 두 자리, 일 두 자리를 표기하십시오.
 (예) 1994년 1월 12일 → 0112

문번	답란	문번	답란	문번	답란
1	① ② ③ ④	16	① ② ③ ④	31	① ② ③ ④
2	① ② ③ ④	17	① ② ③ ④	32	① ② ③ ④
3	① ② ③ ④	18	① ② ③ ④	33	① ② ③ ④
4	① ② ③ ④	19	① ② ③ ④	34	① ② ③ ④
5	① ② ③ ④	20	① ② ③ ④	35	① ② ③ ④
6	① ② ③ ④	21	① ② ③ ④	36	① ② ③ ④
7	① ② ③ ④	22	① ② ③ ④	37	① ② ③ ④
8	① ② ③ ④	23	① ② ③ ④	38	① ② ③ ④
9	① ② ③ ④	24	① ② ③ ④	39	① ② ③ ④
10	① ② ③ ④	25	① ② ③ ④	40	① ② ③ ④
11	① ② ③ ④	26	① ② ③ ④	41	① ② ③ ④
12	① ② ③ ④	27	① ② ③ ④	42	① ② ③ ④
13	① ② ③ ④	28	① ② ③ ④	43	① ② ③ ④
14	① ② ③ ④	29	① ② ③ ④	44	① ② ③ ④
15	① ② ③ ④	30	① ② ③ ④	45	① ② ③ ④

gosinet (주)고시넷

교육공무직원 소양평가

1회 기출예상문제

직무능력검사

성명표기란

수험번호

(주민등록 앞자리 생년제외) 월일

수험생 유의사항

※ 답안은 반드시 컴퓨터용 수성사인펜으로 보기와 같이 바르게 표기해야 합니다.
〈보기〉① ② ③ ❹ ⑤

※ 성명표기란 위 칸에는 성명을 한글로 쓰고 아래 칸에는 성명을 정확하게 ● 표기하십시오.
(단, 성과 이름은 붙여 씁니다)

※ 수험번호 표기란 위 칸에는 아라비아 숫자로 쓰고 아래 칸에는 숫자와 일치하게 ● 표기하십시오.

※ 출생월일은 반드시 본인 주민등록번호의 생년월일을 제외한 월 두 자리, 일 두 자리를 표기하십시오.
오, (예) 1994년 1월 12일 → 0112

문번	답란				문번	답란				문번	답란			
1	①	②	③	④	16	①	②	③	④	31	①	②	③	④
2	①	②	③	④	17	①	②	③	④	32	①	②	③	④
3	①	②	③	④	18	①	②	③	④	33	①	②	③	④
4	①	②	③	④	19	①	②	③	④	34	①	②	③	④
5	①	②	③	④	20	①	②	③	④	35	①	②	③	④
6	①	②	③	④	21	①	②	③	④	36	①	②	③	④
7	①	②	③	④	22	①	②	③	④	37	①	②	③	④
8	①	②	③	④	23	①	②	③	④	38	①	②	③	④
9	①	②	③	④	24	①	②	③	④	39	①	②	③	④
10	①	②	③	④	25	①	②	③	④	40	①	②	③	④
11	①	②	③	④	26	①	②	③	④	41	①	②	③	④
12	①	②	③	④	27	①	②	③	④	42	①	②	③	④
13	①	②	③	④	28	①	②	③	④	43	①	②	③	④
14	①	②	③	④	29	①	②	③	④	44	①	②	③	④
15	①	②	③	④	30	①	②	③	④	45	①	②	③	④

2회 기출예상문제

감독관
확인란

성명표기란

수험번호

직무능력검사

문번	답란			
1	①	②	③	④
2	①	②	③	④
3	①	②	③	④
4	①	②	③	④
5	①	②	③	④
6	①	②	③	④
7	①	②	③	④
8	①	②	③	④
9	①	②	③	④
10	①	②	③	④
11	①	②	③	④
12	①	②	③	④
13	①	②	③	④
14	①	②	③	④
15	①	②	③	④

문번	답란			
16	①	②	③	④
17	①	②	③	④
18	①	②	③	④
19	①	②	③	④
20	①	②	③	④
21	①	②	③	④
22	①	②	③	④
23	①	②	③	④
24	①	②	③	④
25	①	②	③	④
26	①	②	③	④
27	①	②	③	④
28	①	②	③	④
29	①	②	③	④
30	①	②	③	④

문번	답란			
31	①	②	③	④
32	①	②	③	④
33	①	②	③	④
34	①	②	③	④
35	①	②	③	④
36	①	②	③	④
37	①	②	③	④
38	①	②	③	④
39	①	②	③	④
40	①	②	③	④
41	①	②	③	④
42	①	②	③	④
43	①	②	③	④
44	①	②	③	④
45	①	②	③	④

(주민등록 앞자리 생년제외) 월일

교육공무직원 소양평가

3회 기출예상문제

직무능력검사

감독관
확인란

수험번호

성명표기란

(주민등록 앞자리 생년제외) 월일

※ 답안은 반드시 컴퓨터용 수성사인펜으로 보기와 같이 바르게 표기해야 합니다.
〈보기〉① ② ③ ● ⑤

※ 성명표기란 위 칸에는 성명을 한글로 쓰고 아래 칸에는 성명을 정확하게 ● 표기하십시오.
(단, 성과 이름은 붙여 씁니다)

※ 수험번호 표기란 위 칸에는 아라비아 숫자로 쓰고 아래 칸에는 숫자와 일치하게 ● 표기하십시오.

※ 출생월일은 반드시 본인 주민등록번호의 생년을 제외한 월 두 자리, 일 두 자리를 표기하십시오.
오, (예) 1994년 1월 12일 → 0112

문번	답란	문번	답란	문번	답란
1	① ② ③ ④	16	① ② ③ ④	31	① ② ③ ④
2	① ② ③ ④	17	① ② ③ ④	32	① ② ③ ④
3	① ② ③ ④	18	① ② ③ ④	33	① ② ③ ④
4	① ② ③ ④	19	① ② ③ ④	34	① ② ③ ④
5	① ② ③ ④	20	① ② ③ ④	35	① ② ③ ④
6	① ② ③ ④	21	① ② ③ ④	36	① ② ③ ④
7	① ② ③ ④	22	① ② ③ ④	37	① ② ③ ④
8	① ② ③ ④	23	① ② ③ ④	38	① ② ③ ④
9	① ② ③ ④	24	① ② ③ ④	39	① ② ③ ④
10	① ② ③ ④	25	① ② ③ ④	40	① ② ③ ④
11	① ② ③ ④	26	① ② ③ ④	41	① ② ③ ④
12	① ② ③ ④	27	① ② ③ ④	42	① ② ③ ④
13	① ② ③ ④	28	① ② ③ ④	43	① ② ③ ④
14	① ② ③ ④	29	① ② ③ ④	44	① ② ③ ④
15	① ② ③ ④	30	① ② ③ ④	45	① ② ③ ④

교육공무직원 소양평가

4회 기출예상문제

감독관 확인란

성명표기란

수험번호

직무능력검사

수험생 유의사항

문번	답란	문번	답란	문번	답란
1	① ② ③ ④	16	① ② ③ ④	31	① ② ③ ④
2	① ② ③ ④	17	① ② ③ ④	32	① ② ③ ④
3	① ② ③ ④	18	① ② ③ ④	33	① ② ③ ④
4	① ② ③ ④	19	① ② ③ ④	34	① ② ③ ④
5	① ② ③ ④	20	① ② ③ ④	35	① ② ③ ④
6	① ② ③ ④	21	① ② ③ ④	36	① ② ③ ④
7	① ② ③ ④	22	① ② ③ ④	37	① ② ③ ④
8	① ② ③ ④	23	① ② ③ ④	38	① ② ③ ④
9	① ② ③ ④	24	① ② ③ ④	39	① ② ③ ④
10	① ② ③ ④	25	① ② ③ ④	40	① ② ③ ④
11	① ② ③ ④	26	① ② ③ ④	41	① ② ③ ④
12	① ② ③ ④	27	① ② ③ ④	42	① ② ③ ④
13	① ② ③ ④	28	① ② ③ ④	43	① ② ③ ④
14	① ② ③ ④	29	① ② ③ ④	44	① ② ③ ④
15	① ② ③ ④	30	① ② ③ ④	45	① ② ③ ④

직무능력검사

교육공무직원 소양평가

5회 기출예상문제

감독관
확인란

성명표기란

수험번호

월일일 (주민등록 앞자리 생년제외)

수험생 유의사항

※ 답안은 반드시 컴퓨터용 수성사인펜으로 보기와 같이 바르게 표기해야 합니다.
〈보기〉 ① ② ③ ● ⑤

※ 성명표기란 위 칸에는 성명을 한글로 쓰고 아래 칸에는 성명을 정확하게 ● 표기하십시오.
(단, 성과 이름은 붙여 씁니다)

※ 수험번호 표기란 위 칸에는 아라비아 숫자로 쓰고 아래 칸에는 숫자와 일치하게 ● 표기하십시오.

※ 출생월일은 반드시 본인 주민등록번호의 생년을 제외한 월 두 자리, 일 두 자리를 표기하십시오.
(예) 1994년 1월 12일 → 0112

문번	답란	문번	답란	문번	답란
1	① ② ③ ④	16	① ② ③ ④	31	① ② ③ ④
2	① ② ③ ④	17	① ② ③ ④	32	① ② ③ ④
3	① ② ③ ④	18	① ② ③ ④	33	① ② ③ ④
4	① ② ③ ④	19	① ② ③ ④	34	① ② ③ ④
5	① ② ③ ④	20	① ② ③ ④	35	① ② ③ ④
6	① ② ③ ④	21	① ② ③ ④	36	① ② ③ ④
7	① ② ③ ④	22	① ② ③ ④	37	① ② ③ ④
8	① ② ③ ④	23	① ② ③ ④	38	① ② ③ ④
9	① ② ③ ④	24	① ② ③ ④	39	① ② ③ ④
10	① ② ③ ④	25	① ② ③ ④	40	① ② ③ ④
11	① ② ③ ④	26	① ② ③ ④	41	① ② ③ ④
12	① ② ③ ④	27	① ② ③ ④	42	① ② ③ ④
13	① ② ③ ④	28	① ② ③ ④	43	① ② ③ ④
14	① ② ③ ④	29	① ② ③ ④	44	① ② ③ ④
15	① ② ③ ④	30	① ② ③ ④	45	① ② ③ ④

gosinet (주)고시넷

교육공무직원 소양평가

6회 기출예상문제

직무능력검사

성명표기란

수험번호

문번	답란	문번	답란	문번	답란
1	① ② ③ ④	16	① ② ③ ④	31	① ② ③ ④
2	① ② ③ ④	17	① ② ③ ④	32	① ② ③ ④
3	① ② ③ ④	18	① ② ③ ④	33	① ② ③ ④
4	① ② ③ ④	19	① ② ③ ④	34	① ② ③ ④
5	① ② ③ ④	20	① ② ③ ④	35	① ② ③ ④
6	① ② ③ ④	21	① ② ③ ④	36	① ② ③ ④
7	① ② ③ ④	22	① ② ③ ④	37	① ② ③ ④
8	① ② ③ ④	23	① ② ③ ④	38	① ② ③ ④
9	① ② ③ ④	24	① ② ③ ④	39	① ② ③ ④
10	① ② ③ ④	25	① ② ③ ④	40	① ② ③ ④
11	① ② ③ ④	26	① ② ③ ④	41	① ② ③ ④
12	① ② ③ ④	27	① ② ③ ④	42	① ② ③ ④
13	① ② ③ ④	28	① ② ③ ④	43	① ② ③ ④
14	① ② ③ ④	29	① ② ③ ④	44	① ② ③ ④
15	① ② ③ ④	30	① ② ③ ④	45	① ② ③ ④

gosinet (주)고시넷

직무능력검사

교육공무직원 소양평가

7회 기출예상문제

감독관
확인란

수험번호

| 성명표기란 |

(주민등록 앞자리 생년제외) 월일

수험생 유의사항

※ 답안은 반드시 컴퓨터용 수성사인펜으로 보기와 같이 바르게 표기해야 합니다.
  〈보기〉① ② ❸ ⑤

※ 성명표기란 위 칸에는 성명을 한글로 쓰고 아래 칸에는 성명을 정확하게 ● 표기하십시오.
  (단, 성과 이름은 붙여 씁니다)

※ 수험번호 표기란 위 칸에는 아라비아 숫자로 쓰고 아래 칸에는 숫자와 일치하게 ● 표기하십시오.

※ 출생월일은 반드시 본인 주민등록번호의 생년월을 제외한 월 두 자리, 일 두 자리를 표기하십시오.
  오. 〈예〉 1994년 1월 12일 → 0112

문번	답란	문번	답란	문번	답란
1	① ② ③ ④	16	① ② ③ ④	31	① ② ③ ④
2	① ② ③ ④	17	① ② ③ ④	32	① ② ③ ④
3	① ② ③ ④	18	① ② ③ ④	33	① ② ③ ④
4	① ② ③ ④	19	① ② ③ ④	34	① ② ③ ④
5	① ② ③ ④	20	① ② ③ ④	35	① ② ③ ④
6	① ② ③ ④	21	① ② ③ ④	36	① ② ③ ④
7	① ② ③ ④	22	① ② ③ ④	37	① ② ③ ④
8	① ② ③ ④	23	① ② ③ ④	38	① ② ③ ④
9	① ② ③ ④	24	① ② ③ ④	39	① ② ③ ④
10	① ② ③ ④	25	① ② ③ ④	40	① ② ③ ④
11	① ② ③ ④	26	① ② ③ ④	41	① ② ③ ④
12	① ② ③ ④	27	① ② ③ ④	42	① ② ③ ④
13	① ② ③ ④	28	① ② ③ ④	43	① ② ③ ④
14	① ② ③ ④	29	① ② ③ ④	44	① ② ③ ④
15	① ② ③ ④	30	① ② ③ ④	45	① ② ③ ④

직무능력검사

문번	답란	문번	답란	문번	답란
1	① ② ③ ④	16	① ② ③ ④	31	① ② ③ ④
2	① ② ③ ④	17	① ② ③ ④	32	① ② ③ ④
3	① ② ③ ④	18	① ② ③ ④	33	① ② ③ ④
4	① ② ③ ④	19	① ② ③ ④	34	① ② ③ ④
5	① ② ③ ④	20	① ② ③ ④	35	① ② ③ ④
6	① ② ③ ④	21	① ② ③ ④	36	① ② ③ ④
7	① ② ③ ④	22	① ② ③ ④	37	① ② ③ ④
8	① ② ③ ④	23	① ② ③ ④	38	① ② ③ ④
9	① ② ③ ④	24	① ② ③ ④	39	① ② ③ ④
10	① ② ③ ④	25	① ② ③ ④	40	① ② ③ ④
11	① ② ③ ④	26	① ② ③ ④	41	① ② ③ ④
12	① ② ③ ④	27	① ② ③ ④	42	① ② ③ ④
13	① ② ③ ④	28	① ② ③ ④	43	① ② ③ ④
14	① ② ③ ④	29	① ② ③ ④	44	① ② ③ ④
15	① ② ③ ④	30	① ② ③ ④	45	① ② ③ ④

교육공무직원 소양평가

9회 기출예상문제

직무능력검사

감독관
확인란

성명표기란

수험번호

(주민등록 앞자리 생년제외) 월일

수험생 유의사항

※ 답안은 반드시 컴퓨터용 수성사인펜으로 보기와 같이 바르게 표기해야 합니다.
〈보기〉① ② ③ ● ⑤

※ 성명표기란 위 칸에는 성명을 한글로 쓰고 아래 칸에는 성명을 정확하게 ● 표기하십시오.
(단, 성과 이름은 붙여 씁니다)

※ 수험번호 표기란 위 칸에는 아라비아 숫자로 쓰고 아래 칸에는 숫자와 일치하게 ● 표기하십시오.

※ 출생월일은 반드시 본인 주민등록번호의 생년을 제외한 월 두 자리, 일 두 자리를 표기하십시오.
(예) 1994년 1월 12일 → 0112

문번	답란	문번	답란	문번	답란
1	① ② ③ ④	16	① ② ③ ④	31	① ② ③ ④
2	① ② ③ ④	17	① ② ③ ④	32	① ② ③ ④
3	① ② ③ ④	18	① ② ③ ④	33	① ② ③ ④
4	① ② ③ ④	19	① ② ③ ④	34	① ② ③ ④
5	① ② ③ ④	20	① ② ③ ④	35	① ② ③ ④
6	① ② ③ ④	21	① ② ③ ④	36	① ② ③ ④
7	① ② ③ ④	22	① ② ③ ④	37	① ② ③ ④
8	① ② ③ ④	23	① ② ③ ④	38	① ② ③ ④
9	① ② ③ ④	24	① ② ③ ④	39	① ② ③ ④
10	① ② ③ ④	25	① ② ③ ④	40	① ② ③ ④
11	① ② ③ ④	26	① ② ③ ④	41	① ② ③ ④
12	① ② ③ ④	27	① ② ③ ④	42	① ② ③ ④
13	① ② ③ ④	28	① ② ③ ④	43	① ② ③ ④
14	① ② ③ ④	29	① ② ③ ④	44	① ② ③ ④
15	① ② ③ ④	30	① ② ③ ④	45	① ② ③ ④

교육공무직원 소양평가

인성검사

감독관
확인란

성명표기란

수험번호

(주민등록 앞자리 생년제외) 월일

수험생 유의사항

※ 답안은 반드시 컴퓨터용 수성사인펜으로 보기와 같이 바르게 표기해야 합니다.
〈보기〉① ② ③ ❹ ⑤
※ 성명표기란 위 칸에는 성명을 한글로 쓰고 아래 칸에는 성명을 정확하게 ● 표기하십시오.
※ 수험번호 표기란 위 칸에는 아라비아 숫자로 쓰고 아래 칸에는 숫자와 일치하게 ● 표기하십시오.
※ 출생월일은 반드시 본인 주민등록번호의 생년월일 제외한 월 두 자리, 일 두 자리를 표기하십시오.
오. 〈예〉1994년 1월 12일 → 0112

인성검사

문번	답란	문번	답란	문번	답란	문번	답란	문번	답란	문번	답란
1	① ②	36	① ②	71	① ②	106	① ②	141	① ②	176	① ②
2	① ②	37	① ②	72	① ②	107	① ②	142	① ②	177	① ②
3	① ②	38	① ②	73	① ②	108	① ②	143	① ②	178	① ②
4	① ②	39	① ②	74	① ②	109	① ②	144	① ②	179	① ②
5	① ②	40	① ②	75	① ②	110	① ②	145	① ②	180	① ②
6	① ②	41	① ②	76	① ②	111	① ②	146	① ②	181	① ②
7	① ②	42	① ②	77	① ②	112	① ②	147	① ②	182	① ②
8	① ②	43	① ②	78	① ②	113	① ②	148	① ②	183	① ②
9	① ②	44	① ②	79	① ②	114	① ②	149	① ②	184	① ②
10	① ②	45	① ②	80	① ②	115	① ②	150	① ②	185	① ②
11	① ②	46	① ②	81	① ②	116	① ②	151	① ②	186	① ② ③ ④ ⑤
12	① ②	47	① ②	82	① ②	117	① ②	152	① ②	187	① ② ③ ④ ⑤
13	① ②	48	① ②	83	① ②	118	① ②	153	① ②	188	① ② ③ ④ ⑤
14	① ②	49	① ②	84	① ②	119	① ②	154	① ②	189	① ② ③ ④ ⑤
15	① ②	50	① ②	85	① ②	120	① ②	155	① ②	190	① ② ③ ④ ⑤
16	① ②	51	① ②	86	① ②	121	① ②	156	① ②	191	① ② ③ ④ ⑤
17	① ②	52	① ②	87	① ②	122	① ②	157	① ②	192	① ② ③ ④ ⑤
18	① ②	53	① ②	88	① ②	123	① ②	158	① ②	193	① ② ③ ④ ⑤
19	① ②	54	① ②	89	① ②	124	① ②	159	① ②	194	① ② ③ ④ ⑤
20	① ②	55	① ②	90	① ②	125	① ②	160	① ②	195	① ② ③ ④ ⑤
21	① ②	56	① ②	91	① ②	126	① ②	161	① ②	196	① ② ③ ④ ⑤
22	① ②	57	① ②	92	① ②	127	① ②	162	① ②	197	① ② ③ ④ ⑤
23	① ②	58	① ②	93	① ②	128	① ②	163	① ②	198	① ② ③ ④ ⑤
24	① ②	59	① ②	94	① ②	129	① ②	164	① ②	199	① ② ③ ④ ⑤
25	① ②	60	① ②	95	① ②	130	① ②	165	① ②	200	① ② ③ ④ ⑤
26	① ②	61	① ②	96	① ②	131	① ②	166	① ②		
27	① ②	62	① ②	97	① ②	132	① ②	167	① ②		
28	① ②	63	① ②	98	① ②	133	① ②	168	① ②		
29	① ②	64	① ②	99	① ②	134	① ②	169	① ②		
30	① ②	65	① ②	100	① ②	135	① ②	170	① ②		
31	① ②	66	① ②	101	① ②	136	① ②	171	① ②		
32	① ②	67	① ②	102	① ②	137	① ②	172	① ②		
33	① ②	68	① ②	103	① ②	138	① ②	173	① ②		
34	① ②	69	① ②	104	① ②	139	① ②	174	① ②		
35	① ②	70	① ②	105	① ②	140	① ②	175	① ②		

gosinet
(주)고시넷

잘라서 활용하세요.

직무능력검사

교육공무직원 소양평가

기출예상문제_연습용

감독관
확인란

수험번호

(주민등록 앞자리 생년제외) 월일

성명 표기란

수험생 유의사항

※ 답안은 반드시 컴퓨터용 수성사인펜으로 보기와 같이 바르게 표기해야 합니다.
  〈보기〉 ① ② ③ ❹ ⑤

※ 성명표기란 위 칸에는 성명을 한글로 쓰고 아래 칸에는 성명을 정확하게 ● 표기하십시오.
  (단, 성과 이름은 붙여 씁니다)

※ 수험번호 표기란 위 칸에는 아라비아 숫자로 쓰고 아래 칸에는 숫자와 일치하게 ● 표기하십

※ 출생월일은 반드시 본인 주민등록번호의 생년을 제외한 월 두 자리, 일 두 자리를 표기하십시오.
  오. (예) 1994년 1월 12일 → 0112

문번	답란	문번	답란	문번	답란
1	① ② ③ ④	16	① ② ③ ④	31	① ② ③ ④
2	① ② ③ ④	17	① ② ③ ④	32	① ② ③ ④
3	① ② ③ ④	18	① ② ③ ④	33	① ② ③ ④
4	① ② ③ ④	19	① ② ③ ④	34	① ② ③ ④
5	① ② ③ ④	20	① ② ③ ④	35	① ② ③ ④
6	① ② ③ ④	21	① ② ③ ④	36	① ② ③ ④
7	① ② ③ ④	22	① ② ③ ④	37	① ② ③ ④
8	① ② ③ ④	23	① ② ③ ④	38	① ② ③ ④
9	① ② ③ ④	24	① ② ③ ④	39	① ② ③ ④
10	① ② ③ ④	25	① ② ③ ④	40	① ② ③ ④
11	① ② ③ ④	26	① ② ③ ④	41	① ② ③ ④
12	① ② ③ ④	27	① ② ③ ④	42	① ② ③ ④
13	① ② ③ ④	28	① ② ③ ④	43	① ② ③ ④
14	① ② ③ ④	29	① ② ③ ④	44	① ② ③ ④
15	① ② ③ ④	30	① ② ③ ④	45	① ② ③ ④

교육공무직원 소양평가

기출예상문제_연습용

성명표기란

수험번호

(주민등록 앞자리 생년제외) 월일

수험생 유의사항

※ 답안은 반드시 컴퓨터용 수성사인펜으로 보기와 같이 바르게 표기해야 합니다.
〈보기〉① ② ③ ❹ ⑤
※ 성명표기란 위 칸에는 성명을 한글로 쓰고 아래 칸에는 성명을 정확하게
(단, 성과 이름은 붙여 씁니다)
※ 수험번호 표기란 위 칸에는 아라비아 숫자로 쓰고 아래 칸에는 숫자와 일치하게 ● 표기하성
시오.
※ 출생월일은 반드시 본인 주민등록번호의 생년월일 제외한 월 두 자리, 일 두 자리를 표기하십시
오. 〈예〉 1994년 1월 12일 → 0112

직무능력검사

문번	답란				문번	답란				문번	답란			
1	①	②	③	④	16	①	②	③	④	31	①	②	③	④
2	①	②	③	④	17	①	②	③	④	32	①	②	③	④
3	①	②	③	④	18	①	②	③	④	33	①	②	③	④
4	①	②	③	④	19	①	②	③	④	34	①	②	③	④
5	①	②	③	④	20	①	②	③	④	35	①	②	③	④
6	①	②	③	④	21	①	②	③	④	36	①	②	③	④
7	①	②	③	④	22	①	②	③	④	37	①	②	③	④
8	①	②	③	④	23	①	②	③	④	38	①	②	③	④
9	①	②	③	④	24	①	②	③	④	39	①	②	③	④
10	①	②	③	④	25	①	②	③	④	40	①	②	③	④
11	①	②	③	④	26	①	②	③	④	41	①	②	③	④
12	①	②	③	④	27	①	②	③	④	42	①	②	③	④
13	①	②	③	④	28	①	②	③	④	43	①	②	③	④
14	①	②	③	④	29	①	②	③	④	44	①	②	③	④
15	①	②	③	④	30	①	②	③	④	45	①	②	③	④

잘라서 활용하세요.

교육공무직원 소양평가

인성검사_연습용

인성검사

감독관 확인란

성명표기란

수험번호

주민등록 앞자리(생년제외) 월일

답란 / 문번 (인성검사 답안지)

문번	답란	문번	답란	문번	답란	문번	답란	문번	답란
1	① ②	36	① ②	71	① ②	106	① ②	141	① ②
2	① ②	37	① ②	72	① ②	107	① ②	142	① ②
3	① ②	38	① ②	73	① ②	108	① ②	143	① ②
4	① ②	39	① ②	74	① ②	109	① ②	144	① ②
5	① ②	40	① ②	75	① ②	110	① ②	145	① ②
6	① ②	41	① ②	76	① ②	111	① ②	146	① ②
7	① ②	42	① ②	77	① ②	112	① ②	147	① ②
8	① ②	43	① ②	78	① ②	113	① ②	148	① ②
9	① ②	44	① ②	79	① ②	114	① ②	149	① ②
10	① ②	45	① ②	80	① ②	115	① ②	150	① ②
11	① ②	46	① ②	81	① ②	116	① ②	151	① ②
12	① ②	47	① ②	82	① ②	117	① ②	152	① ②
13	① ②	48	① ②	83	① ②	118	① ②	153	① ②
14	① ②	49	① ②	84	① ②	119	① ②	154	① ②
15	① ②	50	① ②	85	① ②	120	① ②	155	① ②
16	① ②	51	① ②	86	① ②	121	① ②	156	① ②
17	① ②	52	① ②	87	① ②	122	① ②	157	① ②
18	① ②	53	① ②	88	① ②	123	① ②	158	① ②
19	① ②	54	① ②	89	① ②	124	① ②	159	① ②
20	① ②	55	① ②	90	① ②	125	① ②	160	① ②
21	① ②	56	① ②	91	① ②	126	① ②	161	① ②
22	① ②	57	① ②	92	① ②	127	① ②	162	① ②
23	① ②	58	① ②	93	① ②	128	① ②	163	① ②
24	① ②	59	① ②	94	① ②	129	① ②	164	① ②
25	① ②	60	① ②	95	① ②	130	① ②	165	① ②
26	① ②	61	① ②	96	① ②	131	① ②	166	① ②
27	① ②	62	① ②	97	① ②	132	① ②	167	① ②
28	① ②	63	① ②	98	① ②	133	① ②	168	① ②
29	① ②	64	① ②	99	① ②	134	① ②	169	① ②
30	① ②	65	① ②	100	① ②	135	① ②	170	① ②
31	① ②	66	① ②	101	① ②	136	① ②	171	① ②
32	① ②	67	① ②	102	① ②	137	① ②	172	① ②
33	① ②	68	① ②	103	① ②	138	① ②	173	① ②
34	① ②	69	① ②	104	① ②	139	① ②	174	① ②
35	① ②	70	① ②	105	① ②	140	① ②	175	① ②

문번	답란
176	① ②
177	① ②
178	① ②
179	① ②
180	① ②
181	① ②
182	① ②
183	① ②
184	① ②
185	① ②
186	① ② ③ ④
187	① ② ③ ④
188	① ② ③ ④
189	① ② ③ ④
190	① ② ③ ④
191	① ② ③ ④
192	① ② ③ ④
193	① ② ③ ④
194	① ② ③ ④
195	① ② ③ ④
196	① ② ③ ④ ⑤
197	① ② ③ ④ ⑤
198	① ② ③ ④ ⑤
199	① ② ③ ④ ⑤
200	① ② ③ ④ ⑤

대기업·금융

저마다의 일생에는,

특히 그 일생이 동터 오르는 여명기에는

모든 것을 결정짓는 한 순간이 있다.

그 순간을 다시 찾아내는 것은 어렵다.

그것은 다른 수많은 순간들의 퇴적 속에

깊이 묻혀있다.

- 장 그르니에, 섬 LES ILES

2025
고시넷

대전광역시교육청
교육공무직원
최신 기출유형 모의고사

정답과 해설

교육공무직원 직무능력검사

gosinet
(주)고시넷

고시넷 교육공무직

소양평가 베스트셀러!!

전국 시·도교육청
교육공무직원 소양평가
통합기본서

필수이론 → 유형연습 → 기출예상문제의 체계적인 학습

경상남도교육청, 경상북도교육청, 부산광역시교육청,

울산광역시교육청, 충청남도교육청, 대전광역시교육청,

전라북도교육청 등 교육공무직원

필기시험 대비

2025
고시넷

대전광역시교육청
교육공무직원
최신 기출유형 모의고사

정답과 해설

교육공무직원 직무능력검사

gosinet
(주)고시넷

파트1 대전광역시 기출문제복원

▶ 문제 18쪽

01	③	02	①	03	①	04	③	05	②
06	②	07	③	08	④	09	②	10	①
11	②	12	④	13	②	14	①	15	②
16	②	17	①	18	②	19	④	20	④
21	③	22	③	23	③	24	③	25	③
26	④	27	④	28	④	29	①	30	①
31	④	32	②	33	④	34	④	35	③
36	④	37	③	38	②	39	①	40	②
41	④	42	④	43	②	44	③	45	③

01 언어논리력 공감 이해하기

| 정답 | ③

| 해설 | 공감은 상대방을 존중하고 배려하는 마음으로 상대방의 생각이나 감정을 깊이 있게 이해하고 느끼는 것이다. ③의 경우, 제시된 고민의 핵심을 파악하고 명백히 표현되지 않은 상대의 내면적 감정까지 알아차리면서, 자신의 개념 틀에 의한 왜곡 없이 받아들이고 있다.

| 오답풀이 |

① 상대의 고민을 인정하는 듯 보이지만, 다이어트를 제대로 못 하고 있는 것에 대해 시간 낭비라고 표현하며 자칫 상대의 노력을 무시하는 것으로 보일 수도 있다.

② 상대방의 고민을 듣고 상대를 비판하는 태도로, 상대의 감정에 공감하기보다는 잘못된 점을 지적하고 있다.

④ 상대의 고민에 공감하기보다 본인의 경험을 나누는 데 초점을 둔 답변이다.

02 언어논리력 단어 뜻 파악하기

| 정답 | ①

| 해설 | ㄱ, ㄹ. 흙이나 고양이 털에 손을 대어 주무르거나 쥐므로 (가)의 예시에 해당한다.

ㄴ, ㅁ. 요리사는 칼을, 할아버지는 악기를 다루어 본인의 목적에 맞게 도구를 사용하므로 (나)의 예시에 해당한다.

ㄷ. 아빠가 컴퓨터를 고치려고 손질하고 있으므로 (다)의 예시에 해당한다.

03 문제해결력 명제 추론하기

| 정답 | ①

| 해설 | 제시된 명제를 도식화하면 다음과 같다.

[전제 1] 개 → 동물 병원

[전제 2] (   )

[결론] 난초 → 동물 병원

따라서 빈칸에 '난초 → 개'라는 전제가 들어갈 경우 삼단논법에 의해 '난초 → 개 → 동물 병원'이 성립하게 되어 결론과 같은 '난초 → 동물 병원'이 성립하게 된다.

04 문제해결력 순위 추론하기

| 정답 | ③

| 해설 | 먼저, 원석이가 1등으로 결승선을 지났고 그 직후에 민혁이가 결승선을 통과했으므로, 원석−민혁 순이 된다. 다음으로 건웅의 설명에 따라 재민−건웅 순이 된다. 형식은 건웅보다 먼저 결승선을 통과했으므로 재민보다도 먼저 결승선을 지난 것인데, 1등인 원석과 그 직후에 결승선을 지난 민혁보다는 형식이 뒤 순서가 되어야 한다. 그러므로 원석−민혁−형식−재민−건웅 순이 되며, 이는 재민의 설명에도 부합한다. 따라서 형식은 2위가 아니라 3위를 기록했다.

05 언어논리력 글을 바탕으로 추론하기

| 정답 | ②

| 해설 | 제시된 글에서는 젊은 세대의 직장인들은 계약을 중시하며, 젊은 세대의 행동 범위와 공정성의 기준은 계약에 있다고 본다. 기성세대의 관점에서 이기적으로 보이는 젊은 세대의 행태는 실제로는 계약에 명시되지 않은 책임과 희생을 거부하는 것이며, 젊은 세대는 계약의 범위 내에서 최선을 다하며 계약을 통해 자신에게 주어진 권리를 요구하는 것이라고 설명한다.

대전기출복원

1회 기출예상
2회 기출예상
3회 기출예상
4회 기출예상
5회 기출예상
6회 기출예상
7회 기출예상
8회 기출예상
9회 기출예상

06 언어논리력 글을 바탕으로 추론하기

| 정답 | ②

| 해설 | ㄱ. 제시된 글에서 젊은 직장인들의 관점에서의 공정성이란 계약을 근간으로 하는 범위 내에서 업무에 최선을 다하고 노력에 따른 정당한 대가를 인정받는 것을 의미한다.

ㄹ. 자신이 투입한 노력이 객관적으로 평가되어 합당한 대가가 돌아오도록 하는 인사제도의 정비는 제시된 글에서 정의하는 공정성의 취지에 부합하는 제도이다.

| 오답풀이 |

ㄴ. 상사와 부하직원 간의 신뢰 관계 형성은 제시된 글에서 설명하는 공정성과 연관이 없다.

ㄷ. 제시된 글에서의 공정성이란 수평적 지위의 형성을 의미하지 않는다. 제시된 젊은 직원들이 회사 엘리베이터에서 선배를 대놓고 모른 척 하는 사례는 젊은 직원들이 회사 내에서 선배와 수평적 지위에 위치할 것을 요구하는 것이 아니며, 다만 회사 엘리베이터는 회사가 아니라는 인식을 근거로 한다고 설명한다. 따라서 수평적인 인사평가구조의 도입은 제시된 글에서 설명하는 공정성의 내용과 직접적인 관련을 가지지 않는다.

07 언어논리력 알맞은 사자성어 고르기

| 정답 | ③

| 해설 | '마부위침(磨斧爲針)'은 '도끼를 갈아 바늘을 만든다'는 뜻으로, 끊임없는 노력과 끈기 있는 인내로 성공하고야 만다는 의미를 지닌다. 제시된 대화에서 아들은 좋은 성적을 받기 위해 처음에는 어려웠지만 포기하지 않고 계속해서 노력하는 모습과 태도를 보이고 있다.

| 오답풀이 |

① 사면초가(四面楚歌) : 아무에게도 도움 받지 못하는 외롭고 곤란한 지경에 빠진 형편을 이르는 말

② 좌정관천(坐井觀天) : 우물 속에 앉아서 하늘을 본다는 뜻으로, 사람의 견문이 매우 좁음을 이르는 말

④ 오리무중(五里霧中) : 다섯 리나 되는 안개 속이라는 뜻으로, 종적을 알 수 없거나 어떠한 일의 진행에 대해 예측할 수 없음을 이르는 말

08 언어논리력 글을 바탕으로 추론하기

| 정답 | ④

| 해설 | 세 번째 문단에서 사랑이 자존감을 갉아먹을 수도 있지만, 사랑으로 자존감이 치유될 수 있다고 하였다. 따라서 사랑으로 상처받은 자존감이 오히려 사랑으로 차오를 수 있음을 알 수 있다.

| 오답풀이 |

① 마지막 문단에서 자존감이 낮다고 하여 걱정할 필요가 없고 본인의 자존감 문제로 사랑이 힘들었다는 것을 깨닫기만 하면 된다고 하였다. 따라서 자존감이 낮다고 하여 이를 심각하게 생각하지 않아도 됨을 알 수 있다.

② 마지막 문단의 사랑함에 있어 힘든 이유가 자존감 외에도 여러 가지가 있을 수 있다는 내용을 통해 파악할 수 있다.

③ 세 번째 문단에서 자존감이 꽉 찰 때까지 사랑을 미루지 않아도 된다고 하며 오히려 사랑을 통해 자존감이 치유될 수 있다고 하였다. 따라서 이를 통해 자존감이 꽉 찬 사람만 사랑을 해야 하는 것은 아님을 알 수 있다.

09 언어논리력 알맞은 속담 고르기

| 정답 | ②

| 해설 | 제시된 글은 자존감이 낮은 이들의 마음은 비어 있기 때문에 결국 늘 공허함을 느낀다는 내용이다. 그러므로 ㉠에는 '비어 있음', '공허함'과 관련된 말이 들어가야 한다. '밑 빠진 독에 물 붓기'는 밑 빠진 독에 물을 아무리 부어도 독을 채울 수 없음을 이르는 말로, 아무리 힘을 들여도 보람이 없이 헛된 일이 되는 상태를 뜻하는 속담이다. 따라서 그 의미가 '비어 있음', '공허함'과 관련되므로 ㉠에 적절하다.

| 오답풀이 |

① 소 잃고 외양간 고친다 : 이미 손해를 본 후에야 문제를 해결하려는 어리석은 행동을 비유하는 말

③ 제 눈에 안경 : 보잘 것 없는 물건이라도 제 마음에 들면 좋게 보인다는 말

④ 강 건너 불구경 : 본인에게 관계없는 일이라 하여 무관심한 태도로 방관하는 모양

10 언어논리력 세부 내용 이해하기

|정답| ①

|해설| 한반도에 존재했던 나라들의 국가존속은 제국들과 견주어 뒤지지 않는 외교 역량에 있으며, 여기에는 지식과 교육, 안목과 문화 수준이 뒷받침하고 있다고 설명하고 있으나, 이러한 내용으로는 문화 수준이 높은 나라가 항상 외교 역량이 탁월하다는 내용을 추론할 수 없다.

11 문제해결력 조건을 바탕으로 추론하기

|정답| ②

|해설| 기준에 따라 후보별 최종 점수를 구하면 다음과 같다.

• A : 남성 관련 가산 적용

　5(학력)＋5(영어)＋10(남성)＝20(점)

• B : 자격증, 남성 관련 가산 적용

　5(학력)＋5(영어)＋10(자격증)＋10(인성)＋10(남성)＝
　40(점)

• C : 제2외국어, 자격증 관련 가산 적용

　10(학력)＋10(제2외국어)＋10(자격증)＋25(인성)＝55(점)

• D : 경력, 보훈 대상자 관련 가산 적용(40세로 남성 가산
　적용X)

　5(학력)＋10(영어)＋10(경력)＋20(인성)＋20(보훈 대상
　자)＝65(점)

• E : 경력 관련 가산 적용

　10(학력)＋5(영어)＋5(경력)＋30(인성)＝50(점)

• F : 제2외국어, 경력, 남성 관련 가산 적용

　10(학력)＋10(제2외국어)＋5(경력)＋25(인성)＋10(남성)
　＝60(점)

• G : 제2외국어, 경력, 보훈 대상자 관련 가산 적용

　5(영어)＋10(제2외국어)＋10(경력)＋5(인성)＋20(보훈
　대상자)＝50(점)

따라서 3번째로 점수가 높은 C가 3순위로 선정된다.

12 문제해결력 조건을 바탕으로 명제 판단하기

|정답| ④

|해설| 5일에 걸쳐 하루에 2명씩 당직을 선다면 모두 이번 주에 2번씩 당직을 선다. 세 번째 조건에 따라 D는 수요일

이후로 당직을 서지 않으므로 월요일과 화요일에 당직을 선다. 또한, 네 번째 조건에 따라 A와 E는 D와 한 번씩 당직을 서므로 각각 월요일 또는 화요일에 당직을 한 번씩 선다. 나머지 조건에 따라서 당직 근무자를 배정하면 아래와 같다.

요일	월	화	수	목	금
당직 근무자	D	D	A	B	B
	A 또는 E	A 또는 E	C	C	E

따라서 반드시 참인 것은 ④이다.

|오답풀이|

① A는 화요일과 수요일 연이어 당직을 설 수도 있지만, 월요일과 수요일에 당직을 설 수도 있다.

② B는 목요일과 금요일에 당직을 선다.

③ E는 월요일과 금요일 또는 화요일과 금요일에 당직을 선다.

13 언어논리력 문장의 호응 이해하기

|정답| ②

|해설| 밑줄 친 ㉠은 주어와 서술어가 유기적으로 결합하여 의미상으로 통해야 함을 설명한다. ②는 주어와 서술어의 의미 호응이 이루어지지 않은 예시의 문장으로, 주어인 '○○박물관'과 서술어인 '받는다'가 호응을 이루지 않는다. ○○박물관이 법령에 따라 무단 침입자에게 처벌을 내린다는 내용이 의미상 자연스러우므로, '처벌을 내린다'로 수정해야 한다.

|오답풀이|

① 부사어와 서술어의 호응이 이루어지지 않은 문장이다. 부사인 '절대로'는 부정 표현과 어울린다.

③ '원인'과 '때문'이 의미상 중복되므로, 불필요한 문장 성분 때문에 문장이 어색한 경우이다.

④ 목적어 '케이크'와 호응하는 서술어 '먹다'가 생략되어 문장이 어색한 경우이다.

14 언어논리력 세부 내용 이해하기

|정답| ①

|해설| 물과 친화력 강한 수용성 오염을 효율적으로 없애기 위해 '드라이소프'라는 드라이클리닝 세제를 사용한다고 언급하고 있다.

대전기출복원

1회 기출예상
2회 기출예상
3회 기출예상
4회 기출예상
5회 기출예상
6회 기출예상
7회 기출예상
8회 기출예상
9회 기출예상

15 언어논리력 글에 알맞은 문구 작성하기

| 정답 | ②

| 해설 | 첫 번째 문단에서 드라이클리닝 용제가 세탁조 안에 들어가 의류와 함께 회전하며 세탁이 이루어진다고 하였으므로, '회전 없는 세탁'은 옳지 않다. 같은 부피일 때 드라이클리닝 용제가 물보다 무게가 상대적으로 가볍기 때문에 의류 변형이 적게 되는 것이다.

16 언어논리력 자료 내용 파악하기

| 정답 | ②

| 해설 | '지원방법'에 이메일 주소가 제시돼 있으나, 이는 지원접수를 위한 것이다. 문의를 위한 이메일 주소나 연락처 등은 안내되어 있지 않다.

| 오답풀이 |

① '모집안내'의 '모집인원'과 '활동내용'의 '활동혜택'의 세 번째 항목을 통해 모집 분야가 에디팅과 영상임을 알 수 있다.

③ '모집안내'에 지원자격과 우대사항이 안내돼 있다.

④ '활동내용'의 '주요활동' 내용을 통해 ○○사 관련 콘텐츠를 월 1건 제작해야 함을 알 수 있다.

17 수리력 평균 계산하기

| 정답 | ①

| 해설 | 학급당 평균 학생 수는 '$\frac{전체\ 학생\ 수}{학급\ 수}$'로 구할 수 있다. 가 ~ 라 학교별 학급당 평균 학생 수는 다음과 같다.

- 가 학교 : $\frac{350}{10} = 35$(명)
- 나 학교 : $\frac{240}{8} = 30$(명)
- 다 학교 : $\frac{415}{15} ≒ 27.7$(명)
- 라 학교 : $\frac{290}{12} ≒ 24.2$(명)

따라서 가 학교가 가장 많다.

18 수리력 방정식 활용하기

| 정답 | ②

| 해설 | 박 대리의 연봉을 x만 원이라고 할 때, 연봉의 8%인 성과급이 352만 원이었으므로 다음과 같은 식을 세울 수 있다.

$x \times 0.08 = 352$

$\therefore x = 4,400$(만 원)

따라서 본래 박 사원이 받았어야 하는 연봉의 20%인 성과급은 $4,400 \times 0.2 = 880$(만 원)이므로, 추가로 받아야 하는 금액은 $880 - 352 = 528$(만 원)이다.

19 수리력 표를 바탕으로 수치 계산하기

| 정답 | ④

| 해설 | ⓐ 제시된 신청 인원을 모두 합한 값은 $50+56+34+60+28+8 = 236$(명)이다. 조사 대상자는 200명이므로 36명이 희망 프로그램을 2개 선택하였다.

ⓑ 전체 신청 인원은 200명이므로 에어로빅힙합 신청자의 비중은 $\frac{50}{200} \times 100 = 25$(%)이다. 중복 선택한 이들로 인해 프로그램별 신청 비중의 총합은 100%를 넘는다.

따라서 ⓐ+ⓑ의 값은 $36+25 = 61$이다.

20 수리력 표의 수치 분석하기

| 정답 | ④

| 해설 | 배송 점수에 50%의 가산점을 부여할 때, 각 온라인 쇼핑몰의 총점은 다음과 같다.

- A : $90+(86 \times 1.5)+93+80 = 392$(점)
- B : $92+(90 \times 1.5)+85+86 = 398$(점)
- C : $94+(80 \times 1.5)+91+85 = 390$(점)

따라서 B−C−A였던 순위가 B−A−C로 변동한다.

| 오답풀이 |

① 각 온라인쇼핑몰의 모든 항목을 더한 총점은 다음과 같다.

- A : $90+86+93+80 = 349$(점)
- B : $92+90+85+86 = 353$(점)
- C : $94+80+91+85 = 350$(점)

따라서 모든 항목의 총점이 가장 높은 온라인쇼핑몰은 B이다.

② 각 온라인쇼핑몰의 배송과 불만처리 응대 점수의 합은 다음과 같다.

- A : 86+93=179(점)
- B : 90+85=175(점)
- C : 80+91=171(점)

따라서 배송과 불만처리 응대에 큰 비중을 두는 소비자라면 온라인쇼핑몰 A를 선택할 확률이 높다.

③ 품질 점수에 50%의 가산점을 부여할 때, 각 온라인쇼핑몰의 총점은 다음과 같다.

- A : (90×1.5)+86+93+80=394(점)
- B : (92×1.5)+90+85+86=399(점)
- C : (94×1.5)+80+91+85=397(점)

따라서 총점이 가장 높은 온라인쇼핑몰은 B이다.

21 수리력 월급 계산하기

|정답| ③

|해설| 갑의 월급은 236.9-230=6.9(만 원) 증가하였고, 이는 2023년 갑의 월급의 $\frac{6.9}{230} \times 100 = 3(\%)$를 차지한다. 따라서 2024년 을의 월급 또한 전년에 비해 3% 증가하였으므로, 2023년 을의 월급은 $\frac{222.48}{1.03} = 216$(만 원)이다.

22 수리력 그래프 분석하기

|정답| ③

|해설| 20X1년 혼인 건수는 300백 건보다 높고, 이혼 건수는 150백 건보다 높다. 따라서 300+150=450(백 건)을 넘는다.

|오답풀이|

① 20X7년 혼인 건수의 막대그래프 높이가 4년 전인 20X3년 혼인 건수의 막대그래프보다 낮다.

② 막대그래프의 길이 차이를 볼 때, 20X3년과 20X5년보다 20X1년과 20X3년 사이가 더 크다.

④ 혼인 건수는 전반적으로 감소와 증가가 반복하였으나, 이혼 건수는 전반적으로 증가 없이 감소하는 추세를 보인다.

23 수리력 그래프의 수치 계산하기

|정답| ③

|해설| 20X6년의 혼인 건수 대비 이혼 건수 비율은 '$\frac{20X6년 이혼 건수}{20X6년 혼인 건수} \times 100$'으로 구할 수 있다. 따라서 $\frac{110}{323} \times 100 ≒ 34(\%)$이다.

24 수리력 총 소요시간 구하기

|정답| ③

|해설| 상품 96개의 $\frac{1}{12}$은 8개이고, 이를 제작하는 데 6분이 걸린다고 하였다. 따라서 64개를 제작하는 데 걸리는 시간은 64÷8×6=48(분)이다.

25 수리력 도표를 기반으로 수치 계산하기

|정답| ③

|해설| 〈학력별 남녀 직원 수 비중〉에서 전문학사의 남자 비중은 〈학력별 직원 수 비중〉의 전문학사 비중인 20%에서 45%를 차지함을 의미한다. 이러한 원리에 따라 ○○사 전체 직원에서 학력별 남녀가 차지하는 비중은 다음과 같이 구할 수 있다.

구분	남성	여성
전문학사	0.2×0.45=0.09	0.2×0.55=0.11
학사	0.4×0.55=0.22	0.4×0.45=0.18
석사 이상	0.4×0.65=0.26	0.4×0.35=0.14
합계	0.57	0.43

따라서 ○○사 전체 직원의 남자 비중은 57%, 여자 비중은 43%이다.

26 수리력 가격 계산하기

|정답| ④

|해설| 두 반찬의 단가 변동 전 300인분의 단가는 (1,400+2,300)×300=1,110,000(원)이다. 한편 변동된 A와 B

의 단가를 구하여 합하면 $1,400 \times 1.1 + 2,300 \times 0.95 = 1,540 + 2,185 = 3,725$(원)이므로 단가 변동 후 300인분의 단가는 $3,725 \times 300 = 1,117,500$(원)이다. 따라서 단가 변동 전후 가격의 차이는 7,500원이다.

27 수리력 부등식 활용하기

| 정답 | ④

| 해설 | 4인 테이블을 예약할 경우 테이블 17개가 필요하다고 하였으므로 참석자가 4인 테이블 16개의 좌석 수 64석보다 많고, 테이블 17개의 좌석 수 68석보다 적거나 같음을 알 수 있다. 한편 9인 테이블 8개가 필요하다고 하였으므로 참석자가 9인 테이블 7개의 좌석 수 63석보다 많고, 테이블 8개의 좌석 수 72석보다 적거나 같음을 알 수 있다. 따라서 정기모임에 참석한 동호회 인원수를 x라고 할 때, $64 < x \le 68$로 나타낼 수 있다. 선택지 중 x의 범위에 속하는 숫자는 65이므로 모임에 참석할 동호회 인원수로 가능한 값은 65명이다.

28 언어논리력 어법에 맞는 문장 파악하기

| 정답 | ④

| 해설 | D는 어법상 오류와 중의적으로 해석되는 언어적 오류 모두 없는 문장을 사용하였다.

| 오답풀이 |

① 문장에 필요한 부사어가 생략되어 있다. '놀 때에는'에 필요한 부사어를 넣어, '길을 다니거나 길에서 놀 때에는 차를 조심해야 한다'로 수정해야 한다.

② 운 주체가 주희일 수도 있고 영호일 수도 있는, 중의적으로 해석되는 문장이다. '주희가, 울면서 떠나는 영호를 보냈다' 또는 '주희가 울면서, 떠나는 영호를 보냈다'와 같이 수정하면 의도를 명확하게 표현할 수 있다.

③ '여간'이란 '그 상태가 보통으로 보아 넘길 만한 것임을 나타내는 말로 주로 부정의 의미를 나타내는 말과 함께 쓰인다. '그 영화는 여간 재미있지 않았다'로 수정해야 한다.

29 언어논리력 조건에 알맞은 문장 작성하기

| 정답 | ①

| 해설 | 비유 또는 상징을 사용하고 있지 않아 가훈 작성 원칙에 어긋난다.

| 오답풀이 |

② 가족이 함께 살아가는 삶을 '길'로 비유하였으며, '행복'이라는 공동 목표를 담았다.

③ 가족의 지지와 도움을 '빛'과 '어둠'의 비유로 표현하였다.

④ '처럼'을 활용하여 '호수'와 '삶'을 직접적으로 연결하여 비유하고 있다.

30 문제해결력 명제 판단하기

| 정답 | ①

| 해설 | 세 번째 명제의 대우는 '영화 〈A2〉를 관람하지 않은 사람은 영화배우 C의 팬이 아니다'이며, 네 번째 명제의 대우는 '영화배우 C의 팬이 아닌 사람은 40대 이상이 아니다'이다. 따라서 세 번째 명제의 대우와 네 번째 명제의 대우를 연결한 '영화 〈A2〉를 관람하지 않은 사람은 40대 이상이 아니다'라는 명제는 항상 참이 된다.

| 오답풀이 |

② 첫 번째 명제와 두 번째 명제의 대우를 연결하면 '40대 미만은 영화 〈A2〉를 관람하지 않았다'가 된다.

③ 두 번째 명제가 항상 참이므로 그 대우인 'SNS 이용을 선호하는 사람은 영화 〈A2〉를 관람하지 않았다'는 항상 참이 된다.

④ 두 번째 명제의 대우와 세 번째 명제의 대우를 연결하면 'SNS 이용을 선호하는 사람은 영화배우 C의 팬이 아니다'가 된다.

31 언어논리력 안내 자료 이해하기

| 정답 | ④

| 해설 | ㄷ. 공사 기간은 5월 31일까지이며, 해당 날짜에는 최종 공사 마무리로 휴무라고 안내되어 있다.

ㄹ. 3의 다에 '네트워크 점검으로 인하여 오전 9 ~ 11시에는 팩스 사용이 불가하므로 메일을 이용함'이라고 안내되어 있다.

ㅁ. 3의 나에 '대기인원이 10명 이상일 경우 근처의 B 지사 창구로 안내함'이라고 하였으므로, 창구 대기 가능 인원은 10명 미만이다.

32 언어논리력 올바른 경청 자세 이해하기

|정답| ②

|해설| 박 대리는 회의 도중 상대방에게 관심을 기울이지 않고 민원실 이전설치와 관련 없는 커피값에 대해 언급하고 있다. 이처럼 상대방의 말에 집중하지 않고 다른 생각을 하는 자세는 경청을 방해하는 요인이다.

33 언어논리력 세부 내용 이해하기

|정답| ④

|해설| 마지막 문단에 따르면 제휴된 서핑숍을 통해 합리적인 가격으로 서핑 강습과 장비 렌탈이 가능하고 서핑 경험이 없는 사람도 도전할 수 있으나, 서핑이 가능한 해변에만 국한된다.

|오답풀이|

① 마지막 문단에서 '○○홈페이지에 가입 후 날짜와 장소를 확인하고 신청하면 된다'라고 안내돼 있다.

② 두 번째 문단에서 플로깅, 비치코밍과 같은 쓰레기로부터 바다 지키기가 실천되고 있다고 하였고, 마지막 문단에서 서핑을 즐기기 전 해변을 청소하는 캠페인에 대해 소개하고 있다.

③ 마지막 문단에서 바다와 자연을 사랑하는 마음을 한번 더 생각하게 된다고 언급되어 있다.

34 언어논리력 글의 주장 파악하기

|정답| ④

|해설| H 씨의 동료는 휴식을 통해 평소에 직장생활에서 쌓인 스트레스를 푸는 것이 여행의 목적이라고 주장한다. 따라서 제시된 글에서 설명하는 해변 쓰레기를 주우며 하는 서핑 여행이 동료가 주장하는 여행의 목적인 스트레스 해소와도 연관이 있다고 언급하는 ④가 적절한 반응이다.

|오답풀이|

①, ②, ③ 안전, 친목 도모, 예산의 내용은 제시된 홍보자료의 내용과 연관이 없다.

35 언어논리력 의사소통 태도 파악하기

|정답| ③

|해설| 제시된 대화를 통해서는 비언어적 의사소통을 찾아보기 어렵다.

|오답풀이|

① 선물을 고르러 가자는 A의 제안에 '그게...'라며 주저하는 태도를 보였다.

② 서 대리의 표정이 좋지 않은 이유에 대해 추측한 A의 말에 '글쎄'라며 분명하지 않은 입장을 취하였다.

④ '그건 그렇고'라고 말하며 대화의 주제와 분위기를 전환하였다.

36 문제해결력 조건을 바탕으로 우선순위 파악하기

|정답| ④

|해설| 직원별 상황을 고려하면 다음과 같다.

갑 : 임산부이지만 교육청과 집의 거리가 25km 미만이다.

을 : 교육청과 집 간의 거리가 25km 이상이지만 다리가 불편하거나 임산부는 아니다.

병 : 다리가 불편하지만 교육청과 집 간의 거리가 25km 미만이므로 1순위에 해당하지 않는다. 하지만 다리가 불편하거나 임산부인 직원 중에 가장 나이가 많으므로 2순위에 해당한다.

정 : 나이가 가장 많으므로 3순위에 해당한다.

무 : 임산부이면서 교육청과 집 간의 거리가 25km 이상이므로 1순위에 해당한다.

따라서 셔틀차량을 이용할 수 있는 직원은 병와 무이다.

37 문제해결력 자리 배치 추론하기

|정답| ③

|해설| 제시된 좌석 배치 원칙에 따라 좌석을 배치하면 다음과 같다.

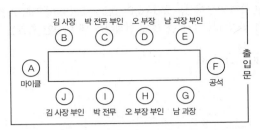

따라서 남 과장의 부인은 G가 아닌 E에 앉게 됨을 확인할
수 있다.

38 [수리력] 표를 바탕으로 수치 계산하기

| 정답 | ②

| 해설 | 각 광역시의 늘봄교실 참여 학교의 비율을 구하면
다음과 같다.

• 가 시 : $\frac{66}{156} \times 100 = 42.3(\%)$

• 나 시 : $\frac{190}{232} \times 100 = 81.9(\%)$

• 다 시 : $\frac{86}{152} \times 100 = 56.6(\%)$

• 라 시 : $\frac{184}{305} \times 100 = 60.3(\%)$

• 마 시 : $\frac{68}{122} \times 100 = 55.7(\%)$

• 바 시 : $\frac{190}{270} \times 100 = 70.4(\%)$

따라서 라 시보다 늘봄교실 참여율이 높은 광역시는 나 시
와 바 시로 2개이다.

39 [수리력] 거리 · 속력 · 시간 활용하기

| 정답 | ①

| 해설 | '시간 $= \frac{거리}{속력}$'이다. 철수의 집에서 회사까지의 거리

를 $x$km라 하면, 집에서 회사를 갈 때 걸리는 시간은 $\frac{x}{50}$

시간, 회사에서 집으로 올 때 걸리는 시간은 $\frac{x}{60}$ 시간이다.

집으로 돌아올 때 10분, 즉 $\frac{1}{6}$ 시간이 덜 걸렸으므로 다음

과 같은 식이 성립한다.

$$\frac{x}{50} = \frac{x}{60} + \frac{1}{6}$$

양 변에 300을 곱하면,

$$6x = 5x + 50$$

$$\therefore \ x = 50 \,(\text{km})$$

따라서 철수의 집에서 회사까지의 거리는 50km이다.

40 [언어논리력] 적절한 예시 연결하기

| 정답 | ②

| 해설 | 鳴(울 명)은 둘 이상의 한자를 결합하여 각 의미를
결합해 새로운 뜻을 가진 한자를 구성하는 '회의(會意)'에
해당된다. '전주(轉注)'는 한 글자의 뜻을 여러 다른 뜻으로
돌려쓰는 방법이다.

41 [문제해결력] 자료의 내용 파악하기

| 정답 | ④

| 해설 | 제시된 자료에서는 악수의 개념과 악수를 할 때의
에티켓에 대한 내용을 설명하고 있다. 따라서 연수교육을
준비할 때 악수하는 방법, 태도 등과 관련한 상세한 악수
예절을 고려했음을 알 수 있다.

42 [문제해결력] 자료의 내용 파악하기

| 정답 | ④

| 해설 | 제시된 글에 따라 웃어른과 악수할 때 황송하다고
생각해서 두 손으로 감싸는 것은 좋지 않다. 악수는 대등하
게 서로를 존중하는 것인데, 이는 오히려 상대에 대해서 비
굴해 보일 수 있기 때문이다.

43 [언어논리력] 안내문을 바탕으로 추론하기

| 정답 | ②

| 해설 | 세 번째 문단과 '7. 유의사항'에서 장시간 차량 이동
이 있다는 내용을 통해 학생들이 직접 △△난방공사에 집
결하는 것이 아니라 다른 곳에서 차량을 통해 현장체험학
습 장소로 이동한다는 것을 추론할 수 있다.

1회 기출예상
2회 기출예상
3회 기출예상
4회 기출예상
5회 기출예상
6회 기출예상
7회 기출예상
8회 기출예상
9회 기출예상

대전기출복원

| 오답풀이 |

① 두 번째 문단에서 '△△난방공사는 집단에너지사업을 통한 대기환경 개선과 에너지 절약을 실천하는 교육과 체험의 장소로 활용되고 있습니다'라고 하였으므로 적절한 추론이다.

③ 첫 번째 문단에서 자유학기제란 학생들이 시험 부담에서 벗어나 진로탐색 등 다양한 체험활동을 할 수 있도록 교육과정을 유연하게 운영하는 제도라 하였고, 실제 ○○중학교 2학년 학생들이 진로탐색을 목적으로 자유학기제 견학을 하게 되었으므로 적절한 추론이다.

④ '6. 준비물'에 우비가 안내되어 있는 것을 통해 추론할 수 있다.

44 수리력 평균 계산하기

| 정답 | ③

| 해설 | 전체 학생 수를 전체 교사 수로 나누면 교사 1인당 평균 학생 수를 알 수 있다

$$\frac{(18 \times 7) + (20 \times 8) + (21 \times 9)}{38}$$

$$= \frac{126 + 160 + 189}{38}$$

$$= \frac{475}{38} = 12.5$$

따라서 교사 1인당 평균 학생 수는 12.5명이다.

45 수리력 확률 계산하기

| 정답 | ③

| 해설 | 전체 합격자를 100명으로 가정하고 조건별 확률을 정리하면 다음과 같다.

전체 합격자			
100%			
남성 합격자		여성 합격자	
40%		60%	
A 전형 합격자	B 전형 합격자	A 전형 합격자	B 전형 합격자
75%	25%	55%	45%

A 전형 합격자인 남성은 $100 \times 0.4 \times 0.75 = 30$(명), A 전형 합격자인 여성은 $100 \times 0.6 \times 0.55 = 33$(명)이므로, A 전형 합격자 중에서 한 명을 선택했을 때 여성일 확률은

$$\frac{33}{30 + 33} = \frac{33}{63} = \frac{11}{21}$$이다.

대전기출복원

1회 기출예상

2회 기출예상

3회 기출예상

4회 기출예상

5회 기출예상

6회 기출예상

7회 기출예상

8회 기출예상

9회 기출예상

파트2 기출예상문제

1회 기출예상문제

▶ 문제 48쪽

01	④	02	③	03	①	04	④	05	③
06	①	07	③	08	④	09	③	10	④
11	②	12	③	13	④	14	①	15	③
16	②	17	③	18	①	19	③	20	②
21	③	22	③	23	①	24	②	25	②
26	③	27	③	28	①	29	①	30	②
31	①	32	②	33	③	34	①	35	②
36	②	37	④	38	②	39	①	40	③
41	①	42	①	43	②	44	④	45	④

01 언어논리력 공감 이해하기

| 정답 | ④

| 해설 | 제시된 글에 따르면 '공감적 듣기'는 귀와 눈 그리고 마음으로 듣는 자세다. 강 대리는 신입사원의 얘기를 마음으로 들으며 함께 공감해 주고 있으므로 '공감적 듣기'의 사례로 가장 적절하다.

02 언어논리력 단어 뜻 파악하기

| 정답 | ③

| 해설 | (가) 상대의 대답이나 설명을 듣는 것으로, 궁금한 것을 묻는 a와 수학 문제를 푸는 방식을 묻는 e가 예시로 적절하다.

(나) 무언가(물)가 들러붙은 c가 예시로 적절하다.

(다) 속으로 비밀을 숨기는 a와 예전에 행한 일을 감추는 d가 예시로 적절하다.

03 문제해결력 명제 추론하기

| 정답 | ①

| 해설 | 결론에 따라 전제 2는 유통업이 발달한 국가와 국민

소득이 높은 국가를 연결하는 명제가 제시되어야 한다. 따라서 빈칸에 들어갈 적절한 명제는 '유통업이 발달한 국가는 국민소득이 높다'이다.

04 문제해결력 조건을 바탕으로 명제 판단하기

| 정답 | ④

| 해설 | 진술들에 의하면 퇴근한 순서는 다음과 같다.

> D 사원-A 사원-C 사원-E 사원 또는 B 사원

E 사원과 B 사원 중 누가 먼저 퇴근했는지를 알 수 없으므로 E 사원보다 먼저 퇴근한 사람이 모두 몇 명인지 정확히 알 수 없다.

05 언어논리력 글의 흐름에 맞게 문단 배열하기

| 정답 | ③

| 해설 | 제시된 글 전체에서 다루고 있는 내용은 어린이집 급식의 의의와 함께 급식 관리의 중요성에 관한 것이다. 우선 (가), (라)는 첫 문장이 접속어로 시작하고 있으며 (다)는 앞 내용을 부연하는 내용이므로 첫 문단으로 올 수 없다. 따라서 (나)가 첫 문단에 위치하게 된다. (가)에서 어린이집 급식의 의의와 올바른 관리의 방향을 설명하고 있고 (다)와 (라)는 어린이집 급식의 장점을 언급하고 있으므로 (다)와 (라)는 (가) 다음에 오는 것이 적절하다. (다)와 (라)는 모두 어린이집 급식의 장점을 언급하고 있으나 (라)에서 전반적인 장점을 네 가지로 요약하여 언급하였고, (다)에서는 세부적으로 부모와 국가 입장에서의 장점을 언급하였으므로 (라)-(다)의 순서가 자연스럽다. 따라서 (나)-(가)-(라)-(다) 순이 가장 적절하다.

06 언어논리력 알맞은 속담 고르기

| 정답 | ①

| 해설 | 첫 번째 문단의 '각 부분에는 전체가 축약돼 있다는 논리', '세세한 것에서 기업의 전체 이미지를 확대 해석'을 통해 '어떤 한 가지 일을 보고 전체를 미루어 안다'는 뜻의 '하나를 보면 열을 안다'라는 속담이 ⊙에 적절함을 알 수 있다.

| 오답풀이 |

② 돌다리도 두드려 보고 건너라 : 잘 아는 일이라도 세심한 주의를 하라는 말

③ 원숭이도 나무에서 떨어진다 : 아무리 능숙한 사람이라도 간혹 실수할 때가 있음을 비유적으로 이르는 말

④ 모로 가도 서울만 가면 된다 : 어떠한 수단이나 방법으로라도 목적만 이루면 된다는 말

07 언어논리력 문맥에 따라 빈칸 채우기

| 정답 | ③

| 해설 | 제시된 글 전반에서 일반 소비자들은 작은 단서 하나로 기업 전체를 평가하고, 부정적 평가는 많은 사람들에게 쉽게 퍼져 나가는 경향이 있다고 하였다. 특히 마지막 문장에서 한 조직의 총체적인 위기는 조그만 실수와 방치에서 비롯되는 법이라 하였으므로, ⓒ에는 기업은 작고 세세한 것에 신경을 써야 한다는 내용이 들어가야 한다.

| 오답풀이 |

① 제시된 글의 논지에 따르면 고객은 항상 불만을 갖는 것이 아니라, 작은 실수가 두드러졌을 때 그에 대하여 불만을 가지고 확대 해석하는 경향이 있다.

② 제시된 글에서는 이미 나타난 위기를 관리하는 것보다 예방하는 것에 초점을 두고 있다.

④ 고객의 불평이 쉽게 많은 사람들에게 퍼진다는 내용은 이 문장의 바로 뒤에 '더구나'라는 접속어와 함께 처음 등장하므로, ⓒ에 해당 내용이 나타나는 것은 자연스럽지 않다.

08 언어논리력 사자성어 이해하기

| 정답 | ④

| 해설 | 문맥으로 보아 빈칸에 들어갈 말은 한국형 스마트팜의 추진과정에 있어 가장 경계해야 할 것을 표현하는 문장이어야 한다. '제구포신(除舊布新)'은 옛것을 버리고 새것을 펼친다는 의미로, 오랜 축적으로 탄탄하게 다져 놓은 기존의 기술을 최근의 신기술로 무분별하게 대체하는 상황에 대한 우려를 나타내기 위해 사용하는 사자성어로 볼 수 있다.

| 오답풀이 |

① 고식지계(姑息之計) : 우선 당장 편한 것만을 택하는 꾀나 방법

② 부화뇌동(附和雷同) : 줏대 없이 남의 의견에 따라 움직임.

③ 당랑거철(螳螂拒轍) : 제 역량을 생각하지 않고, 강한 상대나 되지 않을 일에 덤벼드는 무모한 행동거지를 비유적으로 이르는 말

09 언어논리력 세부 내용 이해하기

| 정답 | ③

| 해설 | 환경제어, 융합학문, 미래농업 등은 모두 스마트팜의 특징을 규정짓는 단어이나, '변곡점'은 스마트팜의 의미를 설명하는 필자의 비유를 통해 제시된 단어에 불과하다.

10 문제해결력 조건을 바탕으로 명제 판단하기

| 정답 | ④

| 해설 | 먼저 세 번째, 네 번째 조건에 따라 은주와 지유는 커피를 받았으므로 예지와 지수가 받은 음료는 둘 다 홍차임을 알 수 있다. 두 번째 조건에 따라 지수는 자신이 주문한 음료를 받았으므로 홍차를 주문하였고, 첫 번째 조건에 따라 예지는 주문한 음료를 받지 못했으므로 커피를 주문하였다. 따라서 지유는 커피를 주문했음을 알 수 있다. 이를 정리하면 다음과 같다.

구분	예지	지수	은주	지유
주문한 음료	커피	홍차	홍차	커피
받은 음료	홍차	홍차	커피	커피

11 언어논리력 글을 바탕으로 추론하기

| 정답 | ②

| 해설 | 제시된 글은 합성고분자를 원료로 하는 합성섬유에서 발생하는 '미세섬유'로 인한 환경오염의 심각성을 제기하고 있다. 이 자료를 이용하여 판매 촉진 활동을 효과적으로 할 수 있는 기업은 미세섬유 필터와 관련된 산업이거나 합성섬유를 대체할 신소재 원료를 개발하는 업체, 의류를

재활용할 수 있는 업체 등이다. 따라서 양식에 사용하는 어구·부표 생산 공장은 적절하지 않다.

12 수리력 | 총 소요시간 구하기

|정답| ③

|해설| 1시간 동안 둘이 함께 빚을 수 있는 만두는 20+15 =35(개)이므로 210개를 빚으려면 $\frac{210}{35}$ =6(시간)이 걸린다.

13 수리력 | 표의 수치 분석하기

|정답| ④

|해설| 인문학 도서 대출권수에 2배의 가중치를 두고, 도서 대출권수를 계산하면 따라서 다음과 같다.

(단위 : 권)

도서분류 학생	인문학	사회과학	자연과학	예술	합계
A	20	15	13	8	56
B	24	9	17	9	59
C	26	11	8	13	58
D	14	10	22	2	48

따라서 B가 제일 많이 대출한 학생이다.

|오답풀이|

② 인문학, 사회과학 분야의 도서 대출권수를 합하면 A는 25권, B는 21권, C는 24권, D는 17권이다. 따라서 두 번째로 많이 대출한 학생은 C이다.

③

(단위 : 권)

도서분류 학생	인문학	사회과학	자연과학	예술	합계
A	10	15	13	8	46
B	12	9	17	9	47
C	13	11	8	13	45
D	7	10	22	2	41

따라서 전체 도서 대출권수가 제일 많은 학생은 B이다.

14 언어논리력 | 자료 내용 파악하기

|정답| ①

|해설| 강의 회차별 선정 도서 목록은 제시하지 않았다.

15 언어논리력 | 문서 작성법 이해하기

|정답| ③

|해설| 바람직한 보고서를 작성하기 위해서는 보고서의 본문에는 핵심 사항을 위주로 담고, 보충 설명이 필요하거나 참고사항이 있을 경우 별도의 지면을 할애해 '첨부'로 설명하는 것이 좋다.

|오답풀이|

① 기안이나 품의 등이 아닌 보고서의 경우에는 객관적이고 중립적인 사실의 보고가 필수적이다.

② 보고서는 많은 양보다 간결하고 정확한 자료 전달이 요구되는 문서이다.

④ 그래프나 그림의 활용은 정보를 한눈에 알아볼 수 있도록 하는 방법으로, 공식 문서에서도 좋은 활용법이다.

16 언어논리력 | 글에 알맞은 문구 작성하기

|정답| ②

|해설| 문장 성분 간의 호응 관계가 적절히 이루어졌으며 주어인 '고발여부'와 서술어인 '결정되었다'의 거리가 멀리 떨어져 있어 주어 뒤에 쉼표를 사용했으므로 바람직한 문장이라고 할 수 있다.

|오답풀이|

① '부담금은 ~ 자에게 부과하고 있다'라는 문장의 골격에서 '해당 사업의 ~ 따라'의 위치가 적절하지 못하여 한 번에 의미 전달이 이루어지기 어려운 경우이다.

③ '분쟁을 해소하고'를 '분쟁이 해소되고'로 수정해야 한다.

④ 전문용어의 남용으로 문장을 한 번에 이해하기 어려운 경우이다.

www.gosinet.co.kr gosinet

대전기출복원

1회 기출예상

2회 기출예상

3회 기출예상

4회 기출예상

5회 기출예상

6회 기출예상

7회 기출예상

8회 기출예상

9회 기출예상

17 언어논리력 글의 흐름에 맞는 접속어 고르기

| 정답 | ③

| 해설 | ㉠의 앞에서는 소비자가 과대 포장으로 불만을 갖게 된다고 하였으며, 뒤에서는 최근 경제적인 포장이 각광을 받는다고 언급하고 있다. 따라서 ㉠에는 '그래서', '그렇기 때문에' 등의 접속어가 들어가는 것이 자연스럽다.

㉡의 앞에서는 제품 포장 시 효율성을 감안하여 다양한 부분을 고려해야 한다고 하였으며, 뒤에서는 그러한 이유로 자동화 포장 설계를 권고하고 있다. 따라서 ㉡에는 '그래서'와 같은 순접의 의미를 나타내는 접속어가 들어가는 것이 적절하다.

18 수리력 표를 바탕으로 수치 계산하기

| 정답 | ①

| 해설 | □□시의 미세먼지 농도 평균은
$$\frac{70.3+65.8+50.4+76.0+69.5}{5}=66.4(\mu g/m^3)이고,$$
◇◇시의 미세먼지 농도 평균은
$$\frac{84.0+68.4+73.7+95.6+75.3}{5}=79.4(\mu g/m^3)이다.$$
따라서 두 도시의 미세먼지 농도 평균의 차는 $13.0\mu g/m^3$이다.

19 수리력 가격 비교하기

| 정답 | ③

| 해설 | 부가세까지 고려하여 인쇄 부수에 따른 8페이지 팸플릿의 제작비용을 다음과 같이 구할 수 있다.

• 1,000부를 제작할 경우 : 277,000+277,000×0.1
=304,700(원)

• 500부를 제작할 경우 : 249,000+249,000×0.1
=273,900(원)

따라서 둘의 비용 차이는 304,700−273,900=30,800(원)이다.

20 수리력 표를 바탕으로 수치 계산하기

| 정답 | ②

| 해설 | 나라별 전체 메달 수 대비 금메달 수의 비율을 계산하면 다음과 같다.

• 노르웨이 : $\frac{14}{39}\times100 ≒ 35.9(\%)$

• 캐나다 : $\frac{11}{29}\times100 ≒ 37.9(\%)$

• 미국 : $\frac{9}{23}\times100 ≒ 39.1(\%)$

• 네덜란드 : $\frac{8}{20}\times100 = 40(\%)$

따라서 미국보다 금메달 수의 비율이 큰 국가는 네덜란드 1개국뿐이다.

21 수리력 그래프 분석하기

| 정답 | ③

| 해설 | 20X4년 매출액은 20X0년 매출액의 $\frac{5,654}{495} ≒$ 11.4(배)로 11배 이상이다.

| 오답풀이 |

② 20X4년 영업이익은 전년 대비 525−(−364)=889(억 원) 줄어들었다.

④ 20X0년에 적자였으나 20X1년에 25억 원의 영업이익을 내며 흑자로 전환했고, 3년간 흑자를 유지하다가 20X4년에 다시 적자로 돌아섰다.

22 수리력 그래프의 수치 계산하기

| 정답 | ③

| 해설 | 20X2년 매출액은 1,626억 원, 영업이익은 217억 원이므로 매출액 대비 영업이익의 비율은 $\frac{217}{1,626}\times100≒$ 13.3(%)이다.

23 문제해결력 조건을 바탕으로 추론하기

|정답| ①

|해설| 지원자 A ~ F의 필기시험 점수 총합을 구하면 다음과 같다.

(단위 : 점)

지원자	성별	실무능력 점수	정보처리 점수	외국어 점수	점수 총합
A	남	12	16	6	34
B	여	17	18	7	42
C	여	14	12	17	43
D	여	7	17	12	36
E	남	14	13	13	40
F	남	16	9	11	36

실무능력 점수, 정보처리 점수, 외국어 점수가 각각 8점 이상이고 점수의 총합이 36점 이상인 지원자는 C, E, F이다. 점수 총합이 가장 높은 지원자는 43점을 받은 C로, 필기시험에 합격하였다.

|오답풀이|

② D와 F의 점수 총합은 36점으로 같지만, D는 불합격하고 F는 합격하였다.

③ 정보처리 점수가 가장 높은 지원자 B는 불합격하였다.

④ 외국어 점수가 세 번째로 높은 지원자 D는 불합격하였다.

24 수리력 나이 계산하기

|정답| ②

|해설| 박 씨의 현재 나이를 x세라 하면 A년 후의 남편의 나이는 $(43+A)$세, 박 씨의 나이는 $(x+A)$세, 3명의 아이의 나이는 $(8+A)$세, $(6+A)$세, $(4+A)$세이다. A년 후의 나이를 계산하면 다음과 같다.

• 부부 나이의 합이 자녀들 나이의 합의 두 배

$(43+A)+(x+A)=2\{(8+A)+(6+A)+(4+A)\}$

$43+x+2A=2(3A+18)$

$\therefore x=4A-7$

• 남편 나이가 자녀들 나이의 합보다 1살 많음.

$43+A=\{(8+A)+(6+A)+(4+A)\}+1$

$43+A=3A+19$

$\therefore A=12$

따라서 박 씨의 현재 나이는 $4A-7=4\times12-7=41$(세)이다.

25 수리력 표의 수치 분석하기

|정답| ②

|해설| 국가별 출발지와 도착지의 물량 합계를 구하면 다음과 같다.

(단위 : 천 톤)

도착지 출발지	태국	필리핀	인도	인도네시아	합계
태국	0	25	33	30	88
필리핀	12	0	9	22	43
인도	23	15	0	10	48
인도네시아	16	24	6	0	46
합계	51	64	48	62	225

따라서 현재 도착지 국가별 물량은 '필리핀−인도네시아−태국−인도' 순으로 많다. 인도네시아에서 출발하는 물량이 모든 국가별로 절반씩 감소하게 되면 도착지 국가별 물량은 '인도네시아(62)−필리핀(52)−인도(45)−태국(43)'의 순으로 많게 된다.

|오답풀이|

① 출발지에서의 국가별 이동 물량은 '태국−인도−인도네시아−필리핀' 순으로 많다.

③ 인도는 출발 물량과 도착 물량이 모두 48천 톤으로 동일하다.

④ 출발 물량은 태국이 88천 톤으로 가장 많으나 $\dfrac{88}{225} \times 100≒39.1$(%)로 전체 출발 물량의 40%를 넘지 않는다.

26 수리력 최대공약수 활용하기

|정답| ③

|해설| 각 팀에 최소 인원수가 속하기 위해서는 팀의 수를 최대로 만들어야 한다. 최대로 만들 수 있는 팀은 남자 사원 225명과 여자 사원 180명의 최대공약수를 활용해 $5\times9=45$(팀)임을 알 수 있다. 이때 각 팀에 속한 남자 사원은 $\dfrac{225}{45}=5$(명), 여자 사원은 $\dfrac{180}{45}=4$(명)이다. 따라서 만들어지는 각 팀의 최소 인원수는 $5+4=9$(명)이다.

대전기출복원

1회 기출예상

2회 기출예상

3회 기출예상

4회 기출예상

5회 기출예상

6회 기출예상

7회 기출예상

8회 기출예상

9회 기출예상

27 수리력 거리 · 속력 · 시간 활용하기

| 정답 | ③

| 해설 | A 등산로의 편도 거리를 $x\,km$라 하면 '시간$=\dfrac{거리}{속력}$'

이므로 다음의 식이 성립한다.

$$\frac{x}{2}+\frac{x}{4}=4.5$$

$$\frac{3}{4}x=4.5$$

$$\therefore\ x=6(km)$$

따라서 내려올 때 소요된 시간은 $\dfrac{6}{4}=1.5$(시간), 즉 1시간 30분이다.

28 수리력 도형의 둘레 구하기

| 정답 | ①

| 해설 | 세 개의 정원이 정사각형 모양이므로 정원 한 변의 길이는 각각 3m, 4m, 5m이다. 다음 그림과 같이 합쳐진 정원의 둘레는 가로 길이가 12m, 세로 길이가 5m인 직사각형의 둘레의 길이로 구할 수 있다.

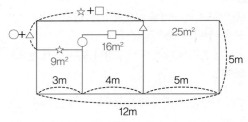

따라서 합쳐진 정원의 둘레는 $(12+5)\times2=34(m)$이다.

29 문제해결력 자리 배치 추론하기

| 정답 | ①

| 해설 | 학생처를 두 번째에 배치하면 교무처와의 사이에 두 팀이 배치되어야 하므로 교무처는 다섯 번째에 배치된다. 교무처와 연구처는 연이어 배치되는데 연구처가 네 번째에 배치될 경우 사무국과 입학본부가 연이어 있지 못하므로 연구처는 여섯 번째 자리에 배치된다. 따라서 최종 배치는 기획협력처 – 학생처 – 사무국(입학본부) – 입학본부(사무국) – 교무처 – 연구처 순이고 여섯 번째 자리에 배치되는 것은 연구처이다.

30 언어논리력 세부 내용 이해하기

| 정답 | ②

| 해설 | 이번 육아휴직을 신청할 수 있는 근로자는 여성만을 요하지 않고 그 영아의 생부모만을 요하지 않는다.

| 오답풀이 |

① 육아휴직 기간은 근속기간에 포함된다.

③ 파견근로자의 육아휴직 기간은 파견기간에 산입되지 않는다.

④ 육아휴직을 마친 후에는 육아휴직 전과 동일한 업무로 복귀시켜야 한다.

31 언어논리력 이어질 내용 유추하기

| 정답 | ①

| 해설 | 첫 번째 문단을 보면 나라를 위해 헌신한 이들에게 적절한 보상과 지원제도를 마련하기 위해서는 적지 않은 국가 재정이 소요되므로 한정된 재정을 활용하여 그 효과를 극대화하기 위한 고민을 해야 한다고 나와 있다. 두 번째 문단을 보면 지원을 위한 재정이 국민들의 세금에 의해 마련되므로 결코 허투루 사용되어서는 안 된다는 내용이 나온다. 따라서 국민들이 세금을 납부하는 것이 의무사항이기는 하지만 나라는 이러한 예산을 신중하게 사용해야 한다는 내용이 이어져야 자연스럽다.

32 문제해결력 명제 판단하기

| 정답 | ②

| 해설 | 제시된 명제와 대우를 정리하면 다음과 같다.

• ~ 패딩 → 운동화(~ 운동화 → 패딩)

• ~ 스웨터 → ~ 구두(구두 → 스웨터)

• 후드 티 → ~ 스웨터(스웨터 → ~ 후드 티)

• 운동화 → 후드 티(~ 후드 티 → ~ 운동화)

따라서 세 번째 명제와 두 번째 명제와의 삼단논법에 의해 '후드 티를 즐겨 입는 사람은 구두를 즐겨 신지 않는다'가 성립하는 것을 알 수 있다.

| 오답풀이 |

① 후드 티를 즐겨 입지 않는 사람은 운동화를 즐겨 신지 않고, 운동화를 즐겨 신지 않는 사람은 패딩을 즐겨 입는다. 따라서 '후드 티를 즐겨 입지 않는 사람은 패딩을 즐겨 입지 않는다'는 거짓이다.

③ 구두를 즐겨 신는 사람은 스웨터를 즐겨 입고, 스웨터를 즐겨 입는 사람은 후드 티를 즐겨 입지 않는다. 또한 후드 티를 즐겨 입지 않는 사람은 운동화를 즐겨 신지 않고, 운동화를 즐겨 신지 않는 사람은 패딩을 즐겨 입는다. 따라서 '구두를 즐겨 신는 사람을 패딩을 즐겨 입지 않는다'는 거짓이다.

④ 스웨터를 즐겨 입는 사람은 후드 티를 즐겨 입지 않고, 후드 티를 즐겨 입지 않는 사람은 운동화를 즐겨 신지 않는다. 또한 운동화를 즐겨 신지 않는 사람은 패딩을 즐겨 입는다. 따라서 '스웨터를 즐겨 입는 사람은 패딩을 즐겨 입지 않거나 운동화를 즐겨 신는다'는 거짓이다.

33 　언어논리력　글의 목적 파악하기

| 정답 | ③

| 해설 | '소촌산단 외곽도로 확장공사(2차)'에 따라 이에 편입된 분묘에 대하여 분묘개장을 공고하기 위하여 제시된 공고문을 게시한 것이다. 따라서 공고문을 게시한 이유로 가장 적절한 것은 ③이다.

34 　언어논리력　올바른 경청 자세 이해하기

| 정답 | ③

| 해설 | C는 상대의 이야기를 모두 주의 깊게 듣기는 하지만, 상대의 말을 이해하려는 입장이 아닌 계속해서 경계하며 방어하는 자세로 듣다가 허점이 보이면 곧바로 반격하는 태도를 보이고 있다. 이와 더불어 대안을 제시하지 않으면서 계속해서 상대의 의견을 비판만 하는 것 또한 경청의 자세로 바르지 않다고 할 수 있다. 또한, 단지 상대의 말에 반대하고 논쟁하기 위해서만 상대방의 말에 귀를 기울이는 태도를 취한다고 보일 여지도 있다.

35 　언어논리력　글의 서술 방식 파악하기

| 정답 | ②

| 해설 | (가)와 (나)는 각각 티리언퍼플의 색깔과 아피아 가도를 예로 들며 설명하고 있다.

36 　언어논리력　글을 바탕으로 추론하기

| 정답 | ②

| 해설 | (다)의 앎은 자기성찰적인 앎이므로 (가)와 (나)에서 설명하고 있는 기술적인 앎이 올바르게 나아갈 수 있도록 방향을 제시해 줄 수는 있지만, 자기성찰적인 앎이 기술적인 앎보다 중요하다고는 언급되어 있지 않다.

| 오답풀이 |

① 친절, 근엄함, 마음씨, 관대함 등은 인격과 관련되고, (다)는 섹스투스로부터 이러한 인격을 배웠다는 내용이다. 따라서 (다)의 내용을 보다 더 나은 인격체와 연결 짓는 것은 적절하다.

③ (가)는 사회 발전에 기여한 과학의 지식추구 방식, (나)는 로마의 도로 기술에 대한 내용이다. 따라서 (가), (나)와 같은 앎이 오늘날의 과학기술의 발달에 큰 기여를 했다는 것은 적절하다.

④ (가)는 '과학의 핵심은 자연은 물론 자연에 대한 인간의 간섭을 주의 깊게 관찰하는 것'이라 하였고, (다)는 '자연에 순응하는 사상'에 대해 언급하였으므로 서로 자연에 대한 시각에 다소 차이가 있음을 알 수 있다.

37 　언어논리력　문맥에 맞게 문장 삽입하기

| 정답 | ④

| 해설 | 한 장면을 보여준 후 나중에 그 모습에 대해 이야기하게 하라는 내용인 (다)의 뒤 문장에 이어서 묘사는 본 사람의 판단과 흥미에 따라 크게 달라진다는 내용인 (A)가 온 후, (라)의 뒤 문장이 올 때 글의 흐름이 자연스럽다.

38 수리력 표의 수치 분석하기

| 정답 | ②

| 해설 | C 시의 6 ~ 9월 순이동인구가 모두 음수이므로 전출인구가 더 많음을 알 수 있다.

| 오답풀이 |

①, ③ '순이동인구＝전입인구－전출인구'이므로 순이동인구의 값으로는 전입인구를 비교할 수 없다.

④ 6월부터 9월까지 매월 전입인구가 전출인구보다 많은 시는 H 시 한 곳뿐이다.

39 문제해결력 문제해결절차 이해하기

| 정답 | ①

| 해설 | 문제해결절차는 '문제 인식 → 문제 도출 → 원인 분석 → 해결안 개발 → 실행 및 평가' 순서로 진행된다. 따라서 빈칸에 들어갈 단계는 '원인 분석'이다. 이 단계에서는 핵심 문제를 분석하여 그 근본 원인을 도출한다.

40 문제해결력 조건을 바탕으로 우선순위 파악하기

| 정답 | ③

| 해설 | A : 임산부이자 학생회 임원이므로 1, 2순위를 모두 만족한다. 따라서 더 높은 순위인 1순위가 된다.

B : 학년이 높으므로 3순위에 해당한다.

C : 장애 학생이므로 1순위이다.

D : 학생회 임원이므로 2순위이다.

E : 학년도 높지 않고 장애 학생, 임산부, 임원 어느 하나에 해당하지 않으므로 우선순위 조건에 해당되지 않는다.

따라서 1순위인 A와 C는 첫 번째, 두 번째로 배정이 될 것이고, 2순위인 D가 세 번째로 자리를 배정받을 수 있다.

41 언어논리력 올바르게 띄어쓰기

| 정답 | ①

| 해설 | '호랑이 같은 성격이다'의 '같은'은 형용사이므로 띄어 써야 한다. 주로 '와/과'가 생략된 단독형으로 쓰이며 다른 것과 비교하여 그것과 다르지 않을 때 쓰는 표현이다.

| 오답풀이 |

③ '남자같이'의 '같이'는 '앞말이 보이는 전형적인 어떤 특징처럼'의 뜻을 나타내는 격조사이므로 붙여 쓴다.

42 언어논리력 안내문을 바탕으로 추론하기

| 정답 | ①

| 해설 | '2. 견학가능일'의 '견학시간'을 보면 오전 10시부터 오후 5시까지 견학이 가능하며, 점심시간은 제외된다고 나와 있다. 따라서 하루에 견학 가능한 시간은 총 6시간이다.

| 오답풀이 |

② '3. 견학대상'의 '가능인원'을 보면 최소 10명부터 최대 30명까지 구성해야 한다고 나와 있다.

③ '3. 견학대상'의 '견학대상'을 보면 초·중·고교생은 인솔자가 필수 참석해야 한다고 나와 있다.

④ '1. 견학내용'을 보면 신청은 견학 1주일 전까지 접수되어야 한다고 나와 있다.

43 언어논리력 세부 내용 이해하기

| 정답 | ②

| 해설 | ㉠ 두 번째 문단의 '책 읽기에는 상당량의 정신 에너지와 훈련이 요구되며, 독서의 즐거움을 경험하는 습관 또한 요구된다'를 통해 적절하지 않음을 알 수 있다.

㉤ 두 번째 문단의 '모든 사람이 맹목적인 책 예찬자가 될 필요는 없다'를 통해 적절하지 않음을 알 수 있다.

| 오답풀이 |

㉡ 첫 번째 문단의 '인간의 뇌는 애초부터 책을 읽으라고 설계된 것이 아니기 때문이다'를 통해 알 수 있다.

㉢, ㉣ 두 번째 문단의 '또한 책을 읽는 문화와 책을 읽지 않는 문화는 기억, 사유, 상상, 표현의 층위에서 상당한 질적 차이를 가진 사회적 주체들을 생산한다'를 통해 확인할 수 있다.

44 수리력 표를 바탕으로 수치 계산하기

| 정답 | ④

| 해설 | 2023년 취업자 중 여성의 비율은 40%이므로 여성 취업자 수는 26,725,000×0.4＝10,690,000(명)이다. 이

중 일용근로자는 5%이므로 10,690,000×0.05=534,500
(명)이다.

45 수리력 확률 계산하기

|정답| ④

|해설| • 여러 번 지원하여 합격한 신입사원 중 우수사원으로 선정된 사람 : 0.4×0.2=0.08

• 한 번에 합격한 신입사원 중 우수사원으로 선정된 사람 : 0.6×0.3=0.18

따라서 우수사원으로 선정된 한 신입사원이 한 번에 합격한 사원일 확률은 $\dfrac{0.18}{0.08+0.18}=\dfrac{0.18}{0.26}=\dfrac{9}{13}$ 이다.

www.gosinet.co.kr gosinet

2회 기출예상문제

1회 기출예상
2회 기출예상
3회 기출예상
4회 기출예상
5회 기출예상
6회 기출예상
7회 기출예상
8회 기출예상
9회 기출예상

▶ 문제 74쪽

01	②	02	④	03	④	04	③	05	④
06	①	07	③	08	③	09	②	10	④
11	①	12	④	13	②	14	②	15	②
16	①	17	②	18	③	19	②	20	③
21	③	22	④	23	④	24	③	25	②
26	②	27	②	28	③	29	①	30	②
31	③	32	①	33	④	34	②	35	①
36	④	37	②	38	②	39	④	40	③
41	②	42	②	43	①	44	④	45	④

01 언어논리력 공감적 경청하기

|정답| ②

|해설| 종호는 상대방이 한 말 중 '주말'이라는 주요 어휘를 반복하여 말하며 자신이 집중해서 경청하고 있음을 보이고 있다.

|오답풀이|

① 대화 도중에 상대방에게 관심을 기울이지 않고 다른 생각을 하고 있다.

③ 지은이는 상대방이 언급한 적 없는 '4차 산업혁명'을 이야기하며 상대의 자기개발 이유를 멋대로 짐작하고 있다.

④ 영어까지 배워야 한다며 상대에게 지나치게 조언을 하고 있다.

02 언어논리력 문맥에 맞는 단어 고르기

|정답| ④

|해설| 다음의 단어들이 차례대로 빈칸에 들어간다.

• 구별(區別) : 성질이나 종류에 따라 차이가 남.

• 변별(辨別) : 사물의 옳고 그름이나 좋고 나쁨을 가림.

• 선별(選別) : 가려서 따로 나눔.

• 감별(鑑別) : 예술 작품이나 골동품 따위의 가치와 진위를 판단함.

• 차별(差別) : 둘 이상의 대상을 각각 등급이나 수준 따위의 차이를 두어서 구별함.

03 문제해결력 명제 추론하기

| 정답 | ④

| 해설 | 각 명제에 기호를 붙여 정리하면 다음과 같다.
- p : 의류를 판매한다.
- q : 핸드백을 판매한다.
- r : 구두를 판매한다.

기호에 따라 제시된 명제와 그 대우를 정리하면 다음과 같다.
- $\sim p \rightarrow q(\sim q \rightarrow p)$
- $q \rightarrow \sim r(r \rightarrow \sim q)$

따라서 'r → ~q', '~q → p'에 따라 'r → p'가 성립한다. 즉, '구두를 판매하면 의류를 판매한다'가 참이므로 밑줄 친 부분에는 '구두를 판매하기로 했다'가 들어가는 것이 적절하다.

04 문제해결력 조건을 바탕으로 명제 판단하기

| 정답 | ③

| 해설 | 4층에는 회계팀만 있고 총무팀이 3층 복사기를 사용하는 홍보팀의 바로 아래층에 있다면 홍보팀과 총무팀은 각각 3층과 2층에 있게 된다. 또한 마케팅팀과 기획관리팀은 같은 복사기를 사용하며 한 층에는 최대 2개 팀만 있으므로 두 팀은 5층에 위치하게 된다. 따라서 2층 총무팀, 3층 홍보팀, 4층 회계팀, 5층 마케팅팀과 기획관리팀이 있게 된다.
회계팀만 타 층의 복사기를 사용하므로 총무팀은 2층 복사기를 사용한다.

05 언어논리력 문맥에 맞지 않는 문장 파악하기

| 정답 | ④

| 해설 | 선거 과정에서 신문의 특정 후보에 대한 지지 표명이 논쟁이 되는 것에 관한 글이다. ㉠, ㉡은 논쟁이 되는 현상에 대한 설명이고, ㉢, ㉣은 비판의 근거를 제시하고 있다. 그러나 ㉣에서 제시된 신문의 특정 후보 지지가 유권자의 표심에 미치는 영향이 크지 않다는 학계의 시각은 신문의 특정 후보에 대한 지지 표명을 옹호하는 근거이지 비판의 근거가 아니므로 삭제해야 한다.

06 언어논리력 알맞은 사자성어 고르기

| 정답 | ①

| 해설 | 대화에서 밑줄 친 부분의 핵심은 사람은 다 거기서 거기이고 별반 다를 것 없이 모두 비슷하다는 것이다. 따라서 장 씨의 셋째 아들과 이 씨의 넷째 아들이란 뜻으로 평범한 사람들을 의미하는 '張三李四(장삼이사)'가 가장 비슷한 의미의 고사성어이다.

| 오답풀이 |
② 目不忍見(목불인견) : 차마 눈뜨고 봐줄 수 없는 비참한 모습 또는 상황을 의미한다.
③ 緣木求魚(연목구어) : 나무에 올라 물고기를 찾는다는 말로, 해낼 수 없는 불가능한 일을 굳이 하려고 함을 의미한다.
④ 去者必返(거자필반) : 헤어진 사람은 반드시 돌아오게 되어있다는 말로, 일반적으로 헤어짐을 아쉬워할 때 사용된다.

07 문제해결력 조건을 바탕으로 추론하기

| 정답 | ③

| 해설 | 각 지원자의 총점을 계산해 보면 다음과 같다.

(단위 : 점)

지원자	어학 능력	필기 시험	학점	전공 적합성	계
A	2	3	2	2	9
B	3	2	3	3	11
C	1	1	3	3	8
D	?	?	?	?	1+2+3+?

㉢ D는 각 평가 항목에서 상, 중, 하의 평점을 모두 받았으므로 세 평가 항목의 합은 1+2+3=6(점)이 되어 나머지 한 항목이 하를 받은 경우 최저점으로 7점, 상을 받은 경우 최고점으로 9점이 된다. B는 11점을 받았으므로 D의 평점은 B의 선발에 영향을 주지 않는다.

| 오답풀이 |
㉠, ㉡ D의 가능한 최고점이 9점이므로 A와 동점이 되어 A가 반드시 선발된다고 할 수 없다.

08 문제해결력 논리적 오류 파악하기

| 정답 | ③

| 해설 | 제시된 문장에는 논리적 오류가 나타나 있지 않다.

| 오답풀이 |

① 결과를 중심으로 의도를 확대해석하는 의도 확대의 오류를 범하고 있다.
② 전건을 부정하여 후건을 부정하는 것으로 결론을 도출하는 전건 부정의 오류를 범하고 있다.
④ 어떤 대상의 기원이 갖는 특성을 그 대상도 그대로 지니고 있다고 여기는 발생학적 오류를 범하고 있다.

09 언어논리력 글의 흐름에 맞게 문장 배열하기

| 정답 | ②

| 해설 | 먼저 체온에 대해 언급한 ㉠이 제시되고 정상 체온을 넘는 경우에 대해 설명하는 ㉣이 이어진다. 다음으로 열이 나는 상황에 대해 보충 설명하는 ㉤과 ㉢이 이어지며 마지막으로 해열제를 복용해야 하는 상황인 ㉡이 오는 것이 자연스럽다. 따라서 글의 순서는 ㉠ – ㉣ – ㉤ – ㉢ – ㉡ 순이 적절하다.

10 언어논리력 세부 내용 이해하기

| 정답 | ④

| 해설 | 세 번째 문단을 통해 이부프로펜은 6 ~ 8시간, 덱시부프로펜은 4 ~ 6시간 간격으로 복용하는 것을 알 수 있다.

11 언어논리력 글의 주제 찾기

| 정답 | ①

| 해설 | 인류가 가지고 있었던 탐욕이라는 본능이 생산물의 저장을 통하여 비로소 발현되기 시작하였고, 이를 통해 약탈과 경쟁이 시작된 것이라는 내용을 담고 있다. 따라서 글의 내용을 포괄하는 핵심적인 주제는 저장을 통하여 인류의 탐욕 추구가 본격적으로 시작되었다는 것이다.

12 언어논리력 알맞은 속담 고르기

| 정답 | ④

| 해설 | '암탉이 울면 집안이 망한다'는 속담은 날이 샜다고 울어야 할 수탉이 제구실을 못해 암탉이 울면 집안이 망한다는 뜻으로, 가정에서 아내가 남편을 제쳐 놓고 떠들며 간섭하면 집안일이 잘 안 된다는 말이다. 이 외에 침묵의 가치를 높게 표현하는 속담으로는 '눈은 크게 뜨고 입은 다물어야 한다', '가만히 있으면 중간이라도 간다' 등이 있다.

| 오답풀이 |

① 아는 놈 당하지 못한다 : 내막을 잘 알고 덤비는 상대는 이길 수 없음을 이르는 말
② 목마른 놈이 우물 판다 : 어떤 일이든 가장 급하고 필요한 사람이 그 일을 서둘러 하게 되어 있다는 말
③ 조개껍데기는 녹슬지 않는다 : 천성이 어질고 착한 사람은 주변의 악한 것에 물들지 않음을 비유적으로 이르는 말

13 언어논리력 세부 내용 이해하기

| 정답 | ②

| 해설 | 두 번째 문단을 통해 직원들이 침묵하는 이유가 자신을 보호하거나 불필요한 문제를 피하려는 것임을 알 수 있다. 따라서 반항의 표현으로 침묵한다는 설명은 잘못되었다.

| 오답풀이 |

① 첫 번째 문단에서 '동양에서는 오랫동안 침묵으로 윗사람에 대한 존중을 표현했다'라고 제시돼 있다.
③ 마지막 문단에서 '영리한 리더라면 영리한 직원의 문제 제기를 자신의 단점을 들킨 것과 동일시해 반응하는 것보다 조직에 제안한 직원의 성장 포인트로 연결하는 지혜가 필요하다'라고 하였으므로 적절한 설명이다.
④ 첫 번째 문단에서 '이러한 침묵은 상대방의 제안이나 의견에 대해 동의 또는 찬성의 의미를, 친밀한 관계 내에서는 신뢰의 의미를 나타내기도 했다'라고 하였으므로 적절한 설명이다.

14 언어논리력 외래어 표기법 이해하기

|정답| ②

|해설| shrimp[ʃrɪmp]는 [ʃ]가 자음 앞에 왔으므로 '슈림프'라고 표기하는 것이 적절하다.

15 수리력 표를 바탕으로 수치 계산하기

|정답| ②

|해설| 90점 이상이 '우수'이므로 능력과 태도 모두 '우수'인 직원은 2+3+3+4=12(명)이다. 전체 직원 수가 60명이므로 능력과 태도 모두 '우수'인 직원은 경영지원팀 전체의 $\frac{12}{60} \times 100 = 20$(%)이다.

16 수리력 비용 계산하기

|정답| ①

|해설| • A 업체에서 살 경우 : 46대를 사면 4대를 무료로 받아 50대가 되고, 46대의 가격이 4,600,000원이므로 200,000원을 할인받는다.

(100,000×46)-(50,000×4)=4,400,000(원)

• B 업체에서 살 경우 : 45대를 사면 5대를 무료로 받아 50대가 된다.

100,000×45=4,500,000(원)

따라서 A 업체에서 사는 것이 100,000원 더 저렴하다.

17 언어논리력 올바르게 띄어쓰기

|정답| ②

|해설| '나만큼'의 '만큼'은 앞말과 비슷한 정도나 한도임을 나타내는 조사로 쓰였으므로 앞말과 붙여 써야 한다. '만큼'이 의존명사로 쓰일 때에는 주로 어미 '-은, -는, -을' 또는 '-은, -는, -던' 뒤에 쓰인다.

18 언어논리력 세부 내용 이해하기

|정답| ③

|해설| 검색 사이트에 검색한 내용을 보고 독감에 걸린 환자들을 추측하는 것은 독감에 걸렸을 경우에 검색을 할 것이라는 전제로 예측한 결과이다. 하지만 독감에 걸리지 않고도 검색을 해 볼 수 있다는 것을 가정하면 이러한 예측은 정확성이 떨어질 수 있다. 따라서 ③은 적절한 의문사항이다.

19 수리력 그래프 분석하기

|정답| ②

|해설| 불법체류 외국인의 수가 20X4년에 최고치를 기록한 것은 사실이지만, 처음으로 등록 외국인 수보다 많아진 것은 20X3년이다.

|오답풀이|

① A : 등록 외국인 수는 꾸준히 증가하고 있지만 변수가 발생하면 감소할 수도 있다.

③ C : 20X5년도에 불법체류 외국인의 수가 급격히 감소하면서 등록 외국인의 수가 급격히 늘어났으므로 서로 관련이 있을 것이라 예상할 수 있다.

④ D : 20X6년 이후 큰 증가 없이 유지되고 있으므로 적절하다.

20 수리력 도표의 수치 분석하기

|정답| ③

|해설| 1990년 이후로 14세 이하 인구가 각각 1,063천 명, 1,932천 명, 1,228천 명 감소하였으므로 옳은 설명이다.

|오답풀이|

① 2010년 인구는 7,979+36,209+5,366=49,554(천 명)이고 30년 전인 1980년 인구는 12,951+23,717+1,456 =38,124(천 명)이다. 따라서 2010년 인구는 30년 전에 비해 증가하였다.

② 〈자료 1〉과 비교해 보면 (A)가 0~14세, (B)가 65세 이상 인구 비율을 나타냄을 알 수 있다.

④ 〈자료 2〉를 통해 14세 이하 인구가 전체 인구의 $\frac{1}{5}$ 수준인 20% 이하로 감소한 것은 2010년부터임을 알 수 있다.

21 수리력 도표를 바탕으로 수치 계산하기

| 정답 | ③

| 해설 | $\dfrac{7,016}{6,751+37,620+7,016} \times 100 \fallingdotseq 13.7(\%)$를 차지하고 있다.

22 수리력 이윤 계산하기

| 정답 | ③

| 해설 | 가방의 원가가 80만 원이므로 정가는 $80 \times 1.6 =$ 128(만 원), 할인가는 $128 \times 0.8 = 102.4$(만 원)이다. 따라서 가방 1개를 판매할 때 이 브랜드에서 얻는 이윤은 $102.4 -80 = 22.4$(만 원), 즉 224,000원이다.

23 수리력 확률 계산하기

| 정답 | ④

| 해설 | • 긍정적인 반응을 보인 남자 : $100 \times 0.5 = 50$(명)
• 긍정적인 반응을 보인 여자 : $150 \times 0.5 = 75$(명)
따라서 선택한 사람이 긍정적인 반응을 나타낸 여자일 확률은 $\dfrac{75}{100+150} \times 100 = \dfrac{75}{250} \times 100 = 30(\%)$이다.

24 수리력 노동투입량지수 구하기

| 정답 | ③

| 해설 | A ~ D 기관의 노동투입량지수는 다음과 같다.

• A 기관 : $25 \times 18 = 450$
• B 기관 : $30 \times 16 = 480$
• C 기관 : $20 \times 19 = 380$
• D 기관 : $10 \times 35 = 350$

따라서 노동투입량지수가 높은 순서대로 나열하면 B>A> C>D이다.

25 수리력 표의 수치 분석하기

| 정답 | ③

| 해설 | 34 ~ 36개국의 OECD 회원국 중에서 매년 27위 이하이므로 상위권이라 볼 수 없다.

| 오답풀이 |

① CPI 순위가 가장 낮은 해는 52위의 2020년이고, OECD 순위가 가장 낮은 해는 30위의 2022년이다.
②, ④ 청렴도가 가장 높은 해는 2023년으로 59.0점이고, 2016년도의 청렴도 점수는 56.0점이므로 점수의 차이는 3.0점이다.

26 수리력 피타고라스의 정리 활용하기

| 정답 | ②

| 해설 | 피타고라스의 정리에 따라 나머지 한 변인 밑변의 길이는 '$\sqrt{(빗 변)^2 - (높이)^2}$'으로 구할 수 있다. 따라서 나머지 한 변의 길이는 $\sqrt{130^2 - 50^2} = 120$(m)이다.

27 수리력 단위 변환하기

| 정답 | ③

| 해설 | 1cm=10mm, 1m=100cm이므로 $250+325 = 575$(cm)이다.

28 수리력 방정식 활용하기

| 정답 | ③

| 해설 | 미리 예약해 둔 회의실 수를 x라고 할 때, ○○기업의 경력 2년 미만 사원수는 6명씩 배정한 경우 $6x+1$, 7명씩 배정한 경우 $7(x-2)+4$가 된다. 따라서 다음과 같은 식이 성립된다.

$6x+1=7(x-2)+4$

$\therefore x = 11$(개)

따라서 경력 2년 미만인 사원의 수는 모두 $6 \times 11 + 1 = 67$(명)이다.

대전기술보안 / 1회 기출예상 / 2회 기출예상 / 3회 기출예상 / 4회 기출예상 / 5회 기출예상 / 6회 기출예상 / 7회 기출예상 / 8회 기출예상 / 9회 기출예상

29 언어논리력 단어의 문맥적 의미 파악하기

|정답| ①

|해설| ㉠은 개인으로 하여금 '흉측한 것'으로 인식되어진 죽음이다. 하지만 나머지는 삶보다 더한 양지를 누린, 영·육의 이원법에서 절대적 지배권을 향유한 것인 죽음이다. 따라서 문맥적 의미가 다른 하나는 ㉠이다.

30 언어논리력 세부 내용 이해하기

|정답| ②

|해설| 두 번째 문단을 보면 중세기에 이르기까지 죽음은 삶보다 더한 양지를 누려왔고, 인간 구원이 영혼의 몫이 되고 덩달아서 죽음의 몫이 되었으며, 영·육의 이원법에서 절대적 지배권을 향유한 것은 죽음이지 삶이 아니었다고 하였으므로 적절하다.

|오답풀이|

① 첫 번째 문단에서 한국적인 장례식에서는 죽음을 기억하기 위해서가 아니라, 망각하기 위해 장례 절차가 진행되고 있다고 하였다.

③ 원시 신앙 시대 이후 중세기에 이르기까지는 죽음을 현대에서처럼 소거해 가야하는 것으로 여기지 않았다고 이해할 수 있으나, 중세인이 죽음을 전혀 무서워하지 않았거나 죽음을 영혼이 소멸하는 일로 여겼는지는 제시된 글에서 명확히 언급하지 않고 있다.

④ 첫 번째 문단에서 우리들의 시대는 죽음을 삶의 동기로 인식하지 않는다고 하였다.

31 문제해결력 조건을 바탕으로 명제 판단하기

|정답| ③

|해설| E 사원을 기준으로 살펴보면 D 대리와 F 사원은 서로 같은 지역을 담당해야 하고, A 부장과 B 과장은 서로 다른 지역을 담당해야 하므로, E 사원은 A 부장 또는 B 과장과 같은 지역을 담당해야 한다. 또한 E 사원은 중남미 지역을 담당할 수 없으므로 미주 지역 또는 아시아 지역을 담당해야 하는데, C 대리가 아시아 지역을 담당해야 한다고 하였으므로 E 사원은 미주 지역을, D 대리와 F 사원은 중남미 지역을 담당하게 된다. 그리고 A 부장과 B 과장은 각각 미주 지역 또는 아시아 지역을 나눠서 담당하게 된다. 이를 표로 정리하면 다음과 같다.

중남미 지역	미주 지역	아시아 지역
D 대리	A 부장 or B 과장	C 대리
F 사원	E 사원	B 과장 or A 부장

따라서 A 부장과 E 사원은 같은 지역을 담당할 수도, 아닐 수도 있으므로 ③은 항상 참이라고 볼 수 없다.

32 문제해결력 자리 배치 추론하기

|정답| ①

|해설| 원형 테이블에서 기준이 되는 한 명의 위치를 임의로 배치한 후 다른 조건을 적용해 보면서 해결한다.

일단 네 번째 조건에 따라 마주 보고 앉는 사원 A와 부장의 자리를 정한다. 첫 번째 조건에 따라 대리는 사원 A와 나란히 앉는데, 대리가 사원 A의 오른쪽에 앉을 경우 과장이 대리의 왼쪽 옆자리에 앉아 있다는 세 번째 조건과 어긋나므로 대리는 사원 A의 왼쪽 옆자리에 앉고, 그 옆에 과장이 앉는다. 마지막으로 두 번째 조건에 의해 사원 B의 왼쪽 옆자리는 비어 있어야 하므로 사원 B는 부장의 왼쪽 옆자리에 앉게 된다. 이를 그림으로 정리하면 다음과 같다.

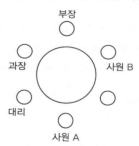

따라서 부장의 오른쪽 옆자리에 앉은 사람은 과장이다.

33 언어논리력 자료의 내용 파악하기

|정답| ④

|해설| 단체 승차권은 20인 이상의 한 단체가 1매를 구매하는 것이므로 15인의 단체는 단체 승차권을 구매할 수 없다.

|오답풀이|

① 보호자 동반에 대한 규정은 알 수 없다.

② 매주 월요일은 프로그램을 운영하지 않지만 그 이유가 임진왜란 역사관 휴관 때문인지는 알 수 없다.

③ 1회 탐방 소요시간은 알 수 없다.

34 언어논리력 글의 서술 방식 파악하기

|정답| ②

|해설| 상반되는 의견의 대립 구조는 제시된 글에서 찾아볼 수 없다.

|오답풀이|

① 3D 프린팅 기술의 사업화, 상용화 단계의 요원함을 전문가의 주장을 인용함으로써 객관성을 확보한 것으로 볼 수 있다.

③ 3D 프린터로 만든 신체 일부를 인간의 몸속에 넣었을 때의 반응에 대한 연구가 더 필요하다는 사실은 3D 프린팅 기술의 사업화가 늦어지는 것에 대한 구체적인 근거가 된다.

④ 3D 프린팅 기술의 실제 활용을 위해서는 생체 적합성을 파악하기 위해 후보물질 테스트 등이 활용될 것이라는 인용문을 통해 문제의 해결 방향을 제시하였다.

35 언어논리력 글의 중심내용 파악하기

|정답| ①

|해설| 괴테의 일화와 마지막 문장의 '일정한 주제의식이나 문제의식을 가지고 독서를 할 때, 보다 창조적이고 주체적인 독서 행위가 성립될 것이다'를 통해 제시된 글이 목적이나 문제의식을 가지고 하는 능동적 독서에 관한 내용임을 알 수 있다.

36 언어논리력 글의 견해 파악하기

|정답| ④

|해설| 출산율을 높이기 위한 지원금 액수의 많고 적음을 문제화하고 있는 글이 아니다. 지원금 액수가 증가하였음에도 불구하고 출산율이 오르지 않았다는 것을 강조하는 내용이므로, 단순한 지원금 증액보다 출산을 유도하기 위한 근본적인 대책이 필요하다는 문제를 제기할 수 있다.

37 수리력 거리·속력·시간 활용하기

|정답| ②

|해설| 열차가 40m를 이동하는 데 10초가 걸렸으므로 열차

의 속력은 $40(m) \div 10(s) = 4(m/s)$이다. 열차는 등속운동을 하므로 A 다리의 길이(거리)는 $4(m/s) \times 5(s) = 20(m)$이다.

38 수리력 표의 수치 분석하기

|정답| ②

|해설| 20X9년 C 영역에서 4 ～ 5등급을 받은 학생의 비율은 39.9%이므로 1 ～ 3등급을 받은 학생의 비율은 100 － 39.9 = 60.1(%)이다.

|오답풀이|

① 20X8년 대비 20X9년에 4 ～ 5등급 비율이 가장 크게 변한 영역은 10.1%p 변화한 A 영역이다.

③ 20X8년 D 영역에서 4 ～ 5등급을 받은 학생의 비율은 43.1%, B 영역에서 4 ～ 5등급을 받은 학생의 비율은 47.2%이므로 D 영역이 더 적다.

39 문제해결력 진위 추론하기

|정답| ④

|해설| 우선 E는 B의 진술이 참이라고 했으므로 B와 E는 같은 내용을 진술한 것이 된다. 용의자 중 두 사람만이 거짓을 말한다는 조건에 따라 B, E의 진술이 거짓일 경우와 참일 경우로 나누어 살펴본다.

• B, E의 진술이 거짓일 경우 : A, C, D의 진술은 참이 된다. 그런데 종로에 있었다는 A의 진술과 A와 B가 인천에 있었다는 C의 진술은 모순되므로, 거짓말을 하고 있는 사람이 두 사람뿐이라는 조건과 상충한다.

• B, E의 진술이 참일 경우 : B, E의 진술과 다르게 C와 단둘이 있었다는 D의 진술은 거짓이 되며, 남은 A와 C 중 한 명이 거짓을 말하고 있는 것이 된다.
만약 A가 거짓말을 했다면 C의 진술은 참이 되어 A는 B와 인천에 있었던 것이 되므로 범인은 D가 된다. 만약 C가 거짓말을 했다면 A의 진술은 참이 되며, B의 진술에 따라 사건 시각에 A, B, C는 종로에 함께 있었던 것이 되어 이 경우 또한 범인은 D가 된다.

따라서 거짓말을 한 사람은 A와 D 또는 C와 D이고 두 경우 모두 그림을 훔친 범인은 D이다.

대전기출복원 1회 기출예상 2회 기출예상 3회 기출예상 4회 기출예상 5회 기출예상 6회 기출예상 7회 기출예상 8회 기출예상 9회 기출예상

40 문제해결력 조건을 바탕으로 우선순위 파악하기

| 정답 | ③

| 해설 | A : 자사 근속 기간이 5년 이상이므로 3순위이다.
B : 부서장 추천을 받았으므로 2순위이다.
C : 최근 1년 이내에 교육 프로그램에 참가하지 않았으므로 1순위이다.
D : 우선순위에 해당하지 않는다.
E : 자사 근속 기간이 5년 이상이므로 3순위이다.
따라서 B와 C가 프로그램에 참가할 수 있다.

41 문제해결력 조건을 바탕으로 추론하기

| 정답 | ②

| 해설 | 광수가 함께 점심을 먹은 친구들(두영, 칠선) 외에 한 명을 더해 축구를 했다고 하였으므로 함께 점심을 먹지 않은 친구들의 일정을 살펴보아야 한다. 점심을 먹지 않은 석훈, 용현, 정신 중 석훈과 용현은 함께 영화 보기와 커피 마시기를 하였으므로, 커피 마시기만 한 정신이 축구를 한 나머지 멤버가 된다. 따라서 축구를 한 사람은 두영, 칠선, 광수, 정신이 되며, 축구를 하지 않은 석훈, 용현 중 선택지에 있는 용현이 답이 된다.

42 문제해결력 자료의 내용 파악하기

| 정답 | ②

| 해설 | 윤리강령에서 '임직원 상호 존중'을 보면 "임직원 상호 간 금전거래 행위 및 부당한 청탁을 일체 금한다."라고 제시되어 있으므로 동료에게 금전적인 도움을 주는 것은 부적절하다.

43 언어논리력 세부 내용 이해하기

| 정답 | ①

| 해설 | 수신 기관에게 미술품을 대여하는 것이 아니라 수신 기관으로부터 미술품을 대여 받는 것이다.

| 오답풀이 |

②, ④ '내용'에서 문화예술 관련 기관·단체 소속 실무자 및 예술교육 담당자의 역량 강화를 위해 다양한 교육과

정을 기획·운영함에 따라 워크숍을 개최하였고, 접수 인원이 많을 시 문화 관련 업무 담당자를 우선 선정할 예정이라고 하였다.

③ '교육목적'에서 한·일 과거사를 극복하고 미래지향적인 양국 간 관계를 발전시키기 위한 워크숍이라고 하였다.

44 언어논리력 올바른 경청 자세 이해하기

| 정답 | ④

| 해설 | 직원 D는 다른 업무로 워크숍에 참석할 수 없다고 말하며, 워크숍의 목적을 물어보고 있다. 그런데 이미 워크숍의 목적을 직원 A가 말했으므로, 이는 직원 D가 앞선 다른 직원들의 대화를 제대로 듣지 않았음을 의미한다. 따라서 직원 D는 대화를 듣기는 하지만 관심을 기울이지 않았음을 알 수 있다.

45 수리력 방정식 활용하기

| 정답 | ④

| 해설 | 한 달 인터넷 사용시간을 x분이라 하면 다음과 같은 식이 성립한다.
$10,000+10 \times x = 5,000+20 \times x$
$20x-10x=10,000-5,000$
$\therefore x=500$(분)
따라서 한 달에 500분을 사용해야 두 통신사의 요금이 같아진다.

④ '그릇된 버릇 따위를 고치어 바로잡다'라는 의미로 '가르
치다'를 사용해야 한다.

대전기출복원

1회 기출예상

2회 기출예상

3회 기출예상

4회 기출예상

5회 기출예상

6회 기출예상

7회 기출예상

8회 기출예상

9회 기출예상

3회 기출예상문제

▶ 문제 98쪽

01	④	02	②	03	④	04	③	05	④
06	③	07	③	08	②	09	①	10	③
11	②	12	④	13	②	14	①	15	①
16	④	17	①	18	③	19	③	20	①
21	②	22	④	23	④	24	①	25	②
26	④	27	①	28	④	29	②	30	④
31	④	32	④	33	④	34	④	35	②
36	④	37	①	38	④	39	④	40	④
41	③	42	③	43	③	44	③	45	①

01 언어논리력 올바른 경청의 자세 이해하기

| 정답 | ④

| 해설 | 상대의 말에 귀 기울이고 있음을 몸짓을 통해 표현
하며 공감하고 있다.

| 오답풀이 |

① 상대방에 대한 선입견으로 상대의 말을 진지하게 들어
주지 않고 있다.

② 상대의 눈을 쳐다보지 않고 팔짱을 끼고 대화를 듣는 행
위는 올바른 경청의 자세가 아니다.

③ 상대의 인격을 존중해 주지 않고 진정으로 이해하려는
태도를 보이고 있지 않다.

02 언어논리력 올바르게 단어 사용하기

| 정답 | ②

| 해설 | '손가락 따위로 어떠한 방향이나 대상을 집어서 보
이거나 말하거나 알리다'라는 의미인 '가리키다'를 사용하
여 '가리키면서'로 써야 한다.

| 오답풀이 |

① '어떤 대상을 특별히 집어서 두드러지게 나타내다'라는
의미로 '가리키다'를 사용해야 한다.

③ '지식이나 기능, 이치 따위를 깨닫게 하거나 익히게 하
다'라는 의미로 '가르치다'를 사용해야 한다.

03 문제해결력 조건을 바탕으로 명제 판단하기

| 정답 | ④

| 해설 | 네 번째 조건에 따라 A의 취미는 미술관 방문이므
로 A는 5층에 근무한다. C는 등산이 취미인 직원(4층)보다
위층에 근무한다고 하였으므로 6층에 근무한다. 다음으로
D는 세 번째 조건에 의해 영화가 취미인 직원(3층)보다 아
래층에 근무하며 여섯 번째 조건에 따라 운동을 좋아하므
로 2층에 근무함을 알 수 있다. 따라서 B는 4층에 근무한
다. 이를 정리하면 다음과 같다.

6층	게임	C
5층	미술관 방문	A
4층	등산	B
3층	영화	F or E
2층	테니스	D
1층	독서	E or F

따라서 B는 4층에서 근무하고 F는 1층 혹은 3층에 근무하
므로 B가 F보다 높은 층에 근무하는 것은 항상 참이다.

04 문제해결력 순위 추론하기

| 정답 | ③

| 해설 | '성실성'에서 최하위 등급을 받은 정 대리를 제외하
고 가점을 고려하여 각 직원의 등급에 의한 총점을 계산하
면 다음과 같다.

• 나 대리 : (8+8+8+6+10+4+6+8)+5=63(점)

• 백 대리 : (4+8+4+10+8+4+6+6)+3=53(점)

• 서 대리 : (8+8+8+4+8+4+10+8)+5=63(점)

나 대리, 서 대리가 동점으로 최고점을 받았으나 '성실성'에
서 더 높은 점수를 얻은 나 대리가 1순위 승진자가 되고,
2순위 승진자는 서 대리가 된다.

05 문제해결력 명제 추론하기

| 정답 | ④

| 해설 | 각 명제를 'p : 축구를 잘한다', 'q : 감기에 걸린다', 'r : 휴지를 아껴 쓴다'라고 할 때 기호에 따라 문장을 정리하면 다음과 같다.

• p→~q

• ~q→r

• 나는→p

따라서 삼단논법에 의해 '나는→p→~q→r'이 성립하므로 '나는 휴지를 아껴 쓴다'가 참임을 알 수 있다.

06 문제해결력 문제해결절차 이해하기

| 정답 | ③

| 해설 | 문제해결절차는 '문제 인식(A)'단계에서 해결해야 하는 문제를 파악하여 우선순위를 정하고, '문제 도출(D)' 단계에서 해결해야 할 것이 무엇인지 명확히 한다. 그다음 '원인 분석(B)' 단계에서 파악된 핵심문제의 원인을 도출하고, '해결안 개발(E)' 단계에서 최적의 해결방안을 수립한다. 이후 '실행 및 평가(C)' 단계를 통해 해결방안을 실제 상황에 적용하고 이를 토대로 평가한다.

07 언어논리력 세부 내용 이해하기

| 정답 | ③

| 해설 | 마지막 문장에서 글쓴이가 다른 나라 사람들이 골뱅이를 보면 우리가 @를 '골뱅이'라고 부르는 이유를 받아들일 것이라고 추측했을 뿐, 현재 동의한다는 설명은 잘못되었다.

08 언어논리력 글의 제목 찾기

| 정답 | ②

| 해설 | 제시된 글은 도시공원의 역할과 중요성에 관해 설명하고 있으며 현재 도시공원의 문제점에 대해 언급하고 있다. 또한 도시공원의 문제점을 개선하여 모두가 동등하게 이용할 수 있게 해야 한다는 점을 강조하고 있다. 따라서 글의 제목으로 가장 적절한 것은 ②이다.

09 언어논리력 알맞은 속담 고르기

| 정답 | ①

| 해설 | ㉠은 도시공원은 사람들이 선호하는 도시 시설 가운데 하나이지만 사회적 약자들은 이용하기 어려운 상황을 설명하고 있다. 따라서 아무리 마음에 들어도 이용할 수 없거나 차지할 수 없는 경우를 이르는 말인 '그림의 떡'이 ㉡에 들어가는 것이 가장 적절하다.

10 언어논리력 안내 자료 이해하기

| 정답 | ③

| 해설 | '문의처'에 문의 전화번호와 팩스 번호만 제시되어 있고 문의 메일 주소는 안내되어 있지 않다.

| 오답풀이 |

① '발제 · 토론자'에서 괄호 안에 소속이 기재되어 있다.

② '일시, 장소'의 '14:00 ~ 16:30'을 통해 세미나 소요 시간이 2시간 30분임을 알 수 있다.

④ '제7회 비만예방의 날 기념 정책세미나'를 통해 관련 정책세미나 개최 회차가 7회임을 알 수 있다.

11 언어논리력 세부 내용 이해하기

| 정답 | ②

| 해설 | ㄱ. 수력발전소는 일단 건설되고 나면 더 이상 직접적인 폐기물은 방출하지 않으며, 이산화탄소도 발생시키지 않는다고 나와 있다.

ㄷ. 싼샤 댐의 건설로 인해 양쯔강 하류의 빈번한 범람을 막을 수 있게 되었으며, 나일강 중류에 아스완 댐이 건설된 이후 연중 특정한 시기에 범람하던 일도 더는 일어나지 않는다고 하였다. 따라서 수력발전 건설은 연중 특정한 시기의 범람도 막을 수 있다.

| 오답풀이 |

ㄴ, ㅁ. 수력발전의 가장 큰 단점은 호수를 만들기 위해 인근 전체가 계속 물에 잠기게 되며, 이런 환경의 변화에 인근 생태계가 큰 영향을 받을 뿐 아니라 그 지역에 살던 사람들도 터전을 떠나야만 한다는 것이다.

ㄹ. 나일강은 연중 특정한 시기에 범람하여 물과 함께 떠내려 온 퇴적물이 강변의 농지를 비옥하게 만들어 왔으나, 아스완 댐이 건설된 이후 이러한 일이 더는 일어나지 않아 곡식을 키우기가 어려워졌다고 언급되었다.

12 언어논리력 알맞은 사자성어 고르기

| 정답 | ④

| 해설 | 제시된 글은 수력발전소 건설로 인한 장점과 단점에 대해 얘기하고 있다. 따라서 장점이 있으면 단점도 동시에 존재한다는 뜻의 '일장일단(一長一短)'이 가장 관련이 있다.

| 오답풀이 |

① 소탐대실(小貪大失) : 작은 것을 탐하다가 큰 것을 잃음.

② 결자해지(結者解之) : 일을 저지른 사람이 그 일을 해결해야 함을 이르는 말

③ 사필귀정(事必歸正) : 모든 일은 반드시 바른 길로 돌아감.

13 언어논리력 글을 바탕으로 추론하기

| 정답 | ②

| 해설 | ㄴ. (가)에 따르면 호미는 실용적인 한국의 전통 농기구로서 호미의 편리함과 튼튼함으로 인해 해외에서 큰 호응을 얻고 있다. 따라서 실용적인 상품은 경쟁력이 있다고 이해할 수 있다.

ㄹ. (나)는 옛날식으로 표현된 것도 후대에 와서 재음미, 재해석해야 그 생명력이 사라지지 않는다고 하였다. 따라서 사라져가는 무형문화재도 다시 살펴볼 필요가 있다고 이해할 수 있다.

| 오답풀이 |

ㄱ. 신토불이란 제 땅에서 산출된 것이라야 체질에 잘 맞는다는 뜻이다. (가)는 한국의 호미가 해외에서 인기를 얻고 있다는 내용이므로 적절한 추론이 아니다.

ㄷ. (가) 또는 (나)를 통한 적절한 추론이 아니다.

14 언어논리력 올바르게 단어 사용하기

| 정답 | ①

| 해설 | (가) '흐리거나 궂은 날씨가 맑아지다'의 의미를 갖는 어휘는 '개다'이며, 활용형은 '갤'이다.

(나) '그해에 새로 난 쌀'은 '햅쌀'이다.

(다) '청하는 일을 이해하거나 동의하여 들어줌'의 의미를 갖는 어휘는 '승낙'이다.

(라) '누워 있거나 앉아 있다가 슬그머니 일어나는 모양을 나타내는 말은 '부스스'이며 유의어로 '푸시시'가 있다. '부시시'는 비표준어이다.

15 언어논리력 글의 흐름에 맞게 문단 배열하기

| 정답 | ①

| 해설 | 먼저 글의 중심내용과 관련된 '악어의 법칙'에 대해 설명하고 있는 (가)가 오고, 이를 일상생활에 대입해 포기할 줄 아는 것이 '악어의 법칙'의 요점임을 다시 설명한 (라)가 이어진다. 이후 '악어의 법칙'과는 달리 포기는 곧 끝이라는 생각에 포기를 두려워하는 사람이 많이 있음을 언급한 (다)가 오고, 포기는 무조건 끝이 아닌 더 많은 것을 얻기 위한 길이기도 함을 얘기하고 있는 (나)가 마지막에 온다. 따라서 (가)-(라)-(다)-(나) 순이 적절하다.

16 언어논리력 글의 견해 파악하기

| 정답 | ④

| 해설 | 제시된 글은 무작정 포기를 많이 하는 사람이 현명한 것이 아니라 어쩔 수 없는 결정적인 순간에 과감하게 포기할 줄 아는 사람이 지혜롭다는 점을 설명하고 있다.

17 수리력 표를 바탕으로 수치 계산하기

| 정답 | ①

| 해설 | 공장별 제품 1개당 생산비용을 계산하면 다음과 같다.

(가) $5,213 \div 143 \fallingdotseq 36.45$(만 원)

(나) $6,241 \div 184 \fallingdotseq 33.92$(만 원)

(다) $12,484 \div 381 \fallingdotseq 32.77$(만 원)

(라) $9,667 \div 287 \fallingdotseq 33.68$(만 원)

(마) $8,258 \div 243 \fallingdotseq 33.98$(만 원)

따라서 제품 1개당 생산비용이 34만 원 이상인 공장은 (가) 1곳이다.

18 수리력 박스 단가 계산하기

| 정답 | ③

| 해설 | 흰색 A4 용지 한 박스의 단가를 x 원이라 하면, 컬러 A4 용지 한 박스의 단가는 $2x$ 원이므로 다음 식이 성립한다.

$(50 \times x) + (10 \times 2x) - 5,000 = 1,675,000$

$70x = 1,680,000$

$\therefore x = 24,000$(원)

따라서 흰색 A4 용지 한 박스의 단가는 24,000원이다.

19 수리력 부등식 활용하기

| 정답 | ③

| 해설 | 네 과목의 평균이 89.5점이라고 하였으므로 네 과목 점수의 총합은 89.5×4=358(점)이다. 다섯 과목의 평균 점수가 90점 이상이 되기 위해서는 점수의 총합이 90×5=450(점) 이상이어야 하므로 영어 점수를 x 점이라 하면 다음과 같은 식이 성립한다.

$358 + x \geq 450$

$\therefore x \geq 92$

따라서 받아야 할 최소 영어 점수는 92점이다.

20 수리력 표를 바탕으로 수치 계산하기

| 정답 | ①

| 해설 | ㉠ ~ ㉣에 해당하는 값을 구하면 다음과 같다.

㉠ $\dfrac{93.6 - 106.5}{106.5} \times 100 \fallingdotseq -12.1$(%)

㉡ $\dfrac{31.8 - 35.9}{35.9} \times 100 \fallingdotseq -11.4$(%)

㉢ $\dfrac{62.4 - 62.6}{62.6} \times 100 \fallingdotseq -0.3$(%)

㉣ $\dfrac{31.9 - 27.4}{27.4} \times 100 \fallingdotseq 16.4$(%)

21 수리력 표의 수치 분석하기

| 정답 | ②

| 해설 | 쌀의 자급도는 2013년에서 2018년 사이 102.9%에서 102%로 감소하였다.

| 오답풀이 |

① 전체 곡물 자급도는 2013년부터 29.7% → 29.4% → 27.6%로 지속적으로 감소하고 있다.

③ 양곡 전체 소비량은 160.5kg → 153.3kg → 135.5kg → 125.6kg으로 지속적으로 감소하였으나, 육류 소비량은 27.4kg → 31.9kg → 32.1kg → 38.8kg으로 점차 증가하고 있다.

④ 과실류 소비량은 2008 ~ 2015년까지 54.8kg → 58.4kg → 62.6kg으로 증가하다가 2023년에 62.4kg으로 소폭 감소하였다.

22 수리력 비례식 활용하기

| 정답 | ④

| 해설 | 회사에서 거래처까지의 실제 직선거리를 x km라고 할 때 다음의 식이 성립한다.

$16 : 2.5 = x : 5.2$

$2.5x = 83.2$

$\therefore x = 33.28$(km)

따라서 회사에서 거래처까지의 실제 직선거리는 33.28km이다.

23 수리력 총인원 구하기

| 정답 | ③

| 해설 | 남성의 70%가 14명이므로 A 팀에 속한 전체 남성의 수(x)는 다음과 같이 구할 수 있다.

$x \times \dfrac{70}{100} = 14$

$\therefore x = 20$(명)

따라서 남성이 20명이므로 A 팀의 총인원은 12+20=32(명)이다.

24 수리력 그래프 분석하기

| 정답 | ①

| 해설 | 인천의 남성 고용률은 71.6%로 69.1%인 서울보다 높으나 인천의 여성 고용률은 47.4%로 서울의 49.2%보다 낮다.

| 오답풀이 |

② 6대 광역시 중 여성의 고용률이 가장 낮은 도시는 44.2%의 울산이다.

③ 그래프를 보면 6대 광역시 모두 여성의 고용률이 50% 미만인 것을 확인할 수 있다.

④ 남녀 간 경제활동참가율 그래프 사이의 간격이 가장 넓은 것을 찾으면 된다. 직접 계산해보면 다음과 같다.

- 부산광역시 : $67.7 - 45.6 = 22.1(\%p)$
- 대구광역시 : $70.2 - 49.3 = 20.9(\%p)$
- 인천광역시 : $75.4 - 49.9 = 25.5(\%p)$
- 광주광역시 : $68.9 - 49.8 = 19.1(\%p)$
- 대전광역시 : $71.5 - 47.2 = 24.3(\%p)$
- 울산광역시 : $75.0 - 45.7 = 29.3(\%p)$

따라서 남녀 간의 경제활동참가율 차이가 가장 큰 도시는 울산이다.

25 수리력 그래프 분석하기

| 정답 | ②

| 해설 | 여성 경제활동참가율이 전국보다 높고 서울보다 낮은 수치는 49.4 ~ 51.2의 값이고, 여기에 해당하는 도시는 인천, 광주이다.

26 수리력 최대공약수 활용하기

| 정답 | ④

| 해설 | 박스가 정육면체이므로 먼저 112, 168, 140의 최대 공약수를 구해야 한다.

```
 4 ) 112  168  140
 × 7 )  28   42   35
   28    4    6    5
```

최대공약수는 $4 \times 7 = 28$이므로 가장 큰 박스는 한 변의 길이가 28cm인 정육면체가 된다. 따라서 가로, 세로, 높이에 각각 4개, 6개, 5개의 박스를 쌓을 수 있다.

27 수리력 그래프의 수치 계산하기

| 정답 | ①

| 해설 | 조사대상자 중 기혼이자 찬성하는 사람의 비율은 $0.7 \times 0.6 = 0.42$이고, 미혼이자 찬성하는 사람의 비율은 $0.3 \times 0.2 = 0.06$이다. 따라서 정책에 찬성한 사람 중 기혼인 사람은 $\dfrac{0.42}{(0.42 + 0.06)} \times 100 = 88(\%)$이다.

28 언어논리력 적절한 예시 파악하기

| 정답 | ④

| 해설 | 사회적 증거의 법칙은 불확실성이 존재하는 의사결정을 내릴 때, 사람들이 무의식적으로 다른 사람들의 행동을 증거 삼아서 그 행동을 따라하는 것을 말한다. 길을 가던 커플이 반대 방향을 쳐다보면 자신도 무의식적으로 그 방향을 쳐다보게 되거나, 주총장에서 큰 소리로 선동하는 주주의 말에 참석자들이 아무 말도 못하는 일 등은 모두 사회적 증거의 법칙에 해당하는 사례로 볼 수 있다.

따라서 제시된 ㉠ ~ ㉢ 모두 사회적 증거의 법칙이 적용된 사례이다.

29 언어논리력 외래어 표기법 이해하기

| 정답 | ②

| 해설 | 일정한 목표를 달성하기 위하여 일시적으로 팀을 이루어 함께 작업하는 일을 뜻하는 collaboration[kəlæbə'reɪʃn]은 '컬래버레이션'으로 표기한다.

30 문제해결력 명제 판단하기

| 정답 | ④

| 해설 | 각 명제를 'p : 사과를 좋아한다', 'q : 귤을 좋아한다', 'r : 딸기를 좋아한다', 's : 바나나를 좋아한다'라고 할 때 기호에 따라 〈보기〉를 정리하면 다음과 같다.

- $p \rightarrow q$
- $\sim r \rightarrow \sim q$
- $s \rightarrow r$

대전기출복원
1회 기출예상
2회 기출예상
3회 기출예상
4회 기출예상
5회 기출예상
6회 기출예상
7회 기출예상
8회 기출예상
9회 기출예상

'~r → ~q'가 참이므로 이 명제의 대우인 'q → r'도 참이다. 따라서 'p → q'와 삼단논법에 의해 'p → r'도 참이 되어 '사과를 좋아하는 사람은 딸기를 좋아한다'는 옳다.

| 오답풀이 |

① 'p → q'의 역에 해당하므로 참인지는 알 수 없다.

②, ③ 주어진 명제로는 알 수 없다.

31 문제해결력 진위 추론하기

| 정답 | ④

| 해설 | 우선 예원이와 경희의 위치를 서로 모순되게 말한 철수와 영희 중 한 명이 거짓말을 하고 있으므로 두 가지 경우로 나누어 본다.

• 철수가 거짓말을 한다고 가정할 경우 : '철수 – 영희, 예원 – 경희'가 되므로 영희가 맨 왼쪽에 앉아 있다는 예원이의 발언도 거짓이 되어 1명만 거짓말을 했다는 조건에 어긋난다. 따라서 철수는 사실을 말했다.

• 영희가 거짓말을 한다고 가정할 경우 : '정호 – 철수, 경희 – 예원' 순이 되고 이때 나머지 4명의 발언 내용에 모순이 생기지 않는다. 이를 바탕으로 다시 5명의 위치를 보면 '영희 – 정호 – 철수 – 경희 – 예원'의 순서가 된다.

따라서 정호의 왼쪽에는 영희가 앉음을 알 수 있다.

32 언어논리력 안내 자료 내용 파악하기

| 정답 | ④

| 해설 | 다섯 번째 유의사항을 보면 '채용과 관련하여 본 공고에서 특별히 정한 내용 이외에는 사내·외 관련규정 및 법률, 각종 정부가이드 라인에 따른다'고 나와 있다. 따라서 채용과 관련된 모든 절차가 우선 따르는 것은 아니다.

33 언어논리력 세부 내용 이해하기

| 정답 | ④

| 해설 | 첫 번째 문장에서 시에스타를 시행하는 나라들이 설명되어 있고, 이는 ④의 내용과 일치한다.

| 오답풀이 |

① 두 번째 문단에 따르면, 원래 시에스타 시간에는 관공서도 영업을 하지 않았으나 스페인에서는 예외적으로 2005년 12월부터 관공서의 시에스타 시행을 중지하였음을 알 수 있다.

② 시에스타 시간은 나라마다 1시간 내외의 차이가 있는데 주로 1시에서 4시 사이에 2시간 정도 이루어진다고 나와 있다.

③ 마지막 문장에서 시에스타가 생물학적 필요에 의한 것이라는 과학적 연구결과를 언급하고 있다.

34 언어논리력 문맥에 맞게 문장 삽입하기

| 정답 | ④

| 해설 | 〈보기〉의 문장은 시에스타의 긍정적 효과를 말하고 있다. 이 문장의 첫 단어인 '즉'은 앞의 내용을 다른 말로 바꾸어 말할 때나 앞의 내용에 대해 구체적인 설명을 덧붙일 때 쓰인다. 그러므로 〈보기〉의 문장은 앞 문장에 이어서 시에스타의 긍정적 효과를 재언급하거나 부연하는 역할임을 알 수 있고, 시에스타의 과학적 연구결과를 밝히는 마지막 문장 뒤에 위치할 때 가장 자연스러운 맥락을 이룰 수 있다.

35 언어논리력 글을 바탕으로 추론하기

| 정답 | ②

| 해설 | 글에서 제기된 문제점을 해결하기 위해서는 골다공증의 진단율과 치료율을 높여야 한다. 이것은 장애보정생존연수에 의해서도 증명되듯 골다공증이 암보다 더 건강한 삶의 시간을 단축시키므로 결국 암 진단과 비슷한 수준의 골다공증 검사 횟수가 건강검진으로 보장되도록 하는 제도적 보완책이 가장 적절하다.

| 오답풀이 |

①, ③, ④ 골다공증의 방지와 의료 지원에 대한 근본적인 대책이라고 볼 수 있으나, 진단율과 치료율을 높여야 한다는 주제에는 부적절하다.

36 언어논리력 글의 주제 찾기

| 정답 | ④

| 해설 | 골다공증 치료율을 높이지 않으면 향후 골절 환자가 늘어나 막대한 건강보험 재정 부담으로 돌아올 수 있다는 것이 글의 핵심 내용이자 주제이다.

37 문제해결력 논리적 오류 파악하기

| 정답 | ①

| 해설 | 몇억 대를 횡령한 상대방이 100만 원을 받은 자신의 잘못을 비리라고 말하는 것은 잘못되었다고 생각하고 있으므로 이는 상대방의 상황이나 도덕성 문제 등을 이유로 주장이 잘못되었다고 판단하는 피장파장의 오류에 해당한다.

| 오답풀이 |

② 허수아비 공격의 오류 : 상대가 의도하지 않은 것을 강조하거나 허점을 비판하여 자신의 주장을 내세울 때 생기는 오류이다.

③ 권위에 호소하는 오류 : 자기주장에 대한 근거로 권위 있는 특정 개인의 논점을 제시할 때 생기는 오류이다.

④ 인신공격의 오류 : 발화자의 말 자체가 아니라 그 말을 하는 발화자를 트집 잡아 그 사람의 주장을 비판할 때 생기는 오류이다.

38 수리력 거리 · 속력 · 시간 활용하기

| 정답 | ③

| 해설 | 두 사람 사이의 간격은 1시간에 $100-85=15(km)$ 벌어진다. 20분은 $\frac{20}{60}=\frac{1}{3}$(시간)이므로 20분 후 두 사람은 $15 \times \frac{1}{3} = 5(km)$만큼 벌어진다.

39 수리력 확률 계산하기

| 정답 | ④

| 해설 | 25칸 중 빈칸은 20칸이므로 처음 선택 시 빈칸을 고를 확률은 $\frac{20}{25}=\frac{4}{5}$이다. 그리고 두 번째 선택에서 쿠폰이 있는 칸을 고를 확률은 처음 선택한 빈칸을 제외한 $\frac{5}{24}$

이다. 따라서 두 번째에 쿠폰이 있는 칸을 고를 확률은 $\frac{4}{5} \times \frac{5}{24} = \frac{1}{6}$, 즉 약 17%이다.

40 수리력 표의 수치 분석하기

| 정답 | ④

| 해설 | 가정양육과 아이돌봄 서비스를 동시에 받는 혼합형의 보육형태는 20X0년에 13,056명(1.4%)에서 20X1년에 8,485명(0.9%)으로 감소하였다.

41 수리력 평균값 · 중앙값 계산하기

| 정답 | ③

| 해설 | 딸기와 사과 각 가격의 평균값과 중앙값은 다음과 같다.

• 딸기
  − 평균값 : $(1,300+1,500+1,400+1,600+1,800+1,700+1,900) \div 7 = 1,600$(원)
  − 중앙값 : 딸기 가격을 크기순으로 나열하면 1,300, 1,400, 1,500, 1,600, 1,700, 1,800, 1,900이므로 중앙값은 1,600원이다.

• 사과
  − 평균값 : $(1,400+1,500+1,600+1,100+1,700+1,200+1,300) \div 7 = 1,400$(원)
  − 중앙값 : 사과 가격을 크기순으로 나열하면 1,100, 1,200, 1,300, 1,400, 1,500, 1,600, 1,700이므로 중앙값은 1,400원이다.

따라서 딸기 가격의 평균값과 중앙값의 합에서 사과 가격의 평균값과 중앙값의 합을 뺀 값은 $(1,600+1,600)-(1,400+1,400)=400$(원)이다.

42 언어논리력 글을 바탕으로 추론하기

| 정답 | ③

| 해설 | 제시된 글의 두 번째 문단에서 이순신 장군을 표상하거나 지시한다고 해서 반드시 이순신 장군의 모습과 유사하다고 할 수는 없다고 하였다. 즉, 나타내려는 대상의

모습과 유사하지 않더라도 그 대상을 표상할 수는 있다는
것이다. 따라서 유사성이 없다면 표상이 될 수 없다고 하는
③은 적절하지 않다.

---

43 언어논리력 안내 자료 내용 파악하기

| 정답 | ③

| 해설 | '4. 보안검색'을 통해 사진이 부착된 신분증을 제시
한 후 보안 검색대를 통과해 탑승구에서 비행기를 탈 수 있
다는 것을 알 수 있다.

| 오답풀이 |

① 2022년 1월 28일부터 신분증 사본이나 사진을 인정하
지 않았으므로 2022년 1월 초에 사본으로 비행기를 탑
승했다는 A의 말은 진실이다.

② '5. 항공기 탑승'을 통해 B가 원활한 탑승을 위해 탑승
권을 개별 소지하라는 안내에 따른 것을 알 수 있다.

④ '1. 터미널 도착'에 따르면 항공기 출발 1시간 전까지 와
탑승 수속을 하는 것을 권장하나, 항공기 출발 30분 전
까지는 탑승 수속이 가능하므로 D의 말은 진실이다.

---

44 문제해결력 조건을 바탕으로 명제 판단하기

| 정답 | ③

| 해설 | 동일이 가위를 낼 경우 보라는 보를 내게 되며, 은
혁은 항상 보라에게 지므로 바위를 내게 된다.

| 오답풀이 |

① 동일이 주먹을 낼 경우 보라는 가위를 내게 된다. 보라
와 태현은 항상 서로 다른 모양을 내므로 태현은 바위
혹은 보만을 낼 수 있다.

② 태현이 가위를 낼 경우 민정이는 바위를 내며, 은혁은
항상 민정에게 지므로 가위를 내게 된다.

④ 민정이는 바위와 보만을 내고 은혁은 항상 민정에게 지
므로 은혁이 민정과의 내기에서 낼 수 있는 모양은 가위
와 바위뿐이다.

---

45 문제해결력 조건을 바탕으로 우선순위 파악하기

| 정답 | ①

| 해설 | A : 가계 소득이 낮으므로 1순위에 해당한다.

B : 가계 소득이 높고 학업 성적이 우수하므로 2순위에 해
당한다.

C : 가계 소득이 낮으므로 1순위에 해당한다.

D : 가계 소득이 높으며 학생회 임원이므로 3순위에 해당
한다.

E : 가계 소득이 높고 학업 성적은 평균이므로 우선순위에
해당하지 않는다.

따라서 장학금 수혜를 받을 수 있는 학생은 1순위인 A와 C,
2순위인 B로 A, B, C이다.

대전기출복원

1회 기출예상

2회 기출예상

3회 기출예상

4회 기출예상

5회 기출예상

6회 기출예상

7회 기출예상

8회 기출예상

9회 기출예상

4회 기출예상문제

▶ 문제 122쪽

01	①	02	①	03	④	04	④	05	①
06	④	07	③	08	③	09	④	10	①
11	①	12	④	13	④	14	③	15	④
16	②	17	①	18	③	19	③	20	①
21	④	22	④	23	②	24	②	25	②
26	④	27	④	28	②	29	④	30	④
31	④	32	①	33	③	34	③	35	②
36	③	37	④	38	①	39	①	40	③
41	③	42	③	43	①	44	①	45	④

01 언어논리력 의사소통 방법의 문제점 파악하기

| 정답 | ①

| 해설 | 민수는 영화를 보지 않았다는 정호의 반응과 입장을 고려하거나 생각하지 않고 자신이 하고 싶은 이야기만을 일방적으로 전달하고 있다. 따라서 ①이 적절하다.

02 언어논리력 사자성어 이해하기

| 정답 | ①

| 해설 | '감탄고토(甘吞苦吐)'는 '달면 삼키고 쓰면 뱉는다'는 뜻으로, 자신의 비위에 따라 사리의 옳고 그름을 판단하는 것을 이른다.

| 오답풀이 |

② 간담상조(肝膽相照) : 서로 속마음을 털어놓고 친하게 사귐.

③ 백아절현(伯牙絕絃) : 자기를 알아주는 참다운 벗의 죽음을 슬퍼함.

④ 막역지우(莫逆之友) : 서로 거스름이 없는 친구, 허물없이 아주 친한 친구

03 언어논리력 단어 뜻 파악하기

| 정답 | ④

| 해설 | 밑줄 친 ㉠의 문맥적 의미는 '한때의 허상'이다. 따

라서 ④의 '신화'가 가장 유사한 의미로 사용되었다.

| 오답풀이 |

① 신비스러운 이야기를 의미한다.

②, ③ 절대적이고 획기적인 업적을 의미한다.

04 언어논리력 글의 흐름에 맞게 문장 배열하기

| 정답 | ④

| 해설 | 먼저 세상에 존재하는 혐오스러운 소리가 많다며 소재를 제시하는 (다)가 오고, 그에 대한 구체적인 예시를 드는 (가)가 이어진다. 다음으로 이런 현상들에 대한 의문을 제시하는 (마)가 온 다음, 그 답으로 '고주파'를 제시하는 (라)가 온다. 마지막으로 (라)와 같이 생각하는 이유를 (나)에서 언급한다. 따라서 (다)-(가)-(마)-(라)-(나) 순이 적절하다.

05 문제해결력 명제 추론하기

| 정답 | ①

| 해설 | 제시된 [전제]인 '맵고 짠 음식을 좋아하는 사람은 라면보다 칼국수를 더 좋아하지 않는다'의 대우는 '라면보다 칼국수를 더 좋아하는 사람은 맵고 짠 음식을 좋아하지 않는다'가 된다. [결론]에서 '형진이는 맵고 짠 음식을 좋아하지 않는다'라고 하였으므로 삼단논법에 의해 빈칸에 들어갈 전제는 '형진이는 라면보다 칼국수를 더 좋아한다'가 적절하다.

보충 플러스+

두 번째 전제에서 'q : 맵고 짠 음식을 좋아한다', '$\sim r$: 라면보다 칼국수를 더 좋아하지 않는다', 결론에서 'p : 형진이', '$\sim q$: 맵고 짠 음식을 좋아하지 않는다'가 된다.

삼단논법

$$\frac{\begin{array}{c} p \to q \\ q \to r \end{array}}{p \to r}$$

$$\frac{\begin{array}{c} ? \to ? \\ q \to \sim r \end{array}}{p \to \sim q} \xrightarrow{\text{대우}} \frac{\begin{array}{c} ? \to ? \\ r \to \sim q \end{array}}{p \to \sim q}$$

두 번째 전제의 대우와의 삼단논법에 따라 추론해 보면 첫 번째 전제는 '$p \to r$', 즉 '형진이는 라면보다 칼국수를 더 좋아한다'가 성립됨을 알 수 있다.

06 문제해결력 명제 판단하기

|정답| ④

|해설| 제시된 명제를 정리하면 다음과 같다.
• 책 읽기 → 영화 감상
• ~여행 가기 → ~책 읽기
• 산책 → ~게임하기
• 영화 감상 → 산책

'여행 가기를 좋아하는 사람은 책 읽기를 좋아한다'는 두 번째 명제의 이에 해당한다. 따라서 반드시 참이라고 할 수 없다.

|오답풀이|
① 첫 번째 명제와 네 번째 명제의 삼단논법에 따라 참이다.
② 첫 번째 명제와 네 번째 명제 그리고 세 번째 명제의 삼단논법에 따라 참이다.
③ 세 번째 명제의 대우와 네 번째 명제의 대우의 삼단논법에 따라 참이다.

07 언어논리력 세부 내용 이해하기

|정답| ③

|해설| 제시된 글에서 갈택이어는 '연못을 모두 말리고 고기를 잡는다'라는 뜻으로, 이러한 경영 전략은 지양되어야 한다고 하였다.

08 언어논리력 속담 이해하기

|정답| ③

|해설| (가)는 과대광고와 허위선전을 예로 들어 과욕 경영을 경계할 것을 주장한 글이고, (나)는 조선 시대 도공 우명옥이 만든 계영배를 통해 가득 채움을 경계하고, 과욕을 다스려야 성공할 수 있음을 설명한 글이다. 즉, (가)와 (나)의 공통된 중심내용은 욕심을 억제하자는 것이므로, 자신과 환경이나 조건이 다른 사람의 사정을 이해하기 어렵다는 의미인 '자기 배 부르면 남의 배 고픈 줄 모른다'는 속담과는 내용상 관련이 없다.

09 언어논리력 글의 주장 파악하기

|정답| ④

|해설| 존재 양식의 삶에는 상실의 위험에서 오는 걱정과 불안은 없으나 존재 양식의 삶을 살 때 유일한 위험은 내 자신 속에 있다고 하였다.

|오답풀이|
① 더 많이 소유하려는 욕망 때문에 방어적이게 되고 경직되며 의심이 많아지고 외로워진다고 하였다.
② 소유하고 있는 것은 잃어버릴 수 있기 때문에 필연적으로 가지고 있는 것을 잃어버릴까 봐 항상 걱정하게 된다고 하였다. 즉, 소유 양식의 삶에는 상실의 위험이 늘 있다고 볼 수 있다.
③ 존재 양식의 삶에서 '나'는 '존재하는 나'이며, 나의 중심은 나 자신 안에 있으며, 나의 존재 능력과 나의 기본적 힘의 발현 능력은 내 성격 구조의 일부로서 나에 근거하고 있다고 하였다. 이를 통하여 볼 때 존재 양식의 삶은 소유 양식의 삶보다 주체성이 있다고 볼 수 있다.

10 언어논리력 문맥에 맞는 단어 고르기

|정답| ①

|해설| 소유 양식의 삶에는 상실의 위험이 늘 있다고 하였으므로 소유는 사용함으로써 '감소'되는 어떤 것에 바탕을 두고 있다. 반면, 존재는 상실의 위험에서 오는 걱정과 불안이 없고 나의 중심은 나 자신 안에 있으며 나의 기본적 힘의 발현 능력은 나에 근거하고 있다고 하였다. 따라서 존재는 실천함으로써 '성장'한다.

11 문제해결력 조건을 바탕으로 추론하기

|정답| ①

|해설| 지원자별 전형별 점수 합계, 가산점, 총점을 표로 정리하면 다음과 같다.

지원자	점수 합계(점)	가산점(점)	총점(점)
가	21	0	21
나	17	4	21
다	18	0	18
라	20	0	20
마	17	3	20

총점이 가장 높은 지원자가 21점을 받은 가와 나 두 명이므로 각각의 필기시험의 5%를 총점에 가산하면 가는 $21+(8\times0.05)=21.4$(점), 나는 $21+(6\times0.05)=21.3$(점)이다. 따라서 필기시험 점수가 더 높은 가 지원자가 채용된다.

12 문제해결력 조건을 바탕으로 명제 판단하기

| 정답 | ④

| 해설 | 한 팀에 같은 장르를 하는 사람이 들어갈 수 없으므로 각각 장르별로 인원수만큼 팀이 나누어진다. 댄스스포츠를 하는 2명은 2개의 팀에, 한국무용 4명은 4개의 팀에 속하게 되는데 전체 팀은 5개이므로 한국무용 인원이 없는 다른 1팀에 댄스스포츠 인원이 있을 수 있다. 따라서 댄스스포츠가 속한 팀에 한국무용이 속하지 않는 경우가 있다.

| 오답풀이 |

①, ② 발레는 4명이므로 전체 5개 팀 중에서 발레 인원이 없는 한 팀에 비보잉 또는 현대무용 인원이 있을 수 있으므로, 발레 인원이 속한 팀에 항상 비보잉이나 현대무용 인원이 들어가 있다고 할 수 없다.

③ 한국무용은 4명, 현대무용은 3명으로 5개 팀 중에서 한국무용이 속한 팀에 현대무용이 속하지 않는 경우가 있다.

13 언어논리력 안내 자료 이해하기

| 정답 | ④

| 해설 | 교육을 듣지 않을 경우에 대한 안내는 자료에 제시되어 있지 않다.

| 오답풀이 |

① '2. 교육과정별 교육시간'의 '교육시간'을 통해 알 수 있다.

② '1. 교육과정별 교육내용'의 '교육내용'을 보면 「산업안전보건법」 및 일반관리에 관한 사항'이 제시되어 있으므로 교육내용과 관련된 법령을 알 수 있다.

③ '2. 교육과정별 교육시간'의 '교육내용'을 보면 교육과정별로 어떠한 직원들이 해당 교육을 들어야 하는지 알 수 있고, '일용근로자는 정기교육 대상자에서 제외된다'라고 안내되어 있다.

14 언어논리력 세부 내용 이해하기

| 정답 | ③

| 해설 | 세 번째 문단에서 '의미상 선택 제약'에 대해 설명하고 있는데, 이는 단어의 타고난 속성 때문에 뒷말의 선택에 제약이 있다는 것이다. 따라서 단어의 타고난 속성은 단어와 표현을 선택할 때 영향을 미침을 알 수 있다.

| 오답풀이 |

① 두 번째 문단을 통해 알 수 있다.

② 네 번째 ∼ 다섯 번째 문단에서 설명하는 내용이다.

④ 첫 번째 문단에서 설명하고 있는 내용이다.

15 언어논리력 어법에 맞는 문장 파악하기

| 정답 | ④

| 해설 | 제시된 글은 낙엽을 화제로 들며 의미 중복에 대해 설명하고 있다. 선택지 중 의미 중복이 나타나지 않은 문장은 ④이다.

| 오답풀이 |

① '역전(前)'은 '역의 앞쪽'이라는 뜻으로, '역전 앞'은 앞이라는 의미가 중복되고 있다. '역전에서 만나자'로 표현해야 한다.

② 선친(先親)'은 '남에게 돌아가신 자기 아버지를 이르는 말'로, '선친께서는 참외를 참 좋아하셨지요'가 적절한 표현이다.

③ 내면(內面)'은 '물건의 안쪽'이라는 뜻으로, '우리 내면에는 괴물이 숨 쉬고 있다'가 적절한 표현이다.

16 언어논리력 시 분석하기

| 정답 | ②

| 해설 | 제시된 시의 화자는 '길이 끝나는 곳에서도 길이 있다'라는 역설적인 표현을 통해 부정적인 상황에 한탄하지 않고 극복하고자 하는 태도를 드러내고 있다. 또한 '사랑이 끝난 곳에서도 사랑으로 남아', '스스로 사랑이 되어' 걸어가는 사람의 모습을 제시함으로써 힘들고 절망적인 상황을 이겨내고자 하는 희망과 사랑에 대한 믿음과 의지를 표현하고 있다.

| 오답풀이 |

① 딱 잘라서 판단하고 결정하는 단정적인 태도는 드러나지 않는다.

③ 부정적인 상황에서도 희망을 버리지 않는 태도가 드러나기 때문에 희망을 끊어 버리는 태도가 드러난다고 볼 수 없다.

④ 희망과 사랑을 노래하는 것을 세속을 벗어난 활달한 태도로 볼 수 없다.

17 [수리력] 단위 변환하기

| 정답 | ①

| 해설 | 1분=60초이므로 6분 37초는 $6 \times 60 + 37 = 397$(초)이다.

18 [수리력] 표를 바탕으로 수치 계산하기

| 정답 | ③

| 해설 | ㉠ 중소도시 고등학교에서 사립학교의 비중은 $\frac{430}{835} \times 100 ≒ 51$(%)이다.

㉡ 전체 고등학교의 수는 $823+835+623+63=2,344$(개)이고, 전체 중학교의 수는 $1,004+972+1,089+139=3,204$(개)이다. 따라서 전체 고등학교와 전체 중학교 수의 차이는 $3,204-2,344=860$(개)이다.

19 [수리력] 과자 한 상자의 가격 구하기

| 정답 | ③

| 해설 | 참석하는 인원에 여분으로 5인분을 더 준비했으므로, 20인분에 총 75,000원이 지출되었다. 물품별 지출액은 다음과 같다.

- 물 : $600 \times 20 = 12,000$(원)
- 음료수 : $1,400 \times 20 = 28,000$(원)
- 과일 : 17,000원

총지출액에서 물품별 지출금액을 빼면 과자값은 18,000원이다. 과자는 한 상자에 10개가 들어 있고 1명에게 2개씩 배분하는데, 20인분을 준비해야 하므로 과자는 총 4상자가 필요하다. 따라서 과자 한 상자의 가격은 $18,000 \div 4 = 4,500$(원)이다.

20 [수리력] 표의 수치 분석하기

| 정답 | ①

| 해설 | 재배면적의 증감률은 E 시가 D 시보다 높지만 증가면적 자체는 18ha가 증가한 D 시가 16ha 증가한 E 시보다 많이 증가하였다.

| 오답풀이 |

② D 시는 57→51kg으로 6kg, E 시는 52→50kg으로 2kg 감소해 D 시가 더 많이 감소하였다.

③ 10a당 생산량이 D 시가 더 많으므로 옳은 설명이다.

④ 자료를 통해 D, E 시 모두 전년 대비 20X2년의 재배면적은 증가하였으나 10a당 생산량은 감소하였음을 확인할 수 있다.

21 [수리력] 표의 수치 분석하기

| 정답 | ④

| 해설 | 20X2년 8개 시 참깨 재배면적의 합은 788ha로 전국 29,682ha의 약 2.7%에 해당한다.

| 오답풀이 |

① K 시와 C 시가 각각 10kg씩 감소하여 가장 크게 감소했다.

② 재배면적과 생산량으로 보아, 참깨 생산이 가장 활발한 지역은 K 시, 가장 저조한 지역은 S 시이다.

③ 전년 대비 재배면적과 생산량의 증감률은 B 시가 가장 크게 변동되었다.

22 [언어논리력] 글의 중심내용 파악하기

| 정답 | ③

| 해설 | 국가유공자 명패 달아 드리기 사업 추진을 위해 필요한 국가유공자 상징체계의 도입에 대해 언급하고 있다. 두 번째 문단의 첫 번째 문장에서 알 수 있듯이 상징체계 개발에 착수하였으며, 마지막 문단에서 상징체계 도입의 의의를 언급하고 있기에 ③이 가장 적절하다.

| 오답풀이 |

① 국가유공자 명패 달아 드리기 사업 추진이 언급되고 있으나, 그 과정에서 필요하다고 판단하여 개발에 착수하게 된 국가유공자 상징체계가 주된 소재이므로 적절하지 않다.

② 이르면 이달부터 상징체계를 우선 적용할 계획이며 아직 적용사례는 없으므로 적절하지 않다.

---

23 언어논리력 어법에 맞게 문장 수정하기

| 정답 | ②

| 해설 | '-대'는 직접 경험한 사실이 아닌 남이 말한 내용을 간접적으로 전달할 때 쓰이고, '-데'는 직접 경험한 사실을 나중에 보고하듯이 말할 때 쓰인다. 김 사원이 지난주에 결혼했다는 소식을 남에게 듣고 오 팀장에게 전달하는 상황이므로 '했대요'라고 쓰는 것이 적절하다. 따라서 수정할 필요가 없다.

| 오답풀이 |

① '돼야'는 '되어야'의 준말이다.

③ '바라요'는 '마음속으로 기대하다'는 뜻의 '바라다'에 종결어미 '-아요'가 붙은 말이며, '바래요'는 '볕이나 습기를 받아 색이 변하다'는 뜻의 '바래다'에 종결어미 '-어요'가 붙은 말이다. 문맥상 '바라요'로 수정하는 것이 적절하다.

④ '금세'는 '지금 바로'라는 뜻으로 '금시에'의 준말이다.

---

24 수리력 그래프 분석하기

| 정답 | ②

| 해설 | (다) 2008년 이후 가족 수는 2008년이 598가족으로 가장 많다.

| 오답풀이 |

(가) 2011년과 2020년에는 전년에 비해 전체 인원수가 증가하였다.

(나) 2020년에는 전체 인원수와 가족 수 모두 증가하였다.

---

25 수리력 최대공약수 활용하기

| 정답 | ②

| 해설 | 최대한 많은 사원에게 똑같이 나누어 주어야 하므로 최대공약수를 구해야 한다.

```
2 ) 200    80
2 ) 100    40
2 )  50    20
5 )  25    10
   ⎓
   40      5    2
```

두 수의 최대공약수는 $2 \times 2 \times 2 \times 5 = 40$이다. 따라서 음료수는 $200 \div 40 = 5$(캔), 떡은 $80 \div 40 = 2$(개)씩 나누어 주었을 때 똑같이 나누어 줄 수 있다.

---

26 수리력 그래프의 수치 계산하기

| 정답 | ③

| 해설 | 20X8년에 전년 대비 판매 점유율이 감소한 제조사는 C사와 E사다. 이 두 회사의 20X8년 판매량은 전년 대비 $140 \times (0.11 + 0.07) - 145 \times (0.06 + 0.06) = 25.2 - 17.4 = 7.8$(만 대) 감소하였다.

---

27 수리력 피타고라스의 정리 활용하기

| 정답 | ④

| 해설 |

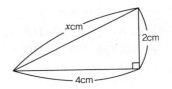

빗변의 길이를 x cm라 하면, 피타고라스의 정리에 의해 다음 식이 성립한다.

$x^2 = 2^2 + 4^2$

$x^2 = 20$

$\therefore x = \sqrt{20} = 2\sqrt{5}$

따라서 빗변은 $2\sqrt{5}$ cm이다.

대전기출복원 | 1회 기출예상 | 2회 기출예상 | 3회 기출예상 | 4회 기출예상 | 5회 기출예상 | 6회 기출예상 | 7회 기출예상 | 8회 기출예상 | 9회 기출예상

28 수리력 그래프 분석하기

| 정답 | ②

| 해설 | 공공 부조 제도는 국가와 지방자치단체의 책임하에 생활 유지 능력이 없거나 어려운 국민의 최저생활을 보장하고 자립을 지원하는 제도를 말한다. 따라서 고령 인구의 자립을 위해서는 오히려 공공 부조 제도를 확대해야 한다.

| 오답풀이 |

① 고령화란 전체 인구에서 차지하는 고령자 비율이 높아지는 것을 말한다. 그리고 〈생활 보호 대상자의 연령분포〉를 보면 65세 이상, 즉 고령 인구의 비율이 크다는 것을 알 수 있다. 따라서 고령화될수록 생활 보호 필요성 또한 커질 것임을 추론할 수 있다.

③ 〈생활 보호 대상자의 경제 활동 상태〉를 보면 비경제활동과 미취업 비율의 합이 47＋28＝75(%)이다. 따라서 생활 보호 대상자의 70% 이상이 경제적 자립이 약하다고 볼 수 있다.

④ 〈생활 보호 대상자의 연령분포〉와 〈생활 보호 대상자의 경제 활동 상태〉를 종합해 봤을 때, 생활 보호 대상자는 고령 인구가 큰 비율을 차지하고 이들 중에는 경제적으로 자립할 수 없는 경우가 많다는 결론에 도달할 수 있다. 따라서 고령 인구의 경제적 자립을 위해서는 고령 인구에게 일자리를 제공하는 정책이 필요하다고 볼 수 있다.

29 수리력 방정식 활용하기

| 정답 | ③

| 해설 | 소희의 나이를 x세라고 하면, 첫째 언니의 나이는 $(x+6)$세가 된다. 소희와 첫째 언니의 나이를 합하면 둘째 언니 나이의 2배이므로 다음 식이 성립한다.

$x+x+6=2\{45-x-(x+6)\}$

$2x+6=78-4x$

$6x=72$

$\therefore \ x=12$(세)

따라서 소희의 나이는 12세, 첫째 언니의 나이는 12＋6＝18(세)이며, 둘째 언니의 나이는 45－12－18＝15(세)가 된다.

30 문제해결력 명제 판단하기

| 정답 | ④

| 해설 | 명제가 참이면 그 대우도 참이라는 것과 삼단논법을 이용한다.

• 첫 번째 명제 : 오래 앉아 있다. → 목이 아프다.

• 세 번째 명제의 대우 : 목이 아프다. → 앉아 있기 힘들다.

• 두 번째 명제 : 앉아 있기 힘들다. → 공부하기 어렵다.

따라서 '오래 앉아 있으면 공부하기 어렵다'는 반드시 참이다.

| 오답풀이 |

① 세 번째 명제의 대우에 따라 목이 아프면 앉아 있기 어렵다.

② 두 번째 명제의 이에 해당하므로 반드시 참이라고 할 수 없다.

③ 주어진 명제로는 알 수 없다.

31 문제해결력 자리 배치 추론하기

| 정답 | ④

| 해설 | 자리가 고정되어 있는 A와 세 번째 조건을 토대로 나타내면 다음과 같다.

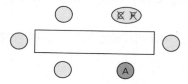

네 번째 조건을 보면 E는 C의 왼쪽 바로 옆에 앉아 있다고 했으므로 C는 3번 자리에 앉아 있지 않음을 알 수 있다. 따라서 C는 1번 또는 5번 또는 6번, F는 5번 또는 1번 또는 3번 자리에 앉아 있음을 유추할 수 있다. 또한 마지막 조건을 보면 F는 B의 오른쪽 바로 옆에 앉아 있다고 했으므로 F는 3번 자리에 앉아 있지 않음을 알 수 있다. 정리하면 다음과 같은 경우가 가능하다.

1)

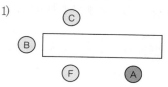

2)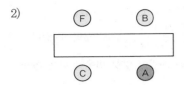

다섯 번째 조건을 보면 B의 왼쪽 바로 옆에는 D가 앉아 있다고 했는데 1)일 경우 B는 C와 F의 사이에 앉게 되어 조건에 맞지 않으므로, B는 2번 자리에 앉아 있음을 유추할 수 있다. 종합해 보면 A와 친구들의 자리는 다음과 같다.

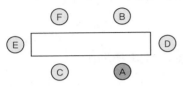

따라서 ④가 옳은 설명이다.

32 언어논리력 안내 자료 내용 파악하기

|정답| ①

|해설| △△부는 올해 1월부터 보호종료아동에게 자립수당과 주거지원 통합서비스를 확대 지원하여 보호종료아동의 경제적 부담을 완화하고자 한다.

|오답풀이|
② 주거지원 통합서비스 지원대상은 보호종료 5년 이내 아동이나, 자립수당 지원대상은 보호종료 3년 이내 아동에 한정된다.
③ 자립수당의 지급대상 확대로 인해 지원을 받게 되는 아동은 지난해 5,000여 명에서 올해 7,800여 명으로, 2,800여 명 더 많은 보호종료아동이 자립수당을 지원받게 된다.
④ 자립수당은 보호종료아동의 주민등록 주소지 읍·면·동 주민센터를 방문하여 신청할 수 있으며, 주거지원 통합서비스는 보호종료아동이 거주를 원하는 지역의 담당 수행기관에 방문 또는 우편으로 신청할 수 있다.

33 언어논리력 올바른 경청 자세 이해하기

|정답| ③

|해설| D는 수치를 언급하지 않은 B에게 매번 숫자만 강조한다며 비판하고 있다. 이는 단지 반대하고 논쟁하기 위해 상대방의 말을 듣고 언쟁하려는 태도를 보인 것으로, 경청의 자세가 바르지 않은 사람은 D이다.

34 언어논리력 글의 주제 찾기

|정답| ③

|해설| 제시된 글은 음료를 통해 카페인을 섭취하고자 할 때 커피보다 녹차가 더 나은 선택임을 설명하는 내용이다. 녹차에 들어 있는 성분들에 대해 설명하면서 녹차에 함유된 카페인이 커피에 함유된 카페인보다 신체에 유익한 이유를 여러 근거를 들어 입증하고 있다. 따라서 주제로는 ③이 적절하다.

35 언어논리력 세부 내용 이해하기

|정답| ②

|해설| 첫 번째 문단의 다섯 번째 줄에서 녹차는 커피에 비해 낮은 온도의 물에서 우려내므로 카페인 성분이 60 ~ 70%만 우러나게 된다고 설명하고 있다.

|오답풀이|
①, ④ 첫 번째 문단 첫 번째 줄에 나와 있다.
③ 두 번째 문단 두 번째 줄에 나와 있다.

36 언어논리력 개요의 제목 찾기

|정답| ③

|해설| 빈칸에 들어갈 내용은 개요의 제목이므로 개요 전체의 내용을 총괄할 수 있어야 한다. 본론에서 우리나라 체육교육의 문제점과 해결방안이 제시되었기 때문에 이 내용이 모두 포함된 ③이 적절하다.

|오답풀이|
① Ⅱ-1에는 포함되어 있지만 개요 전체를 포괄할 수 있는 제목은 아니다.
② 초등학교 교육 전체가 아니라 체육교육에 한정된 내용이다.
④ 체육교육 방안은 전체를 포괄하지 못할뿐더러, 신체적 성장을 위한다는 내용은 제시되어 있지 않다.

37 문제해결력 진위 추론하기

|정답| ③

|해설| 세 명의 대리가 각각 진실을 말하고 있다고 가정하면 다음과 같다.

• 김 대리가 진실을 말하는 경우

이 대리의 말은 거짓이 되어 공은 나 컵에도 없고 다 컵에도 없으므로 가 컵에 있음을 알 수 있다. 박 대리의 말은 거짓이 되므로 공은 가 컵에 있거나 다 컵에 있다. 따라서 모순되지 않는다.

• 이 대리가 진실을 말하는 경우

김 대리의 말은 거짓이 되어 공은 가 컵에도 없고 나 컵에도 없으므로 다 컵에 있음을 알 수 있다. 박 대리의 말은 거짓이 되므로 공은 가 컵에 있거나 다 컵에 있다. 따라서 모순되지 않는다.

• 박 대리가 진실을 말하는 경우

공은 가 컵에도 없고 다 컵에도 없으므로 나 컵에 있다. 김 대리의 말은 거짓이 되므로 공은 가 컵에도 없고 나 컵에도 없어야 한다. 또한 이 대리의 말은 거짓이 되므로 공은 나 컵에도 없고 다 컵에도 없어야 한다. 따라서 모순이 생긴다.

따라서 박 대리는 항상 거짓을 말하고 있다.

38 수리력 거리·속력·시간 활용하기

|정답| ①

|해설| B가 한 시간 만에 A를 따라잡았으므로 A가 75분 동안 이동한 거리와 B가 60분 동안 이동한 거리는 서로 같다. '거리=속력×시간'이고 B의 속력을 x라고 하면 다음 식이 성립한다.

$6 \times \frac{75}{60} = x \times 1$

$\therefore x = 7.5(\text{km/h})$

따라서 B의 속력은 7.5km/h이다.

39 수리력 확률 계산하기

|정답| ①

|해설| 어떤 사람이 시약을 사용하여 A 질병의 양성 반응

이 나왔을 때 실제 이 질병에 걸렸을 확률은

'$\frac{(\text{질병}\bigcirc, \text{양성})}{(\text{질병}\bigcirc, \text{양성})+(\text{질병}\times, \text{양성})}$'으로 구할 수 있다.

• A 질병을 앓고 있는 사람이 양성 반응이 나올 확률 : $0.1 \times 0.9 = 0.09$

• A 질병을 앓고 있지 않은 사람이 양성 반응이 나올 확률 : $0.9 \times (1-0.9) = 0.09$

따라서 $\frac{0.09}{0.09+0.09} = \frac{1}{2}$, 즉 50%이다.

40 수리력 취업률 계산하기

|정답| ③

|해설| '취업률(%)=$\frac{\text{취업자 수}}{\text{졸업자 수}} \times 100$'이므로 연도별로 그 값을 구하면 다음과 같다.

• 20X5년 : $\frac{19}{70} \times 100 ≒ 27.1(\%)$

• 20X6년 : $\frac{20}{74} \times 100 ≒ 27.0(\%)$

• 20X7년 : $\frac{17}{65} \times 100 ≒ 26.2(\%)$

• 20X8년 : $\frac{23}{82} \times 100 ≒ 28.0(\%)$

• 20X9년 : $\frac{22}{77} \times 100 ≒ 28.6(\%)$

따라서 20X6년보다 취업률이 높은 해는 3개이다.

41 수리력 표의 수치 계산하기

|정답| ③

|해설| 부서별로 인원수가 다르므로, 전체 평균 계산 시 가중치를 고려하여야 한다.

• 전 부서원의 정신적 스트레스 지수 평균점수 :

$\frac{1 \times 1.83 + 2 \times 1.79 + 1 \times 1.79}{4} = 1.8(\text{점})$

• 전 부서원의 신체적 스트레스 지수 평균점수 :

$\frac{1 \times 1.95 + 2 \times 1.89 + 1 \times 2.05}{4} = 1.945(\text{점})$

따라서 두 평균점수의 차이는 0.145점이다.

면서 소개하는 것이 바람직하며, 직함이 있는 경우 직함도 함께 소개해야 한다. 이때 과거 정부 고관을 지낸 사람의 직급명은 퇴직한 경우라도 사용해 주는 것이 좋다.

42 언어논리력 적절한 예시 파악하기

|정답| ③

|해설| ㉠에서 말하고 있는 자본주의 사회의 놀이가 대개 구경이나 소비의 형태로 이루어지는 이유는 생산자가 놀이 상품을 만들어 놓았기 때문이라고 하였으므로, 이와 가장 관련 있는 사례는 생산자인 여행사에서 마련해 놓은 상품을 구입하여 여행한 ③이다.

43 언어논리력 안내 자료 내용 파악하기

|정답| ①

|해설| '01. 동물원 및 테마가든 이용안내'를 보면 쉬는 날 없이 운영한다고 기재되어 있으므로 일요일에도 이용할 수 있다. 또한 동물 관람은 동물의 컨디션이나 기타 날씨 사정으로 인해 예고 없이 내실로 옮겨지거나 관람이 금지될 수 있다고 기재되어 있으므로 비가 오면 동물원 관람이 불가능해질 수도 있다.

|오답풀이|

② '02. 반입금지 항목'을 보면 공원 내에는 시각장애인안내견을 제외한 애완동물의 출입이 제한됨을 알 수 있다.

③ '02. 반입금지 항목'을 보면 '반입금지 항목은 동물원 및 테마가든에서 보관해 주지 않습니다'라고 제시되어 있다.

④ '04. 촬영허가 안내'를 보면 광고 촬영은 할 수 없음을 알 수 있다.

44 문제해결력 조건을 바탕으로 추론하기

|정답| ①

|해설| 〈보기〉의 내용을 표로 정리하면 다음과 같다.

월	화	수	목	금	토	일
B	B	A, D	B	A, B	B, C, D	X

따라서 수요일에 반드시 출근하는 사람은 A와 D이다.

45 문제해결력 직장에서의 인사예절 이해하기

|정답| ④

|해설| 사람을 소개할 때에는 성과 이름을 모두 함께 말하

5회 기출예상문제

▶ 문제 146쪽

01	②	02	②	03	③	04	②	05	①
06	③	07	①	08	③	09	②	10	③
11	④	12	③	13	③	14	③	15	③
16	③	17	②	18	③	19	④	20	③
21	③	22	②	23	④	24	③	25	③
26	①	27	③	28	③	29	①	30	②
31	③	32	④	33	③	34	②	35	④
36	②	37	①	38	③	39	①	40	③
41	①	42	②	43	④	44	④	45	②

01 언어논리력 공감 이해하기

| 정답 | ②

| 해설 | 상대방의 성과에 대해 진심으로 축하하고, 성과를 얻기 위한 과정에서의 노력을 인정하는 답변이다. 이는 상대의 감정에 동화됨과 동시에 상대 내면의 기쁨과 노력까지 이해하고 이를 칭찬하는 것으로, 공감적 이해 수준이 가장 높다고 할 수 있다.

| 오답풀이 |

① 상대의 성과를 인정하고 격려하는 내용을 포함하고 있는 말이지만, 상대방의 노력을 구체적으로 언급하거나, 그의 감정에 대한 언급이 없으므로 공감적 수준이 비교적 떨어지는 답변이다.

③ 대화의 초점을 상대방에게서 자신으로 돌리는 말이다. 상대의 감정에 반응은 하지만 상대방이 표현한 것 중에서 주목할 만한 감정에 집중하지 않고, 그의 성과나 감정을 충분히 인정하지 않은 답변이다.

④ 상대에 대해 부정적인 평가를 포함하는 말로, 상대의 기분을 상하게 할 수 있다. 또한, 상대의 성과를 인정하지 않는 태도로 보일 수 있다.

02 문제해결력 명제 추론하기

| 정답 | ②

| 해설 | 주어진 명제를 'p : 하얀 옷을 입는다', 'q : 깔끔하다', 'r : 안경을 쓴다'라고 할 때 기호에 따라 전제와 전제의 대우를 정리하면 다음과 같다.

• p → q(~q → ~p)
• q → r(~r → ~q)

'~r → ~q'와 '~q → ~p'의 삼단논법에 의해 '~r → ~q → ~p'가 성립한다. 따라서 결론이 성립하기 위해서는 수인이가 안경을 쓰지 않아야 하므로 가장 적절한 것은 ②이다.

03 언어논리력 글의 전제 파악하기

| 정답 | ③

| 해설 | '나'의 원래 가정은 '화성의 궤도가 완전한 원이다'라는 것이었다. 그러나 티코의 자료와 오차가 발생하자 '나' 스스로 세운 최초의 '완전한 원'이라는 가정을 '타원'으로 수정하여 '화성의 궤도가 타원'이라는 결론을 얻었다. 이러한 추론 과정에서 '나'는 티코의 자료를 불신하기보다 자기 스스로 세운 가정을 수정하는 방향으로 문제를 해결했다. 즉, 이 과정에서 나타난 전제는 '나'의 가정보다 티코의 자료가 더 신뢰할 만하다는 것이다.

| 오답풀이 |

① '나'의 최초 가정과 일치하지 않는다.

② 근거가 없을뿐더러 결론에 도달하기까지 직접적으로 필요한 전제는 아니다.

④ 백조자리 베타별이 화성의 위치를 가늠하는 하나의 기준인 것은 사실이나, 행성의 위치를 가늠하는 주요 기준이라는 전제를 도출하기에는 글에서 제시된 정보가 부족하다.

04 언어논리력 글의 서술 방식 파악하기

| 정답 | ②

| 해설 | 체계를 이루는 항목이나 범주 중 하나가 변하면 다른 항목에 영향을 미쳐 체계 전체에 변화가 일어난다는 일반적인 원리나 법칙을 먼저 제시하고, 그에 대한 구체적인 예로 중세 국어의 'ㆍ'를 들어 설명하고 있다.

05 문제해결력 진위 추론하기

| 정답 | ①

| 해설 | 5명의 진술에서 야근의 여부가 언급되고 있는 사람이 A와 C이므로 크게 두 가지 경우로 나누어 본다.
• A가 야근한 경우 : B, D의 진술이 거짓 ⇨ 조건에 부합
• C가 야근한 경우 : A, C, E의 진술이 거짓 ⇨ 조건에 부적합

따라서 전날 야근을 한 사람은 A이고, 거짓말을 한 사람은 B와 D이다.

06 언어논리력 글의 흐름에 맞게 문단 배열하기

| 정답 | ③

| 해설 | 일단 개기월식이 있는 날이라며 일상적인 소개로 주제를 제시하는 (마)가 가장 먼저 와야 한다. 이어서 사람들이 개기월식에 흔히 가지고 있는 잘못된 생각을 소개하고 이에 대해 정정하는 (다)가 와야 한다. 다음으로는 개기월식 때 햇빛의 일부가 달에 도달하게 되는 과정을 설명한 (가), 이렇게 도달한 빛이 붉은색으로 변하는 이유를 설명한 (나)가 차례대로 이어져야 한다. 마지막으로 유사한 예시를 들며 정리하는 (라)가 이어져야 한다. 따라서 순서는 (마)-(다)-(가)-(나)-(라) 순이 가장 적절하다.

07 언어논리력 단어 관계 파악하기

| 정답 | ①

| 해설 | '개성'은 '다른 사람이나 사물과 구별되는 고유의 특성'이라는 뜻으로, '다른 것에 비하여 특별히 눈에 뜨이는 점'을 의미하는 '특징'과 유의 관계이다. 이와 비슷한 관계를 보이는 것은 ①로, '타격'은 '어떤 일에서 크게 기를 꺾음. 또는 그로 인한 손해·손실'을 의미하고, '피해'는 '생명이나 신체, 재산, 명예 따위에 손해를 입음. 또는 그 손해'를 의미한다.

| 오답풀이 |
② 포함 관계, ③ 행위와 도구의 관계, ④ 반의 관계이다.

08 언어논리력 세부 내용 이해하기

| 정답 | ③

| 해설 | 마지막 문단에서 히치콕은 '맥거핀' 기법을 하나의 극적 장치로 종종 활용하였다고 했는데, 이 '맥거핀' 기법에 대해 특정 소품을 활용하여 확실한 단서로 보이게 한 다음 일순간 허망한 것으로 만들어 관객을 당혹스럽게 하는 것으로 설명하고 있다.

| 오답풀이 |
① 작가주의 비평은 감독을 단순한 연출자가 아닌 '작가'로 간주하고 작품과 감독을 동일시하는 관점을 말한다.
② 작가주의적 비평은 할리우드 영화의 특징에 대한 반발로 주창되었지만, 작가주의적 비평으로 할리우드 영화를 재발견한 사례가 존재하므로 무시해 버렸다는 설명은 적절하지 않다.
④ 알프레드 히치콕은 할리우드 감독이지만 작가주의 비평가들에 의해 복권된 대표적인 감독이므로 작가주의 비평과 관련이 없다는 설명은 적절하지 않다.

09 언어논리력 사자성어 이해하기

| 정답 | ②

| 해설 | A 시는 사업운영으로 일자리 창출과 함께 산림자원도 증대시키는 결과를 얻었다. 이러한 내용과 가장 관련 있는 한자성어는 '일거양득(一擧兩得)'으로 한 가지 일로 두 가지 이득을 얻는다는 의미를 가진다.

| 오답풀이 |
① 지록위마(指鹿爲馬) : 윗사람을 농락하여 권세를 휘두름을 이르는 말
③ 유비무환(有備無患) : 미리 준비가 되어 있으면 걱정할 것이 없음.
④ 건곤일척(乾坤一擲) : 운명과 흥망·승패를 걸고 단판 승부를 겨루는 것

10 언어논리력 글의 목적 파악하기

| 정답 | ③

| 해설 | 0 ∼ 5세 아동 대상의 무상보육 재원을 마련하기 위하여 ○○시의 지방채 발행 정책을 수립함을 알리고, 이것

이 필요한 이유와 앞으로의 촉구 사항을 밝히고 있다. 따라서 제시된 글은 새로운 정책을 알리고 이에 대한 이유와 방향성을 밝힘으로써 시민들을 설득해 동의를 구하기 위해 쓰인 글이다.

11 [문제해결력] 순위 추론하기

|정답| ④

|해설| 평가 비율을 토대로 합산한 점수는 다음과 같다.

(단위 : 점)

구분	A	B	C	D
서류평가	60×0.2 =12	70×0.2 =14	50×0.2 =10	50×0.2 =10
필기시험	80×0.3 =24	60×0.3 =18	70×0.3 =21	90×0.3 =27
실기시험	70×0.4 =28	80×0.4 =32	90×0.4 =36	80×0.4 =32
면접평가	50×0.1 =5	60×0.1 =6	60×0.1 =6	50×0.1 =5
합계	69	70	73	74

따라서 점수가 제일 높은 D가 합격자이다.

12 [문제해결력] 조건을 바탕으로 명제 판단하기

|정답| ③

|해설| 〈보기〉에 따라 C 팀에는 정만 소속되고, A 팀에는 을과 B, C 팀에 소속될 수 없는 병이 소속된다. 한 팀당 최대 인원은 2명이므로 정리하면 다음과 같다.

갑	을	병	정	무
B 팀	A 팀	A 팀	C 팀	B 팀

따라서 사원 갑과 병은 다른 팀 소속이다.

13 [언어논리력] 안내 자료 이해하기

|정답| ③

|해설| 자기계발 분야의 경우 공무원 및 비공무원 계약직 근로자 본인의 능력발전을 위한 복지항목이라고 되어 있으므로 자녀를 위한 학원 등록은 해당하지 않는다.

|오답풀이|

① 단서 조항에 따라 전통시장과 산후조리원 관련 사항은 자율항목으로 구성할 수 있으므로 복지카드 포인트로 구입할 수 있는 품목이다.

② 건강관리 분야의 운동시설 이용 항목과 관련한다.

④ 여가활동 분야의 연극 관람 항목과 관련한다.

14 [언어논리력] 글의 제목 찾기

|정답| ④

|해설| 제시된 글은 우리나라가 물 부족 국가가 아니라 물 스트레스 국가임을 알리고, 세계 물의 날을 맞아 물 절약을 위해 개인이 실천할 수 있는 작은 노력에 대해 소개하고 있다. 따라서 글의 제목으로 '물 스트레스 국가인 한국에서 우리가 할 수 있는 것은?'이 가장 적절하다.

15 [언어논리력] 어법에 맞게 문장 수정하기

|정답| ③

|해설| 물 부족이 현실이 된다는 것은 사용 가능한 자원에 비해 물 수요가 많을 때를 말한다. 따라서 '공급이'로 수정하라는 지시는 적절하지 않다.

16 [수리력] 표를 바탕으로 수치 계산하기

|정답| ③

|해설| 2014년의 위암 수검자 비율은 $\frac{2,085}{5,749} \times 100 ≒ 36.3$ (%)이며, 2023년의 위암 수검자 비율은 $\frac{3,255}{10,703} \times 100 ≒$ 30.4(%)이다.

따라서 36.3－30.4＝5.9(%p)의 차이가 난다.

17 [수리력] 표의 수치 분석하기

|정답| ②

|해설| 국어에 20% 가중치를 두면 총점이 제일 높은 학생은 승한이다.

대전기출복원
1회 기출예상
2회 기출예상
3회 기출예상
4회 기출예상
5회 기출예상
6회 기출예상
7회 기출예상
8회 기출예상
9회 기출예상

(단위 : 점)

영역\학생	국어	수학	영어	탐구	합계
승한	80×1.2=96	84	76	90	346
세영	73×1.2=87.6	90	81	82	340.6
윤지	92×1.2=110.4	73	81	78	342.4
성욱	86×1.2=103.2	80	74	82	339.2

| 오답풀이 |

① 총점으로 두 번째로 높은 학생은 세영이다.

(단위 : 점)

영역\학생	국어	수학	영어	탐구	합계
승한	80	84	76	90	330
세영	73	90	81	82	326
윤지	92	73	81	78	324
성욱	86	80	74	82	322

③ 탐구 반영비율은 절반으로 줄이면 승한, 세영, 윤지가 동점이 된다.

(단위 : 점)

영역\학생	국어	수학	영어	탐구	합계
승한	80	84	76	45	285
세영	73	90	81	41	285
윤지	92	73	81	39	285
성욱	86	80	74	41	281

④ 영어에 40% 가중치를 두면 점수가 두 번째로 높은 학생은 세영이다.

(단위 : 점)

영역\학생	국어	수학	영어	탐구	합계
승한	80	84	76×1.4 =106.4	90	360.4
세영	73	90	81×1.4 =113.4	82	358.4
윤지	92	73	81×1.4 =113.4	78	356.4
성욱	86	80	74×1.4 =103.6	82	351.6

18 수리력 월 적금액 계산하기

| 정답 | ③

| 해설 | 연봉이 37,500,000원이므로 월 세전 수령액은 37,500,000÷12=3,125,000(원)이다. 세액 공제가 320,000원이므로 실수령액은 3,125,000−320,000= 2,805,000(원)이다. 매달 실수령액의 10%가 적금액이므로 월 적금액은 2,805,000×0.1=280,500(원)이다.

19 수리력 표의 수치 분석하기

| 정답 | ④

| 해설 | ⓛ 인천은 매월 6대 광역시 중 가장 높은 분양가격 순위를 기록했다.
ⓒ 조사기간 동안 서울의 단위면적당 분양가격은 울산의 단위면적당 분양가의 2배를 상회했다.
ⓔ 민간아파트의 단위면적당 분양가격의 전국 평균치는 5월→6월(하락), 6월→7월(하락), 7월→8월(상승), 8월→9월(상승)의 증감 추이를 보였다. 이와 동일하게 '하락 → 하락 → 상승 → 상승'의 추세를 보인 지역은 서울뿐이다.

| 오답풀이 |

ⓐ 5월 대비 9월에 분양가격이 하락한 지역은 서울, 부산, 대전 3곳이다.

20 수리력 그래프의 수치 계산하기

| 정답 | ③

| 해설 | 20X0년의 식비는 2,500×0.28=700(만 원), 20X1년의 저축비는 3,000×0.1=300(만 원)이므로 700−300 =400(만 원)이다.

21 수리력 그래프의 수치 계산하기

| 정답 | ③

| 해설 | 20X0년 생활비는 전체의 40%이므로 2,800×0.4 =1,120(만 원), 20X1년 생활비는 전체의 34%이므로 3,200 ×0.34=1,088(만 원)이다. 따라서 32만 원 감소하였다.

22 수리력 확률 계산하기

|정답| ②

|해설| 동전을 5개 던질 때 나오는 모든 경우의 수는 $2^5=$ 32(개)이다. 이때 적어도 한 개가 앞면이 나오는 확률은 전체 확률 1에서 모두 뒷면이 나올 확률인 $\frac{1}{32}$ 을 뺀 $\frac{31}{32}$ 이다.

23 수리력 경우의 수 구하기

|정답| ④

|해설| 제시된 주사위 2개를 던져 나온 숫자를 합하면 2, 3, 4, 5, 6, 7, 8이 가능하며, 여기서 홀수는 3, 5, 7이다.
• 합이 3인 경우 : (1, 2), (2, 1)
• 합이 5인 경우 : (1, 4), (2, 3), (3, 2), (4, 1)
• 합이 7인 경우 : (3, 4), (4, 3)
따라서 모든 경우의 수는 2+4+2=8(가지)이다.

24 수리력 그래프 분석하기

|정답| ③

|해설| 2022년 5월의 실업자 수는 6개월 전인 2021년 11월의 실업자 수보다 $\frac{1,287}{866} ≒ 1.5$(배) 많다.

|오답풀이|
② 2022년 8월부터 10월까지 실업자 수는 916 → 1,020 → 1,150천 명으로 꾸준히 증가한다.
④ 2022년 5월의 실업률은 4.5%로 제시된 자료에서 가장 높은 실업률 수치를 보인다.

25 수리력 점수 계산하기

|정답| ③

|해설| E의 점수를 x점으로 놓고 식을 세우면 다음과 같다.
$$\frac{(65 \times 2)+(75 \times 2)+x}{5}=72$$
$130+150+x=360$
$\therefore x=80$(점)
따라서 E의 점수는 80점이다.

26 수리력 방정식 활용하기

|정답| ①

|해설| 현재 최 대리의 나이를 x살이라 하면, 김 부장의 나이는 $(x+12)$살이 된다. 주어진 조건을 식으로 정리하면 다음과 같다.
$3(x-4)=2(x+12-4)$
$3x-12=2x+16$
$\therefore x=28$(살)
따라서 현재 최 대리는 28살이다.

27 수리력 단위 변환하기

|정답| ③

|해설| 1kg은 1,000g이며, 1g은 1,000mg이다. 따라서 20kg은 20,000g과 20,000,000mg이다.

28 수리력 거리 · 속력 · 시간 활용하기

|정답| ④

|해설| '거리=속력×시간'이다. A가 넘어진 후 B가 A에게 오기까지 걸린 시간이 15초이므로 A가 넘어질 때 A와 B 사이의 거리는 8×15=120(m)였음을 알 수 있다. A는 B보다 5m/s 빠르게 이동하였으므로 시작점부터 120m의 거리가 벌어질 때까지 달린 시간은 120÷5=24(초)이다. 따라서 A가 달린 거리는 13×24=312(m)이다.

29 문제해결력 자리 배치 추론하기

|정답| ①

|해설| 1, 2, 3학년을 첫 번째부터 여섯 번째 줄에 배치해야 한다. 세 번째 정보를 통해 첫 번째 줄과 다섯 번째 줄은 항상 3학년 자리로 고정된다. 다섯 번째 정보를 통해 3학년 줄은 세 줄이고 1학년, 2학년 줄의 수는 각각 한 줄 또는 두 줄임을 추론할 수 있다. 네 번째 정보에 따라 같은 학년끼리는 연속하여 배치될 수 없고 첫 번째 줄과 다섯 번째 줄은 3학년 자리이므로 세 번째 줄도 3학년 자리가 된다. 따라서 ㉠은 항상 참이다.

| 오답풀이 |

ⓒ 2학년 줄과 1학년 줄의 수는 경우에 따라 각각 한 줄 또
는 두 줄이 될 수 있다. 따라서 항상 같지 않다.

ⓒ 두 번째 줄이 1학년 줄이면 네 번째 줄에 2학년이 배치
될 때 여섯 번째 줄에 1학년이 배치될 수 있다.

30 문제해결력 명제 판단하기

| 정답 | ②

| 해설 | 각 명제를 'p : 달리기를 잘한다', 'q : 수영을 잘한
다', 'r : 항상 운동화를 신는다'라고 할 때 기호에 따라 〈보
기〉를 정리하면 다음과 같다.

• ~p → ~q   • p → r

이때 윤재는 항상 구두를 신으므로 '~r'로 표현할 수 있다.
'p → r'이 참이므로 이 명제의 대우인 '~r → ~p'도 참이
되며 '~p → ~q'와의 삼단논법에 의해 '~r → ~q'도 참임
을 알 수 있다. 따라서 윤재는 수영을 못한다.

| 오답풀이 |

① 'p → r'이 참이므로 이 명제의 대우인 '~r → ~p'도 참
이 되어 옳지 않은 설명이다.

③ '~p → ~q'가 참이므로 이 명제의 대우인 'q → p'도 참
이 된다. 이 명제와 'p → r'의 삼단논법에 의해 'q → r'
이 되어 옳지 않은 설명이다.

④ 주어진 명제로는 알 수 없다.

31 언어논리력 세부 내용 이해하기

| 정답 | ③

| 해설 | 우리나라에서 노숙인은 '일정한 주거 없이 상당한
기간 거리에서 생활하거나 그에 따라 노숙인 쉼터에 입소
한 18세 이상의 자'를 말하므로 이것은 거리의 노숙인과 쉼
터 노숙인을 모두 포함하고 있는 개념이다.

| 오답풀이 |

① 우리나라에서 노숙인은 20세기 후반인 1997년 IMF 경
제위기 이후 부각된 용어라고 하였다.

② 정의 내리는 주체가 누구냐에 따라 노숙인이 다양하게
정의된다고 하였고, 두 번째 문단의 예시들을 통해 노
숙인의 정의에 대한 국제 사회의 인식이 조금씩 다름을
알 수 있다.

④ 미국 노숙인 연합회는 사람이 자도록 고안되지 않은 공
공의 장소 등에서 자는 사람도 노숙인으로 간주하고 있
다. PC방이나 만홧가게 등에서의 숙박은 장소의 용도
에 맞는 생활이 아니므로 노숙인으로 간주될 수 있다.

32 언어논리력 세부 내용 이해하기

| 정답 | ④

| 해설 | 노숙인은 얼마나 빈곤하며 생활수준이 일정 기준에
얼마나 못 미치는가에 의해서 정의된다고 볼 수 없다. 생활
의 양상 자체로 노숙인에 대한 의미를 규정하고 있다.

| 오답풀이 |

①, ② 국제연합(UN)의 '집이 없는 사람과 옥외나 단기보
호시설 또는 여인숙 등에서 잠을 자는 사람'과 미국 노
숙인 연합의 '정규적이고 고정된 적절한 주거시설이 없
고 주로 길거리나 일시적인 보호시설, 사람이 자도록
고안되지 않은 공공의 장소 등에서 자는 사람', 우리나
라의 '일정한 주거 없이 상당한 기간 거리에서 생활하거
나 그에 따라 노숙인 쉼터에 입소한 18세 이상의 자'의
내용으로 보아 고정된 주거할 만한 시설 또는 집이 있는
지, 노숙인 보호시설을 이용하는지에 대한 정의가 있음
을 알 수 있다.

③ 미국 노숙인 연합에서는 '사람이 자도록 고안되지 않은
공공의 장소 등에서 자는 사람'이라고 노숙인을 정의하
여 숙박용도가 아닌 장소에서 생활하는 사람을 길거리
노숙인으로 보고 있다.

33 언어논리력 올바르게 띄어쓰기

| 정답 | ③

| 해설 | '한눈'은 한꺼번에 또는 일시에 보는 시야를 말하는
명사로 붙여 쓴다.

| 오답풀이 |

② '밖에'가 한정의 의미를 나타내는 조사로 쓰였으므로 앞
의 명사와 붙여 써야 한다.

④ '데'가 '것'을 의미하는 의존 명사로 쓰였으므로 앞의 말
과 띄어 써야 한다.

34 언어논리력 표준발음법 이해하기

| 정답 | ②

| 해설 | ㉠ '히읗'에서 '읗'의 받침이 'ㅎ'이므로, 음절의 끝소리 규칙에 따라 'ㅎ'이 'ㄷ'으로 바뀌어 [히읃]으로 발음된다.

㉣ '웃옷'은 '웃'의 받침 'ㅅ' 뒤에 실질적인 뜻을 지닌 '옷'이 나온 형태이므로, 음절의 끝소리 규칙을 적용한 후 다음 음절의 첫소리로 발음하여 [우돋]이 된다.

| 오답풀이 |

㉡ '빗으로'는 '빗' 뒤에 모음으로 시작되는 조사 '~으로'가 붙은 형태이므로, 받침이 온전히 발음되어 [비스로]가 된다.

㉢ '부엌'의 '엌' 받침이 'ㅋ'이므로 음절의 끝소리 규칙에 따라 'ㅋ'이 'ㄱ'으로 바뀌어 [부억]으로 발음된다.

35 언어논리력 안내 자료 내용 파악하기

| 정답 | ④

| 해설 | '문의처'의 "출연자 및 공연장 규모에 대한 문의는 각 예술단으로 문의하여 주시기 바랍니다."를 통해 공연 무대 규모, 음향, 조명 설치 여부는 신청기관(단체)에서 신청서에 작성하는 내용이 아닌 따로 예술단에 문의 시 답변받는 내용임을 알 수 있다.

36 언어논리력 안내 자료 내용 파악하기

| 정답 | ②

| 해설 | '참고사항'에 따라 종교행사는 선정되지 않는다.

| 오답풀이 |

① 선정 취소 시 2년간 선정이 불가하지만 경찰서, 소방본부는 제외된다.

③ 최근 2년간 공연 실적이 있는 교육기관은 선정이 불가하지만 도서지역은 제외된다.

④ 선정 취소 후 3년이 지났으므로 선정 가능하다.

37 언어논리력 올바른 경청 자세 이해하기

| 정답 | ①

| 해설 | 김 대리는 최 사원의 이야기를 끝까지 듣지 않고 도중에 끊고 있다. 상대방의 이야기를 경청하는 데 있어 상대방의 말을 끝까지 주의 깊게 듣는 것은 중요한 태도이다. 따라서 김 대리가 가져야 할 경청 태도로는 ①이 가장 적절하다.

38 언어논리력 관용적 표현 이해하기

| 정답 | ③

| 해설 | '심장에 파고들다'는 '어떤 일이나 말이 마음속 깊이 새겨져 자극되다'라는 의미의 관용적 표현이다. '사람의 마음을 일어나게 하다'는 '심장에 불을 지피다'는 관용적 표현의 의미에 해당한다.

39 문제해결력 문제해결절차 이해하기

| 정답 | ①

| 해설 | 제시된 글은 세계적인 카페 프랜차이즈 S사가 국내 토종 프랜차이즈에 밀리며 매출이 급감하고 있다는 문제를 파악하고 있다. 이 외에도 S사 커피를 마시는 것이 조롱거리가 되어 대책이 시급하다고 하였으므로 문제해결절차 중 문제 인식 단계에 해당한다. 문제 인식 단계에서는 문제를 파악하여 우선순위를 정하고 목표를 명확히 한다.

| 오답풀이 |

② 문제 도출은 문제를 분석하여 해결점을 명확히 단계로, 제시된 글에서는 아직 문제를 분석하고 있지 않다.

③ 원인 분석은 핵심 문제를 분석함으로 근본적인 원인을 도출하는 단계이다.

④ 해결안 개발은 근본 원인을 해결할 수 있는 최적의 해결 방안을 수립하는 단계이다.

40 문제해결력 조건을 바탕으로 명제 판단하기

| 정답 | ③

| 해설 | 모임은 모든 사원이 도착해야 시작되는데 민아와 천호가 사원의 전부인지는 언급되지 않았으므로 천호가 도착

하면 모임이 시작되는지 알 수 없다.

| 오답풀이 |

① 모임에 참가하는 사람은 민아, 천호를 포함하여 최소 2명이다.

② 민아는 벌금을 냈으므로 19시까지 약속장소에 도착하지 못했다.

④ 민아나 천호는 3시간이 소요되는 모임에 19시 이후에 도착하였으므로 22시가 넘어서야 끝날 것이다.

---

41 언어논리력 글의 흐름에 맞는 접속어 고르기

| 정답 | ①

| 해설 | 빈칸 앞부분에서 나이가 들면 노화로 인해 뇌가 점점 늙어간다고 하였으며, 뒷부분에서 뇌기능 감퇴는 사실 20대부터 시작된다고 하였다. 즉, 화제를 앞의 내용과 관련시키면서 다른 방향으로 이끌어 나가고자 하므로 빈칸에는 '그런데'가 들어가는 것이 적절하다.

---

42 문제해결력 전화응대법 이해하기

| 정답 | ②

| 해설 | 〈사례 1〉의 상담자는 단답형으로 고객의 물음에만 답을 하며 대화가 끝나게 유도하고 있다. 이 경우 고객은 다음 말을 어떻게 해야 할지 순간 당황스러운 상태가 된다. 짧은 순간에 고객의 니즈는 식고 마는 것이다. 그렇게 되면 고객은 다음 말을 어떻게 할지 몰라 "아, 네, 알겠습니다." 하고 전화를 끊어버린다. 상담자는 고객에게 설명하거나 설득을 하기 위해 말을 장황하게 많이 할 필요는 없으나 단답형 응대는 지양해야 하며 적절하게 질문을 던져 고객이 말을 많이 하도록 유도하는 것이 중요하다. 따라서 짧게 이야기하는 것이 바람직한 응대법이라고 말할 수는 없다.

---

43 언어논리력 세부 내용 이해하기

| 정답 | ④

| 해설 | 행사의 목적과 행사 방침은 서로 다른 항목이고 각각 필요한 내용이므로 삭제하지 말아야 한다.

---

44 수리력 평균 계산하기

| 정답 | ④

| 해설 | ㉠ ~ ㉣은 각 직무능력평가 영역의 평균을 나타낸다. 각각의 평균을 구하면 다음과 같다.

㉠ : $\dfrac{80+85+75+90+95}{5}=85$(점)

㉡ : $\dfrac{90+95+88+72+75}{5}=84$(점)

㉢ : $\dfrac{85+78+92+75+80}{5}=82$(점)

㉣ : $\dfrac{90+86+74+89+91}{5}=86$(점)

따라서 평균이 가장 높은 직무능력 영역은 86점인 조직이해이다.

---

45 수리력 표의 수치 분석하기

| 정답 | ②

| 해설 | 사교육비 총액은 20X5년부터 점점 감소하는 추세인데 20X9년에 유일하게 증가하였다. 그러므로 20X9년에 전년 대비 최고 증가폭을 보였음을 알 수 있다.

| 오답풀이 |

① 20X6 ~ 20X8년에는 중학교가 가장 크고 20X9년에는 고등학교가 가장 크다.

③ 20X8년 대비 20X9년에 중학교 학생 수가 줄어들었으므로 사교육비 감소를 비용의 순수 경감 효과라고 볼 수 없다.

④ 20X9년에는 중학교를 제외하고 사교육비가 증가하였다. 그러므로 시간의 흐름에 따라 사교육비가 감소했다고 볼 수 없다.

6회 기출예상문제

▶ 문제 168쪽

01	③	02	①	03	①	04	③	05	①
06	④	07	④	08	③	09	④	10	④
11	③	12	①	13	③	14	③	15	④
16	④	17	④	18	③	19	③	20	①
21	④	22	①	23	③	24	②	25	①
26	④	27	④	28	②	29	④	30	④
31	①	32	③	33	②	34	②	35	①
36	④	37	③	38	①	39	③	40	④
41	③	42	③	43	④	44	④	45	②

01 언어논리력 말하기 방법 파악하기

| 정답 | ③

| 해설 | 김 교수는 판옥선을 사례로 들어 설명하며, 진행자가 던지는 물음에 대한 답변으로 이야기를 전개해 나가고 있다. 따라서 진행자의 의견에 동조하여 견해를 수정한다는 설명은 적절하지 않다

| 오답풀이 |

① 진행자는 마지막에 '더 설명해 주실 수 있습니까?'란 말을 통해 추가 설명을 부탁하고 있다.

② 김 교수는 '혹시 판옥선에 대해 들어 보셨나요?'라고 질문하며 진행자의 배경지식을 활성화하고 있다.

④ 진행자는 '결국 섬이 많고 ~ 적합한 구조라는 말씀이시군요?'를 통하여 자신이 제대로 이해했는지 확인하고 있다.

02 언어논리력 단어 뜻 파악하기

| 정답 | ①

| 해설 | ①과 제시된 글의 '잇다'는 모두 '두 끝을 맞대어 붙이다'의 뜻으로 사용되었다.

| 오답풀이 |

② '많은 사람이나 물체가 줄을 이루어 서다'의 뜻으로 사용되었다.

③, ④ '끊어지지 않게 계속하다'의 뜻으로 사용되었다.

03 문제해결력 논리적 오류 파악하기

| 정답 | ①

| 해설 | ㉠에 나타난 오류는 성급한 일반화의 오류로, 한 개 또는 몇 개의 우연한 사례를 근거로 전체가 그 사례의 특성을 가지고 있다고 추론하는 오류이다.

| 오답풀이 |

② 흑백논리의 오류는 모든 문제 또는 논의의 대상을 흑 아니면 백, 악 아니면 선이라는 양극의 두 가지로만 구분함으로써 빚어지는 오류이다.

③ 피장파장의 오류는 인신공격의 오류의 일종으로 주장을 제시하는 사람의 비일관성이나 도덕성의 문제 등을 이유로 제시된 주장이 잘못이라고 판단하는 오류이다.

④ 무지에 호소하는 오류는 증명할 수 없거나 반대되는 증거가 없음을 근거로 참인 것을 주장하는 오류이다.

04 문제해결력 조건을 바탕으로 명제 판단하기

| 정답 | ③

| 해설 | 가영이의 키는 170cm이고 라영이의 키는 155cm로, 가영이는 라영이보다 키가 크다. 그런데 라영이의 키가 마영이보다 크다고 했으므로, 가영>라영>마영이 성립되어 ③은 바른 추론임을 알 수 있다.

| 오답풀이 |

①, ②, ④ 〈보기〉를 통해 추론할 수 없다.

05 언어논리력 글의 흐름에 맞게 문장 배열하기

| 정답 | ①

| 해설 | 우선 감기를 예방하는 방법이라는 중심 소재를 제시하는 (나)가 온다. 그 방법에 대한 구체적인 예시를 (가)에서 설명하고 (라)에서 '또한'이라는 접속사로 시작하며 또 다른 예시에 대해 설명한다. 마지막으로 어린이라는 특정 나이대에 중점을 두고 주의를 요하는 (다)가 이어진다. 따라서 (나)-(가)-(라)-(다) 순이 적절하다.

06 언어논리력 속담 이해하기

| 정답 | ④

| 해설 | 단보는 백성을 해치지 않기 위해 오랑캐에게 땅을 내주었으므로, 돈이나 물질보다 사람의 생명이 가장 소중함을 뜻하는 속담인 ④가 가장 적절하다.

| 오답풀이 |

① 개인뿐 아니라 나라조차도 남의 가난한 살림을 돕는 데는 끝이 없다는 뜻이다.

② 말 못 하는 사람이 가뜩이나 말이 안 통하는 오랑캐와 만났다는 뜻으로, 말을 하지 않는 경우를 이른다.

③ 사또가 길을 떠날 때 일을 돕는 비장은 그 준비를 갖추느라 바쁘다는 뜻으로, 윗사람의 일 때문에 고된 일을 하게 됨을 이른다.

07 언어논리력 글을 바탕으로 추론하기

| 정답 | ④

| 해설 | MBTI는 캐서린 쿡 브리스와 이사벨 브릭스 마이어스의 이론을 바탕으로 만들어진 것이 아니라 융의 심리유형론을 바탕으로 캐서린 쿡 브리스와 이사벨 브릭스 마이어스가 고안한 자기보고서 성격유형 자료이다.

08 언어논리력 글을 바탕으로 추론하기

| 정답 | ③

| 해설 | 에너지의 방향과 주의 초점에 따라 외향형(E), 내향형(I), 정보를 수집하는 인지기능에 따라 감각형(S), 직관형(N), 판단기능에 따라 사고형(T), 감정형(F), 이행/생활양식에 따라 판단형(J), 인식형(P)으로 나눌 수 있으므로 $2 \times 2 \times 2 \times 2 = 16$(개)이다.

09 언어논리력 사자성어 이해하기

| 정답 | ④

| 해설 | 제시된 글의 내용과 관련이 있는 한자성어는 '발본색원(拔本塞源)'으로, '좋지 않은 일의 근본 원인이 되는 요소를 완전히 없애 버려서 다시는 그러한 일이 생길 수 없도록 함'이라는 의미를 가진다.

| 오답풀이 |

① 박이부정(博而不精) : 널리 알지만 정밀하지는 못함.

② 부화뇌동(附和雷同) : 줏대 없이 남의 의견에 따라 움직임.

③ 도탄지고(塗炭之苦) : 진구렁에 빠지고 숯불에 타는 괴로움을 이르는 말

10 언어논리력 글의 중심내용 파악하기

| 정답 | ④

| 해설 | 첫 번째 문단을 보면 현재 하나의 사건이나 이슈에 대해 수많은 뉴스 생산 주체들이 다르게 보도하고 있다는 것을 알 수 있다. 이후 두 번째 문단을 보면 미디어 환경 및 뉴스 산업 구조의 변화로 인해 뉴스 생산 환경이 급속하게 변화했으며 다양한 사람들이 뉴스 생산에 기여한다고 이야기하고 있다. 마지막 문장에서는 '뉴스를 바르게 이해하기 위해서는 뉴스 생산자의 역할과 임무에 대한 이해가 선행되어야 한다'라고 말하고 있다. 이를 모두 종합하면 올바른 뉴스를 소비하기 위해서는 뉴스 생산자의 역할과 임무에 대해 소비자가 능동적으로 판단하고 이해해야 한다는 것을 알 수 있다.

11 문제해결력 조건을 바탕으로 추론하기

| 정답 | ③

| 해설 | 〈K 기업 채용 조건〉에 따라 각 지원자들의 점수를 계산하면 다음과 같다.

(단위 : 점)

구분	한국사능력검정시험 1급	토익	경력/신입	합계
최우혁	0	5	4	9
김선호	5	10	0	15
김다은	5	10	0	15
이지혜	5	0	0	5

김선호와 김다은이 15점으로 동점이지만, 김다은이 컴퓨터 활용능력 1급을 소지했으므로 최종 합격자는 김다은이다.

대전기술보단
1회 기출예상
2회 기출예상
3회 기출예상
4회 기출예상
5회 기출예상
6회 기출예상
7회 기출예상
8회 기출예상
9회 기출예상

12 문제해결력 조건을 바탕으로 추론하기

| 정답 | ①

| 해설 | C의 진술에 따라 C는 독일어, 일본어, 중국어를 구사할 수 있으며, A와 D의 진술에 따라 A, D는 스페인어를 구사할 수 있다. 다음으로 B의 진술에 따라 B는 일본어, 중국어를 구사할 수 있다. 마지막으로 E의 진술에 따라 E는 B와 비교했을 때 C만 구사할 수 있는 언어를 구사할 수 있다고 하였으므로 독일어만 구사할 수 있음을 알 수 있다. 이를 정리하면 다음과 같다.

구분	A	B	C	D	E
구사 가능한 언어	스페인어	일본어, 중국어	독일어, 일본어, 중국어	스페인어	독일어

13 문제해결력 명제 판단하기

| 정답 | ③

| 해설 | 각 명제를 'a : 법학을 공부한다', 'b : 행정학 수업을 듣는다', 'c : 경제학 수업을 듣는다', 'd : 역사를 공부한다', 'e : 철학을 공부한다'라고 할 때 기호에 따라 〈보기〉를 정리하면 다음과 같다.

• a→b
• c→~d
• a→e
• ~c→~b

'c→~d'가 참이므로 이 명제의 대우인 'd→~c'도 참이다. 또한 'a→b'가 참이므로 이 명제의 대우인 '~b→~a'도 참이다. 따라서 이들 명제와 '~c→~b'와의 삼단논법에 의해 'd→~a'도 참임을 알 수 있다. 따라서 ③이 옳다.

| 오답풀이 |

①, ② 주어진 명제로는 알 수 없다.

④ '~c→~b'가 참이므로 이 명제의 대우인 'b→c'도 참이다. 따라서 'a→b'와의 삼단논법에 의해 'a→c'가 참임을 알 수 있다.

14 언어논리력 글을 바탕으로 추론하기

| 정답 | ③

| 해설 | 언택트 기술은 개인주의 성향이 확산되어 불편한 소통 대신 편한 단절을 원하는 사람들이 많아지면서 나타난 현상이다. 4차 산업혁명의 기술은 무엇보다 '연결성'을 강조하지만, 아이러니하게도 소비자들은 연결, 접촉을 '피곤한 것'으로 여기는 경향이 크다. 이에 따라 사람들은 소통하고 접촉하기보다 문자나 SNS · 터치 · 클릭 등 비대면(非對面) 서비스를 편하게 여기게 되는 것이다.

15 언어논리력 적절한 예시 판단하기

| 정답 | ④

| 해설 | '왓슨'은 인공지능을 이용한 암 치료 솔루션으로 자신이 저장하고 있는 빅데이터를 이용해 암 환자의 상태를 분석하고 그에 맞는 가장 적합한 치료법을 찾아내는 역할을 수행한다. '왓슨'은 인공지능 기술을 활용할 뿐, 대면 접촉을 피하려는 현상이 만들어 낸 언택트의 근본 특성과는 거리가 먼 기술이라고 할 수 있다.

16 언어논리력 문맥에 따라 빈칸 채우기

| 정답 | ④

| 해설 | 생각과 같은 정신적 요소는 육체적 요소와 달리 인간에게서 떼어낼 수 없으며 인간이라는 존재를 규정한다고 하였다. 즉, 생각함이 곧 존재의 증명임을 나타내는 '나는 생각한다. 고로 존재한다.'가 ㉠에 적절하다.

17 언어논리력 글의 주장 파악하기

| 정답 | ④

| 해설 | (나)에서 설명하는 기계적 이원론은 인간과 자연을 분리하여 인식하고, 객체인 자연은 주체인 인간에게 관찰되고 이용되는 대상으로 인식한다. 따라서 환경보호단체의 입장에서 이를 비판하기 위해서는 인간과 자연은 하나이며, 자연은 인간에게 이용되어야 하는 대상이 아님을 주장하는 것이 가장 적절하다.

대전기출복원
1회 기출예상
2회 기출예상
3회 기출예상
4회 기출예상
5회 기출예상
6회 기출예상
7회 기출예상
8회 기출예상
9회 기출예상

18 수리력 평균 계산하기

| 정답 | ③

| 해설 | 학생별 평균 점수를 계산하면 다음과 같다.

• 철수 : $(84+71+82) \div 3 = 79$(점)
• 영희 : $(93+62+76) \div 3 = 77$(점)
• 동수 : $(95+59+83) \div 3 = 79$(점)
• 지수 : $(87+81+69) \div 3 = 79$(점)
• 영서 : $(71+76+92) \div 3 ≒ 79.7$(점)

따라서 평균 점수가 가장 높은 학생(A)은 영서, 가장 낮은 학생(B)은 영희이다.

19 수리력 단가 계산하기

| 정답 | ③

| 해설 | 필요한 물품의 개수는 핫팩 500개, 기념볼펜 125개, 배지 250개이다. 구매 가격을 계산하면 기념볼펜은 $125 \times 800 = 100,000$(원)이고 배지는 $250 \times 600 = 150,000$(원)이므로, 핫팩의 구매 가격은 $490,000 - (100,000 + 150,000) = 240,000$(원)이다. 이때 필요한 핫팩 상자 수는 $500 \div 16 = 31.25 ≤ 32$(개)이므로 핫팩 한 상자당 가격은 $240,000 \div 32 = 7,500$(원)이다.

20 수리력 표의 수치 분석하기

| 정답 | ①

| 해설 | 오락에 쓰인 가스의 양이 차지하는 비중은 5%p 늘어났으나 2020년의 총 가스사용량을 알 수 없으므로 특정 용도에 쓰인 가스의 양이 더 증가하거나 감소하였다고 말할 수는 없다.

| 오답풀이 |

② 2019년에 음식 용도로 쓴 가스의 구성비는 23%, 오락 용도로 쓴 가스의 구성비는 33%이므로, 오락 용도로 쓴 가스의 양이 더 많다.

③ 2019년과 2020년에 용도별 비중이 변하지 않은 것은 업무, 기타로 두 가지이다.

④ 2014 ~ 2019년의 평균 가스사용량은
$$\frac{310+345+390+420+440+480}{6} = 397.5(\text{m}^3)\text{다.}$$

21 수리력 표를 바탕으로 수치 계산하기

| 정답 | ④

| 해설 | 2019년에 오락 용도로 쓴 가스의 양은 $480 \times 0.33 = 158.4(\text{m}^3)$이므로 2020년에 오락 용도로 쓴 가스의 양이 2019년 오락 용도로 쓴 가스의 양 대비 34.40m^3가 더 많다면 $158.4 + 34.40 = 192.8(\text{m}^3)$가 된다. 즉, 2020년 가스 사용량의 38%가 192.8m^3라는 것이므로 가스 사용량은 총 $\frac{192.8}{0.38} ≒ 507.37(\text{m}^3)$가 된다.

따라서 방범용도로 쓰인 4%의 가스 사용량은 $507.37 \times 0.04 ≒ 20.29(\text{m}^3)$가 된다.

22 수리력 그래프 분석하기

| 정답 | ①

| 해설 | 월 1 ~ 3회와 월 4 ~ 6회의 그래프는 동일하게 해당 기간 동안 지속적인 증가 추이를 보이고 있다.

23 수리력 그래프 분석하기

| 정답 | ③

| 해설 | 월 1 ~ 3회, 월 7 ~ 9회, 월 10 ~ 12회의 3개 항목이 응답자 수가 증가하였다.

| 오답풀이 |

① 월 1 ~ 3회 1개 항목만 매년 증가하였다.

② 5개 빈도 항목 모두 응답자 수가 전년보다 감소한 시기는 없다.

④ 월 1 ~ 3회, 월 4 ~ 6회의 2개 항목이다.

24 수리력 그래프의 수치 계산하기

| 정답 | ②

| 해설 | 직원 A ~ D의 주평균 야근 빈도는 총 8일이다. 이를 활용하여 직원 A ~ D의 주평균 야근 비중을 구하면 다음과 같다.

• 직원 A : $\frac{1.2}{8} \times 100 = 15(\%)$

• 직원 B : $\frac{2.5}{8} \times 100 = 31.25(\%)$

- 직원 C : $\dfrac{0.8}{8} \times 100 = 10(\%)$

- 직원 D : $\dfrac{3.5}{8} \times 100 = 43.75(\%)$

따라서 ㉠은 43.75, ㉡은 15, ㉢은 31.25, ㉣은 10이 된다.

25 수리력 손실액 계산하기

|정답| ①

|해설| 해당 물품의 정가와 할인가를 구하면 다음과 같다.
- 정가 : $60,000 \times (1 + 0.2) = 72,000$(원)
- 할인가 : $72,000 \times (1 - 0.2) = 57,600$(원)

해당 물품의 원가는 60,000원이므로 할인가로 팔았을 때의 손실액은 $60,000 - 57,600 = 2,400$(원)이다.

26 수리력 비례식 활용하기

|정답| ④

|해설| 총 10개의 사탕이 있으므로, 형이 가지게 되는 사탕의 개수를 x개, 남동생이 가지게 되는 사탕의 개수를 $(10-x)$개라고 정한 뒤 식을 세우면 다음과 같다.

$3 : 2 = (10 - x) : x \qquad 5x = 20$

$\therefore x = 4$(개)

따라서 형이 가지게 되는 사탕은 4개이다.

27 수리력 경쟁률 계산하기

|정답| ④

|해설| 직무분야별 경쟁률을 계산하면 다음과 같다(소수점 아래 셋째 자리에서 반올림).
- 경영 : $4 : 130 = 1 : 32.5$
- 재무 : $11 : 346 = 1 : 31.45$
- 마케팅 : $6 : 200 = 1 : 33.33$
- 기계 : $5 : 208 = 1 : 41.6$
- 전기 : $5 : 157 = 1 : 31.4$
- 건축 : $9 : 290 = 1 : 32.22$

따라서 재무 분야보다 경쟁률이 높은 분야 4개이다.

28 수리력 최소공배수 활용하기

|정답| ②

|해설| 동시에 출발해서 다시 출발 시간이 같아지기까지의 간격을 구하는 문제이므로 최소공배수를 이용하면 된다.

$$\begin{array}{c|cc} 5 & 15 & 20 \\ \hline \times & 3 \times 4 \end{array} = 60$$

두 버스가 각각 15분, 20분 간격으로 운행되므로 7시 이후에는 둘의 최소공배수인 60분, 즉 1시간마다 다시 동시에 출발하게 된다. 따라서 다음으로 동시에 출발하게 되는 시간은 1시간 후인 8시이다.

29 수리력 직원 수 구하기

|정답| ④

|해설|
- 해외여행을 간 직원 : 15명
- 친척 집에 간 직원 : 16명
- 해외여행과 친척 집을 모두 간 직원 : 7명

따라서 해외여행과 친척 집 가운데 어느 한 곳 이상을 간 직원은 $15 + 16 - 7 = 24$(명)이므로 해외여행과 친척 집 모두 가지 않은 직원은 $35 - 24 = 11$(명)이 된다.

30 문제해결력 자리 배치 추론하기

|정답| ④

|해설| 네 번째, 다섯 번째 조건에 따라 박 선임을 중심으로 양옆에는 김 책임과, 강 주임이, 바로 뒤에는 조 사원이 앉으므로, 박 선임은 책상 2 또는 5에 앉아야 한다. 이때, 세 번째 조건에 따라 책상 1, 4, 7 중에 장 책임이 앉아야 하는데, 장 책임이 책상 1에 앉아야만 책상 2가 공석이 되고 박 선임을 중심으로 한 네 명의 자리배치가 가능하다. 그러므로 박 선임은 책상 5, 조 사원은 책상 8에 앉는다. 다음으로 여섯 번째 조건에 따라 김 책임 앞에 신 사원이 앉아야 하므로 김 책임은 책상 6, 신 사원은 책상 3에 앉는 경우만 가능하며, 강 주임은 책상 4에 앉게 된다. 마지막으로 일곱 번째 조건에 따라 책상 7은 공석으로 두어야 하므로 나머지 책상 9에 최 주임이 앉아야 한다. 이를 그림으로 정리하면 다음과 같다.

창문	1 장 책임	2 (공석)	3 신 사원
	4 강 주임	5 박 선임	6 김 책임
	7 (공석)	8 조 사원	9 최 주임

31 　언어논리력　글의 견해 파악하기

| 정답 | ①

| 해설 | 필자는 고대 한국의 문자라 불리는 가림토 문자의 존재에 대해 일본의 신대 문자와 같이 존재 근거가 불충분하여 언어학적으로 큰 의미가 없다고 하였다. 따라서 훈민정음이 가림토 문자의 영향을 받아 만들어졌다는 주장은 필자의 견해와 일치하지 않는다.

32 　언어논리력　조건에 알맞은 문구 작성하기

| 정답 | ③

| 해설 | 해당 교훈은 지적인 성장에만 초점을 맞추고 도덕성에 관한 메시지를 포함하지 않고 있다. 또한, 학생 개개인의 잠재력을 존중하는 메시지 또한 부족하다. 따라서 교훈 작성 원칙에 가장 적절하지 않다.

| 오답풀이 |

① 지적인 성장과 도덕성을 강조하고 있으며, 미래를 향한 긍정적인 비전 제시와 더불어 학생의 잠재력에 관한 메시지도 포함하고 있다.

② 지적인 성장과 도덕성을 강조하고 있다. 또한, '현실로 만들어가는 힘'으로 잠재력을 존중하고 있고, 미래에 대한 긍정적인 메시지도 포함하고 있다.

④ '미래', '지혜', '도덕', '발현'을 통해 교훈 작성의 원칙을 모두 충족하고 있다.

33 　언어논리력　자료의 내용 파악하기

| 정답 | ②

| 해설 | 고급 전문가과정을 수료하면 매달 열리는 '□□ PEF포럼' 회원자격을 획득할 수 있다. 사모펀드 투자전문가 자격증 획득에 대한 내용은 제시되어 있지 않다.

| 오답풀이 |

① '교육대상'에 제시되어 있다.

③ 수강료에 대한 정보가 제시되어 있지 않고 전화 신청 문의에 대해 안내되어 있으므로 전화 문의로 수강료에 대해 물을 수 있다고 추측할 수 있다.

④ '일정 및 장소'에 제시되어 있다.

34 　언어논리력　글을 바탕으로 추론하기

| 정답 | ②

| 해설 | 활의 사거리와 관통력을 결정하는 것은 복원력으로, 복원력은 물리학적 에너지 전환 과정, 즉 위치 에너지가 운동 에너지로 전환되는 힘이라 볼 수 있다.

| 오답풀이 |

① 고려 시대 때 한 가지 재료만으로 활을 제작했는지는 알 수 없다.

③ 활대가 많이 휘면 휠수록 복원력이 커지는 것은 맞지만 그로 인해 가격이 비싸지는지에 대해서는 제시된 글을 통해 추론할 수 없다.

④ 각궁은 다양한 재료의 조합으로 만들어져 탄력이 좋아서 시위를 풀었을 때 활이 반대 방향으로 굽는 특징을 가진다.

35 　문제해결력　조건을 바탕으로 명제 판단하기

| 정답 | ①

| 해설 | 추론 1 : 팀 내에서 같은 색 카드는 없으므로 ㉠이 참이라면 ㉢도 반드시 참이 된다.

| 오답풀이 |

• 추론 2 : 나머지 1명의 카드가 빨강 혹은 초록이라면 두 명은 같은 색을 가진 것이므로 ㉢은 참이 되지 못한다.

• 추론 3 : 카드 색이 다른 3명을 한 팀에서 2명, 다른 팀에서 1명 선출하는 경우도 있으므로 3명 카드의 색이 다르다고 해서 같은 팀이라고 단정 지을 수 없다.

대전광역시공무원

1회 기출예상

2회 기출예상

3회 기출예상

4회 기출예상

5회 기출예상

6회 기출예상

7회 기출예상

8회 기출예상

9회 기출예상

36 문제해결력 조건을 바탕으로 추론하기

| 정답 | ④

| 해설 | 해미는 부정청탁을 받은 사실이 없어 제외되므로 유결, 문영, 기현 중 부정청탁을 받은 사람이 있다. 만약 유결이 부정청탁을 받았다면, 문영이나 기현 중 한 명도 부정청탁을 받은 것이 되는데 이때 문영이 부정청탁을 받았다면 다른 두 명도 받은 것이므로 기현도 부정청탁을 받은 것이 된다. 만약 기현이 부정청탁을 받았다면 기현 이외에는 부정청탁을 받은 사람을 확실히 알 수 없다. 따라서 반드시 부정청탁을 받은 사람은 기현이다.

37 언어논리력 글의 주제 찾기

| 정답 | ③

| 해설 | 제시된 글의 마지막 문장을 통해 전체 주제를 파악할 수 있다. 즉, 책의 문화는 읽는 일과 직접적으로 연결되며 그것이 생각하는 사회를 만드는 가장 쉽고 빠른 방법이라는 것이다. 따라서 사회에 책 읽는 문화를 퍼뜨리자는 메시지가 글의 주제이다.

38 언어논리력 문맥에 맞는 단어 고르기

| 정답 | ①

| 해설 | 빈칸이 있는 문장과 뒤 문장을 연계해서 살펴보면, 책을 읽는 문화를 통해 생각하는 사회를 만들자는 것이 핵심임을 알 수 있다. 따라서 읽는 일이 퍼지도록 힘쓰고 북돋아 주어야 한다는 의미가 되어야 하므로 빈칸에는 '장려'가 들어가는 것이 적절하다.

39 언어논리력 올바르게 띄어쓰기

| 정답 | ③

| 해설 | '텐데'는 '터인데'가 줄어든 말로 의존명사 '터'에 '인데'가 붙은 말이다. 의존명사는 앞말과 띄어 써야 하므로 '할 텐데'가 적절한 표기이다.

| 오답풀이 |

① '보란 듯이'는 동사 '보다'의 어간 '보-' 뒤에 '-라고 하는'이 줄어든 말인 '-란'이 붙은 '보란' 뒤에, 어미 '-은

/-는/-을' 뒤에 쓰이는 의존 명사 '듯이'가 쓰인 것이다. 따라서 '보란 듯이'와 같이 띄어 쓴다.

② '스물다섯'은 숫자를 나타내는 복합어로 붙여 써야 한다.

④ '걸'은 '것을'의 준말로 '것'은 의존 명사이므로 앞말과 띄어 쓴다.

40 언어논리력 올바른 맞춤법 사용하기

| 정답 | ④

| 해설 | ⑩은 경기가 전개되는 과정에 대해 설명하고 있으므로 '진행'이 들어가는 것이 자연스럽다.

| 오답풀이 |

㉠ 둑점 → 득점

㉡ 제개 → 재개

㉢ 샌터 → 센터

㉣ 정지 → 이동

41 수리력 거리 · 속력 · 시간 활용하기

| 정답 | ③

| 해설 | '속력 $= \dfrac{거리}{시간}$'이므로 열차의 길이를 xm라고 하면 다음과 같은 식을 세울 수 있다.

$$\frac{1,800+x}{80} = \frac{600+x}{30}$$

$54,000 + 30x = 48,000 + 80x$

$6,000 = 50x$

$\therefore x = 120(m)$

따라서 열차의 길이는 120m이다.

42 언어논리력 유의사항 내용 이해하기

| 정답 | ③

| 해설 | '유의사항 2.'를 보면 해외 고사장의 경우에만 컴퓨터용 사인펜 지참이 어려운 응시자들에게 사인펜을 제공한다고 나와 있다.

43 언어논리력 의사소통 태도 파악하기

| 정답 | ④

| 해설 | 정 과장은 강 대리의 말을 경청하지 않고 특별한 대안이 없이 '새로운 주제가 좋다'고 하며 강 대리의 의견에 반대하고 있다. 또한 홍 대리의 의견에도 특별한 대안을 내놓지 않은 채 반대할 뿐만 아니라 상대의 말을 끊는 등 원활한 회의의 진행을 방해하고 있다.

44 수리력 확률 계산하기

| 정답 | ④

| 해설 | 전체 신입사원의 수를 100명이라 가정하고 집합 A, B와 안경을 착용한 사원을 표로 나타내면 다음과 같다.

구분	합계	안경 착용
A	$100 \times 0.6 = 60$(명)	$60 \times 0.7 = 42$(명)
B	$100 \times 0.4 = 40$(명)	$40 \times 0.4 = 16$(명)

따라서 $P(A|안경 \ 쓴 \ 사원) = \dfrac{A에서 \ 안경 \ 쓴 \ 사원}{안경 \ 쓴 \ 사원}$

$= \dfrac{42}{42+16} = \dfrac{21}{29}$ 이다.

45 수리력 표의 수치 분석하기

| 정답 | ②

| 해설 | 연령계층별로 인원수를 알 수 없기 때문에 20 ~ 39세 전체 청년의 자가 거주 비중은 알 수 없다.

| 오답풀이 |

① 20 ~ 24세 청년 중 62.7%가 보증부월세, 15.4%가 순수월세로, 약 78.1%가 월세 형태로 거주하고 있으며 자가 비율은 5.1%이다.

③ 연령계층이 높아질수록 자가 거주 비율은 5.1→13.6 →31.9→45.0으로 높아지고 있으나 월세 비중은 78.1 →54.2→31.6→25.2로 작아지고 있다.

④ 25 ~ 29세 청년의 자가 거주 비중은 13.6%로 5.1%인 20 ~ 24세보다 높다. 25 ~ 29세 청년 중 임차 형태로 거주하는 비중은 24.7+47.7+6.5=78.9(%)이며, 월세로 거주하는 비중은 47.7+6.5=54.2(%)이다.

7회 기출예상문제

▶ 문제 192쪽

01	③	02	②	03	④	04	①	05	④
06	④	07	④	08	①	09	④	10	④
11	④	12	②	13	③	14	④	15	②
16	③	17	③	18	④	19	④	20	①
21	④	22	④	23	④	24	①	25	④
26	③	27	②	28	④	29	④	30	①
31	②	32	①	33	④	34	①	35	④
36	④	37	②	38	①	39	②	40	④
41	③	42	④	43	④	44	④	45	④

01 언어논리력 의사소통 태도 파악하기

| 정답 | ③

| 해설 | B는 A가 하는 대화에 적극적인 반응을 보이고 있지 않으며, 휴대 전화 게임을 하는 등 A와의 대화에 무관심한 태도를 보이고 있다. 따라서 ③이 적절하다

02 언어논리력 사자성어 이해하기

| 정답 | ②

| 해설 | 제시된 글과 관련 있는 사자성어는 '새옹지마(塞翁之馬)'로 인생은 변화가 많아서 길흉화복을 예측하기가 어려움을 의미한다.

| 오답풀이 |

① 유비무환(有備無患) : 미리 준비가 되어 있으면 걱정할 것이 없음.

③ 전화위복(轉禍爲福) : 재앙과 근심, 걱정이 오히려 복으로 바뀜.

④ 자업자득(自業自得) : 자기가 저지른 일의 결과를 자기가 받음.

7회 기출예상문제 **59**

03 문제해결력 순위 추론하기

| 정답 | ④

| 해설 | 가점과 감점을 고려한 직원별 총점은 다음과 같다.

- 전지현 : 83＋75＝158(점)
- 김종인 : 81＋77＋3－5＝156(점)
- 박종필 : 85＋70＋3＝158(점)
- 조해영 : 79＋87－5＝161(점)

따라서 1순위는 조해영이고, 2순위의 경우 총점이 같은 전지현과 박종필 중 직무능력평가 점수가 더 높은 박종필이 된다.

04 문제해결력 명제 추론하기

| 정답 | ①

| 해설 | 제시된 명제를 정리하면 다음과 같다.

- 2호선→5호선
- 9호선→7호선

'8호선을 이용하면 5호선을 이용한다'가 성립하기 위해서는 '2호선을 이용하면 5호선을 이용한다'와 삼단논법으로 이어질 수 있어야 한다. 따라서 '8호선을 이용하면 2호선을 이용한다'가 참이라면 '8호선→2호선→5호선'이 성립한다.

05 언어논리력 세부 내용 이해하기

| 정답 | ④

| 해설 | 두 번째 문단에서 미국이 무자혜딘을 지원했으나, 오사마 빈 라덴이 미국의 직접적인 지원을 받았다는 내용은 제시되어 있지 않다.

| 오답풀이 |

① 첫 번째 문단에서 '미국의 지미 카터 대통령이 중동에서 미국의 국익에 반하는 행위가 있다면 군사 행위를 하겠다고 직접 밝혔다'라고 하였으므로 적절한 설명이다.

② 두 번째 문단에서 '아프가니스탄에서 소련은 엄청난 인적, 물적 손실을 입게 되었다'라고 하였다.

③ 두 번째 문단의 '카터의 선언은 과잉 대응한 면이 있었다. 이전에 미국이 베트남을 과소평가하여 큰 희생을 치른 것과 마찬가지로'를 통해 알 수 있다.

06 언어논리력 속담 이해하기

| 정답 | ④

| 해설 | '누워서 침뱉기'는 남을 해치려다가 도리어 자기가 해를 입게 된다는 뜻으로, 러시아를 견제하려고 취한 행동들로 인해 이후에 자신이 피해를 입게 된 미국의 상황과 연관이 있다.

| 오답풀이 |

① 잘 아는 일이라도 세심하게 주의해야 한다는 뜻이다.

② 지조 없이 조그만 이익에도 이 편 저 편에 붙는다는 뜻이다.

③ 강한 자들끼리 싸우는 사이에서 아무 상관도 없는 약자가 피해를 입게 된다는 뜻이다.

07 언어논리력 세부 내용 이해하기

| 정답 | ④

| 해설 | 정부의 감축 계획은 언급하고 있지만, 구체적인 규제방법에 대해서는 제시하고 있지 않다.

| 오답풀이 |

① NOAA의 기후현황보고서, 기상청 자료 등을 통해 지구온난화가 심화되고 있다는 주장의 근거 내용을 제시하고 있다.

② '지구온난화 대책으로 무엇이 있을까?'라는 질문을 던져 주의를 환기시키고 있다.

③ 첫 번째 문단에서 열돔이 원인임을 제시했다.

08 언어논리력 글을 바탕으로 추론하기

| 정답 | ①

| 해설 | 제시된 글의 중심이 되는 소재는 지구온난화와 온실가스 배출 감소 등의 대책 마련이다. 따라서 화력발전량의 일정 비율을 신재생에너지로 공급하는 기관에서 회의 자료로 사용하기에 가장 적절하다.

09 언어논리력 단어 뜻 파악하기

| 정답 | ④

| 해설 | '동물의 강한 힘과 거대한 지구는 인간에게 공포심과 경외감을 심어 준다'는 문장에서 사용된 '심다'는 '마음속에 확고하게 자리 잡게 하다'라는 의미로 사용되었다. 이와 동일하게 사용된 것은 ④이다.

| 오답풀이 |

①, ② '초목의 뿌리나 씨앗 따위를 흙 속에 묻다'라는 의미로 사용되었다.

③ '어떤 사회에 새로운 사상이나 문화를 뿌리박게 하다'라는 의미로 사용되었다.

10 언어논리력 글의 결론 파악하기

| 정답 | ④

| 해설 | 제시된 글은 본인이 느끼는 감각을 하나의 용어로 칭하여 사용할 수 없음에 대해 이야기하고 있다. 그러므로 혼자만의 감각을 통해 생성된 용어는 무의미하다는 ④가 결론으로 적절하다.

11 문제해결력 조건을 바탕으로 명제 판단하기

| 정답 | ④

| 해설 | 마지막 조건에 의하면 다음과 같이 배치된다.

		F				H

다섯 번째 조건에 의하면 B는 F와 H 사이에 위치해야 한다. 첫 번째 조건에 의해 A, B, C는 순서에 상관없이 연속되어야 하고, 두 번째 조건으로 A와 F 사이에 1명의 식사 당번이 있어야 하므로 A는 여섯 번째 식사 당번이다.

		F		A		H

세 번째 조건으로 B와 D 사이에 1명의 식사 당번이 있어야 하므로 B는 다섯 번째 식사 당번이 되고 세 번째 식사 당번은 D가 된다. 첫 번째 조건에 의해 A, B, C는 연속해야 하므로 일곱 번째 식사 당번은 C가 된다.

		D	F	B	A	C	H

네 번째 조건에 의해 E는 두 번째 식사 당번이 되고 첫 번째 식사 당번은 G가 된다.

G	E	D	F	B	A	C	H

따라서 D 앞에는 G, E 두 명의 식사 당번이 있다.

12 문제해결력 조건을 바탕으로 추론하기

| 정답 | ②

| 해설 | 먼저 다섯 번째 조건에 따라 희은과 찬빈은 시사토론 강의를 수강한다. 여섯 번째 조건에 따라 예림은 두 개의 강의를 수강하고 있는데, 마지막 조건에서 예림은 영어회화를 듣지 않는다 하였으므로 예림은 시사토론과 수영을 수강한다. 네 번째 조건에 따라 은희와 유민은 두 개의 같은 강의를 수강하는데, 시사토론의 경우 남은 자리가 하나이므로 은희와 유민은 영어회화와 수영을 수강한다. 여섯 번째와 일곱 번째 조건에 따라 영준은 시사토론과 영어회화를 수강하고, 해진은 자리가 남은 영어회화를 수강한다. 이를 표로 정리하면 다음과 같다.

구분	영어회화(4명)	시사토론(4명)	수영(3명)
해진	○	×	×
예림	×	○	○
희은	×	○	×
찬빈	×	○	×
은희	○	×	○
영준	○	○	×
유민	○	×	○

13 언어논리력 올바르게 띄어쓰기

| 정답 | ③

| 해설 | '거'는 '것'을 구어적으로 표현하는 의존 명사로 '좋을 거 같다'와 같이 띄어 써야 한다.

| 오답풀이 |

① '해보니까'는 본용언과 보조 용언의 구성으로 띄어 쓰는 것이 원칙이나 붙여 쓰는 것도 허용된다.

② 접사 '－들'은 명사의 뒤에 붙어 '복수'의 뜻을 나타내는 것으로 앞말과 붙여 쓰며, 의존 명사 '들'은 열거한 사물 모두를 가리키는 것으로 앞말과 띄어 쓴다.

④ '보란 듯이'의 '듯'은 의존 명사이므로 앞말과 띄어 써야 한다.

대전기출복원 / 1회 기출예상 / 2회 기출예상 / 3회 기출예상 / 4회 기출예상 / 5회 기출예상 / 6회 기출예상 / 7회 기출예상 / 8회 기출예상 / 9회 기출예상

14 언어논리력 안내 자료 이해하기

| 정답 | ②

| 해설 | 영업이익과 관련된 사항은 〈신청자 프로필 양식 및 기입내용과 방법〉에서 찾아볼 수 없다.

| 오답풀이 |

① '출신학교'에 해당되는 내용이다.

③ '주요 경력'에 해당되는 내용이다.

④ '산학협력 실적'에 해당되는 내용이다.

15 언어논리력 글을 바탕으로 추론하기

| 정답 | ②

| 해설 | 제시된 글은 경제 위기가 여성 노동에 미치는 영향에 관한 세 가지 가설을 통해, 각각의 가설을 경험적으로 검토하면서 세 가지 가설로는 설명될 수 없는 두 가지 반례를 들어 가설의 설명력이 경기의 국면과 산업 부분에 따라 차별적이라는 결론을 내리고 있다. 그중 1970 ~ 1980년대 경기 침체기의 상황에서 불황의 초기 국면에서는 여성 고용이 감소하였다고 하였으므로, 경기 변동과 관계없이 여성의 경제 활동 참여가 지속적으로 증가하고 있다고 유추하기는 어렵다.

| 오답풀이 |

① 경험적 연구를 근거로 세 가설의 설명력이 차별적이라고 하였다. 그러므로 경험 자료에 따라 어떤 현상을 추측하여 설명하는 가설의 타당성이 결정되어 그 가설은 기각되거나 채택됨을 알 수 있다.

③ 경제 위기가 여성 노동에 미치는 영향에 관한 가설이 대표적으로 3가지가 있고, 이 또한 경기의 국면과 산업 부문에 따라 부적합할 수 있다. 따라서 사회 현상을 특정 입장으로 명료하게 설명하는 것은 어려움을 유추할 수 있다.

④ 대체 가설에서 기업은 비용 절감과 생산의 유연성 증대로 남성 대신 여성 노동력을 사용한다고 하였으므로, 이 가설에 따르면 여성의 임금이 남성보다 낮다.

16 언어논리력 글의 흐름에 맞는 접속어 고르기

| 정답 | ③

| 해설 | ㉠ 빈칸 앞의 내용은 경제 위기에서의 여성 고용 추

이에 대한 여러 연구 내용을 소개하는 것이고, 빈칸 뒤의 내용은 1970 ~ 1980년대 서구의 경험적 연구를 소개한다. 즉, 세 가지의 연구 입장을 소개한 후 이와 관련시키며 서구의 경험적 연구라는 또 다른 방향으로 내용을 이끌어 가는 '그런데'가 적절하다.

㉡ 빈칸 앞, 뒤 내용 모두 1970 ~ 1980년대 서구의 경험적 연구에 관한 설명이므로 '그 위에 더. 또는 거기에다 더'라는 의미를 지닌 '또한'이 적절하다.

| 오답풀이 |

① '즉'은 앞의 내용을 다시 설명할 때 쓰는 접속어이고, '반면'은 앞뒤 내용이 상반될 때 쓰는 접속어이다.

② '그러나'는 앞뒤 내용이 상반될 때 쓰는 접속어이고, '따라서'는 앞의 내용이 뒤의 내용의 원인이나 이유, 근거가 될 때 쓰는 접속어이다.

④ '그러므로'는 앞의 내용이 뒤의 내용의 원인이나 이유, 근거가 될 때 쓰는 접속어이고, '하지만'은 앞뒤 내용이 서로 상반될 때 쓰는 접속어이다.

17 수리력 표를 바탕으로 수치 계산하기

| 정답 | ③

| 해설 | ㉠ 경영학 전공인 남성의 석사 학위 취득자 대비 박사 학위 취득자 비율은 $\frac{20}{75} \times 100 ≒ 26.7(\%)$이다.

㉡ 사회학 전공으로 석·박사 학위를 취득한 전체 여성 중 박사 학위 취득자는 $\frac{9}{40+9} \times 100 ≒ 18.4(\%)$를 차지한다.

18 수리력 상품의 이익 구하기

| 정답 | ③

| 해설 | 상품의 원가를 x원이라 하면 다음과 같은 식이 성립한다.

$1.4x \times 0.85 - x = 2,660$

$0.19x = 2,660$

$\therefore x = 14,000(원)$

따라서 상품을 정가로 팔 때의 이익은 $14,000 \times 0.4 = 5,600(원)$이다.

19 수리력 단위 변환하기

| 정답 | ④

| 해설 | 1t＝1,000kg이므로 20,000,000kg은 20,000,000 ÷1,000＝20,000(t)이다.

20 수리력 표의 수치 분석하기

| 정답 | ①

| 해설 | (A) ～ (D)에 들어갈 수치를 계산하면 다음과 같다.

• (A) : 736,868－42,400－126,615－141,856－305,776 ＝120,221

• (B) : 823,141－111,642－114,338－156,275－86,150＝ 354,736

• (C) : 433,657－141,856－156,275＝135,526

• (D) : 2,439,458－736,868－823,141＝879,449

따라서 C 국에 대한 수입량은 20X9년에 감소하였다.

| 오답풀이 |

② D 국과 E 국의 20X7 ～ 20X9년 국가별 수입량 합계는 다음과 같다.

•D 국 : 120,221＋86,150＋64,734＝271,105(만 리터)

•E 국 : 305,776＋354,736＋305,221＝965,733(만 리터)

따라서 D 국의 합계가 가장 적다.

③ 석유의 총수입량은 736,868 → 823,141 → 879,449로 매해 증가하였다.

④ 823,141만 리터인 20X8년 총수입량은 965,733만 리터인 E 국의 3개년 합계보다 적다.

21 수리력 표를 바탕으로 수치 계산하기

| 정답 | ④

| 해설 | 20의 해설을 참고하면 (A)는 120,221, (B)는 354,736, (C)는 135,526, (D)는 879,449이므로 (D)에서 (A), (B), (C)를 뺀 값은 879,449－120,221－354,736－135,526＝268,966이다.

22 수리력 그래프 분석하기

| 정답 | ④

| 해설 | 근로자 평균 연령의 변화폭은 42－38.5＝3.5(년), 근속연수의 변화폭은 6.5－6＝0.5(년)으로 근로자 평균 연령의 변화폭이 더 크다.

| 오답풀이 |

① 근로자 평균 연령은 20X5년에 0.1년 감소하였지만 대체로 높아지고 있는 추세이다.

② 20X9년이 6.5년으로 근로자 평균 근속연수가 가장 길었다.

③ 조사 기간 중 근로자 평균 연령이 감소한 해는 20X5년 뿐이다.

23 수리력 방정식 활용하기

| 정답 | ④

| 해설 | 작년 바둑동호회 남성 회원 수를 x명이라 하면 작년 바둑동호회 여성 회원 수는 $(60-x)$명이다. 따라서 다음과 같은 식이 성립한다.

$1.05x+0.9(60-x)=60$

$0.15x=6$

∴ $x=40$(명)

따라서 올해의 남성 회원 수는 작년에 비해 5% 증가했으므로 40×1.05＝42(명)이다.

24 수리력 그래프의 수치 계산하기

| 정답 | ①

| 해설 | 거주 형태에 대한 조사 결과에서 자가를 제외한 전·월세 또는 지인과 동거 중이라고 응답한 사람은 2,000 ×(0.384＋0.11＋0.088)＝1,164(명)이므로, 향후 2년 내에 내 집 마련 계획이 있다고 응답한 사람은 1,164×0.25 ＝291(명)이다.

25 　수리력　경우의 수 구하기

|정답| ④

|해설| 7명 중 C와 F가 이웃한다는 조건이 있으므로 C와 F를 한 명으로 보고 6명이 일렬로 서는 경우를 계산하면 6! $=6\times5\times4\times3\times2\times1=720$(가지)이다. 여기에 이웃한 C와 F의 자리가 바뀌는 경우 2가지가 있으므로 경우의 수는 총 $720\times2=1,440$(가지)이다.

26 　수리력　확률 계산하기

|정답| ③

|해설| 적어도 한 명이 합격할 확률은 전체 확률인 1에서 모두 불합격할 확률을 빼면 된다. 정수가 합격할 확률은 $\frac{1}{4}$이므로 불합격할 확률은 $\frac{3}{4}$이고, 같은 식으로 현민이 불합격할 확률은 $\frac{4}{5}$, 지혜가 불합격할 확률은 $\frac{1}{2}$이다. 따라서 적어도 한 명이 합격할 확률은 $1-\left(\frac{3}{4}\times\frac{4}{5}\times\frac{1}{2}\right)=$ $\frac{7}{10}=0.7$이다.

27 　언어논리력　어법에 맞는 문장 파악하기

|정답| ②

|해설| '급파하다'는 주어가 목적어를 급히 파견하는 동작을 나타내는 경우에 쓰여야 하므로 자체소방대와 응급구조사는 '급파되었다'로 수정되어야 한다.

28 　언어논리력　글을 바탕으로 추론하기

|정답| ④

|해설| LNG 누출과 화재 및 부상자 발생 상황도 연출하였으므로 ○○공사 LNG 생산기지의 안전성과 견고함을 확인한 훈련이 아닌, 사고 발생 시의 효과적이고 신속한 대처법을 훈련한 기회라고 보아야 한다.

|오답풀이|

① 참관인 150여 명이 지켜보는 가운데 실시한 훈련으로 지진 상황 발생 시 신속한 대응과 국민의 경각심 유발을 목적으로 하였다고 볼 수 있다.

② 각 기관 간의 협업체제 구축이 중요 훈련 내용이다.

③ 유관기관들의 정보 공유를 위한 ICT 재난대응 시스템이 돋보이는 훈련이라고 볼 수 있다.

29 　언어논리력　문맥에 따라 빈칸 채우기

|정답| ④

|해설| 제시된 글의 앞부분에서는 노동시장에서의 남성과 여성의 구별은 기본적으로 여성의 생애사적인 면에서 기인한다고 분석하고 있으며, 뒷부분에서는 반전된 의견을 제시하며 여성이 직면하는 '공통의 위험'에만 집중하는 정책의 문제점을 지적한다. 따라서 빈칸에는 '여성 각자가 처한 상이한 상황과 경험의 간과'를 언급하며 '또 다른 배제'라는 문제를 일으키게 된다는 내용이 들어가야 한다.

30 　수리력　그래프 분석하기

|정답| ①

|해설| 3ha 이상의 농가 비중은 2000 ~ 2015년 동안 6.3 → 7.2 → 8.6 → 9.4로 계속 증가하다가 2020년에 9.0으로 감소하였다.

|오답풀이|

② 0.5 ~ 3ha 미만 농가 비중은 64.8 → 61.0 → 55.4 → 50.5 → 46.3으로 계속 감소하였다.

③ 0.5 ~ 3ha 미만 농가의 비중이 항상 가장 큰 것은 그래프를 통해 확인할 수 있다.

④ 0.5ha 미만 농가의 비중은 28.9 → 31.8 → 36.0 → 40.1 → 44.7로 꾸준히 증가하였다.

31 　수리력　일의 양 구하기

|정답| ②

|해설| 전체 일의 양을 1로 생각하면, 선진이와 수연이의 하루 일의 양은 다음과 같다.

• 선진이가 하루에 하는 일의 양 : $\frac{1}{8}$

• 수연이가 하루에 하는 일의 양 : $\frac{1}{12}$

따라서 둘이 함께 한다면

$$1 \div \left(\frac{1}{8} + \frac{1}{12} \right) = 1 \div \left(\frac{3}{24} + \frac{2}{24} \right) = \frac{24}{5} = 4.8, \ \text{즉 5일이}$$

걸린다.

32 문제해결력 명제 판단하기

| 정답 | ①

| 해설 | 영화를 좋아하면 꼼꼼한 성격이고 꼼꼼한 성격이면 편집을 잘한다. 따라서 '영화를 좋아하면 편집을 잘한다'가 성립한다. 이 명제가 참이라면 대우인 '편집을 잘하지 못하면 영화를 좋아하지 않는다'라는 문장도 반드시 참이 된다.

33 문제해결력 진위 추론하기

| 정답 | ③

| 해설 | A, B, E는 서로 상반된 진술을 하고 있으므로, 이 셋 중 두 명 이상이 잘못된 정보를 말하고 있다. 따라서 C와 D는 진실을 말하고 있다고 볼 수 있다. 이때 진실인 D의 말에 따라 A의 말 또한 진실이므로, 잘못된 정보를 말하는 사람은 B와 E이다.

34 문제해결력 논리적 오류 파악하기

| 정답 | ①

| 해설 | 원천봉쇄의 오류는 자신의 주장에 대해서 일어날 수 있는 반론의 가능성을 미리 비판함으로써 아예 반론 자체를 불가능하게 만드는 오류이다. 따라서 제시된 글은 원천봉쇄의 오류를 범하고 있다.

| 오답풀이 |

② 피장파장의 오류 : 상대방도 그러한 적이 있음을 들어 자신의 과오가 없다고 주장하는 오류이다.

③ 은밀한 재정의의 오류 : 단어를 원래 약속한 의미가 아닌 전혀 다른 의미로 사용함에 따라 발생하는 오류이다.

④ 성급한 일반화의 오류 : 일부 사례만을 제시하거나 대표성이 없는 불확실한 자료만을 가지고 결론을 도출하는 데서 발생하는 오류이다.

35 언어논리력 자료의 내용 파악하기

| 정답 | ④

| 해설 | 제시된 문서는 홍보팀·마케팅팀의 직원을 대상으로 하는 '업계 마케팅 동향 및 사례 분석' 연수 계획서이다. 연수 과정에서 마케팅 이론을 학습한다는 것은 짐작할 수 있지만 연수의 목표가 마케팅 이론을 학습하는 것이라고 볼 근거는 제시되어 있지 않다. 그보다는 '8. 연수 목적'의 '실무 적용'과 '마케팅 사례 학습' 등의 내용에 근거하여 실무 능력을 향상하기 위한 것으로 보는 것이 타당하다.

| 오답풀이 |

① 연수 종별이 직무연수이고, 연수 대상이 홍보팀과 마케팅팀으로 한정되어 있다.

② 연수 이수 시간은 16시간이고 교육 시간은 총 19시간이다.

③ 연수 위치와 연수 기간 항목을 통해 알 수 있다.

36 언어논리력 세부 내용 이해하기

| 정답 | ④

| 해설 | 제시된 글에 의하면 경험론자들은 정신에 타고난 관념 또는 선험적 지식이 있다는 것을 부정하고 모든 지식은 감각적 경험과 학습을 통해 형성된다고 보았으므로 생물학적 진화보다는 학습을 중요시하였음을 알 수 있다.

| 오답풀이 |

① 학습과 생물학적 진화 간의 우월성을 비교하는 내용은 나타나 있지 않다.

② 진화된 대부분의 동물들에게 학습 능력이 존재한다고 하였다.

③ 인간 사회의 변화는 생물학적 진화보다는 거의 전적으로 문화적 진화에 의한 것이라고 하였다.

37 언어논리력 세부 내용 이해하기

| 정답 | ②

| 해설 | 김 팀장은 부서별로 다양한 의견을 수렴할 기회 없이 회사 단합대회가 진행되는 것에 대해 아쉬워하고 있으나, 송 부장의 설명을 듣고 참석할 수 있도록 일정을 조정해 보겠다고 하였다.

대전교육청공무원 1회 기출예상 2회 기출예상 3회 기출예상 4회 기출예상 5회 기출예상 6회 기출예상 7회 기출예상 8회 기출예상 9회 기출예상

38 언어논리력 글을 바탕으로 추론하기

| 정답 | ①

| 해설 | 지금까지 회사 단합대회는 여러 사원들의 의견을 모아 시기, 장소, 내용 등을 결정해 왔으나, 부서별로 업무 진행 상황이 각각 달라 의견을 모을 시간이 부족한 데다 다음 달 대규모 인사이동으로 국내외 발령자가 많아질 예정이므로 올해는 임원회의에서 결정된 사항에 따라 진행된다고 하였다. 이를 통해 조직의 상황과 목적에 따라 의사결정 방식이 달라질 수 있음을 알 수 있다.

39 언어논리력 글의 서술 방식 파악하기

| 정답 | ②

| 해설 | 제시된 글은 이분법적 사고와 부분만을 보고 전체를 판단하는 것의 위험성을 예시를 들어 설명하고 있다. 특히 세 번째 문단에서는 '으스댔다', '우겼다', '푸념했다', '넋두리했다', '뇌까렸다', '잡아뗐다', '말해서 빈축을 사고 있다' 등의 서술어를 열거해 주관적 서술로 감정적 심리 반응을 유발하는 것이 극단적인 이분법적 사고로 이어질 수 있음을 강조하고 있다.

40 문제해결력 조건을 바탕으로 추론하기

| 정답 | ④

| 해설 | D는 선거일 기준으로 40세이며, 외교관 활동은 공무이므로 외교관으로 활동한 30년은 국내 거주 기간에 포함되어 대통령 피선거권을 가질 수 있다.

| 오답풀이 |

• A : 선거일 기준으로 43세이지만, 미국 단일 국적을 지닌 외국인이므로 대통령 피선거권을 가지지 못한다.

• B : 선거일 기준으로 46세이지만, 국내 거주 기간이 선거일 기준으로 5년 미만이므로 대통령 피선거권을 가지지 못한다.

• C : 선거일 기준으로 39세이므로 대통령 피선거권을 가지지 못한다.

41 언어논리력 자료 내용 파악하기

| 정답 | ③

| 해설 | 제시된 글에 따르면 △△시 상징물 테마 열차는 '하늘 위에서 △△시를 내려보다'라는 구성으로 제작하였으며, '우연히 만난 도시철도, △△시 바다를 여행하는 기분'은 △△시 바다 테마 열차의 콘셉트이다.

42 언어논리력 글을 바탕으로 추론하기

| 정답 | ④

| 해설 | (가)와 (나)는 공통적으로 배움의 자세에 대해 말하고 있다. 따라서 도저히 불가능한 일을 굳이 무리하게 하려함을 비유하는 말인 '상산구어(上山求魚)'는 (가), (나)와 모두 어울리지 않는다.

| 오답풀이 |

② 『예기』는 유교 경전인 '오경(五經)' 중 하나이다.

③ (나)는 계획에 따른 성실한 생활과 배움의 자세에 대해 말하고 있다.

43 수리력 표를 바탕으로 수치 계산하기

| 정답 | ④

| 해설 | 지역별 1인당 교통카드 지출액을 계산하면 다음과 같다.

• A 지역 : 602,640,000(만 원) ÷972(만 명) =620,000(원)

• B 지역 : 194,370,000(만 원) ÷341(만 명) =570,000(원)

• C 지역 : 162,250,000(만 원) ÷295(만 명) =550,000(원)

• D 지역 : 157,300,000(만 원) ÷242(만 명) =650,000(원)

따라서 D 지역의 1인당 교통카드 지출액이 가장 많다.

44 수리력 거리 · 속력 · 시간 활용하기

| 정답 | ④

| 해설 | A가 자전거로 이동하는 거리는 6×2=12(km)이고, 속력이 10km/h이므로 A가 자전거를 타는 시간은 다음과 같다.

$$시간 = \frac{이동거리}{속력} = \frac{12(km)}{10(km/h)} = 1.2(h) = 72(분)$$

10분에 85kcal를 소모한다고 했으므로, 72분 동안에는 $\frac{85}{10} \times 72 = 612(\text{kcal})$가 소모된다.

45 수리력 | 표의 수치 분석하기

| 정답 | ④

| 해설 | K 백화점은 J 백화점보다 인건비는 적게 들면서 매출액은 더 많으므로 인건비 대비 매출액이 높다.

| 오답풀이 |

① K 백화점의 매출액은 343,410백만 원이고 매출원가는 181,656백만 원이다. J 백화점의 매출액은 312,650백만 원, 매출원가는 153,740백만 원이므로 둘 다 K 백화점이 높다.

② '매출 총이익＝매출액－매출원가'이므로 각 백화점의 매출 총이익은 다음과 같다.
- K 백화점 : $343,410 - 181,656 = 161,754$(백만 원)
- J 백화점 : $312,650 - 153,740 = 158,910$(백만 원)

따라서 K 백화점이 더 많다.

③ '직원 1인당 평균 인건비＝인건비÷종사자 수'이므로 각 백화점의 직원 1인당 평균 인건비는 다음과 같다.
- K 백화점 : $26,705 \div 245 = 109$(백만 원)
- J 백화점 : $28,160 \div 256 = 110$(백만 원)

따라서 J 백화점이 더 높다.

8회 기출예상문제

▶ 문제 216쪽

01	④	02	①	03	②	04	①	05	④
06	①	07	④	08	③	09	①	10	②
11	①	12	④	13	④	14	④	15	②
16	③	17	③	18	④	19	①	20	③
21	②	22	③	23	③	24	①	25	④
26	①	27	③	28	③	29	②	30	②
31	②	32	①	33	②	34	④	35	②
36	③	37	③	38	②	39	②	40	②
41	①	42	④	43	②	44	③	45	①

01 언어논리력 | 의사소통 태도 파악하기

| 정답 | ④

| 해설 | 김 부장은 가격 협상만 남았다는 성 사원의 지난 보고를 토대로 계약 건이 어떻게 마무리되었는지를 물었는데, 이는 가격 협상이 제대로 완료되었는지를 물은 것이다. 하지만 김 부장의 질문 의도를 파악하지 못한 성 사원은 엉뚱한 대답을 하였다. 이는 대화 상대가 요구하는 것이 무엇인지를 제대로 파악하지 못하여 발생한 상황이므로, ④와 같은 조언을 해주는 것이 가장 적절하다.

02 언어논리력 | 단어 뜻 파악하기

| 정답 | ①

| 해설 | 〈보기〉와 ①의 '어쩌다가'는 '뜻밖에 우연히'라는 뜻으로 사용되었다.

| 오답풀이 |

②, ④ '이따금 또는 가끔가다가'라는 뜻으로 사용되었다.

③ '어찌하다가'의 준말로 사용되었다.

03 문제해결력 명제 추론하기

| 정답 | ②

| 해설 | 첫 번째 명제와 두 번째 명제의 대우인 '불면증을 겪는 사람은 생과일주스를 좋아하지 않는다'의 삼단논법을 통해 '아침에 커피를 한 잔씩 마시는 사람은 생과일주스를 좋아하지 않는다'가 성립함을 알 수 있다.

04 문제해결력 진위 추론하기

| 정답 | ①

| 해설 | W와 Z의 주장이 모순되므로 둘 중 한 사람이 거짓을 말하는 경우를 확인해 본다.

• Z가 거짓말을 한 경우(W가 4위) : V는 2등이며, X와 연이어 들어왔으므로 X는 1등 혹은 3등이 된다. X가 1등일 경우 Y가 3등, X가 3등일 경우 Y가 1등이나 꼴등이 되는데 이 경우 Z가 1등도 5등도 아니라는 Y의 주장도 거짓이 되므로 적절하지 않다.

• W가 거짓말을 한 경우(W가 5위) : V, Z의 주장에 의해 2등과 5등은 각각 V와 W가 되며 W와 Y의 순위 차이가 가장 크다고 했으므로 Y는 1등이 된다. V와 연이어 있는 X는 3등이 되고, 1등도 5등도 아닌 Z는 4등이 된다. 이를 정리하면 다음과 같다.

1위	2위	3위	4위	5위
Y	V	X	Z	W

05 언어논리력 글의 흐름에 맞게 문장 배열하기

| 정답 | ④

| 해설 | 먼저 제시된 문장에서 중심소재로 등장한 미세플라스틱의 유해한 점인 화학물질을 상세하게 설명하고 있는 (나)가 오고, 미세플라스틱에 노출된 것과 관련한 실험 결과로 (나)의 내용을 뒷받침하는 (마)가 이어져야 한다. 또한 '더불어'로 미세플라스틱의 유해한 영향을 말하며 (마)의 내용과 이어지는 (가)가 오고, 이러한 상황이 필연적임을 말하는 (라)가 그다음에 위치한다. 마지막으로 '이처럼'으로 시작하여 내용을 정리하는 (다)가 위치하는 것이 적절하다. 따라서 (나)-(마)-(가)-(라)-(다) 순이 적절하다.

06 언어논리력 속담 이해하기

| 정답 | ①

| 해설 | • 개구리 올챙이 적 생각 못 한다 : 형편이나 사정이 전에 비하여 나아진 사람이 지난날의 미천하거나 어렵던 때의 일을 생각지 아니하고 처음부터 잘난 듯이 뽐냄을 비유적으로 이르는 말이다.

• 소 잃고 외양간 고친다 : 소를 도둑맞은 다음에서야 빈 외양간의 허물어진 데를 고치느라 수선을 떤다는 뜻으로, 일이 이미 잘못된 뒤에는 손을 써도 소용이 없음을 비꼬는 말이다.

• 등잔 밑이 어둡다 : 대상에서 가까이 있는 사람이 도리어 대상에 대하여 잘 알기 어려움을 이르는 말이다.

따라서 세 속담과 공통적으로 관련이 있는 단어는 슬기롭지 못하고 둔하다는 뜻인 '어리석음'이다.

07 언어논리력 세부 내용 이해하기

| 정답 | ④

| 해설 | 마지막 문단의 '전문가들은 비타민 제품을 고를 때 자신에게 필요한 성분인지, 함량이 충분한지, 활성형 비타민이 맞는지 등을 충분히 살펴본 다음 선택하라고 권고한다'를 통해 시중에 있는 다양한 비타민 제품은 사람마다 다른 효과를 낼 수 있음을 알 수 있다.

| 오답풀이 |

① 과로로 인한 피로가 6개월 이상 지속되면 만성피로로 진단될 수 있다고 제시되어 있다. 따라서 피로가 1년 이상 지속된 철수는 만성피로로 진단될 수 있다.

② 만성피로를 내버려두면 면역력이 떨어져 감염병에도 취약해질 수 있다고 했으므로 피로는 독감과 같은 전염병에 걸리기 쉽게 만든다는 것을 알 수 있다.

③ 비타민 B군으로 대표되는 활성비타민은 스트레스 완화, 면역력 강화, 뇌신경 기능 유지, 피부와 모발 건강 등에도 도움을 준다고 하였다.

08 언어논리력 글에 알맞은 문구 작성하기

| 정답 | ③

| 해설 | 제시된 글에서는 바쁜 현대인의 일상에서 규칙적인 운동과 균형 잡힌 식단을 유지하기 어려운 점을 언급하고

있고, 이러한 이유로 간편하게 섭취할 수 있는 활성비타민이 인기를 끌고 있다고 설명하고 있다. 따라서 활성비타민 영양제인 A를 홍보하며 운동과 균형 잡힌 식단을 실천할 수 있다는 내용의 문구는 제시된 글의 내용에 알맞지 않다.

09 언어논리력 사자성어 이해하기

| 정답 | ①

| 해설 | 제시된 사례에서는 말라리아의 주요 증세가 고열이라는 점을 이용하여 병으로 병을 치료하였다. 따라서 '열은 열로써 다스린다'는 의미의 '이열치열(以熱治熱)'이 가장 적절하다.

| 오답풀이 |
② 순망치한(脣亡齒寒) : 입술이 없으면 이가 시리다는 뜻으로, 가까운 사이에 있는 하나가 망하면 다른 하나도 그 영향을 받아 온전하기 어려움을 비유적으로 이르는 말
③ 하충의빙(夏蟲疑氷) : 여름의 벌레는 얼음을 안 믿는다는 뜻으로, 견식이 좁음을 비유해 이르는 말
④ 연목구어(緣木求魚) : 나무에 올라 물고기를 구한다는 뜻으로, 불가능한 일을 무리해서 굳이 하려 함을 비유적으로 이르는 말

10 언어논리력 문맥에 맞지 않는 문장 파악하기

| 정답 | ②

| 해설 | 첫 번째 문장을 소주제문으로 보면 ㉠은 첫 번째 문장의 뒷받침 문장이 되고, ㉢과 ㉣은 첫 번째 문장을 구체화시키는 문장이 된다. ㉡은 국어 순화의 어려움을 언급하면서 글의 통일성을 해치고 있다.

11 문제해결력 조건을 바탕으로 선정하기

| 정답 | ①

| 해설 | 1차 평가에서 통과되는 사람은 A, B, C이다.
2차 평가에서 통과되는 사람은 A(63+52=115), B(58+56=114), C(61+52+3=116) 중 A, C이다.
마지막으로 3차 평가에서 상황대처능력 점수가 높은 A가 선정된다.

12 문제해결력 논리적 오류 파악하기

| 정답 | ④

| 해설 | 성인들의 56%가 청소년들의 길거리 흡연을 제지하지 못했다는 단 하나의 사실만을 가지고 성인들의 도덕심이 결여되어 있다고 판단하고 있다. 이는 몇 가지 사례나 경험만을 가지고 그 전체의 속성을 판단하는 성급한 일반화의 오류이다.

| 오답풀이 |
① 애매어의 오류 : 논증에 사용된 낱말이 둘 이상으로 해석될 수 있을 때, 상황에 맞지 않은 의미로 해석하는 데에서 생기는 오류이다.
② 감정에 호소하는 오류 : 자신의 주장이 옳다는 것을 상대가 받아들이게 하기 위해 알맞은 전제에 호소하지 않고 상대의 정서에 영향을 주려 할 때 생기는 오류이다.
③ 원천봉쇄의 오류 : 어떤 특정한 주장에 대한 반론이 일어날 수 있는 여지를 봉쇄해 반박 자체를 막아 자신의 주장을 옹호하고자 할 때 생기는 오류이다.

13 언어논리력 안내 자료 이해하기

| 정답 | ④

| 해설 | 조직 및 정원 관리를 위해 감사를 계획하고 있으나 외부의 전문 감사기관에 의뢰하는 것인지는 알 수 없다.

| 오답풀이 |
① '효율적인 조직관리 3.'에서 조직 분석·진단을 통해 기능·인력 재배치를 추진한다고 나와 있다.
② '규칙을 준수하는 조직운영 1.'을 보면 하위항목을 통해 준수해야 할 조직관리 원칙과 규칙을 구체적으로 기술하고 있음을 알 수 있다.
③ '추진방향'에 세 가지 항목이 제시되어 있고, '세부 추진 과제'에 추진방향별 주요 내용이 제시되어 있다.

14 언어논리력 글의 중심내용 파악하기

| 정답 | ④

| 해설 | 제시된 글은 안내를 목적으로 한 내용의 기사문이다. 제목에서 알 수 있듯 야외활동 시 진드기를 조심해야 한다는 것이 중심을 이루는 내용이며, ㉣이 이를 가장 잘 반영한 문장임을 알 수 있다.

대전기술보급 1회 기출예상 2회 기출예상 3회 기출예상 4회 기출예상 5회 기출예상 6회 기출예상 7회 기출예상 8회 기출예상 9회 기출예상

| 오답풀이 |

①, ② 단순한 사실을 기술한 것으로 글의 중심내용으로 볼 수 없다.

③ 보건소 관계자의 말을 인용한 것으로, 글의 중심내용으로 볼 수 없다.

15 언어논리력 세부 내용 이해하기

| 정답 | ②

| 해설 | 진드기 활동이 왕성한 시기가 4월부터 11월까지라고 소개되어 있으므로, 이때 야외활동을 했을 시 고열이 난다면 진드기에 물렸음을 의심해 볼 수 있다.

| 오답풀이 |

① 양○○ 씨는 진드기에 물려 사망에 이르게 되었으므로 올바른 판단이 아니다.

③ 중증열성혈소판감소증후군은 바이러스성 감염병이지 전염병이 아니다.

④ 나이가 많은 사람만 위험하다는 언급은 없다.

16 수리력 불량률 계산하기

| 정답 | ③

| 해설 | '불량률 $= \dfrac{불량품의\ 개수}{하루\ 생산량} \times 100$'이므로 계산하면 다음과 같다.

• a 기계 : $\dfrac{17}{5,610} \times 100 ≒ 0.30(\%)$

• b 기계 : $\dfrac{19}{5,830} \times 100 ≒ 0.33(\%)$

• c 기계 : $\dfrac{16}{5,400} \times 100 ≒ 0.30(\%)$

• d 기계 : $\dfrac{21}{5,950} \times 100 ≒ 0.35(\%)$

• e 기계 : $\dfrac{18}{5,670} \times 100 ≒ 0.32(\%)$

따라서 b 기계보다 불량률이 낮은 기계는 모두 3개이다.

17 수리력 부등식 활용하기

| 정답 | ③

| 해설 | x개월 후에 A가 모은 금액은 $(200+20x)$만 원이고 B가 모은 금액은 $(100+50x)$만 원이다. B가 모은 돈이 A가 모은 돈의 두 배가 넘는 시기를 구해야 하므로 식은 다음과 같다.

$2(200+20x) < 100+50x$

$10x > 300$

$\therefore x > 30$(개월)

따라서 지금부터 31개월 후부터 B가 모은 돈이 A가 모은 돈의 두 배가 넘는다.

18 수리력 최대공약수 활용하기

| 정답 | ④

| 해설 | 가로 42cm, 세로 60cm의 벽에 가장 적은 수의 정사각형 타일로 남는 부분 없이 붙이려면 한 변의 길이가 벽의 가로, 세로 길이의 최대공약수에 해당하는 크기의 타일을 사용하면 된다.

$$
\begin{array}{r|rr}
2 & 42 & 60 \\
3 & 21 & 30 \\
\hline
 & 7 & 10
\end{array}
$$

42와 60의 최대공약수는 $2 \times 3 = 6$이므로 정사각형 타일의 한 변의 길이는 6cm이고, 벽의 가로에는 $42 \div 6 = 7$(개), 세로에는 $60 \div 6 = 10$(개) 붙일 수 있다. 따라서 필요한 타일의 최소 개수는 $7 \times 10 = 70$(개)이다.

19 수리력 일의 양 구하기

| 정답 | ①

| 해설 | A 사원은 30장의 문서를 150분(2시간 30분)에 옮기므로 5분$\left(= \dfrac{150}{30}\right)$에 1장 옮기는 것이다. 60장의 문서 중 B 사원이 36장을 옮겼으므로 A 사원은 24장 옮긴 것이 된다. 따라서 A 사원은 $24 \times 5 = 120$(분) 동안 옮기고 B 사원은 나머지 180분(3시간) 동안 36장의 문서를 옮긴 것이 된다. 즉 B 사원은 5분$\left(= \dfrac{180}{36}\right)$에 1장 옮기는 것이다.

따라서 B 사원이 1시간(60분) 동안 워드로 옮길 수 있는 문서는 12장$(=\dfrac{60}{5})$이다.

구분	20대(%)	50대(%)	선호도 차이(%p)
휴대폰 문자인증	73.7	71.9	73.7−71.9=1.8
공인인증서	67.4	79.4	79.4−67.4=12
아이핀(I-PIN)	36.0	25.7	36.0−25.7=10.3
이메일	24.1	21.1	24.1−21.1=3
전화인증	25.6	21.2	25.6−21.2=4.4
신용카드	16.9	26.0	26.0−16.9=9.1
바이오 인증	9.4	9.4	0

20 수리력 **표를 바탕으로 수치 계산하기**

| 정답 | ③

| 해설 | A 유원지의 총매출액 중 소인 남자의 비율은 100−(19.2+23.5+17.8+21.4+12.3)=5.8(%)이다.

21 수리력 **표를 바탕으로 수치 계산하기**

| 정답 | ②

| 해설 | D 유원지의 총매출액 중 여학생이 차지하는 비율은 34.4%이다. 이 중 37%가 고등학생이므로 D 유원지의 총매출액 중 여자 고등학생이 차지하는 비율은 $100 \times \dfrac{34.4}{100}$ $\times \dfrac{37}{100} ≒ 12.7(\%)$이다.

22 수리력 **표의 수치 분석하기**

| 정답 | ③

| 해설 | 이메일을 선택한 20대가 아이핀, 공인인증서를 모두 선택했다면 이 외에 아이핀을 선택한 20대의 비율은 11.9%이다. 따라서 신용카드를 선택한 20대(16.9%) 모두가 아이핀을 동시에 선택할 수 없다.

| 오답풀이 |
① 30대와 40대의 순위는 1위 공인인증서, 2위 휴대폰 문자인증, 3위 아이핀이다.
② 전체 응답자 퍼센트를 더하면 252.9%이다. 따라서 선호 인증수단 3개를 선택한 응답자 수는 최소 52.9%이다.
④ 20대와 50대의 선호도 차이가 가장 큰 인증수단은 공인인증서이다.

23 수리력 **도표를 바탕으로 수치 계산하기**

| 정답 | ③

| 해설 | 중소기업 CEO 400명 중 경공업 분야의 해외경기가 부진하다고 응답한 CEO는 37%이므로 $400 \times \dfrac{37}{100} = 148$(명)이다.

24 수리력 **도표를 바탕으로 수치 계산하기**

| 정답 | ①

| 해설 | 먼저 농수산물 분야의 해외경기가 부진하다고 응답한 CEO의 수를 구하면 $400 \times \dfrac{31}{100} = 124$(명)이다. 이 중에서 7%가 중남미 지역이라고 응답하였으므로 $124 \times \dfrac{7}{100}$ ≒ 9(명)이다.

25 언어논리력 **글의 주장 파악하기**

| 정답 | ④

| 해설 | 제시된 글의 논지는 기후 변화의 원인이 인간이 발생시키는 온실가스 때문이 아니라 태양의 활동 때문이라는 것이며, 온실가스 배출을 낮추기 위한 인간의 노력은 사실상 도움이 되지 않는 낭비라는 주장이다. 따라서 이러한 논지를 반박하기 위한 근거로는 대기오염을 줄이기 위한 인간의 노력이 지구 온난화를 막는 데 효과가 있었다는 내용인 ④가 가장 적절하다.

대전기출복원 1회 기출예상 2회 기출예상 3회 기출예상 4회 기출예상 5회 기출예상 6회 기출예상 7회 기출예상 8회 기출예상 9회 기출예상

26 언어논리력 어법에 맞는 문장 파악하기

| 정답 | ①

| 해설 | 운용은 '무엇을 움직이게 하거나 부리어 씀'의 의미를 갖는 단어로 적절하게 사용되었으며 문장의 호응관계도 적절하다.

| 오답풀이 |

② 문장의 호응이 맞지 않으므로 '불가피할 것으로 전망된다'로 써야 한다.

③ 김 과장이 관련 부서 담당자와 함께 협력업체 실무자를 방문한 것인지 관련 부서담당자와 협력업체 실무자를 동시에 방문한 것인지 알 수 없는 문장이다.

④ '판매하다'는 상품 따위를 팔 때 쓰는 단어이므로 '신제품의 기능을 홍보하고 제품을 판매할 예정이다'로 써야 한다.

27 언어논리력 외래어 표기법 이해하기

| 정답 | ③

| 해설 | setback[setbæk]은 '2.'에 따라 '셋백'이 적절한 표기이다.

| 오답풀이 |

①, ② '1.'에 따라 적절한 표기이다.

④ '3.'에 따라 적절한 표기이다.

28 문제해결력 조건을 바탕으로 명제 판단하기

| 정답 | ③

| 해설 | 다섯 번째 조건에서 (가) 선임과 팀을 이룬 사람은 1명이라고 하였는데, 두 번째 조건에서 B와 E는 같은 팀, 세 번째 조건에서 (다) 선임은 C와 같은 팀, 네 번째 조건에서 D는 (가) 선임과 다른 팀이라고 하였으므로 (가) 선임과 A가 같은 팀임을 알 수 있다. 마지막 조건을 바탕으로 팀을 구성하면 (가)-A, (나)-B, E, (다)-C, D이다.

따라서 A와 C의 선임이 다르므로 ③은 옳지 않다.

29 문제해결력 명제 판단하기

| 정답 | ②

| 해설 | 명제가 참이면 대우도 참이다. ②는 [사실 3]의 대

우이므로 항상 참이다.

| 오답풀이 |

① [사실 1]의 역에 해당하므로 항상 참인지 알 수 없다.

③ [사실 1]의 이에 해당하므로 항상 참인지 알 수 없다.

④ 주어진 명제로는 알 수 없다.

30 문제해결력 진위 추론하기

| 정답 | ②

| 해설 | B의 말이 거짓이므로 C는 검사가 아니다. A와 B 둘 중 한 명이 검사인데, 만약 A가 검사라면 A는 진실만 말한다는 문제의 조건과 검사는 거짓말을 한다는 A의 진술이 상충된다. 따라서 검사는 B이고, B가 변호사라고 한 C의 진술은 거짓이다.

이를 토대로 다음 두 가지 경우가 가능하다.

구분	판사	검사	변호사
경우 1	A	B	C
경우 2	C	B	A

| 오답풀이 |

① 검사는 B이다.

③ 변호사가 A라면 진실을 말하고 있고 C라면 거짓을 말하고 있다.

④ 모든 경우의 수는 두 가지이다.

31 언어논리력 안내 자료 내용 파악하기

| 정답 | ④

| 해설 | 단체 관람이 10명 이상일 때는 예약신청이 필요하나, 총인원이 9명이므로 별도의 예약신청 없이 자유 관람이 가능하다. 또한 홍보관 해설은 선착순으로 마감되므로 일찍 가서 홍보관 1층 데스크에서 신청하는 것이 필요하다.

| 오답풀이 |

① 시각장애인 안내견의 경우 출입이 가능하다.

② 애니메이션은 자체 제작 애니메이션으로 일반 극장에서 관람하는 것은 어려울 것이다.

③ 영어 해설의 경우 관람 4일 전까지 유선 전화로 신청해야 한다.

32 [언어논리력] 글의 제목 찾기

| 정답 | ①

| 해설 | 제시된 글은 최근 시중금리가 내려가면서 대출상품의 금리도 하락했다는 내용이다. 따라서 ①이 제목으로 적절하다.

33 [언어논리력] 의사소통 태도 파악하기

| 정답 | ②

| 해설 | 거절의 의사결정은 빠를수록 좋다. 오래 지체될수록 상대방은 긍정의 대답을 기대하게 되고 의사결정자는 거절을 하기 더욱 어려워진다.

34 [언어논리력] 글의 서술 방식 파악하기

| 정답 | ④

| 해설 | 제시된 글에서는 '불균등한 분배 → 계층 간 격차 확대 → 다음 세대로 전승'으로 불평등 구조가 재생산되고 있다고 말한다. 또 이 재생산 구조는 한국 특유의 배타적 가족주의와 만나 자기 가족의 안락과 번영을 위해 다른 가족의 경제적 빈곤을 악화시키는 현상을 확대한다. 따라서 사회현상의 연속적인 흐름에 따라 설명하고 있다.

35 [수리력] 방정식 활용하기

| 정답 | ③

| 해설 | 수아의 현재 나이를 x세라 하면,
- 3년 후 수아의 나이 : $(x+3)$세
- 3년 후 엄마의 나이 : $x+3+29=x+32$(세)
- 3년 후 아빠의 나이 : $x+3+29+7=x+39$(세)

3년 후에 엄마와 아빠의 나이를 합하면 수아 나이의 7배이므로 이를 식으로 정리하면 다음과 같다.

$$(x+32)+(x+39)=7(x+3)$$
$$2x+71=7x+21$$
$$5x=50$$
$$\therefore \ x=10(세)$$

따라서 수아의 현재 나이는 10세이다.

36 [수리력] 최대 개수 구하기

| 정답 | ③

| 해설 | 주스 18병을 구매했으므로 $18 \div 3 = 6$(병)의 새 주스를 받을 수 있고, 증정받은 6병의 주스로 $6 \div 3 = 2$(병)의 새 주스를 또 받을 수 있다. 따라서 A가 마실 수 있는 주스는 최대 $18+6+2=26$(병)이다.

37 [언어논리력] 글을 바탕으로 추론하기

| 정답 | ③

| 해설 | 제시된 글은 홍수와 가뭄을 비교하면서, 가뭄의 경우 사회경제적 요소에 의해 피해 규모를 줄이거나 키울 수 있으므로 홍수에 비해 극복이 쉬운 재해임을 밝히고 있다. 글에 따르면, 가뭄이 심각한 지역일지라도 경제적 능력이 있으면 그 피해를 타지역으로 전가시킬 수 있다.

하지만 이는 가뭄의 특성 중 하나인 피해 전가가능성에 관한 설명이지, 실제로 이러한 일이 의도적으로 진행되고 있다는 내용은 아니다.

| 오답풀이 |

① 가뭄이 다른 재해에 비해 피해 계층 간 불평등이 심하다는 주장의 근거로, 심각한 가뭄에도 도시인의 생활용수 공급이 중단되는 사례는 극히 드물다는 사실을 들고 있다. 이를 통해 도시인들이 가뭄에 비교적 무감각할 것임을 유추할 수 있다.

② 가뭄이 홍수에 비해 시작 시점을 파악하기 수월하고, 문헌에 의하면 일정한 주기를 가지고 반복되는 현상이라고 나와 있다. 또한, 글의 후반에 가뭄의 극복 가능성이 높은 이유 중 하나로 반복성을 언급한다. 이로 인해 가뭄이 예측 가능성이 높은 재해임을 유추할 수 있다.

④ 글쓴이는 홍수를 발생주기가 불규칙하고 가뭄에 비해 예측이 어려운 현상으로 여기며, '확률에 의한 재해'라고 정의하고 있다.

38 [언어논리력] 글의 주제 찾기

| 정답 | ②

| 해설 | 제시된 글은 가뭄의 특징을 계급 간 불평등이 두드러지는 피해양상과 일정한 주기를 띠는 반복성 위주로 설명하고, 예방과 사회경제적 조정을 통해 피해 규모 축소가

대전기출복원 / 1회 기출예상 / 2회 기출예상 / 3회 기출예상 / 4회 기출예상 / 5회 기출예상 / 6회 기출예상 / 7회 기출예상 / 8회 기출예상 / 9회 기출예상

가능함을 설파하고 있다. 따라서 ②가 가장 적절하다.

| 오답풀이 |

① 제시된 글은 홍수와의 비교를 통해 가뭄 피해의 계급 간 불평등을 읽어내는 것이지, 불평등을 나타내는 재해들에 대해 포괄적으로 서술하는 내용이 아니다.

③ 제시된 글에는 여러 자연재해 중 홍수와 가뭄만이 언급된다. 두 재해는 물과 관련된 재해라는 공통점 때문에 비교 대상이 된 것이지 지구온난화로 인한 재해라서 선택된 소재는 아니다. 또한, 지구온난화로 인한 기후변화로 자연재해가 급증하고 있다는 첫 번째 문장은 독자의 관심을 환기하고자 하는 목적의 서두로서, 글에서 중점적으로 다루는 내용은 아니다.

④ 가뭄의 특성을 강조하기 위해 홍수와 비교하는 방식으로 서술하였지만, 두 재해로 인한 피해의 원인과 결과를 중심적으로 서술하지는 않았다.

39 언어논리력 글의 결론 파악하기

| 정답 | ②

| 해설 | (가)는 저소득층 가정에 보급한 정보 통신기기가 아이들의 성적향상에 별다른 영향을 미치지 못하거나, 오히려 부정적인 영향을 미친다는 것을 설명하고 있다. (나)는 정보 통신기기의 활용에 대한 부모들의 관리와 통제가 학업성적에 영향을 준다는 것을 설명하고 있다. 따라서 아이들의 학업성적에는 정보 통신기기의 보급보다 기기 활용에 대한 관리와 통제가 더 중요하다는 것을 결론으로 도출할 수 있다.

40 언어논리력 안내 자료 내용 파악하기

| 정답 | ②

| 해설 | 임상심리 관련 전공자를 우대할 뿐 전공이 지원 자격의 필수 요소는 아니므로 해당 전공자만 대상으로 하는 채용공고문이 아니다.

| 오답풀이 |

① 지원자격에 자격증과 경력에 대한 언급이 없으므로 필수가 아니다.

③ '가. 서류심사'와 '나. 면접심사'에 나와 있다.

④ '고용형태'에 임용 1년 후 근무 성과에 따라 정규직 전환

이 가능하다고 하였으므로 임용일의 1년 후인 20X3년 7월 1일에 정규직으로 전환될 수 있다.

41 언어논리력 문맥에 따라 빈칸 채우기

| 정답 | ①

| 해설 | 동일한 사물을 부르는 각 언어의 발음, 소리는 언어적 연관성 없이 독립적으로 그 언어 체계 내에서 그렇게 만들어졌다는 점이 글에서 말하는 바이므로, 이는 각 언어가 자의적인 소리로 동일한 사물을 표현하는 언어의 자의성에 대한 것이다.

| 오답풀이 |

②, ④ 언어의 독자성은 다른 것과 구별되는 혼자만의 독특한 성질을, 다의성은 한 단어나 문장이 두 가지 이상의 뜻을 지니는 특성이나 현상을 말한다.

42 수리력 거리·속력·시간 활용하기

| 정답 | ④

| 해설 | 각자 위치의 중간 지점에서 만나기로 했으므로 현우와 진희가 이동한 거리는 x km로 같다. '시간 $= \dfrac{거리}{속력}$'이므로 다음과 같은 식이 성립한다.

$$\frac{x}{120} + \frac{35}{60} = \frac{x}{80}$$

양변에 240을 곱하면,

$$2x + 140 = 3x$$

$$\therefore x = 140 (\text{km})$$

따라서 현재 두 사람 사이의 거리는 $140 \times 2 = 280 (\text{km})$이다.

43 수리력 그래프 분석하기

| 정답 | ②

| 해설 | 남성과 여성 환자 수의 차이가 가장 큰 연령대는 6천 명의 차이를 보인 70 ~ 79세이다.

| 오답풀이 |

④ 60 ~ 69세 남성 환자 수는 25천 명, 80세 이상 남성 환자 수는 7천 명으로 $\dfrac{25}{7} ≒ 3.57$(배)이다.

44 수리력 평균 계산하기

|정답| ③

|해설| 정치학과 편입 응시생의 평균 연령은

$$\frac{(23\times20)+(24\times21)+(25\times14)+(26\times18)+(27\times15)}{20+21+14+18+15}$$

$$=\frac{2,187}{88}≒24.9(세)이다.$$

45 수리력 확률 계산하기

|정답| ①

|해설| A 대리가 정각에 출근하거나 지각할 확률은 $\frac{1}{4}+$

$\frac{2}{5}=\frac{13}{20}$이므로, 정해진 출근 시간보다 일찍 출근할 확률

은 $1-\frac{13}{20}=\frac{7}{20}$이다. 따라서 이틀 연속 제시간보다 일찍

출근할 확률은 $\frac{7}{20}\times\frac{7}{20}=\frac{49}{400}$가 된다.

9회 기출예상문제

▶ 문제 240쪽

01	①	02	②	03	①	04	④	05	③
06	②	07	③	08	①	09	②	10	④
11	②	12	④	13	④	14	③	15	②
16	②	17	②	18	③	19	④	20	②
21	③	22	①	23	④	24	②	25	④
26	①	27	④	28	④	29	③	30	①
31	④	32	④	33	②	34	④	35	③
36	②	37	②	38	②	39	①	40	②
41	④	42	②	43	④	44	④	45	②

01 언어논리력 올바른 경청 자세 이해하기

|정답| ①

|해설| A 대리는 상대방의 의견을 진전시키는 방향의 질문을 하고 있으므로 집중해서 경청한 결과라고 볼 수 있다.

|오답풀이|

② B 사원 : 엉뚱한 대답을 함으로써 미리 대답할 말을 준비한 경우이다.

③ C 사원 : 올바른 경청을 방해하는 요인 중 하나인 비위 맞추기에 해당하는 경우이다.

④ D 과장 : 상대방의 말을 듣고 받아들이기보다 자신의 생각에 들어맞는 단서들을 찾아 자신의 생각을 확인한 경우이다. 무슨 말이든 부장에 대한 선입견으로 인해 부장의 의견은 무조건 받아들여진 것이라고 생각하는 짐작하기의 일종이다.

02 언어논리력 문맥에 맞지 않는 문장 파악하기

|정답| ②

|해설| 제시된 글은 빅맥과 세계화에 관한 내용에 초점이 맞추어져 있다. 그러나 ⓒ의 빅맥을 통한 실질적 통화 가치의 측정은 경제적인 측면에 해당하므로 전체적인 흐름에 어울리는 문장이 아니다.

대전기출복원 / 1회 기출예상 / 2회 기출예상 / 3회 기출예상 / 4회 기출예상 / 5회 기출예상 / 6회 기출예상 / 7회 기출예상 / 8회 기출예상 / 9회 기출예상

03 문제해결력 명제 추론하기

| 정답 | ①

| 해설 | 제시된 명제를 다음과 같이 기호로 정리한다.

• p : 종합비타민제를 챙겨 먹음.
• q : 건강에 관심 많음.
• r : 규칙적인 운동을 함.

제시된 두 전제는 각각 '~q → ~p', 'q → r'이고, 전제와 결론 모두 참이므로 첫 번째 전제의 대우인 'p → q'도 참이다. 이를 정리하면 'p → r'이 성립한다. 결론 '~p'를 얻기 위해 추가로 필요한 전제를 혼합 가언 삼단논법(후건 부정식)을 적용하여 구할 수 있다.

• 종합비타민제를 챙겨먹는 사람은 규칙적으로 운동을 한다(p이면 r이다).
• (r이 아니다).
• (그러므로) A는 종합비타민제를 챙겨먹지 않는다(p가 아니다).

따라서 빈칸에 'A는 규칙적으로 운동을 하지 않는다'가 들어간다.

04 문제해결력 조건을 바탕으로 추론하기

| 정답 | ④

| 해설 | 제시된 결과에 따르면 F가 D보다 먼저 들어오고(F-D), G가 F보다 먼저 들어왔다(G-F-D). 또한 A가 F보다 먼저 들어왔으나 1등은 아니므로 G-A-F-D 순으로 들어왔음을 알 수 있다 따라서 첫 번째로 결승점에 들어온 직원은 G이다.

05 언어논리력 적절한 예시 파악하기

| 정답 | ③

| 해설 | 바이럴 마케팅은 네티즌들이 SNS나 다른 전파 가능한 매체를 통해 자발적으로 어떤 기업이나 기업의 제품을 홍보하여 널리 퍼지는 마케팅 기법으로, 기업이 직접 홍보를 하지 않고 소비자를 통해 전해지는 광고라는 점에서 기존의 광고와 다르다. P 자동차 회사는 바이럴 마케팅에

서 주로 이용하는 수단인 SNS를 이용하였으나 기업이 직접적인 홍보자료를 작성하여 배포하였으므로 전통적인 광고 기법과 큰 차이가 없다.

| 오답풀이 |

① K사는 긍정적인 메시지를 전달하는 캠페인 동영상의 말미에 회사 로고를 노출시킴으로써 직접적인 광고는 아니지만 일정 부분 광고 효과를 누릴 수 있다.

② '아이스 버킷 챌린지'는 대표적인 바이럴 마케팅 사례 중 하나로 희귀병 환자를 전면에 내세우지 않았지만 챌린지 자체가 유행이 되며 결과적으로 희귀병 환자들을 돕는 본연의 목적을 달성할 수 있었다.

④ T 외식 업체는 네티즌들 사이의 유행이나 풍조를 반영한 웹 애니메이션을 제작하여 마케팅을 실시하였다.

06 언어논리력 속담 이해하기

| 정답 | ②

| 해설 | ②는 열 사람이 한술씩 밥을 덜면 쉽게 밥 한 그릇을 만들 수 있다는 뜻으로, 여럿이 힘을 모으면 큰 힘이 됨을 비유적으로 이르는 말이다.

| 오답풀이 |

① 헤프게 쓰지 않고 아끼는 사람이 재산을 모으게 됨을 비유적으로 이르는 말이다.

③ 일을 열심히 하여서 돈은 많이 벌되 생활은 아껴서 검소하게 살라는 말이다.

④ 뭐든지 아무리 많아도 쓰면 줄어들기 마련이니 지금 풍부하다고 하여 헤프게 쓰지 말고 아끼라는 말이다.

07 언어논리력 세부 내용 이해하기

| 정답 | ③

| 해설 | 염전 태양광 발전시스템은 소금과 전력을 동시에 생산할 수 있는 시스템으로, 여름철에는 염수에 의한 냉각으로 일반 지상 태양광과 비교하여 발전량이 5% 개선됐고, 태양광 모듈에서 발생하는 복사열로 염수의 증발시간이 줄어 소금생산량도 늘었다고 나와 있다. 따라서 발전량과 소금생산량이 반비례 관계라는 설명은 적절하지 않다.

| 오답풀이 |

① 염전 태양광 발전시스템은 ○○공사가 녹색△△연구원, □□소프트웨어와 공동으로 개발한 것이다.

② 국내 염전 중 약 85%가 전라남도에 밀집해 있다고 언급되어 있다.

④ 현재까지는 전기안전 및 태양광 모듈 성능저하 등 운영 결함은 없으나 계속 점검할 계획이라고 하였으므로 성능저하의 가능성이 있음을 알 수 있다.

08 언어논리력 사자성어 이해하기

| 정답 | ①

| 해설 | 염전 태양광 발전시스템을 통해 전기와 소금을 동시에 생산하므로, 한 가지 일을 하여 두 가지 이익을 얻는다는 의미의 '일거양득(一擧兩得)'이 ㉠에 들어갈 말로 가장 적절하다.

| 오답풀이 |

② 절치부심(切齒腐心) : 몹시 분하여 이를 갈고 마음을 썩임.

③ 조삼모사(朝三暮四) : 간사한 꾀로 남을 속여 희롱함.

④ 권토중래(捲土重來) : 어떤 일에 실패한 뒤 힘을 가다듬어 다시 그 일에 착수함.

09 언어논리력 글의 중심내용 파악하기

| 정답 | ②

| 해설 | 제시된 글에서는 상품과 경제 법칙은 그것을 만든 인간의 손을 떠나는 순간 자립성을 띠게 되며, 인간이 오히려 이러한 상품과 경제 법칙에 지배받기 시작하면서 인간소외 현상이 나타난다고 하였다.

10 언어논리력 단어 관계 파악하기

| 정답 | ④

| 해설 | 화폐를 얻기 위해 상품을 내놓고, 건강을 얻기 위해 운동을 한다.

11 문제해결력 진급자 추론하기

| 정답 | ②

| 해설 | A ~ E의 책임감, 신중함 점수를 구하여 합산하면 다음과 같다.

(단위 : 점)

구분	책임감	신중함	합계
A	2	3	5
B	2	3	5
C	3	1	4
D	2	2	4
E	1	3	4

따라서 책임감과 신중함 점수가 가장 높은 A, B 중 실적이 더 높은 B가 선발된다.

12 문제해결력 조건을 바탕으로 명제 판단하기

| 정답 | ④

| 해설 | 제시된 조건을 표로 정리하면 다음과 같다.

구분	경영기획부	마케팅부	홍보부
A	X	O	O
B	O	둘 중 하나	
C	X	O	O
D	X	O	O

따라서 C와 D는 지원한 부서가 모두 같다.

13 언어논리력 자료 이해하기

| 정답 | ④

| 해설 | 제시된 연구결과 평가서를 통해서 '연구 활용 결과의 우수성'에 대한 사항은 알 수 없다.

| 오답풀이 |

① '연구결과' 항목을 통해 알 수 있다.

② '평과결과-둘' 항목을 통해 알 수 있다.

③ '평과결과-셋' 항목을 통해 알 수 있다.

www.gosinet.co.kr gosinet

대전기술보급원
1회 기출예상
2회 기출예상
3회 기출예상
4회 기출예상
5회 기출예상
6회 기출예상
7회 기출예상
8회 기출예상
9회 기출예상

14 [언어논리력] 글의 흐름에 맞는 접속어 고르기

| 정답 | ③

| 해설 | ㉠의 앞에서는 비도덕적이라고 비난 받는 식인 풍습이 나름의 이유와 목적을 지니고 있음을 언급하고, ㉠의 뒤에서는 어느 것이 더 낫다고 말하기 어렵다고 서술되어 있다. 따라서 ㉠에는 앞의 내용이 뒤의 내용의 근거가 될 때 사용하는 접속어, '그러므로'가 들어가는 것이 적절하다. 또한 ㉡의 앞에서는 식인종들의 풍습과 해부학실습이 차이가 없음을 견지하고, ㉡의 뒤에는 그에 대한 결론이 이어지고 있으므로 ㉡에 들어갈 접속어로는 '따라서'가 적합하다.

15 [언어논리력] 적절한 예시 파악하기

| 정답 | ②

| 해설 | 제시된 글의 내용은 '모든 문화에는 저마다의 합리성이 있으므로 특정 문화를 기준으로 다른 문화를 판단하는 것을 피해야 한다'로 정리할 수 있다. ②는 범죄자들을 감옥에 격리시키는 것이 누군가에게는 살인보다 가벼운 형벌일 수 있지만, 다른 누군가에게는 사형보다 더 잔인한 것일 수 있다는 내용이다. 이는 형벌로서의 수감에 대한 인식의 상대성을 보이는 것으로, 저자가 지양하는 태도라고 볼 수 없다.

| 오답풀이 |

①, ③, ④ 특정 인식이나 문화적 관점에 따라 타문화나 그에 속한 사람들을 판단하는 내용으로, 문화 상대주의적 관점에 어긋나는 태도이다. 이는 저자가 지양하는 태도에 해당한다.

16 [수리력] 운동에너지 계산하기

| 정답 | ②

| 해설 | 물체별 운동에너지는 다음과 같다.

(가) : $\frac{1}{2} \times 10 \times 6^2 = 180$(E)

(나) : $\frac{1}{2} \times 8 \times 7^2 = 196$(E)

(다) : $\frac{1}{2} \times 6 \times 8^2 = 192$(E)

(라) : $\frac{1}{2} \times 12 \times 5^2 = 150$(E)

(마) : $\frac{1}{2} \times 15 \times 4^2 = 120$(E)

따라서 운동에너지가 가장 큰 물체는 (나)이고 가장 작은 물체는 (마)이다.

17 [수리력] 할인가 계산하기

| 정답 | ②

| 해설 | • 정가 : $2,000 + 2,000 \times 0.5 = 3,000$(원)
• 할인 판매가 : $2,000 + 2,000 \times 0.3 = 2,600$(원)
따라서 할인한 금액은 400원이다.

18 [수리력] 소금물의 농도 구하기

| 정답 | ③

| 해설 | '농도(%) $= \dfrac{소금의\ 양}{소금물의\ 양} \times 100$'이므로, $\dfrac{75}{75 + 225} \times 100 = 25$(%)이다.

19 [수리력] 표의 수치 분석하기

| 정답 | ④

| 해설 | 모든 주택형태에서 도시가스가 가장 많이 소비되고 있다.

| 오답풀이 |

① 단독주택 전체 에너지 소비량의 30%는 $7,354 \times 0.3 = 2,206.2$(천 TOE)로 단독주택에서 소비한 전력 에너지 양인 2,118천 TOE보다 많다.

② 모든 주택형태에서 소비되는 에너지 유형은 석유, 도시가스, 전력으로 3가지이다.

③ 가구 수는 나와 있지 않으므로 가구당 에너지 소비량은 알 수 없다.

20 수리력 표를 바탕으로 수치 계산하기

| 정답 | ②

| 해설 | 아파트 전체 에너지 소비량 중 도시가스 소비량이 차지하는 비율은 $\frac{5,609.3}{10,125} \times 100 ≒ 55.4(\%)$이다.

21 수리력 그래프 분석하기

| 정답 | ③

| 해설 | 2022년 자동차 생산량은 4,114천 대, 자동차 수출량은 2,530천 대이다. 따라서 2022년 자동차 생산량은 수출량의 $\frac{4,114}{2,530} ≒ 1.63(배)$로, 1.7배 미만이다.

22 수리력 그래프 분석하기

| 정답 | ①

| 해설 | 2017 ~ 2022년의 전년 대비 생산, 내수, 수출의 증감 추세는 다음과 같다.

구분	생산	내수	수출
2017년	−	−	+
2018년	−	−	−
2019년	+	+	−
2020년	+	+	−
2021년	−	+	−
2022년	−	−	−

따라서 생산, 내수, 수출의 증감 추세가 같은 해는 2018년과 2022년으로 2개이다.

23 수리력 그래프 분석하기

| 정답 | ④

| 해설 | (나) 90% 이상의 전기를 생산해내는 OECD 국가 평균의 에너지원은 천연가스, 석탄, 원자력, 수력, 신재생의 다섯 가지이다. 반면에 우리나라는 천연가스, 석탄, 원자력의 세 가지에 의존하고 있음을 알 수 있다. 즉, OECD 평균은 보다 다양한 에너지원이 각각

일정한 비율로 전기 생산에 기여하는 반면, 한국은 그보다 적은 수의 에너지원에 큰 비중을 두고 있다.

(라) $46.2 - 27.2 = 19(\%p)$의 차이를 보이는 석탄이 가장 큰 비중 차이가 나는 에너지원이다.

| 오답풀이 |

(가) 제시된 자료는 전기 생산량 비중을 비교하는 자료이므로 특정 에너지원을 이용한 전기 생산량이 상대 국가보다 더 많고 적은지를 판단할 수는 없다.

(다) 석탄과 원자력의 비중이 우리나라는 $46.2 + 26.0 = 72.2(\%)$에 달하고 있으나, OECD 국가 평균은 $27.2 + 17.8 = 45(\%)$로 절반에 미치지 못하고 있음을 알 수 있다.

24 수리력 평균 계산하기

| 정답 | ②

| 해설 | 나머지 한 명의 점수를 x점이라 하면 다음 식이 성립한다.

$$x = \frac{630 + 84 \times 2 + x}{12} + 16$$

$$12(x - 16) = 798 + x$$

$$12x - 192 = 798 + x$$

$$11x = 990$$

$$\therefore x = 90(점)$$

따라서 학생 12명의 평균 점수는 $\frac{630 + 168 + 90}{12} = 74$(점)이다.

25 언어논리력 문맥에 따라 빈칸 채우기

| 정답 | ④

| 해설 | 빈칸 앞에 역접을 나타내는 접속어인 '그러나'에 주목한다. 접속어의 앞부분은 경쟁의 어원을 소개하고 '함께 추구한다'라는 의미처럼 경쟁이 사회의 여러 부문에서 상생·상보적인 요소로 작용하였음을 정치적 측면의 예를 들어 설명하였다. 접속어 뒷부분은 오늘날의 경쟁은 이러한 어원과는 다른 의미로 사용되고 있음을 나타내므로 빈칸에는 ④가 적절하다.

26 언어논리력 올바르게 띄어쓰기

|정답| ①

|해설| 성과 이름은 붙여 쓰고, 호칭이나 관직명은 띄어 써야 한다. 따라서 '김주원 박사'로 쓰는 것이 알맞다.

|오답풀이|

②, ④ 연결이나 열거할 적에 쓰이는 말들은 띄어 쓴다. 따라서 '스물 내지 서른', '부장 겸 대외협력실장'으로 쓰는 것이 알맞다.

③ 단음절로 된 단어가 연이어 올 적에는 띄어 쓰는 것을 원칙으로 하되, 붙여 씀도 허용한다. '떠내려가 버렸다'는 본용언이 합성 동사인 경우이므로 보조 용언과 띄어 쓰는 것만 허용된다.

27 문제해결력 진위 추론하기

|정답| ④

|해설| A, B, E는 서로 상반된 진술을 하고 있으므로 셋 중 두 명은 거짓을 말하고 있다. 따라서 C와 D는 반드시 진실을 말하고 있는데, D의 말이 진실이므로 같은 내용을 말하는 A의 말도 진실이 된다. 따라서 거짓을 말하는 사람은 B와 E이다.

28 문제해결력 자리 배치 추론하기

|정답| ④

|해설| ⓒ에 따르면 선우는 앞에서 두 번째에 위치한다. ⓛ에 따라 아영은 현정의 바로 뒤에 있고 ⓜ에 따라 현정과 선우는 붙어 있으므로 '선우-현정-아영' 순서로 서 있는 것을 알 수 있다. 다음으로 ⓙ에 따라 승아와 현정 사이에는 2명이 있으므로 승아는 맨 뒤에 서 있어야 한다. 따라서 도현과 희진은 첫 번째나 다섯 번째 자리에 서 있게 된다. 이를 정리하면 다음과 같다.

앞	도현 or 희진	선우	현정	아영	희진 or 도현	승아	뒤

따라서 어떤 경우에서든 도현과 현정은 항상 떨어져 있다.

29 언어논리력 안내 자료 내용 이해하기

|정답| ④

|해설| '2. 화학생물 테러'를 통해 확인할 수 있다.

|오답풀이|

① 납치 테러가 발생했을 경우 납치범을 자극하지 않는 것이 좋다. 따라서 감정과 호소를 통해 탈출을 요구하는 것은 옳지 않다.

② 최근에는 테러 목표가 불특정 다수의 민간인을 노리는 소프트타깃으로 변화하였다.

③ 폭발물 발견 시에는 폭발물 반대 방향 비상계단을 이용하여 건물 밖으로 탈출한다.

30 언어논리력 외래어 표기법 이해하기

|정답| ①

|해설| 제2항에 따라 외래어의 1 음운은 원칙적으로 1 기호로 적는다. 'p'에 해당하는 기호는 'ㅍ'이며 제4항에 따라 파열음 표기에는 된소리를 쓰지 않는 것을 원칙으로 하므로 'spy'의 'p'는 'ㅃ'이 아닌 'ㅍ'으로 적어야 한다. 따라서 'spy'에 대한 표기는 '스파이'가 적절하다.

|오답풀이|

② 제3항에 따라 적절한 표기이다.

③ 제4항에 따라 적절한 표기이다.

④ 제5항에 따라 적절한 표기이다.

31 수리력 단위 변환하기

|정답| ④

|해설| $1km^2$는 $1,000(m) \times 1,000(m) = 1,000,000(m^2)$이다.

|오답풀이|

① 1일은 $24(시간) \times 60(분/시간) \times 60(초/분) = 86,400(초)$이다.

② 1GB는 $1(GB) \times 1,024(MB/GB) \times 1,024(KB/MB) = 1,048,576(KB)$이다.

③ 1km는 $1(km) \times 1,000(m/km) \times 1,000(mm/m) = 1,000,000(mm)$이다.

32 수리력 방정식 활용하기

| 정답 | ④

| 해설 | 전체 팀원의 수를 x명으로 두고 떡의 개수를 기준으로 식을 세우면 다음과 같다.

$5x + 10 = 6x - 25$

$\therefore x = 35$(명)

따라서 전체 팀원의 수는 35명이다.

33 언어논리력 글의 제목 찾기

| 정답 | ②

| 해설 | 제시된 글은 아스피린과 타이레놀의 효능 및 차이점과 복용 시 주의사항에 대해 언급하고 있다. 따라서 글의 제목으로 '아스피린과 타이레놀의 선택 기준'이 가장 적절하다.

34 언어논리력 글을 바탕으로 추론하기

| 정답 | ④

| 해설 | 타이레놀에는 간 독성을 유발할 수 있는 아세트아미노펜 성분이 들어있다. 따라서 잘못된 추론이다.

| 오답풀이 |

① 아스피린은 '해열소염진통제'이므로 해열 기능이 있음을 추론할 수 있다.

② 아스피린은 독감, 수두에 걸린 '15세 이하의 어린이'에게 부작용이 나타날 수 있다고 한다. 따라서 연령도 선택 기준이라는 것을 추론할 수 있다.

③ '염증이 동반되지 않는 두통, 치통, 생리통 등의 생활 통증 시 복용하는 것이 좋다'라는 내용을 통해 추론할 수 있다.

35 언어논리력 적절한 예시 파악하기

| 정답 | ③

| 해설 | 제시된 글에서는 '스스로 해결할 수 있어야 해서', '상사가 신경을 쓰지 않아서', '상사가 너무 바빠서'를 직장 상사와 관계를 개선하기 위한 대화를 하지 않는 이유로 들었다. ③은 언급된 이유에 해당하지 않으므로 적절하지 않다.

| 오답풀이 |

① '스스로 해결할 수 있어야 해서'에 해당하는 사례이다.

② '상사가 신경을 쓰지 않아서'에 해당하는 사례이다.

④ '상사가 너무 바빠서'에 해당하는 사례이다.

36 언어논리력 글의 견해 파악하기

| 정답 | ②

| 해설 | 자릭 카너드 박사는 불안정한 상황에 의한 불안감이 직장인들에게 부정적인 영향을 미치기 때문에 회사 차원에서 직원들이 필요로 하는 자원을 제공해줄 수 있어야 한다고 했다. 따라서 주택 자금을 지원하는 정책을 개선한 B 기관이 이를 구현했다고 볼 수 있다.

| 오답풀이 |

①, ③, ④ A, C, D 기관은 직원들의 주변 상황을 고려한 것이 아니라 각각 사내 규정, 회사의 재무 여건, 회사의 미래를 고려해 개선책을 제시하였으므로 적절하지 않다.

37 수리력 표의 수치 분석하기

| 정답 | ②

| 해설 | ㄷ. 20X9년 프랑스의 인구가 6,500만 명이라면 사망자는 $65,000,000 \times \dfrac{9}{1,000} = 585,000$(명)이다

| 오답풀이 |

ㄱ. 유럽 5개 국가에 대한 자료만 제시되어 있으므로 유럽에서 기대수명이 가장 낮은 국가가 그리스인지는 알 수 없다.

ㄴ. 독일은 영국보다 인구 만 명당 의사 수가 많지만 조사 망률이 더 높다.

38 수리력 거리·속력·시간 활용하기

| 정답 | ②

| 해설 | '거리＝속력×시간'이므로, 철수가 시속 6km로 30분, 즉 0.5시간 동안 달렸을 때 이동한 거리는 6×0.5＝3(km)이다.

대전기술보험원 · 1회 기출예상 · 2회 기출예상 · 3회 기출예상 · 4회 기출예상 · 5회 기출예상 · 6회 기출예상 · 7회 기출예상 · 8회 기출예상 · 9회 기출예상

39 [문제해결력] 조건을 바탕으로 우선순위 파악하기

|정답| ①

|해설| A : 집이 학교로부터 40km 이상 떨어져 있으므로 1순위이다.

B : 거동 장애 학생이므로 2순위이다.

C : 집이 학교로부터 40km 이상 떨어져 있으므로 1순위이다.

D : 학년이 높으므로 3순위이다.

E : 우선순위 어디에도 해당하지 않으므로 방 배정을 받을 수 없다.

따라서 A, B, C가 방을 배정받게 된다.

40 [문제해결력] 문제해결절차 이해하기

|정답| ②

|해설| 문제해결절차의 5단계는 다음과 같다.

• 문제 인식 : 해결해야 할 전체 문제를 파악하여 우선순위를 정하고, 선정문제에 대한 목표를 명확히 한다(환경 분석, 주요 과제 도출, 과제 선정).

• 문제 도출 : 선정된 문제를 분석하여 해결해야 할 것이 무엇인지를 명확히 하는 단계로, 문제를 분해하여 인과관계 및 구조를 파악한다.

• 원인 분석 : 파악된 핵심문제에 대한 분석을 통해 근본원인을 도출한다.

• 해결안 개발 : 문제로부터 도출된 근본원인을 효과적으로 해결할 수 있는 최적의 해결방안을 수립한다.

• 실행 및 평가 : 해결안 개발을 통해 만들어진 실행계획을 실제 상황에 적용·평가한다.

따라서 ②의 '해결과제 도출'은 문제 인식 단계에서 수행되어야 하므로 옳지 않은 설명이다.

41 [언어논리력] 문맥에 맞게 문장 삽입하기

|정답| ④

|해설| 제시된 글의 앞부분에는 언어가 사고 능력을 결정한다는 언어결정론자들의 주장과 그 근거가, 뒷부분에는 그에 대한 반박과 그 근거가 제시되고 있다. 〈보기〉의 문장은 언어가 사고 능력을 결정하지 않는다는 근거로, 글의 흐름상 언어결정론자들의 주장을 반박하고 있는 부분인 (나) 이후의 위치에 놓여야 한다. 즉, (다)나 (라)에 들어가야 하는데, (다) 뒤의 문장은 그 앞의 문장을 부연 설명하는 문장이므로 다른 내용을 담은 문장이 중간에 끼어들 수 없다. 따라서 우리말이 다른 언어에 비해 풍부한 색 표현을 가진 것이 아니라는 내용에 이어, 언어가 사고 능력을 결정하지 않는다는 두 번째 근거로 제시될 수 있도록 (라)에 〈보기〉의 내용이 들어가야 한다.

42 [언어논리력] 세부 내용 이해하기

|정답| ②

|해설| 욜로 라이프는 현재의 삶이 행복해야 미래의 삶도 행복하다는 개념이 반영된 현상이지만 미래를 위한 투자에까지 중점을 둔다는 것은 아니다. 욜로족은 한 번뿐인 삶을 보다 즐겁고 아름답게 만들고자 현재의 여가와 건강, 자기계발 등에 투자하는 소비 경향을 보인다.

43 [언어논리력] 주제 파악하기

|정답| ④

|해설| A ~ C는 직장 내 인사를 드리는 방법과 그에 따른 긍정적인 영향에 대해 말하고 있지만, D는 인사 예절에 관한 부정적인 경험과 어려운 점을 말해 그 주제가 다르다.

44 [수리력] 확률 계산하기

|정답| ④

|해설| 3차 시험에서 불합격한 경우 1차와 2차 시험에서는 합격하고 3차에서는 불합격한 것이므로 A가 3차 시험에서 불합격했을 확률은 $\frac{4}{5} \times \frac{7}{12} \times \left(1 - \frac{4}{7}\right) = \frac{1}{5}$ 이다.

45 수리력 평균 계산하기

| 정답 | ②

| 해설 | 각 항목의 평균 점수는 다음과 같다.

• 친절도 :

$$\frac{(5\times 3)+(4\times 7)+(3\times 7)+(2\times 3)}{20}=3.5(점)$$

• 약속이행 :

$$\frac{(5\times 6)+(4\times 7)+(3\times 5)+(2\times 2)}{20}=3.85(점)$$

따라서 둘 중 평균 점수가 더 낮은 항목은 친절도이고, 평균 점수의 차이는 $3.85-3.5=0.35$(점)이다.

대전기출복원

1회 기출예상

2회 기출예상

3회 기출예상

4회 기출예상

5회 기출예상

6회 기출예상

7회 기출예상

8회 기출예상

9회 기출예상

Memo

미래를 창조하기에 꿈만큼 좋은 것은 없다.
오늘의 유토피아가 내일 현실이 될 수 있다.

**There is nothing like dream to create the future.
Utopia today, flesh and blood tomorrow.**

빅토르 위고 Victor Hugo

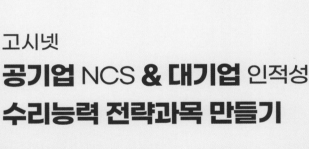

고시넷
공기업 NCS **& 대기업** 인적성
수리능력 전략과목 만들기

237개 테마

Lv1 ～ Lv3 단계적 문제풀이

빨강이 응용수리 파랑이 자료해석 완전 정복 시리즈

기초에서 완성까지
문제풀이 시간단축
모든유형 단기공략

고시넷 수리능력
빨강이 응용수리

고시넷 수리능력
파랑이 자료해석

동영상 강의 **WWW.GOSINET.CO.KR**

2025
고시넷

대전광역시교육청
교육공무직원
최신 기출유형 모의고사

교육공무직원 직무능력검사

공기업_NCS